OTTO RICKENBACHER: WEISHEITSPERIKOPEN BEI BEN SIRA

ORBIS BIBLICUS ET ORIENTALIS

Im Auftrag des Biblischen Institutes der Universität
Freiburg Schweiz
herausgegeben von
Othmar Keel und Bernard Trémel

ORBIS BIBLICUS ET ORIENTALIS 1

OTTO RICKENBACHER

WEISHEITS PERIKOPEN BEI BEN SIRA

UNIVERSITÄTSVERLAG FREIBURG / SCHWEIZ
VANDENHŒCK & RUPRECHT GÖTTINGEN
1973

Veröffentlicht mit Unterstützung des Hochschulrates
der Universität Freiburg Schweiz

© 1973 by Universitätsverlag Freiburg Schweiz
Paulusdruckerei Freiburg Schweiz
ISBN 3 7278 0101 8

INHALTSVERZEICHNIS

Vorwort.
<u></u>

    Rund zwei Jahre sind verflossen, seit ich am Bibelinstitut in Rom eine mit "Weisheitsperikopen bei Ben Sira" betitelte Dissertation vorlegen konnte. Dieselbe liegt hier als Offset-Publikation vor. Zwischen der Abfassung der Arbeit und deren Publikation sind vor allem zwei grössere Sirachstudien publiziert worden, die jedoch beide erst nach Abschluss meiner Dissertation in meine Hände gelangten: Die Habilitationsschriften von H.P.RÜGER und J.MARBÖCK. RÜGER's Studie über Text und Textformen im hebr. Sirach berührt sich nur selten mit der vorliegenden Arbeit. MARBÖCK hingegen behandelt in seinen 'Untersuchungen zur Weisheitstheologie Ben Siras' zum Teil dieselben Texte wie ich. Doch sind Zielsetzung und Methoden teilweise verschieden. Während MARBÖCK Sirach's Weisheitstheologie darstellt, will das vorliegende Buch die Weisheitsperikopen in ihrem Text, ihrer Struktur und ihrem innersirazidischen Themen-Kontext bieten. Für die thematischen Abschnitte gilt noch die Einschränkung, dass nur Themen zur Sprache kamen, die in wenigstens einer der Weisheitsperikopen auftauchten, nicht in neuerer Zeit anderweitig behandelt worden waren und sich zudem quantitativ oder qualitativ, d.h. in der Häufigkeit oder in der spezifischen Art der Darstellung von den Proverbien, Job, Qohelet und der Weisheit Salomons deutlich abheben.

    Wenn mein Buch einige nützliche Anregungen bietet, verdanke ich dies vor allem den Professoren des Bibelinstituts in Rom, in erster Linie Herrn Professor P.L.ALONSO-SCHOEKEL, der trotz vieler anderer Aufgaben die Leitung meiner Dissertationsarbeit übernommen hatte. Für die Aufnahme der Studie in die Reihe "Studia Biblica et Orientalia Friburgensia" bin ich dem Direktor des biblischen Instituts der Universität Freiburg / Schweiz, Herrn Professor D.BARTHÉLEMY, sowie den Direktoren der Monographienserie "Biblica et Orientalia Friburgensia", den Herren Professoren O.KEEL und Y.B.TRÉMEL sehr zu Dank verpflichtet. Frl. E.KRATTINGER verdanke ich das mit viel Geduld und grossem Einfühlungsvermögen hergestellte Offset-Manuskript.

    An dieser Stelle danke ich weiter allen, die direkt oder indirekt diese Arbeit ermöglicht haben. Besonders darf ich hier den Namen von Frau A.STUDACH-KÜHNIS nennen. Sie hat seit vielen Jahren immer wieder mitgeholfen, dass ich mich ohne zu grossen Sorgen theologischen Fragen wiedmen konnte. Last not least geht ein Dankeswort an alle meine Mitbrüder. Mögen zwei Namen für alle stehen: P.Ch.PFISTER lehrte mich die Bibel in moderner Exegese liebgewinnen und P.J.HUBER war im Namen der Provinz immer überaus liebevoll um alles Notwendige besorgt.

    Zum Schluss noch ein Hinweis für jene, denen die exegetische Sprache weniger vertraut ist: In diesem Buch stehen auch viele allgemeinverständliche Dinge. Ich verweise zunächst auf die in hebräisierendem Deutsch abgefassten Texte der Weisheitsperikopen S. 4,35,55,73,99,101,104,111,173,176 und 197. Auch folgende Seiten sollten mit einigen Ausnahmen leicht verständlich sein: 1-3, 94-95, 109-110, 138-139, 144-158 (mit Ausnahme einiger Passagen, die man übergehen kann), 162-165 und 213.

Werthenstein, 5. Februar 1973

Otto Rickenbacher MSF

LITERATURVERZEICHNIS

N.B.: In diesem Literaturverzeichnis wird nur jene Literatur angegeben, die in der Arbeit selber ausdrücklich zitiert ist. Die wesentliche Sirachliteratur von den Anfängen bis 1964 findet man bei Di LELLA, The Hebrew Text of Sirach, S.152-172. Neuere Bücher und Artikel seit 1964 sind leicht zu finden im Elenchus Bibliographicus Biblicus von P.NOBER.

ACHIKAR, das aramäische Achikarbuch, übersetzt in ANET, zitiert bei SEGAL zu Sir 13,18.
ALONSO-SCHOEKEL, L., Estudios de Poética hebrea, Barcelona 1963
ALONSO-SCHOEKEL, L., Poésie hébraïque, SDB 8, 42 (1967) 47-90
ALONSO-SCHOEKEL, L., Proverbios y Ecclesiastico, Madrid 1968
ALONSO-SCHOEKEL, L., Das Alte Testament als literarisches Kunstwerk, Köln 1970
AMENEMOPE, Anfang der Lehre des Lebens ..., cfr. LANGE
APPELFELD, A., Der Weg von Drovna nach Drovitsch, Ariel, Nr.5, Winter 1968, Jerusalem, S.16-28
AUGUSTINUS, Confessiones 6,3
BAILLET, M., Discoveries in the Judaean Desert of Jordan, III. Les "petites grottes" de Qumran, Oxford, 1962, S.75 Nr.18
BAUCKMANN, E.G., Die Proverbien und die Sprüche des Jesus-Sirach. Eine Untersuchung zum Strukturwandel der israelitischen Weisheitslehre, ZAW 72 (1960) 33-63
BAUER, W., Griechisch-Deutsches Wörterbuch zu den Schriften des Neuen Testaments und der übrigen urchristlichen Literatur, Berlin 1958[5] etc.
BAUMGARTNER, W., Die literarischen Gattungen in der Weisheit des Jesus Sirach, ZAW 34 (1914) 168-198
BAUMGARTNER, W., Hebräisches und aramäisches Lexikon zum AT ..., Leiden 1967
BELOT, J.B., Dictionnaire al-faraed arabe-français, Beirut 1964
BIBLIA SACRA, iuxta latinam Vulgatam versionem, Vol.12, Rom 1964
BIBLIA SACRA, iuxta versionem simplicem quae dicitur Pschitta, Beirut 1951
BICKELL, G., Ein alphabetisches Lied Jesus Sirach's ZTK 6 (1882) 319-333
BJERKE, S., The ritual of "Opening the Mouth", Numen 12 (1965) 215
BOCCACCIO/BERARDI, unvollendete hebräische Textausgabe des Sirachbuches; nicht publiziert.
BONNET, H., Reallexikon der aegyptischen Religionsgeschichte, Berlin 1952, 487
BOX, G.G., - OESTERLEY, W.O.W., The Book of Sirach, in: CHARLES, The Apocrypha and Pseudoepigrapha of the OT in English, Vol.I: Apocrypha, Oxford 1913, 268-517
BRETSCHNEIDER, C.G., Liber Iesu Siracidae graece ad fidem codicum et versionum emendatus et perpetua annotatione illustratus, Ratisbon, 1806
BROCKELMANN, C., Arabische Grammatik, Leipzig 1965, 16. Auflage besorgt von M.FLEISCHHAMMER
BROCKELMANN, C., Syrische Grammatik, Leipzig 1965
BRUNNER, H., Die Lehre des Cheti, Sohnes des Duauf, in: Aegyptiologische Forschungen, Heft 13, Glückstadt 1944.
Dort werden die Texte der Handschriften geboten, ferner Uebersetzung und Kommentar, leider keine durchgehende Transskription.
BUECHSEL, W., Artikel "θυμος" in ThWNT
CASPARI, W., Der Schriftgelehrte besingt seine Stellung, Sir 51,12-17 (29), ZNW 28 (1929) 143-148
CHETI, Lehre des Cheti, Sohnes des Duauf, Text bei BRUNNER, H., cfr. dort
COSTAZ, L., Dictionnaire Syriaque-Français, Beirut 1963

DAHOOD, M., חכמת, Biblica 46 (1965) 79

DAHOOD, M., Proverbs 8,22-31, Translation and Commentary, CBQ 30 (1968) 512-521

DAHOOD, M., The divine Name ꜥelî in the Psalms, TS 14 (1953) 452-457

DANTE, Divina comedia, Inferno, 3. Gesang

DELCOR, M., Le texte hébreu du Cantique de Siracide 51,13 et ss. et les anciennes versions: Textus 6 (1968) 27-47

DE VAULX, J., Artikel "demeurer" in VthB

DELITZSCH, Hebrew New Testament, London 1960 (Nachdruck)

Di LELLA, A.A., The Hebrew Text of Sirach, a Text-critical and Historical study, The Hague - London - Paris 1966

Di LELLA, A.A., The Recently Identified Leaves of Sirach in Hebrew, Biblica 45 (1964) 153-167

DUESBERG, H., Ecclésiastique, in Bible de Jérusalem, Paris, ab 1955

DUESBERG, H., - FRANSEN, I., Ecclesiastico, Marietti, Rom 1966, in der Reihe: La sacra Bibbia, Volgata latina e traduzione italiana dai testi originali illustrate con note critiche e commentate, a cura di Mons. Salvatore GAROFALO.

DUESBERG, H., - FRANSEN, I., Les Scribes inspirés, Introduction aux livres sapientiaux de la Bible, Tournai 1966[2]

EDERSHEIM, A., Ecclesiasticus, in WACE, Apocrypha, Vol.II, London 1888

EWALD, zitiert bei SMEND, zu Sir 1,3

FANG CHE-YONG, M., Ben Sira de novissimis hominis VD 41 (1963) 21-38

FANG CHE-YONG, M., De discrepantiis inter Textum Graecum et Hebraicum libri Ecclesiastici seu Ben Sira quarum origo sensus necnon momentum theologicum investigantur, Diss. masch.-schr., Rom 1963

FANG CHE-YONG, M., Usus nominis Divini in Sirach, VD 42 (1964) 153-168

FAULKNER, R.O., A concise dictionary of middle Egyptian, Oxford 1962 etc.

FRITZSCHE, O.F., Die Weisheit Jesus-Sirach's erklärt und übersetzt, Kurzgefasstes exegetisches Handbuch zu den Apokryphen des AT 5, Leipzig 1859

FUSS, W., Tradition und Komposition im Buche Jesus Sirach. Dissertation (masch.-schr.) an der evgl. - theol. Fakultät Tübingen 1963

GALOPIN, P.M., - GUILLET, J., Artikel "désir" in VThB

GARDINER, A., Egyptian Grammar, Oxford 1957[3] etc.

GINZBERG, L., Randglossen zum hebräischen Ben Sira, Orientalische Studien, 2, Giessen 1906

GORDON, C.H., Ugaritic Textbook. Grammar, Texts in Transliteration, Cuneiform Selections, Glossary, Indices, An Or 38, Rom 1965

GROTIUS, H., Annotationes in Vetus Testamentum, curavit G.J.L.VOGEL, Halle 1776(?), Bd. III, S.63-236

HAAG, H., (Hrsg.) Bibellexikon, Einsiedeln 1968[2]

HAMP, V., Sirach, Echterbibel, Würzburg 1962

HASPECKER, J., Gottesfurcht bei Jesus Sirach, Analecta Biblica 30, Rom 1967

HATCH, E., - REDPATH, A., A Concordance to the Septuagint and the other Greek Versions of the Old Testament, Oxford 1897 (Bd 1 - 2), 1906 (Supplement)

HERMISSON, H.J., Studien zur israelitischen Spruchweisheit, Neukirchen 1968

HERRMANN, J., נחל und נחלה im AT, Artikel κληρονομος in ThWNT, Bd III, S.768-775

HIERONYMUS, Zu Zacharias 12,3, cfr. FRITZSCHE zu Sir 6,21

HUMBERT, P., Recherches sur les sources égyptiennes de la littérature sapientielle d'Israël, Neuenburg, 1929.
(bei Di LELLA ist das Adjektiv zu korrigieren!)

JANSEN, H.L., Die spätjüdische Psalmendichtung, ihr Entstehungskreis und ihr "Sitz im Leben", Oslo 1937

JOÜON, P., Grammaire de l'Hébreu biblique, Rom 1947[2] etc.

KEARNS, C., The Expanded Text of Ecclesiasticus. Its Teaching on the Future Life as a Clue to its Origin, Rom 1951 (Diss. masch.-schr. bei der Päpstlichen Bibelkommission)

KOEBERT, R., Vocabularium syriacum, Rom 1956, in der Serie: Scripta Pontificii Instituti Biblici, Nr.110

KOEHLER, H., ZAW 32 (1912) 240

KORAN, der, cfr. ULLMANN

KUHN, G., Beiträge zur Erklärung des Buches Jesus Sira, I-II, ZAW 47 (1929) 289-296; ZAW 48 (1930) 100-121

KUHN, K.G., (Hrsg.) Konkordanz zu den Qumrantexten, Göttingen 1960

KUHN, K.G., Nachträge zur Konkordanz zu den Qumrantexten R Qum 4 (1963-1964) S.163-234

LAGARDE, De, P.A., Libri Veteris Testamenti Apocryphi Syriace, Leipzig - London 1861

LANGE, H.O., Das Weisheitsbuch des Amenemope, Kopenhagen 1925

LEVÈVRE, A., Ecclesiasticus, in ROBERT/FEUILLET, Einleitung, S.756-762

LÉON-DUFOUR, X., (Hrsg.) Vocabulaire de Théologie biblique, Paris 1964

LÉVI, I., L'Ecclesiastique ou la Sagesse de Jésus, fils de Sira, 2 parts, Paris, 1898 und 1901

LIDDELL, H.G., - SCOTT, R., A Greek-English Lexicon ..., Oxford 1925-40

LOHSE, E., Die Texte aus Qumran, hebräisch und deutsch, München 1964

LOWTH, R., De sacra poesi hebraeorum, ed. ROSENMUELLER, Leipzig 1815

MARBÖCK, J., Weisheit im Wandel, BBB 37, Bonn, 1971

MASSART, A., Egyptian without tears, Notae Grammaticae Aegyptiacae policop., Bibelinstitut, Rom 1965

MORAWE, G., Vergleich des Aufbaus der Danklieder und hymnischen Bekenntnislieder (1QH) von Qumran mit dem Aufbau der Psalmen im Alten Testament und im Spät-judentum, R Qum 4 (1963) 323-356

MOWINCKEL, S., Die Metrik bei Jesus Sirach, in: Studia Theologica 9 (1955) 137-165.

    N.B.: Dieser Jahrgang der Zeitschrift erschien erst 1956 in Lund.

OESTERLEY, W.O.E., An Introduction to the Books of the Apocrypha, London 1935

PETERS, N., Das Buch Jesus Sirach oder Ecclesiasticus übersetzt und erklärt, EH 25, Münster 1913

PRITCHARD, J.B., Ancient Near Eastern Texts relating to the Old Testament, Princeton (N.J.) 1955²

PYRAMIDENSPRUCH Nr.219, cfr. SPIEGEL, J., Handbuch ...

RAHLFS, A., (Hrsg.) Septuaginta ..., Vol. I-II, Stuttgart 1949³

RANKIN, O.S., Israels Wisdom Literature, Edinburgh 1936, 222-264

REDPATH, A., A concordance to the Septuagint ..., Supplement, Oxford 1906

REDPATH, A., Concordance to portions of Ecclesiasticus with hebrew equivalents, S.163-196 des SUPPLEMENT der Concordance to the Septuagint ...

RENCKENS, H., Urgeschichte und Heilsgeschichte, Mainz 1961

RICKENBACHER, O., Nachträge zum "griechisch-syrisch-hebräischen Index zur Weis-heit des Jesus Sirach von Rudolf Smend", 6106 Werthenstein CH 1970

RINALDI, G., Onus meum leve, Osservazioni su Eccli 51,26 (Vg 34) et Mt 11,25-30, Bib Or 9 (1967) 13-23

ROBERT, A., - FEUILLET, A., Einleitung in die Heilige Schrift, Bd I, Allgemeine Einleitungsfragen und Altes Testament, Wien 1963

ROBERT, A., - FEUILLET, A., Introduction à la Bible, Vol. I, Tournay 1962²

RÜGER, H.P., Text und Textform im hebräischen Sirach, Berlin 1970

RYSSEL, V., Die Sprüche Jesus, des Sohnes Sirachs, in: E. KAUTZSCH, Die Apo-kryphen und Pseudoepigraphen des Alten Testaments, Bd I, Berlin 1900

SANDERS, J.A.   , Discoveries in the Judaean Desert of Jordan. IV.The Psalms
     Scroll of Qumran Cave 11 (11QPs^a), Oxford 1965, S.79-85
SCHLOEGL, N., Das Alphabet des Siraziden (Eccls. 51,13-29), eine textkritische
     Studie, ZDMG, 53 (1899) 669-682
SCHMID, H.H., Wesen und Geschichte der Weisheit, BZAW 101, Berlin 1966
SCHRENK, G., Artikel "ευδοκεω , ευδοκια " ThWNT, II, 336-348
SEGAL, M.S.,   ספר בן - סירא השלם , Jerusalem 1958^2
SMEND, R., Die Weisheit des Jesus Sirach, erklärt, Berlin 1906
SMEND, R., Die Weisheit des Jesus Sirach hebräisch und deutsch, Berlin 1906
SMEND, R., Griechisch-Syrisch-Hebräischer Index zur Weisheit des Jesus Sirach,
     Berlin 1907
SPICQ, C., L'Ecclésiastique, BPC, Paris 1951, 529-841
SPIEGEL, J., Pyramidenspruch Nr.219, in: Handbuch der Orientalistik, Leiden,
     Bd I, 2. Abschnitt: Literatur; Poesie und Satire, S.159
THOMAS von AQUIN, Summa Theologiae
TALMUD, babilonischer, übersetzt von R.MAYER, Goldmann, München 1965
ULLMANN, L., - WINTER, L.W., Der Koran, das heilige Buch des Islam, nach der
     Uebertragung von Ludwig Ullmann, neu bearbeitet und erläutert von L.W. Winter,
     Goldmann Taschenbücher 121-122, München 1964
VACCARI, A., Ecclesiastico, Salani, Florenz 1958, in der Reihe: La sacra Bibbia,
     tradotta dai testi originali con note a cura del Pontificio Istituto Biblico
     di Roma.
Van IMSCHOOT, P., Artikel "Weisheit" in HAAG, H., Bibellexikon
VATTIONI, F., Ecclesiastico, Testo ebraico con apparato critico e versioni greca,
     latina e siriaca, Neapel 1968, in der Reihe: Pubblicazioni del Seminario di
     Semitistica, a cura di G.GARBINI
Von RAD, G., Die Weisheit des Jesus Sirach, Ev Th 29 (1969) 113-133
Von RAD, G., Weisheit in Israel, Neukirchen-Vluyn 1970
WRIGHT, A.G., The Structure of the Book of Wisdom, Biblica 48 (1967) 165-184
WAHL, C.A., Clavis librorum veteris testamenti apocryphorum philologica,
     Leipzig 1863
YADIN, Y., The Ben Sira Scroll from Masada, Jerusalem 1965
ZENNER, J.K., Ecclesiasticus 38,24-39,10, ZKT 21 (1897) 567-574
ZENNER, J.K., Zwei Weisheitslieder (Sir 24, Bar 3,9-4,4) ZKT 21 (1897) 551-558
ZIEGLER, J., Sapientia Jesu Filii Sirach, ed. J.Ziegler, Septuaginta ... aucto-
     ritate Societatis Litterarum Gottingensis ed., vol XII, 2, Göttingen 1965
ZIEGLER, J., Ursprüngliche Lesarten im griechischen Sirach, in: Studi e testi
     231, Mélanges Eugène Tisserant, Vol. I Ecriture sainte - ancien Orient,
     Città del Vaticano 1964, S.461-478
ZOECKLER, O., Die Apokryphen des Alten Testaments, München 1891
ZORELL, F., Lexicon hebraicum ... Veteris Testamenti, Rom, 1964 etc.

ABKUERZUNGEN UND TECHNISCHE ANMERKUNGEN

a) Für Zeitschriften und Sammelwerke

ANEP	=	The Ancient Near East in Pictures, relating to the Old Testament, ed. by J.B.PRITCHARD, Princeton (New Jersey) 1954
ANET	=	Ancient Near Eastern Texts relating to the Old Testament, ed. by J.B.PRITCHARD, Princeton (New Jersey) 1955^2
An Or	=	Analecta Orientalia, Rom
BBB	=	Bonner Biblische Beiträge
Bib Or	=	Bibbia e Oriente, Genova
BPC	=	La Sainte Bible ... sous la direction de L.PIROT et A.CLAMER, Paris
BZAW	=	Beihefte zur Zeitschrift für die Alttestamentliche Wissenschaft, Berlin
CBQ	=	Catholic Biblical Quarterly, Washington (D.C.)
EH	=	Exegetisches Handbuch zum AT, hrsg. v. NICKEL, Münster
Ev Th	=	Evangelische Theologie, München
RBib It	=	Rivista Biblica ... Italiana, Brescia
R Qum	=	Revue de Qumran, Paris
SDB	=	Supplément au Dictionnaire de la Bible, Paris
ST	=	Studia Theologica, Lund
Textus	=	Annual of the Hebrew Univ. Bible Project., Jerusalem
ThWNT	=	Theologisches Wörterbuch zum Neuen Testament, hrsg. v. (KITTEL) FRIEDRICH, Stuttgart
TS	=	Theological Studies, Woodstock, Md.
VD	=	Verbum Domini, Rom
VThB	=	Vocabulaire de Théologie Biblique, Paris 1964
ZAW	=	Zeitschrift für die Alttestamentliche Wissenschaft, Berlin
ZDMG	=	Zeitschrift der Deutschen Morgenländischen Gesellschaft, Wiesbaden
ZTK	=	Zeitschrift für katholische Theologie, Innsbruck
ZNW	=	Zeitschrift für die Neutestamentliche Wissenschaft und die Kunde des alten Christentums, Berlin

b) Andere Abkürzungen

H	=	hebräischer Sirachtext
G	=	griechischer Sirachtext
S	=	syrischer Sirachtext
Vl	=	lateinischer Sirachtext
A, B, C, D, E	=	Manuskripte A, B, C, D, E des hebr. Sirachtextes
Mas	=	Masadarolle, cfr. Literaturverzeichnis unter YADIN
Q oder 11QPs[a]	=	Qumranfragment von Sir 51,13-20, cfr. Literaturverzeichnis unter SANDERS
LXX	=	Septuaginta
cfr.	=	confer
l.c.	=	loco citato
u.a.	=	und andere
u.ä.	=	und ähnliche
vgl.	=	vergleiche
z.B.	=	zum Beispiel

c) Das Problem der Verszählung

Wohl in keinem anderen Buch der Bibel hat man so viele Zählweisen für Verse und bisweilen selbst für Kapitel, wie im Sirachbuch. Da gibt es nur zwei Möglichkeiten: 1. Man schafft selber eine neue Zählweise, so z.B. SEGAL. Das ist einerseits praktisch, anderseits ist damit wenigen gedient. 2. Man kann sich eine bereits vorliegende Zählweise zu eigen machen. HASPECKER hat sich an RAHLFS gehalten. Für die hier vorliegende Arbeit wäre das jedoch nicht günstig gewesen, denn hier wird auf Schritt und Tritt der Index von SMEND befragt und die Septuagintaausgabe von ZIEGLER konsultiert. So war es naheliegend, sich an die (in der Hauptsache identische) Vers- und Kapitelzählung dieser beiden Autoren zu halten. Soweit als möglich wurden alle anderszählenden Ausgaben und Autorenzitate nach dieser Zählung umgeschrieben. Das gilt vor allem für den Kommentar von SEGAL, für die syrische Mossulausgabe, für RAHLFS und manche andere.

Ein Problem besonderer Art bildet dabei die Kapitelumstellung in Sir 30-36 bei G. An sich wäre die neuere Zählung von RAHLFS logischer, aber jene von SMEND und ZIEGLER ist wegen der Unersetzlichkeit dieser Werke für jedes Sirachstudium auch in Sir 30-36 vorzuziehen.

Man beachte aber, dass vor allem bei älteren Autoren, aber nicht nur bei ihnen, die Versangaben i m g a n z e n B u c h e variieren. Das geht so weit, dass bisweilen ganze Artikel unbenützbar bleiben, weil man nicht herausbringt, welcher Vers mit welcher Zahl bezeichnet ist.

Zur Einführung

Im Bibellexikon von H.HAAG finden sich unter dem Stichwort "Weisheit" einige
Angaben, die man wohl zu Beginn einer Studie wie der unseren überdenken darf:
"Wie im ganzen alten Orient hat auch die alttestamentliche Weisheit entgegengesetz-
te Charakterzüge. Sie ist eine natürliche Eigenschaft des Menschen, die sich durch
Erziehung und Erfahrung entwickelt, aber auch eine den Göttern eigentümliche Eigenschaft, die diese sich sorgfältig vorbehalten (vgl. Gn 2,17; 3,5.22; Job 15,8;
Ez 28,1-6) und nur aus Gnade einzelnen Menschen mitteilen. Einige glauben, die
zweite Vorstellung sei die älteste, die erste, vor allem in den Weisheitsbüchern
vorkommende sei aus der zweiten entwickelt worden. Beide Vorstellungen scheinen allerdings im AT gleichaltrig zu sein und nebeneinander her zu gehen. Sie sind aber
in einer verschiedenen Umgebung entstanden... Die zweite Vorstellung ist entstanden aus dem Glauben an einen oder mehrere Götter, die diese Weisheit als Eigenschaft
besitzen, und kommt im AT erst bei den Propheten und Volkserzählungen vor; diese
Weisheit ist eine mehr oder weniger mysteriöse Macht, die von Gott kommt, und dem
Geiste, mit dem sie öfters parallel steht, analog gedacht. Erst in den jüngeren
Weisheitsbüchern werden beide Vorstellungen verschmolzen" (1).

Es wäre nun gewiss verlockend zu prüfen, wieweit und auf welche Weise die in
Sir 1,1 angegebene These, wonach "alle Weisheit von Yahweh kommt" vom Autor im
Buch durchgehalten wurde und dabei vielleicht einen gewissen Gegensatz etwa zum
Buch der Proverbien herauszustellen. Als ein Fernziel wird das in unserer Arbeit
immer wieder aufleuchten. Es ist zu einem guten Teil das, was diese Studie davor
bewahren soll, nur ein Nebeneinander verschiedener Artikel zu sein. Als ein Nahziel
hingegen ist es zu hoch geschraubt und zu gefährlich. Für's erste ist es besser,
mal die sogenannten Weisheitsperikopen textkritisch, formal, und ansatzweise auch
thematisch zu untersuchen. Die Auswahl dieser Abschnitte geschieht dabei bereits
teilweise nach freier Wahl. Zunächst allerdings kommen nach allgemeiner Ansicht
folgende Perikopen in Frage: Kapitel 1; 4,11-19; 6,18-37; 14,20-15,10; 24;
38,24-39,11 und 51,13-30. Auf diesen liegt auch in unserer Arbeit der Hauptakzent.
Wir haben noch fünf weitere, meist kleinere Versgruppen dazugenommen, weil auch
darin von der Weisheit oder von Weisen die Rede ist: 19,20-24; 20,27-31; 21,12-28;
37,16-26 und 39,12-14. Dabei stimmen wir mit dem Kommentar von ALONSO überein (2),
sind also nicht bloss einem subjektiven Gutdünken gefolgt. Wir bewegen uns eher
im theologischen Bereich, im Gegensatz zu HASPECKER, der mit seinem Thema über die
Gottesfurcht eher die subjektive Frömmigkeitshaltung Ben Siras selbst untersucht
hat (3). Während HASPECKER seine Studie auf das ganze Buch ausdehnen konnte, ist

das in unserem Fall nur für kleine Themen oder einzelne Formen und Worte möglich.

Man kann sich auch noch fragen, ob man nicht wenigstens insofern HASPECKER
hätte nachahmen sollen, als man alle Stellen mit einem Weisheitsterminus hätte
herausnehmen und von diesen im Zusammenhang mit dem Kontext hätte sprechen können. Das wäre aber kaum möglich. Denn man müsste dann nicht nur חכמה , sondern auch alle Synonyma dazu im hebräischen, syrischen und griechischen Text berücksichtigen. Ein solches Unterfangen würde ins Uferlose führen und wenig einbringen.

Ursprünglich war beabsichtigt gewesen, nur der Gestalt der personifizierten
Weisheit ein wenig nachzugehen. Es gibt da einige Arbeiten auf denen man, mindestens scheinbar, hätte aufbauen können. Wir denken an den Abschnitt "The figure
of Wisdom" von O.S.RANKIN (4) oder neuerdings an H.H.SCHMID, "Wesen und Geschichte der Weisheit" (5) und andere. Die erstgenannte Arbeit führt in die Problematik
der Lehre Zoroasters bezüglich der Amesa Spenta hinein. Dabei zeigt sich bald,
dass man da ohne gründliche Kenntnis der persischen Sprache nicht weiterkommt.
Denn die existierenden Uebersetzungen der Gathas sind an den entscheidenden Stellen dermassen verschieden, dass alles und nichts zugleich herausgelesen werden
kann. Beim Vorgehen nach SCHMID's Methode ergäbe sich für das Sirachbuch wiederum
eine nicht sehr vorteilhafte Ausgangsposition. Man müsste dann von Anfang an verschiedene Texte aus verschiedenen Büchern ständig nebeneinander halten, wobei eigentlich nur die Texte aus den Proverbien vorsirazidisch wären. Dabei könnte man
dem Sirachbuch schwerlich die nötige textkritische Aufmerksamkeit schenken. Wie
notwendig es aber ist, auch bei thematischen Studien im Sirachbuch die Textkritik und die fundamentale Exegese nicht zu vergessen, hat jüngst in negativer Weise G.Von RAD mit seinem Artikel über "Die Weisheit des Jesus Sirach" (6) deutlich
vor Augen geführt. Dort werden die Grundlagen so sehr vernachlässigt, dass die
gebotenen Texte weniger gut sind als jene von SMEND vor einem halben Jahrhundert (7).
Es genügt übrigens nicht, einfach die neuesten Studien durchzusehen (8).

Wer sich ernstlich mit Ben Sira Texten befassen will, braucht unbedingt gute,
kritisch einwandfreie Konkordanzen zu den hebräischen, syrischen und griechischen
Handschriften und Fragmenten. Dabei steht nur eine griechische Konkordanz zur Verfügung, ferner ein praktisch unbrauchbares Elaborat von A.REDPATH (9) und schliesslich der ausgezeichnete Index von SMEND (10). Dabei sollte die Möglichkeit bestehen, vor allem den hebräischen und syrischen Wortschatz immer rasch und so vollständig als möglich zu erfassen. Dazu hatte ich eigens Hilfslisten zum Index von

SMEND hergestellt. Wegen der bevorstehenden Publikation einer hebräischen Sirach-konkordanz verzichte ich auf die Publikation der hebräischen Listen und vorläufig auch auf jene der syrischen (11).

Bekanntlich kommen bis heute die meisten ausserbiblischen Weisheitstexte aus dem Land der Pyramiden. So stellt sich latent eigentlich immer die Frage nach ei-ner literarischen Abhängigkeit von Aegypten. Bei Ben Sira stellt sich dieses Problem ganz scharf für die Perikope 38,24-39,11 einerseits und die Lehre des CHETI anderseits (12). Dabei genügte es nicht, nur mit Uebersetzungen zu arbeiten. Wir mussten den Sirachtext mit den hieroglyphischen Texten selbst konfrontieren.

Weisheitslehren scheinen bisweilen eine gewisse Distanz zur Geschichte zu ha-ben. Bei Ben Sira trifft dies allerdings nicht besonders zu. Gerade bei ihm wird man sich die geschichtlichen Hintergründe möglichst gegenwärtig halten. Aller-dings scheinen dabei Perikopen, die wir nicht behandeln stärker in geschichtli-chem Licht zu stehen. Eine gute Uebersicht gibt diesbezüglich M.S.SEGAL (13).

Viele an sich beachtenswerte theologische Ansätze zu Untersuchungen über Abschnitte oder Themen im Sirachbuch waren für diese Arbeit von geringem Nutzen, weil sie nicht bloss vom griechischen Text ausgingen, ohne sich viel um den heb-räischen Text oder um die syrische Uebersetzung zu kümmern, sondern wie etwa SPICQ (14) auch sehr stark griechisch denken. Wider Erwarten konnten auch die vielen interessanten Hinweise auf rabbinische Texte, so etwa bei BOX/OESTERLEY wenig helfen (15).

Von einer Studie über ein noch so wenig bearbeitetes Gebiet wie das Sirach-buch dürfen keine allzu präzise und reiche Ergebnisse erwartet werden. Es ist schliesslich nicht dasselbe, ob ein Waldarbeiter mit Säge und Axt gleich loszie-hen kann, oder ob er diese erst noch selber herstellen muss und inzwischen zum Fällen der Bäume nur ein Taschenmesser zur Verfügung hat. Jedenfalls wurden die vielen textkritischen Probleme nicht leichtsinnig übergangen, sondern mindestens in intentione nach Möglichkeit berücksichtigt.

1. P E R I K O P E 1,1-27

I. DEUTSCHER TEXT (*15)

1 "Alle Weisheit kommt von Yahweh,
  und ist bei ihm von Ewigkeit her.

2 Den Sand am Meer und die Tropfen im Regen,
  und die Tage in der ewigen Zeit, wer kann sie zählen?

3 Die Höhe des Himmels und die Breite der Erde,
  und die Tiefe der Flut, wer kann sie ergründen?

4 <u>Vor diesen</u> allen ist geschaffen die <u>Weisheit</u>,
  und das <u>Wunderwerk der Einsicht</u> <u>von Ewigkeit</u> her (oder: im Anbeginn).

6 Die Wurzel der Weisheit, wem ist sie offenbar,
  und die verborgenen Dinge (oder: Geheimnisse) der Einsicht, wer erkannte sie?

8 Einer ist es, der höchst Furchtbare,
  auf seinem Throne sitzt und herrscht der Herr.

9 Der schuf sie, schaute sie und zählte sie,
  und teilte sie zu allen seinen Werken.

10 Bei <u>allem Fleisch</u> ist sie nach dem <u>Masse</u> seines Gebens,
  doch er verlieh sie <u>reichlich</u> denen, <u>die ihn fürchten</u>.

11 Die Furcht des Herrn ist Ehre und Ruhm,
  und Hoheit und prächtige Krone.

12 Die Furcht des Herrn macht froh das Herz,
  (ist) Freude, Wonne, langes Leben.

13 Wer den Herrn fürchtet, <u>fährt wohl</u> zuletzt,
  und am <u>Ende</u> seiner Tage wird er <u>gesegnet</u>.

14 Der Anfang der Weisheit ist die Furcht des Herrn,
  und den Getreuen ist sie schon vom Mutterleibe anerschaffen.

15 Bei den Frommen wohnt sie von Ewigkeit her,
  und bei ihren Nachkommen wird sie beständig bleiben.

16 Sättigung von Weisheit ist die Furcht des Herrn,
  und sie macht trunken mit ihren Früchten.

17 Das ganze Haus erfüllt sie mit Gütern,
  und die Scheunen mit ihrem Gewächs.

18   Die Krone der Weisheit ist die Furcht des Herrn,

       sie bringt Heil und Leben und Gesundheit (für Heil auch: Wohlfahrt).

19   Sie ist ein starker Stab und eine herrliche Stütze,

       und ewige Ehre für die, die sie ergreifen.

20   Die Wurzel der Weisheit ist die Furcht des Herrn,

       und ihre Zweige sind langes Leben.

21   Die Furcht des Herrn hält Sünden fern,

       und wer (darin) verharrt, meidet den Zorn.

22   Der ungerechte Zorn bleibt nicht straflos,

       denn das Gewicht seines Grimmes gereicht ihm zum Fall.

23   Bis zur rechten Zeit hält der Geduldige aus,

       und zuletzt erwächst ihm daraus Freude.

24   Bis zur rechten Zeit hält er seine Worte zurück,

       und die Lippen vieler werden seine Einsicht preisen.

25   In den Kammern der Weisheit sind einsichtsvolle Sprüche,

       aber dem Sünder ist Gottesfurcht ein Gräuel.

26   Verlangst du nach Weisheit, so halte das Gebot,

       und der Herr wird sie dir reichlich geben.

27   Denn Weisheit und Zucht ist die Furcht des Herrn,

       und sein Wohlgefallen sind Treue und Demut."

II. TEXTKRITISCHE UND FORMALE ANMERKUNGEN

1. Gesamtstruktur

Wer den historischen Weg beschreiten will, der kann mit den Titeln und Zwischenüberschriften der lateinischen Handschriften anfangen. Wir beschränken uns auf das Vetuslatinamanuskript Γ^A aus dem zehnten Jahrhundert (16): 1,1: De aeterna Dei sapientia quod semper cum Patre sit ante saecula. 1,4: De sapientia Dei, id est Filio Patris quod ante omnem sit creaturam et omnia per ipsum facta sint. 1,(5): Quod et verbum Dei Deus sit in excelsis. 1,9: De sapientia Dei prophetarum quia de virgine ex Spiritu sancto filius nasceretur. 1,14: Quod initium sapientiae timor sit Dei et quod electio sit praedestinatio. 1,26: Hortatur sapientia concupiscentibus se servare mandata, ut in evangelio Dominus dicit.

Mehrere dieser Aussagen sind nur auf dem Hintergrund der Vetuslatina einigermassen verständlich. Manche scheinen einer kritischen Forschung nicht standzuhalten. Doch vielleicht nehmen sie nur allzu ungeduldig und ein wenig widerrechtlich das vorweg, was eigentlich am Schluss als reiche Ernte eingebracht werden sollte. Bei dieser Ernte würde dann freilich nicht so sehr Ben Sira, als vielmehr das Neue Testament die reifen Garben in die Scheunen einbringen. Die lateinische Einteilung hat ihr theologisches Interesse, doch fehlt jede formal-strukturale Grundlage. Neuerdings hat aber gerade die gründliche Studie HASPECKER's (17) hinreichend klar gezeigt, wo die Zäsuren liegen. Zweifellos bilden die ersten beiden Kapitel eine grossangelegte Einführung zum ganzen Buch. Davon ist 1,1-27 der lehrhafte Teil, 1,28-2,18 dann der paränetische Teil. Am besten liest man mit ALONSO 4+4 / 3 / 4+4 / 3+3 Distichen (18). Warum diese Formel noch etwas besser ist als jene von HASPECKER wird begründet bei Vers 1,21. Alle andern Versuche einer Gliederung von Kapitel 1 kranken durchwegs mindestens an einem von zwei Uebeln: Man sieht den Einschnitt nach Vers 27 zu wenig deutlich und (oder) man lässt Vers 21 nur als Sekundärdistichon gelten wegen seiner relativ schwachen textlichen Bezeugung (19).

Wir haben zuerst also zwei Strofen von je vier Distichen. Sie sprechen von der Weisheit und ihrem Ursprung welcher Gott ist, und sie münden in die Gottesfurcht ein (ALONSO). Die dritte Strofe, Verse 11-13, redet vom Gottesfürchtigen. Für die zwei darauffolgenden Strofen, d.h. für die Verse 14-17 und 18-21 bietet grundsätzlich immer noch SMEND das reichhaltigste Material für eine philologische und theologische Ausbeutung. Für die Struktur sollte man mit ALONSO 4+4 Distichen lesen. Im Gegensatz zu allen Kommentatoren sehe ich überall die Gottesfurcht, nie die Weisheit als Subjekt an. Die Weisheit gehört hier stets zum Prädikat. Die hintergründige Frage lautet doch: "Was ist Weisheit?". Und die Antwort wird gegeben: "Die Furcht des Herrn, das ist Weisheit". SMEND hat diesen Weg schon ein gutes Stück weit beschritten, nur zögert er bisweilen wieder. Die sechste Strofe umfasst die Verse 22-24, die siebte jene von 25-27, zusammen also 3+3 Distichen. Dabei sind die letzten Verse inhaltlich und formal besonders reich, cfr. ALONSO und SMEND.

2. Zu den einzelnen Versen

Vers 1. Dieser programmatische Auftakt muss struktural in Verbindung mit Vers 10 gesehen werden. Eins und zehn umklammern die beiden ersten Strofen. In 1a weisen G mit κυριος und S mit ܡܪܝܐ einheitlich auf יהוה. In 1b gehen die Textzeugen

insofern auseinander, als G ειϲ τον αιωνα liest, S dagegen בה אלן.
Die Frage lautet also: Wollte Ben Sira sagen: "Die Weisheit wird ewig bei Gott
sein", oder: "Die Weisheit war von Ewigkeit her bei Yahweh"? Schon SMEND hat
die zweite Version vorgezogen und sie als Lesart von S betrachtet. Wir sind
zwar auch dieser Meinung, müssen aber zugeben, dass ein ב auch "in" und ähnliches bedeuten kann. Davon wird im Zusammenhang mit Ugarit und Aegypten im
folgenden Vers die Rede sein. Rein vom philologischen her kann nicht gefolgert
werden, S lese anders als G. Eine Uebersetzung wie "ewiglich" würde beide Bedeutungen offen lassen (ALONSO).

Verse 2-3. Beide Verse fliessen nach dem sogenannten "trägen Rhythmus", so
nennt SMEND im Anschluss an EWALD diese Metrik; wir kommen darauf zurück. - Ben
Sira verwendet gerne wiederholt für mehrere Verse dieselben Topoi, natürlich
stets mit kleineren oder grösseren Variationen. 1,2 hat ein diesbezügliches Ge-
genstück in 18,10. S liest dort: "Wie wenn man füllt einen Schlauch aus dem
Meere und wie ein Sandkorn, (so) tausend Jahre von dieser Welt sind nicht wie
ein Tag in der Welt des Gerechten". G schreibt: "Wie ein Wassertropfen aus dem
Meer und ein Sandkorn, so wenige Jahre in der Zeit der Ewigkeit". SMEND macht
aus S und G mit Recht folgenden Vers: "Wie ein Tropfen im Meer und ein Korn im
Sand, so sind (seine) Jahre in der unendlichen Zeit". Man darf entsprechend
auch in 1,2 übersetzen: "Den Sand am Meer und die Tropfen im Regen und die Tage
in der Ewigkeit". Man vergleiche dazu arabische und ugaritische Sprechweisen.
Fürs arabische verweise ich auf ein Beispiel in der Grammatik von BROCKELMANN:
مَاتَ مِن يَوْمِهِ وَمِن سَاعَتِهِ - "Er starb am selben Tag, zur selben Stunde", im arabischen Text steht jedes Mal مِن (20). C.GORDON schreibt: "That a preposition may
serve as both 'in' and 'from' is common in Egypto-Semitic" (21). In Vers 3 muss
man stärker als es üblich ist S folgen. Soweit vorhanden, entsprechen sich H
mit תהום, S mit ܬܗܘܡܐ und G mit αβυϲϲοϲ in allen acht Fällen ziemlich gut,
cfr. SMEND, Index, und unser Schema zu 24,5. Im weiteren liefert 1,3 ein Beispiel dafür, dass die Weiterentwicklung eines Textes nicht unbedingt schlecht
sein muss. ALONSO und SEGAL haben unabhängig voneinander den eigentlichen Sinn
des Zusatzes "Weisheit" in G gut getroffen. ALONSO macht darauf aufmerksam, dass
"Weisheit" das siebte Ding und somit ein krönender Abschluss wäre. Er nimmt das
Wort aber richtigerweise nicht in den Text auf. SEGAL sieht das ϲοφια von G hingegen als ursprünglich an und bemerkt: "Die Weisheit kommt am Schluss als das am
meisten intendierte und für den Menschen am schwersten vollständig zu erreichende". Das ist gut gesagt. Doch ursprünglich kann "Weisheit" hier nicht sein. Es

fehlt in S, passt nicht zu Vers 4 und zur sirazidischen Sprechweise überhaupt.
Denn soviel ich sehe, stellt unser Autor die Weisheit nie in eine Reihe mit et-
was anderem aus der Welt; wir kommen darauf zurück. Für den Anfang von 3b hat
SMEND höchstwahrscheinlich das Richtige getroffen mit seinem Vorschlag "die
Tiefe der Flut".

Das רבתא אתהמתא von S kann sehr wohl ein עמק תעום als Voraussetzung haben,
und zudem gibt es in der Textüberlieferung genügend Anhaltspunkte dafür. Man
findet die Sachen bei SMEND und im kritischen Apparat der Göttinger Septuagintaausgabe von ZIEGLER. Vom Tehom ist bei Sirach öfters die Rede: Keiner kann
ihn ergründen 1,3; er zittert 16,18; die Weisheit geht einher in der Tiefe der
Flut 24,5; die Gedanken des Gesetzes sind grösser als die grosse Flut 24,29;
Gott erforscht den Tehom und das Herz 42,18; er gründet Inseln in der Flut
43,23. Cfr. ferner das Schema zu 24,5.

Vers 4. Dieser Vers enthält einen ziemlich starken Chiasmus. Für textkritische
Einzelheiten kann auf SMEND verwiesen werden. KUHN schlägt vor, in 4b ein ursprüngliches t^{e}kumat zu sehen, das später in t^{e}bunat verlesen worden wäre (22).
Aber die Bearbeitung durch SMEND ist besser. Viele der Vorschläge KUHN's sind
zwar an sich recht interessant und scharfsinnig. Doch denkt er in ganz unsira-
zidischen Kategorien, vergleicht selten genügend, oft überhaupt nicht mit andern Stellen im Buche selber und bringt entsprechend wenig passende Resultate
ein. Es muss ein für alle Mal gesagt werden: Man kann nicht Methoden aus der
Pentateuch- oder Proverbienforschung einfach auf das Sirachbuch übertragen. Mit
"Wunderwerk der Einsicht" wurde die Uebersetzung von SMEND aufgenommen. Die komp-
lizierte Erklärung beginnt damit, dass man mit συνεσις φρονεσεως nicht zu-
frieden ist. Ein solcher Ausdruck, der eigentlich nur zweimal dasselbe sagt,
kann schwerlich echt sein. Wir suchen aber ein "Ballast-variant-word" (23) zu
σοφια / חכמה . S liest תקיפא הימנותא "stark ist die Treue". Wie SMEND sagt,
setzt die Peschitta öfters גבר für גבר . S tut das allerdings nur in 36,27, wo
גבר den Sinn von "vortrefflich sein" hat. Analog kann in 1,4 גבורה תבונה gestanden haben, also: "Riesenwerk, Wunderwerk der Einsicht". Vielleicht wollte
Ben Sira damit sagen, die Weisheit sei auch das grossartigste aller Geschöpfe
des Herrn. Es bestünde freilich auch die umgekehrte Möglichkeit: תבונת גבורה =
"Einsicht der Vortrefflichkeit" = "vortreffliche Einsicht". Es beginnt sich hier
noch ein weiteres Problem zu enthüllen: Man kann Schöpfung und Weisheit nicht
trennen. So schreibt ALONSO zu 42,21: "Nach Ben Sira ist die Weisheit das erste
Werk Gottes und leitet die andern". SEGAL's Versuch, eine mögliche Verlesung von

עצמת in עשנת bei S vorauszusetzen, ist nicht glücklich. Seine vorzügliche Bemerkung über ערמה gehört daher auch besser zum folgenden Vers.

In Vers 6 folgt man zum Teil besser S. Der Vers verträgt gut zwei Weisheitsausdrücke, einen in a und einen in b; er wird so voller. Ein Sprechen von den Werken der Weisheit ist hier verfrüht. Man hat in Sir 1 noch keine Personifikation der Weisheit im Sinne von Kapitel 24, die Weisheit handelt in Sir 1 noch nicht. Vielleicht soll in diesem Vers die "Wurzel" wirklich im Sinne von Job 19,28 interpretiert werden: שרש דבר = der eigentliche Grund, die Ursache, das Wesen der Angelegenheit. In diesem Sinne kann SMEND sagen, es gehe hier nicht um eine origo, sondern eben um das Wesen. Auch in unserem Vers ist die Frageform didaktisch und die Antwort eigentlich mitgedacht: Keiner (ausser Yahweh) kann sie ergründen. Hierher gehört endlich SEGAL's Anmerkung aus Vers 4:"ערמה (das gilt auch von מערמיד in 1,6, das hinter πανουργευματα zu suchen ist) wird auch im guten Sinne gebraucht. Die Bedeutung ist "Absicht" und "verborgener Plan", ferner "die Fähigkeit, etwas geschickt zu tun" ohne dass die andern dessen Grund und Ursache erfassen". Ueber SEGAL's weiteren guten Hinweis bezüglich der Erkenntnis der zwei Seiten der Weisheit wird im theologischen Abschnitt zu reden sein.

Vers 8. Es ist durch SMEND der richtige Weg gewiesen. Nur muss man deutlicher sagen, dass σοφος zu streichen ist. Einmal fehlt es im syrischen Text und in der Vetuslatina. Diesen äusseren gesellen sich innere Gründe bei. Wir finden bei G 25 Mal σοφος. 24 Mal bezieht es sich auf Menschen. Nur hier würde es von Gott ausgesagt. Das stimmt zudem nicht überein mit dem Gedankengang des Buches selbst. Denn recht oft ist die Rede davon, dass es Weise gibt; man kann weise werden. Wie reimt sich das damit, dass Gott allein weise ist? Soll man sagen: Gott ist weise simpliciter eminenter, die Menschen aber per analogiam proportionalitatis propriae? Solche philosophische Unterscheidungen macht Ben Sira nicht. Gott ist nicht weise, sondern mehr, er ist Herr der Weisheit, er besitzt sie, sie ist bei ihm. Auch der Kontext erfordert kein σοφος. Man erwartet eine Antwort auf die Frage: "Wer kennt (oder erkannte) die Weisheit?". Es sollte dann ungefähr gesagt werden: "Gott, er allein erkannte sie", so ähnlich wie in Job 28, wovon unser Abschnitt beeinflusst ist (24). Es ist ferner zu sagen, dass σοφος nur einmal im Alten Testament von Gott direkt ausgesagt wird, in Is 32, und einmal direkt in Job 28: "Das Herz Gottes ist weise". Das Wort σοφος kann durch einen christlichen Kopisten hineingeraten sein, der an den Schluss des Römerbriefes dachte, wo - übrigens das einzige Mal im NT - das Wort σοφος von Gott gebraucht wurde. Auch Christus ist nie σοφος sondern die σοφια, wenn schon. - SMEND gibt noch den Hinweis auf die Identität von Weisheit und Macht. Bei 42,18 setzt er wiederum Allwissenheit und Allmacht gleich. Das wäre theologisch interessant.

Vers 9. Man hat in 9b zu entscheiden zwischen פלג von S, das in den mit H vergleichbaren Fällen praktisch immer ein חלק wiedergibt, und dem εκχειν von G. Dabei ist פלג zweifellos bedeutend typischer für Ben Sira, vor allem im Zusammenhang mit dem Thema der Schöpfungsordnung. Von besonderer Bedeutung ist SEGAL's Hinweis auf Gn 1,31. Wirklich ist dort "schaffen" und "sehen" beisammen, wie oft im Kapitel 1 der Genesis. Formal ist in Sir 1,9 ein gewisser Chiasmus gegeben zwischen dem Geschaffenwerden der Weisheit und der übrigen Werke Gottes.

Vers 10. Man hat einen Chiasmus zwischen "allem Fleisch" und den "Gottesfürchtigen" und zwischen "geben nach Mass" und "reichlich verleihen". Die Lesart "fürchten" von S und G Minuskeln an Stelle von "lieben" des G ist nach den Studien von SMEND und HASPECKER nicht mehr anzuzweifeln. Man könnte hier zu den Ausführungen HASPECKER's noch eine Ergänzung anbringen: Die Differenz der Lesarten "Gott fürchten" und "Gott lieben" findet sich auch innerhalb der syrischen Texttradition. Z.B. liest in 42,17 LAGARDE "lieben" (25), die Mossulausgabe aber "fürchten". H und G lesen dort je etwas anderes. Vermutlich ist dort aber H mit צבא - gemeint sind dann die Engelschaaren - im Recht.

In Vers 11 hat es SMEND mit der Auswahl zwischen G und S gut getroffen. Wirklich sollte von "Freude" noch nichts stehen, wie es auch S nahelegt. KUHN hat vorgeschlagen, hinter ευφροσυνη ein ענדה = "sie bindet um" zu sehen, das in der Folge von G in עדנה verlesen worden wäre (26). Er hat dabei S nicht berücksichtigt und ein Vergleich auch nur schon mit dem Kontext widerrät einer solchen Korrektur. - Unser Vers hat etwas Königliches an sich. "Auf dem Throne sitzen" und "eine Krone tragen" sind bei Ben Sira fast synonyme Begriffe. So in 40,3-4: "... der hoch auf dem Throne sitzt ... der Mütze und Krone trägt ...". Man darf wohl eine Linie sehen von Vers 8 über 11 zu 18. Zuerst sitzt der Herr auf seinem Thron, ihm soll man mit Gottesfurcht begegnen. Diese ihrerseits bringt dem Menschen ein königliches Wesen ein, nämlich die Krone der Weisheit, und so gilt auch hier, dass "alle Weisheit von Yahweh kommt (1,1)".

Vers 12. In b scheint man wiederum besser S zu folgen. G ändert nämlich gerade bei διδομι sonst noch zweimal, in 31,20 und in 50,20. Im ersten Fall steht G gegen S, im zweiten Fall gegen H, S fehlt dort. Auch aus stilistischen Gründen verdient S den Vorzug. Man erwartet nämlich eine Fortsetzung im Stile von Vers 11. Ferner wird, sobald man ein aktives Verb setzt, der Stichos b sofort zu lang, wie SEGAL gut bemerkt. Zum ersten mal werden an dieser Stelle im Sirachbuch Freude und Wonne genannt. Sie kommen hier von der Furcht Gottes her. Den Ursachen des Freude-Themas bei Ben Sira etwas nachzugehen, würde sich lohnen, cfr. zu 15,6.

Vers 13. Dieser Vers ist in G chiastisch gebaut. Es entsprechen sich "zuletzt" und "am Ende der Tage", ferner "fährt wohl" und "wird gesegnet". Mit Recht verweist SMEND auf 3,26. Dort haben S und H genau dieselbe Konstruktion wie S in 1,13: S liest nämlich "am Ende seiner Tage", G hingegen "am Tage seines Endes". G spielt auf den Tod an. Wäre diese Lesart echt, müsste im theologischen Teil auf die Frage eines Weiterlebens und einer Vergeltung im Jenseits eingegangen werden. Mit S aber kann das Problem viel weiter und grundsätzlicher gefasst werden. Es mag dann um ein grenzenloses Vertrauen auf Yahweh als den Herrn und Helfer gehen, wobei Zeit, Leben und Tod in den Hintergrund treten. - Nicht zufällig ist das letzte Wort "gesegnet". Zweifellos stand eine Form von brk. Ueber den Inhalt (SEGAL schreibt dazu: "Dass man in hohem Alter erst sterben muss, tüchtige Kinder und einen angesehenen Namen hinterlassen kann") wird später die Rede sein. Vielleicht ist die nächste Doppelstrofe, d.h. die Verse 1,14-21, eine Ausführung vor allem dazu. Jedenfalls soll der Uebergang von Vers 13 zu Vers 14 beachtet werden: in 13 steht der Gottesfürchtige am Anfang, in 14 die Gottesfurcht schon an zweiter Stelle. W.FUSS möchte in 13 einen sicher sirazidischen Vers sehen, bei 11 und 12 denkt er an ein vorsirazidisches Stück, doch schliesst er Ben Sira als Autor nicht absolut aus. Die unsichere Angelegenheit bringt uns wenig ein. Dass Vers 13 einen gewissen Höhepunkt darstellt, das hat FUSS hingegen gut bemerkt.

Vers 14. Während Vv. 1-8 einen Midrasch zu Job 28 bilden, wollen manche in Vv. 14-21 einen Midrasch zu Prov 1,7 sehen. Der Spruch heisst dort: yīrat Yāhwēh rē'šīt daᶜat ḥokmāh ūmūsār 'ewīlīm bāzū. Ben Sira würde also den ersten Stichos umgestellt und ferner daᶜat durch ḥokmāh ersetzt haben. Prov 9,10 liegt aber näher. Den vermutlich chiastisch strukturierten Vers übersetze ich wie folgt: "Anfang der Weisheit ist die Furcht des Herrn, und die Erkenntnis des Heiligen, d a s ist Einsicht". Hat Ben Sira das Subjekt gewechselt? Das scheint ganz unwahrscheinlich. Dann ist aber auch wohl in Sir 1,14b nicht die Weisheit anerschaffen, sondern die Gottesfurcht. Dass die Weisheit vom Mutterschosse an anerschaffen wäre, wäre eine neue und fremde Formulierung. Sie stünde in einem sonderbaren Gegensatz zur immer wiederholten Aufforderung zum Streben nach Weisheit. Ein Auserwähltwerden in die Gottesfurcht hinein ist dagegen selbst bei Ben Sira traditional, cfr. Jer 1,5b und Sir 49,6. Das passt auch besser zu Vers 15 und zum Ganzen. Gewiss, die Weisheit ist hier ebenfalls irgendwie personifiziert, aber wirklich handeln sieht man in 1,1-27 nur die Gottesfurcht. Dazu stimmt,

dass - soviel ich sehe - die Gottesfurcht bei Ben Sira grammatikalisch auch
sonst nie Prädikatsnomen ist, die Weisheit indessen oft. Gottesfurcht ist Subjekt oder direktes oder indirektes Objekt. Der Sirazide fragt nicht nach der
Gottesfurcht. Diese ist für ihn eine grundlegend vorgegebene religiöse Grösse.
Das hat HASPECKER in seiner Studie klar genug gezeigt. Sirach will die Menschen
zur Weisheit führen. Formal interessiert der Uebergang von Vers 13 zu Vers 14.
Vers 13: "Wer den Herrn fürchtet, fährt zuletzt gut, und am Ende seiner Tage
wird er gesegnet". Vers 14: "Der Anfang der Weisheit ist die Furcht des Herrn,
und den Getreuen ist sie vom Mutterleibe an anerschaffen". Vom Ende in 13 geht
es zum Anfang in 14, vom Abend zum Morgen, von der Eschatologie zur Protologie,
wenn man das so nennen darf. Für weitere textkritische Fragen zu Vers 14 kann
auf SMEND verwiesen werden. Die Reihenfolge der Verse muss bleiben. DUESBERG/
FRANSEN schlagen in der Garofalobibel folgende Versordnung vor: 14a - (14b-15)
20 - 18 - 19 - 16 - 17 - 11 - 12 - 13. Das ist ganz unnötig und hat in der Textüberlieferung gar keine Grundlage.

Vers 15. Das "bei den Menschen" des G kann nicht stimmen. Diese Uebersetzung hat
entweder etwas vergessen, oder dann den Vers absichtlich ins Universelle auswei-
ten wollen (SMEND). Vielleicht geschah dies mit Rücksicht auf Kapitel 24. Ich
finde in der ganzen Bibel keinen Vers nach dem Schema "bei den Menschen und bei
den Nachkommen der Menschen". "Bei den Auserwählten und ihren Nachkommen", das
geht an. So liest etwa S mit seinem ܘܒܙܪܥܗ ܓܒܝܐ. Auch die von SMEND vorge-
schlagenen Vergleiche mit 4,16 und 24,7ff. führen zu keinem anderen Resultat. -
In 15b stand wohl ursprünglich ein Nif^al von אמן.

Vers 16. KUHN nimmt "Sättigung mit Butter" an für "Fülle der Weisheit" oder für
"Sättigung von Weisheit". Er setzt voraus, ein ursprüngliches חמאה sei in חכמה
verlesen worden. Nun wird man in der Sirachforschung auch eine solche Spur mit
Interesse verfolgen. Aber wenn sich dann zeigt, dass es bei Ben Sira textkritisch dafür nicht den geringsten Anhaltspunkt gibt, und dass die angeführten Pa-
rallelstellen Job 20,17 und Dt 32,14 zur Sache ausser dem Wort חמאה rein nichts
beitragen, frägt man sich billig, was der Vorschlag überhaupt für einen Sinn habe. Doch das Schlimmste kommt ja erst: Wenn man in Vers 16 "Butter" für "Weisheit" liest, ist es mit der feinen, leicht chiastischen Struktur von 1,14-21
aus. Wurzel (V. 20) und Anfang (V. 14), Fülle (V. 16) und Krone (V. 18), das
klingt doch viel echter! - Ein weiteres Problem wäre die Subjektfrage. In b sagt
SMEND: "Sicher die Gottesfurcht". In a dürfte es nicht anders sein. Wer ist gemeint mit i h r e Früchte? Es sind wohl die Früchte der Weisheit, welche die

Gottesfurcht verteilt.

Vers 17. SMEND scheint das Wort עבדתא, das bei S zusätzlich steht, als Subjekt verstanden und darum abgelehnt zu haben. Aber 17b weist daraufhin, dass
das letzte Wort in a ein Objekt sein soll. Das entspricht auch den Worten des
Griechischen. Der Sinn müsste entsprechend sein: "Und sie (Gottesfurcht) füllt
ihre (der Gottesfurcht) Schatzkammern mit Weisheit". Grammatikalisch ist das
durchaus möglich. Denn das Verb "füllen" hat wie im Hebräischen oder Arabischen,
so auch im Syrischen den doppelten Akkusativ (27). Doch aus einem anderen Grunde scheint hier ursprünglich nicht חכמה gestanden zu haben. Es stört die Struktur der Perikope und passt nicht recht in den Gedankengang Ben Siras. Vor allem
aber gibt es einen textkritischen Grund, auf welchen bereits SMEND hinwies: In
41,12 liest Ms B von H zwar חכמה, aber die lectio marginalis ist חמדה. Letzteres entspricht dem griechischen χρυσιον. Ausserdem liest die Masadarolle in
41,12 ebenfalls חמדה. In 1,17 wird ein Wort gesucht, das dem griechischen
επιθυμημα entspricht. חמדה passt ausgezeichnet. Es kann gut als Vorlage von
G, wie auch als Ausgangspunkt für den Fehler in S gedient haben.

Vers 18. Zu den Problemen gehört wieder einmal die Subjektfrage. Es sei die Gottesfurcht, schreibt SMEND wohl richtig. In b dürfen ruhig drei Glieder sein, so
S. Als reine Möglichkeit hat ALONSO einen neuen Formalaspekt zur Sprache gebracht: Die Krone hier könnte die Krone eines Baumes sein. Das würde gut zum
Kontext passen. Auch mit αναθαλλειν würde es tadellos übereinstimmen. Aber
mit Rücksicht auf Vers 11b möchte man doch lieber an eine Festkrone oder an eine Königskrone denken. αναθαλλειν hätte dann den Sinn von "gibt reichlich".

Vers 19. Ist die Weisheit, die Gottesfurcht oder Gott selbst Subjekt? Man kann
bezüglich der textkritischen Probleme S folgen bis auf das Verb in 19b, wo der
Syrer, wie SMEND richtig sah, ungenau übersetzt hat. Dass die Weisheit nicht
Subjekt sein kann, sehen FRITZSCHE und ALONSO gut. Deswegen muss es jedoch noch
nicht gleich Gott sein. Ganz daneben ist die Idee von FRITZSCHE aber, Vers 19
als Tristichon zu verrechnen. - Als Subjekt kommt unserer Ansicht nach die Gottesfurcht in Frage. Die Tradition von G ist diesbezüglich ungenau, bei S liegt
die Sache anders. Das Bild vom Stab und von der Stütze ist gut sirazidisch,
SMEND verweist auf 31,19 und 15,4. So steht nichts im Wege, die Gottesfurcht
Subjekt sein zu lassen.

Vers 20. Man folgt ungefähr G. Subjekt in a ist die Gottesfurcht. Für b liegt
die Sache etwas schwieriger: Sind es die Zweige der Weisheit oder die Gottesfurcht? Doch vielleicht darf man hier die Frage gar nicht auf diese Weise scharf

stellen. Es geht um den Weisheitsbaum als ganzen mit den zwei Polen, der verborgenen Grundlage und der herrlichsten Entfaltung. SEGAL schreibt zu unserem Vers: "Die Gottesfurcht ist die Wurzel ... daraus wächst der Weisheitsbaum empor, dessen Zweige Früchte langen Lebens tragen". Man braucht sich indes nicht zu ängstigen, falls auch in 20b die Gottesfurcht im strengen Sinn Subjekt sein sollte. Denn FUSS bemerkt zu 1,14-20 ganz richtig, dass bei Ben Sira "zum Teil Prädikate, die von der Weisheit geläufig waren, auf ihre 'Wurzel', die Furcht des Herrn, übertragen werden". - Zum interessanten Motiv vom Baum der Weisheit und dem Baum des Lebens cfr. zu 24,12.

Vers 21. Der Vers gehört nach HASPECKER als Uebergangsvers eher zur folgenden Strofe. Mit ALONSO nehmen wir ihn lieber zum Vorangehenden. Die so typische Stichwortverbindung wird ja durch das Wort "Zorn" geboten. Auch PETERS und HAMP verbinden den Vers eher mit 1,20 als mit dem Folgenden. Eine regelmässige Strofik wird nur auf diese Weise gewährleistet. Zugunsten von HASPECKER könnte man dessen Hinweis auf das Schema positiv - negativ gelten lassen, es wäre dann ein typisch sirazidischer Maschal. Jedenfalls darf der Vers nicht ausfallen. Das Fehlen in S besagt wenig, weil S offenbar von 1,20 an etwas vor sich hatte, was er einfach nicht bewältigen konnte. Dass der Vers im Hauptstrom der griechischen Zeugen nicht auftaucht, ist schlimmer, doch ist es nicht der einzige Fall. Es trifft beispielsweise auch zu für 26,19-27, wo zwar einige Kommentatoren einen Zusatz vermuten, andere aber, vor allem HASPECKER (28) den Abschnitt als echt ansehen.

Verse 22-27. Da S fehlt und H ebenfalls nicht vorhanden ist, lässt sich textlich nicht viel sagen. Bezüglich Vers 26 sei für die Singular-Uebersetzung "Gebot" statt der Pluralform "Gebote" auf HASPECKER (29) und unsere Anmerkungen zu 6,37 verwiesen.

3. Formale Einzelprobleme

Nach diesen Einzelbesprechungen möchten wir noch auf vier ausstehende formale Fragen zu sprechen kommen: Träger Rhythmus - Fragen - Weisheit und ihr Platz - Antithesen.

a) Der sogenannte träge Rhythmus

Der Ausdruck "träger Rhythmus" meint folgendes: Nicht selten wird im Sirachbuch die ruhige Bewegung aus dem ersten Stichos im zweiten fortgeführt und zum Abschluss gebracht. Nicht alle Uebersetzer haben diesem typisch sirazidischen

Phänomen immer die nötige Aufmerksamkeit geschenkt. So übersetzt HAMP in der
Echterbibel Sir 10,11: "Wenn der Mensch stirbt, so werden sein Anteil / Moder
und Maden, Geschmeiss und Gewürm". Aber das Versbild wird ganz anders, wenn
man mit ALONSO genau H folgt: "Muere el hombre y hereda gusanos, / lombrices,
orugas, insectos". In 49,4 liest H in <u>a</u> zwei Namen, in <u>b</u> einen, G hingegen
bringt alle drei Namen in <u>a</u> unter. Wie verschieden das Versbild so werden kann,
mögen die Uebersetzungen von BOX/OESTERLEY und von PETERS illustrieren.

BOX/OESTERLEY: "Except David, Hezekiah, and Josiah,
   They all dealt utterly corruptly".

PETERS: "Ausser David, Ezechias
   und Josias handelten sie alle schlecht".

Auf den ersten Blick gibt man BOX/OESTERLEY den Vorzug. Indessen wird bei
PETERS der Gegensatz zwischen dem frommen Josias und der Schlechtigkeit der
Nachkommen schärfer herausgehoben, und das mag vom Autor selbst ursprünglich
beabsichtigt gewesen sein. Somit hat PETERS besser übersetzt. - In 47,17 haben
wir nur in der G-Lesart einen trägen Rhythmus. H nimmt alle in Frage kommenden
Wörter in den ersten Stichos auf. Aber dann fliesst der ganze Vers nicht mehr
gut. Man höre sich den Unterschied mal an:

<u>beš̄ir m̄āš̄āl ḥīd̄āʰ ̄ūmeliṣāʰ</u>   ͨamm̄im hisͨart̄āʰ ,

dagegen:

<u>beš̄ir m̄āš̄āl ḥīd̄āʰ</u>   <u>ūmeliṣāʰ ͨamm̄im hisͨart̄āʰ</u>

Dementsprechend hatte schon SMEND richtig übersetzt:
"Durch Lieder, Sprüche, Rätsel/ und Scherzreden setztest du Völker in Erstaunen". Die ungleiche Länge der Zeilen ist lediglich durch eine etwas umständli-
che Ubersetzung verursacht. - Aehnlich steht es mit 45,10, nur dass dieser Vers
von der Textüberlieferung her keine Schwierigkeiten bereitet. Sinngemäss würde
man zwei Zäsuren setzen: ‏בגדי קדש / זהב תכלת וארגמן / מעשה חשב‎.
Nicht so Ms B. Diese Handschrift hat n u r e i n e Zäsur: ‏בגדי קדש‎
‏זהב תכלת / וארגמן מעשה חשב‎ . Damit gibt sie eine vom Autor gewiss beab-
sichtigte Nuance gut wieder. - Eine gewisse Schwierigkeit besteht wieder für
50,24. In der Handschrift ist die Zäsur vor ‏כימי שמים‎ . Nur wird so <u>b</u> zu
kurz. Besser folgt man wie PETERS, BOX/OESTERLEY, HAMP und andere dem Gesetz des
trägen Rhythmus und setzt die Leseweise voraus: ‏אשר לא יכרת לו / ולזרעו‎
‏כימי שמים‎ . Schliesslich erwähnt SMEND auch 24,15. Dieser Vers stellt
diesbezüglich indes keine Probleme.

b) <u>Ein weiteres Formalproblem bei Ben Sira bilden die Fragen</u>
Gleich in 1,2-3 kommen schon welche vor. In Sir treffen wir bedeutend weniger

Fragen als in Job, doch unverhältnismässig viel mehr als in den Proverbien.
Auch die Art der Fragen darf kurz berührt werden. Zu einem sehr hohen Prozent-
satz sind es nämlich Satzfragen, in welchen bereits eine negative Antwort
steckt. Man kann diesbezüglich kurz die τις -Stellen im <u>Index</u> von SMEND
durchgehen. Dabei fallen 16,22^2 und 48,4 aus, weil H dort nicht מי liest. 22,27
und 23,2 sind formelhafte Wendungen: מי יתן . 23,18^2 gehört unter τι . 12,1 und
34,9-10 endlich sind die einzigen Stellen, die trotz τις = מי wirklich suchen-
den, problemhaften Charakter haben. Die übrigen - über dreissig - sind alle rein
didaktisch und tragen im Prinzip schon die Antwort in sich: Keiner, niemand, von
keinem und ähnlich. Von H her wäre hier auch noch 46,19 einzureihen. Selbst die
wenigen "warum?"-Fragen sind meist bloss didaktischer Natur. Vielleicht bildet
nicht einmal 33,7 eine Ausnahme mit der Frage: "Warum ist ein Tag verschieden
vom andern?". Bei Job sind die "warum?"-Fragen echte Existenzfragen; bei Ben
Sira spürt man nichts davon (30). Wie sehr sich hier etwas geändert hat, sieht
man beim Vergleich der מי Stellen im Pentateuch oder bei den Profeten. In den
Proverbien hingegen zeichnet sich schon das ab, was wir soeben bei Ben Sira fan-
den, nur noch nicht so exklusiv.

c) <u>Lässt sich die Weisheit mit irgend etwas gleichsetzen in dieser Welt?</u>

Wir haben bereits zu 1,3 bemerkt, dass dies nicht der Fall sei. Das war nicht
der einzige Grund, doch immerhin ein Grund, das σοφια in 1,3d abzulehnen. Nun
gibt es aber einen Vers anderswo, der unserer These scheinbar nicht geringe
Schwierigkeiten bereitet. Es handelt sich um 40,19. Weil dieser Vers einigen
falschen Daten Vorschub leisten kann, wenn die Dinge nicht an den rechten Ort
gerückt werden, ist hier der Ort, diese Stelle zu prüfen.

G liest: τεκνα και οικοδομη πολεως στηριζουσιν ονομα
και υπερ αμφοτερα γυνη αμωμος λογιζεται.

S hat:

B:	ומשניהם מוצא חכמה	ילד ועיר יעמידו שם
	ומשניהם אשה נחשקת	שגר ונטע יפריחו שם
Mas:	ומשניהם מוצ( )	ילד ו( ) ( )ידו שם

Im zweiten Vers nur am Ende des ersten Stichos ein שאר, das übrige
fehlt.

G: "Nachkommenschaft und Städtebau geben dem Namen Bestand,
aber mehr als sie beide wird eine tadellose Frau geschätzt".

S: "Ehre und Ansehen stellen einen Namen auf,
       aber besser als beides, wer Weisheit findet.
       Ein Bau und eine Pflanzung erneuern einen Namen,
       aber besser als beides eine weise (lectio varians: gute) Frau".

B: "Nachkommenschaft und Städtebau geben dem Namen Bestand,
       aber mehr als sie beide, wer Weisheit findet.
       Viehzucht und Ackerbau bringen den Namen zu Ehren,
       aber mehr als sie beide eine liebenswerte Frau".

Mas: Wie B, soweit erhalten. Nur liest dieser Text in 19c statt "Name"
       "Nachkommenschaft", wenn שאר richtig gelesen ist. Das Wort ist
       dann fast eher eine Parallele zu ילד als zu שם .

G liest einen einwandfreien Text. Bei B fallen Varianten oder Dubletten auf:

שגר ונטע und ילד ועיר , ferner in etwa יפריחו שם und יעמידו שם .

Auffallenderweise ergeben 40,19a und d zusammen ziemlich genau die Grundlage
für G, nur dass G αμωμος an Stelle von נחשקת schreibt. Nun machen ausgerechnet die anderen Stichen, b und c Malaise. Bei 19c scheint es vom Inhalt her
nicht gut zu stimmen. Alle anderen Themata der jeweils ersten Halbzeile von
40,18-26 sind vorher positiv im Buch behandelt worden und sind nun dem Leser
entsprechend vertraut. Dass aber Viehzucht und Ackerbau in besonderer Weise dem
Namen Bestand geben, das - glaubt wohl Ben Sira selber kaum. Jedenfalls war davon bisher nur am Rande, nie ausführlich oder mit Begeisterung gesprochen worden. An 19b will schon das מוצא nicht gefallen. Man erwartet etwas anderes,
nachdem das Wort schon in 18b gestanden hat. Auch חכמה entspricht nicht besonders gut dem, was man erwartet. SMEND ist der Ansicht, von "Weisheit" dürfte
keinesfalls bereits in 40,19 die Rede sein. Nun, das wäre an sich kein grosses
Problem. Man könnte mit HASPECKER (31) "Weisheit" hier im Sinne von "lernbarer
Klugheit" verstehen. Oder, weniger wahrscheinlich, könnte חכמה mit "Gottesfurcht" eine Inclusio bilden. Hingegen hat SMEND höchstwahrscheinlich den Ursprung von 19b und c gefunden: Jemand störte sich an der hohen Einschätzung von
אוצר in 40,18b. Er "korrigierte" das in חכמה . Ein anderer erfand das als
einen neuen Stichos und ergänzte 19c. Umgekehrt lässt sich kein Grund finden,
der G zur Eliminierung hätte veranlassen können. S hat eine lectio valde con-
fusa, er bringt keinen wertvollen Diskussionsbeitrag. Dass die Masadarolle auch
wie B und S zwei und nicht bloss wie G eine Zeile liest, sagt nur, die Erweiterung sei bereits frühen Datums. Ein letztes. Ist es ein Dogma, dass der Abschnitt
40,18-26 zehn Verse umfassen muss? Der zu erreichende Effekt wird glänzend auch
mit neun erreicht. Kurz und knapp: 40,19 bestand ursprünglich nur aus einem einzigen Distichon, nämlich 40,19a und d. Dies gilt trotz B, trotz Mas und trotz S!

Und damit ist eine Schwierigkeit aus der Welt geschafft gegen die These, dass nichts in der Welt sich mit der Weisheit gleichsetzen lässt.

d) <u>Antithesen</u>

Dass Ben Sira oft irgend ein Thema unter zweifachem Aspekt behandelt, darüber besteht kein Zweifel. Er liebt ferner polares Denken und weiss auch das Schema "positiv - negativ - positiv" zu verwenden. Hier wird eigentlich nach all diesem nicht gefragt. Es geht jetzt nur darum, jene Einzelverse zu erfassen, die in sich selbst eine volle Antithese enthalten. In den Proverbien sind solche Verse vor allem in der zweiten Sammlung häufig. Wir prüfen nur Aussagesätze des Sirachbuches.

1,25:   "In den Kammern der <u>Weisheit</u> sind einsichtsvolle Sprüche,
dem <u>Sünder</u> aber ist Gottesfurcht ein Gräuel."

3,9:   "Der <u>Segen</u> des Vaters macht wurzelfest,
doch der <u>Fluch</u> der Mutter reisst den Steckling aus."

3,26:   "Ein <u>trotziges Herz</u> nimmt ein schlimmes Ende,
wer aber <u>Gutes liebt</u>, wird von ihm geführt."

11,3:   "Gar <u>unansehnlich</u> ist unter den Flugtieren die Biene,
aber das <u>beste Erzeugnis</u> bringt sie hervor."   ?

12,8-9:   "Im <u>Glück</u> kann man einen <u>Freund</u> nicht erkennen,
aber im <u>Unglück</u> bleibt der <u>Feind</u> nicht verborgen.
Im <u>Glück</u> eines Menschen ist auch der <u>Feind</u> sein Freund,
aber im <u>Unglück</u> zieht sich auch ein <u>Freund</u> zurück."

16,4:   "Von einem einzigen <u>Gottesfürchtigen</u> wird eine Stadt bevölkert,
aber durch die Sippe der <u>Abtrünnigen</u> verödet sie."

16,13:   "Nicht entkommt der <u>Frevler</u> mit dem Raub,
doch der Hoffnung des <u>Gerechten</u> macht er kein Ende."

17,28:   "Beim <u>Toten</u> ... hört der Lobpreis auf,
wer aber <u>lebt</u> ... kann den Herrn preisen."

20,1-2:   "... wer den <u>Zornigen</u> zurechtweist ... wer <u>Lob erteilt</u> ..."

20,7:   "Der <u>Weise</u> schweigt bis zur Zeit,
der <u>Tor</u> aber achtet nicht auf die Zeit."

20,13:   "Der <u>Weise</u> macht sich beliebt mit wenig Worten,
aber die Liebenswürdigkeit des <u>Toren</u> ist umsonst."

21,16.22-26: Cfr. Text

22,4:   "Eine <u>kluge Tochter</u> bringt ... Besitz,
eine <u>schändliche</u> aber gereicht ... zum <u>Kummer</u>."

26,23-26:   "<u>Gottlose</u> Frau / <u>fromme</u>; unverschämte / schamhafte etc."

31,10-11:   "Wer <u>keine Erfahrung</u> macht, weiss wenig,
wer aber <u>viel gereist</u> ist, sammelt Klugheit ..."

35,15:   "Wer das <u>Gesetz achtet</u> ... wer nur <u>heuchelt</u> ..."

40,12:   "Jede <u>Bestechung</u> und Ungerechtigkeit wird ausgerottet,
           aber <u>Redlichkeit</u> bleibt ewig bestehen."

41,11:   "<u>Vergänglich</u> ist der Mensch dem Leibe nach,
           doch der Name des Frommen <u>geht nicht zugrunde</u>."

Mit wenigen Ausnahmen geht es durchwegs um den Gegensatz vom Gerechten und Frevler, auch in den Variationen von gottesfürchtig/abtrünnig, Weiser/Tor, scham-
haft/schamlos und andere. Uns scheint ausserdem, die Verse hätten formal gegenüber den Proverbien eher verloren, es fehlt irgendwie die knappe Schlagkraft.
Inhaltlich bringen sie auch wenig Neues. So scheint die Antithese bei Ben Sira
eher an Boden verloren zu haben.

III. Theologische Anmerkungen

Nachdem bisher fast nur die Textkritik, die Philologie vor allem und einige For-
malprobleme zur Sprache kamen, sollen endlich Ueberlegungen mehr thematischer
Natur folgen. Wir möchten von sieben thematischen Punkten aus ein wenig ins Buch
hineinblicken und in einer Art Wechselfrage zwischen Texten aus dem ersten Kapitel und anderen Abschnitten des Buches die ersteren besser erfassen. Wir haben
Fragen über die Gottesbezeichnungen, über Gott als den ewigen, den Aspekt seiner Weisheit; wer ist "alles Fleisch" als Empfänger der Weisheit, was gibt Gott
und was der Mensch, wie tief greift שלום und was ist רצון ? Schliesslich interessieren noch die griechischen Sekundärtexte in Sir 1. Das ist allerdings
keine vollendete grossartige theologische Synthese. Und doch ist es wohl bei einem Bau besser, erst einige Pfeiler in den Boden zu senken, die später ein Fundament tragen können, als schnell ein paar schöne Wände zu errichten, die dann
doch nicht halten.

1. Gottesbezeichnungen

1. Gleich zu Beginn wird deutlich, dass Yahweh am Anfang steht: "Alle Weisheit
kommt von Yahweh (1,1)".

2. Für eine Theologie ist bemerkenswert, dass man sehr wenig direkte Gottesrede
findet. Bei Job hatte man immerhin vier volle Kapitel. Bei Ben Sira finden sich
nur noch zwei kurze Worte. Einmal werden dabei die Menschen angesprochen: "Hütet
euch und seid nicht trügerisch" 17,14. Das zweite Mal gilt das Wort der Weisheit
selbst: "In Jakob sollst du wohnen, und Besitz nehmen in Israel" 24,8. Qohelet,
die Proverbien und das Weisheitsbuch scheinen überhaupt keine direkten Gottesre-
den mehr zu enthalten.

3. Interessant ist weiter, dass Ben Sira vielmehr Stellen aufweist, wo Gott in

irgend einer Weise genannt wird, als etwa Job oder die Proverbien. Die diesbezüglichen Studien von FANG CHE-YONG (32) bedürfen heute einer Ergänzung von den
neueren Textfunden her, vor allem aus der Masadarolle. Ferner müssten unbedingt
immer die syrischen Texte miteinbezogen werden.

4. Uebereinstimmung der Gottesbezeichnungen in den verschiedenen Texten.

a) Masadarolle und Ms B.

אדני für "Gott" findet man ausser in Ms B 51,15d nur in der Masadarolle (33),
dort aber öfters: 42,15 - 42,16 - 42,17 - 43,5 - 43,10, und zwar unterschieds-
los für אל , אלהים oder יהוה von Ms B. In 43,10 liest Ɑγιος , in den
übrigen genannten Fällen κυριος. Auffallenderweise liest der Masadatext auch
in Bezug auf die Gottesnamen mehrmals, aber nicht immer, mit G zusammen gegen B
oder S. Ein Zusammengehen von G und Masadatext einerseits, B und der syrischen
Uebersetzung anderseits kann man auch sonst noch öfters bemerken (34). Wie schwierig die ganze Frage bezüglich der Gottesnamen aber geworden ist, mag folgendes
Schema illustrieren:

Gottesbezeichnungen der Masadarolle im Vergleich mit den übrigen Textzeugen					
Zahl	Stelle	G	S	Mas	B
1	42,15ab	κυριος	ܡܪܝܐ	אל	אל
2	42,15cd	κυριος	----	אדני	אלהים
3	42,16	κυριος	ܐܠܗܐ	אדני	יהוה
4	42,17ab	κυριος	ܐܠܗܐ	אל	אל
5	42,17cd	κυριος	----	אדני	אלהים
6	42,18	υψιστος	ܡܪܝܐ	עליון	----
7	43,2	υψιστος	ܐܠܗܐ	עליון	יהוה
8	43,5	κυριος	ܐܠܗܐ	אדני	יהוה
9	43,10	αγιος	ܡܪܗ	אדני	אל
10	44,2	κυριος	al.	עליון	עליון

Soviel wir sehen, sind nur diese zehn Stellen bezüglich Gottesnamen im Masadatext vergleichbar. Ein erstes Ergebnis liefert das Schema jedenfalls: Kein einziges Mal lesen alle vier Textzeugen genau dasselbe. Im dritten und achten Fall
ist die Uebereinstimmung sehr gross, nur dass Mas אדני liest statt יהוה .
"Yahweh" fehlt im Masadatext überhaupt. Es kommt vor, z.B. im ersten Fall, dass
S, B und Mas einmütig gegen G lesen. In 44,2 lesen Mas und B gegen G. In 43,2
lesen S und B gegen Mas und G. In 42,17ab sind sich Mas und B einig mit אל gegen G mit κυριος und S mit ܐܠܗܐ. In 42,15cd und 42,17cd steht B jedesmal mit
אלהים allein gegen κυριος von G, beziehungsweise אדני vom Masadatext, S
fehlt beide Male. In 42,18 steht S bei fehlendem B gegen Mas und G. Voll wird
schliesslich das Mass der Verwirrung durch 43,10, wo S und G miteinander gehen,

Mas und B aber nicht übereinstimmen. Unter solchen Voraussetzungen wird eine
Diskussion über Gottesnamen in den Weisheitsperikopen und bei Ben Sira überhaupt
sehr schwierig. Im ganzen ist heute noch grössere Vorsicht geboten als vor der
Entdeckung der Masadarolle. HASPECKER schreibt zwar: "Der Wechsel zwischen El/
Elohim und Yahweh bei Sirach wäre eine eigene Untersuchung wert" (35). Jedoch
nach dem, was man aus B und Mas ersehen kann, scheint der textkritische Boden
dafür nicht sehr geeignet zu sein.

b) Prüfen wir diesbezüglich noch die übrigen Manuskripte, möglichst dort, wo sie
sich überschneiden. Um es gleich zu sagen: Während die hebräischen Manuskripte
im allgemeinen einen relativ einheitlichen Text bieten, gilt das nicht für die
Gottesbezeichnungen. Das betrifft nicht nur Mas und B, sondern auch A und B, A
und C, B und D. Dabei helfen G und S wenig. Denn der erstere hat einen sehr starken Trend zu κυριος, der letztere einen womöglich noch stärkeren zu ܐܠܗܐ.
Man kann die Situation schematisch darstellen, wobei vorausgeschickt wird, dass
B in 15,9 und 15,19 nicht erhalten ist und C für 3,20 fehlt.

Gottesbezeichnungen El/Elohim, Yahweh und ähnliche in den sich überschneidenden
Texten der Handschriften A, B, C und D:

a) Mss A und B

Zahl	Stelle	A	B	G	S
1	10,20	אלהים	אלהים	κυριος	ܐܠܗܐ
2	10,22	אלהים	ייי	κυριος	ܐܠܗܐ
3	11,4	ייי	ייי	κυριος	ܐܠܗܐ
4	15,1	ייי	ייי	κυριος	ܐܠܗܐ
5	15,11	אל	אל	κυριος	ܐܠܗܐ
6	15,12	הוא	היא	αυτος	ܗܘ
7	15,13	ייי	אלהים	κυριος	---
8	15,14	אלהים	הוא	αυτος	ܐܠܗܐ
9	15,15b	Suffix	אל	om.	al.
10	15,18a	ייי	ייי	κυριος	ܐܠܗܐ
11	15,18b	אמיץ	אל+אמיץ	ισχυρος	ܚܣܝܢ
12	16,2	ייי	ייי	κυριος	ܐܠܗܐ
13	16,3	om.	אל	om.	om.
14	16,4	ייי	ייי	al.	ܐܠܗܐ

b) Mss A und C

Zahl	Stelle	A	C	G	S
1	3,18	אל	אלהים	κυριος	ܐܠܗܐ
2	5,4	אלהים	ייי	κυριος	ܐܠܗܐ
3	7,4	אל	אל	κυριος	ܐܠܗܐ

Zahl	Stelle	D	B	G	S
1	37,15	אל	אל	κυριος	ܡܪܝܐ

c) Mss D und B

Von den insgesamt 18 vergleichbaren Stellen (14 von A und B, 3 von A und C, eine von D und B) stimmen im hebräischen nur die Hälfte genau überein. Das ist nicht viel. Wollte man noch G und S einbeziehen, dann stimmte überhaupt nichts mehr vollständig überein. Das ist noch weniger! Wir vertreten auf Grund dieser Ergebnisse die Ansicht, man begebe sich im Sirachbuch beim Beschreiten des Feldes der Gottesbezeichnungen in eine Art Freizone oder Niemandsland, weil hier offenbar in einem Ausmass wie kaum sonst die Kopisten ändern konnten und es auch getan haben. Insofern könnte eine Studie über die Gottesnamen in den hebräischen Sirachhandschriften interessant werden, vor allem wenn noch einige zusätzliche Fragmente gefunden würden. Aber direkt auf Ben Sira selbst Rückschlüsse zu ziehen, das ist vorläufig völlig unmöglich.

5. Nie spricht Gott im Sirachbuch über sich selbst.

2. Dauer, Ewigkeit, und vor allem: der ewige Gott

Da 1,1 lautet: "Alle Weisheit kommt von Yahweh und ist bei ihm von Ewigkeit her", fragen wir nach "Ewigkeit" im Buche Sirachs überhaupt. Selbstverständlich kann "Ewigkeit" hier nicht im Sinne der aristotelischen aeternitas und auch nicht im Sinne der Scholastik verstanden werden. Es geht hier nicht einmal um die präzise Bedeutung von עולם und עד ; diese beiden hebräischen Ausdrücke kommen praktisch exklusiv in Frage. Jetzt interessiert nur, ob sich auch bezüglich "Ewigkeit" unser Autor von anderen Weisheitsbüchern, dem Proverbienbuch vor allem, unterscheide, ob sich etwas für den Siraziden typisches finden lasse oder nicht.

a) Ein kurzes Aufblenden auf die Lage in den <u>Proverbien</u> zeigt zunächst, dass עד dort nur im Zusammenhang mit dem Gerechten und dem Königsthron ausgesagt wird, Prov 12,19 und 29,14. Mehr עד -Stellen gibt es in den Proverbien nicht. עולם hat sechs Stellen: Das Vermögen bleibt nicht ewig 27,24. Der Gerechte aber wird ewig bleiben 10,25, und nicht wanken 10,30. In 22,28=23,10 lesen wir: "Verrücke nicht die uralte Grenze (גבול עולם)". Schliesslich sagt die Weisheit: "Von Ewigkeit bin ich erschaffen". <u>Job</u> hat fünf Stellen, doch ist keine direkt auf Gott oder auf die Weisheit bezogen. Bei <u>Qohelet</u> fehlt עד , doch hat er sieben Mal ein עולם : Die Erde steht in Ewigkeit, während die Menschen kommen und gehen 1,4. Was ist, war schon von Ewigkeit her 1,10. Ein ewiges Gedenken gibt es nicht 2,16. Gott hat עולם ins Menschenherz gegeben 3,11. Alles, was Gott tut, wird ewig sein 3,14. Die Toten haben in Ewigkeit nicht mehr Teil an dem, was unter der Sonne geschieht 9,6. Und schliesslich geht der Mensch in sein ewiges Haus 12,5. Wegen des ganz andersartigen Charakters dieses Buches lassen sich die Stellen nur sehr schwer mit Ben Sira vergleichen. Immerhin darf man wohl feststellen, dass עולם nur in 3,11 und 3,14 direkt im unmittelbaren Kontext von Gott genannt wird, die Weisheit kommt da überhaupt nicht vor.

b) Bei Ben Sira kann man mit etwa 40 Stellen rechnen. Es genügt, den Stellen unter aiwn und aiwnios im Index von SMEND nachzugehen. Denn von H und S her ist nichts darüber hinaus zu erwarten. עולם in 47,14 ist falsch. Es muss dort mit G und S λαος - ܥܡܐ "Volk" gelesen werden. ܥܠܡܐ in 39,4 ist Fehler. In 39,22 hat ܥܠܡܐ die Bedeutung von "Welt" entsprechend dem parallelen תבל von H. In 21,5 liest S ܘܩܕܡ ܕܝܢܐ ܕܥܠܡܐ ܣܠܩ - "und vor dem Richter der Welt (oder: "der Ewigkeit") steigt es hinauf". Aber wahrscheinlich muss man mit G lesen: και το κριμα αυτου κατα σπουδην ερχεται - "und sein Gericht wird eilends kommen". Schliesslich fällt unter αιων noch 38,34 ausser Betracht, denn das ܥܠܡܐ von S heisst an dieser Stelle eindeutig "Welt", und αιων muss daher auch so interpretiert werden. Zu עולם und עד kommt noch aus 50,23 ימי שמים ܘܫܠܡܐ ܘܚܝܐ nach H und S hinzu. G liest dort ημερα του αιωνος.

Nehmen wir vorerst mal die Beispiele, welche sich gut adjektivisch wiedergeben lassen. Dann haben wir: Ewiges Zeichen 43,6 - ewiger Bund 44,15.18 - ewige Ruhe 30,17 - ewige Geschlechter 24,33 - ewige Freude 2,9 - ewige Herrlichkeit 49,12 - ewiges Leben 37,26 - ewiger Name 15,6 und schliesslich das sonst nur noch in Gn 21,33 so zu findende אל עולם = der ewige Gott 36,22 (36). Das kann eine provisorische Ahnung dessen geben, was sich alles unter עולם bei Ben Sira abspielt. Während in den Proverbien in diesem Zusammenhang von Gott und den Weisen nie, von der Weisheit nur einmal die Rede ist, wird bei Ben Sira עולם sehr oft in direktem Kontext mit Yahweh oder der Weisheit gebraucht. Die folgende lange Litanei hat den Zweck, einmal ganz deutlich zu machen, dass אל עולם bei Ben Sira nicht zufällig steht, auch wenn es ausdrücklich nur einmal vorkommt.

Gott wird genannt: אל עולם 36,22,

bei dem die Weisheit von Ewigkeit ist 1,1
der die Tage der Ewigkeit zählen kann 1,2.9
der die Weisheit früher als das Weltall schuf ... von Ewigkeit her 1,4
der ewige Freude und Rettung gibt 2,9
der auf ewig seine Werke ordnete 16,27
der in Ewigkeit von diesen keinen Widerspruch erfährt 16,28
der einen ewigen Bund mit den Menschen schloss 17,12

der in Ewigkeit lebt und alles schuf 18,1
der die Weisheit von Ewigkeit schuf 24,8-9
der Helfer ist von Ewigkeit her 39,20
der das Kommende bis in Ewigkeit schaut 42,18
dessen Weisheit (37) von Ewigkeit ist 42,21
der lebt und besteht in Ewigkeit 42,23
der den Mond als ein ewiges Zeichen schuf 43,6
der einen ewigen Bund mit Noe schloss 44,18
der Moses zu ewigem Recht bestellte 45,7
der Aaron liturgische Kleider gab, die in Ewigkeit kein Unbefugter anziehen darf 45,13
der mit Aaron einen ewigen Bund schloss 45,15
der das Hohepriestertum dem Pineas ... in Ewigkeit verlieh 45,24
der auf ewig Davids Horn erhöhte 47,11
der Isaias auf ewige Zeiten das Künftige verkünden liess 48,25
der seinen Bund mit Pineas aufrecht erhält, solange der Himmel besteht 50,23
dessen Erbarmen von Ewigkeit her ist 51,8
und schliesslich:
der selber in einem Tempel wohnt, der für ewige Herrlichkeit bestimmt ist 49,12

Der Gott Ben Siras ist also deutlicher als in jedem anderen Weisheitsbuch ein Gott der Ewigkeit, wie immer man diese verstehen mag. Mehr als die Hälfte aller עולם und עד -Stellen beziehen sich auf Gott. Man könnte fragen, inwieweit Gott deswegen "ewig" genannt wird, weil er die Welt geschaffen hat.

3. Weisheit durch Erfahrung oder durch Offenbarung?

SEGAL schreibt zu 1,6:""Wurzel" wird hier nicht im Sinne von "Ursprung" oder im Gegensatz zu den Blättern gebraucht, sondern für den verborgenen Teil der Weisheit, so wie die Wurzel einer Pflanze bedeckt ist durch Erde, cfr. Job 13,27; 28,9; 36,30. Dem (der Wurzel) entspricht "ihre Geheimnisse", d.h. die Absichten und Pläne der Weisheit. Der Mensch kann die zugängliche Seite der Weisheit erkennen, so wie sie sich ihm durch ihre Werke erschliesst, aber ihre verborgene Seite: die Wurzel und die Geheimnisse, die kennt Yahweh allein". Also, die Weisheit hat zwei Seiten. Die eine liegt durch die Schöpfungswerke offen zutage. Die andere Seite ist nur Gott und der Weisheit selber bekannt. Aber auch von dieser Seite her kann eine Offenbarung ergehen: 4,18 oder 24,23-29. Einige, unter anderen FUSS (38) reden bei Ben Sira von einem Vermittlungsversuch zwischen der חכמה und der תורה , der schliesslich nicht gelingen konnte. "Statt auf die eigentlich angestrebte Relation zwischen den beiden Grössen, läuft es auf eine einseitige Ehrenrettung der Torah hinaus. Die herkömmliche Auffassung der Weisheit als eines selbständigen Wertes wird zu ihren Gunsten preisgegeben (39)." Man müsste dazu ergänzend sagen, dass BAUCKMANN bei תורה immerhin einen Wandel festgestellt hat, cfr. zu 15,1. Und vor allem darf nicht ausser Acht gelassen werden, dass in der Antike auch das, was wir heute "profan" nennen, vom religiösen Weltverständnis

getragen war, nicht zuletzt in der Literatur. Ganz deutlich sieht man dies etwa bei den ägyptischen Schreibern, die einen eigenen Gott namens D<u>h</u>wty "Thoth"
hatten (40). Mit Recht schreibt daher OESTERLEY: "The Wisdom writers envisaged
these things; at the back of their minds there was always a God-ward thought and
impulse, which, in their eyes, hallowed worldly wisdom and common sense. This
must be borne in mind if we would rightly estimate the purpose and intention of
what Hebrew Sages taught (41)". In dieser Sicht möchte man nicht gerne von חכמה
und תורה als von zwei im Grunde genommen unvereinbaren Grössen sprechen. Sie
sind nicht unvereinbar. Nur gibt es einen doppelten Weg zur Weisheit hin, jenen
der Erfahrung und jenen der Offenbarung. Um wirklich weise zu werden, muss man
beide zugleich beschreiten. Aehnliche Gedanken würde der Talmud bieten (42).
Schon nach 1,1 sieht Ben Sira die Weisheit klar als Sache Gottes. Bei Gott ist
sie, von ihm her kommt sie (43). Vielleicht gilt bei ihm sogar: Alles, was von
Gott kommt, "riecht" nach Weisheit, ist irgendwie von Yahwehs Weisheit geprägt.
"Weisheit oder Torah, Erfahrungsweisheit gegen Offenbarung", solche Alternati-
ven dürfen bei Ben Sira gar nicht aufgestellt werden, das wäre viel zu plump.
Tiefer kann uns dann 24,8 noch diese Zusammenhänge aufzeigen.

4. "Alles Fleisch"

Die Weisheit, die in der Nähe Gottes weilt, hat nach dessen Willen auch ihren
"Terminus ad quem" auf der Erde. Wir wissen, dass dies einerseits "alle Werke
Gottes" (1,9<u>b</u>), anderseits die "Gottesfürchtigen" (1,10<u>b</u>) sind. Dazwischen ist
die Rede von πασα σαρξ, ܟܠ ܒܣܪܐ, bei H wäre es mit Sicherheit כל בשר
(1,10<u>a</u>). Ist das ein Parallelwort zu "Gottesfürchtige", sind also nur Israeliten
gemeint, sind alle Menschen oder gar alle Lebewesen gemeint, wie hat das die
Ueberlieferung verstanden, wie verstehen's nun wir? Es gibt da nichts anderes,
als dem Ausdruck "alles Fleisch" in der Sapientialliteratur ein wenig nachzugehen.

a) In der Weisheit Salomons und in Qohelet fehlt dieser Ausdruck ganz. In den
Proverbien findet man ihn nur 4,22, dort mit Suffix und entsprechend anderem
Sinn: Die Rede des Meisters ist Heilung für den ganzen Leib des Weisheitsschülers. Bei Job steht in 12,10 der sonderbare Ausdruck רוח כל בשר..., und 34,15
heisst es, dass alles Fleisch zugleich verscheiden würde, wenn Gott seinen Odem
zurückholte. Vermutlich sind an dieser Stelle alle Lebewesen gemeint, da ja von
den Menschen gleich nachher speziell die Rede ist. Mehr wissen die vier genannten Weisheitsbücher bezüglich unseres Ausdrucks nicht.

b) Ben Sira dagegen gebraucht den Ausdruck wenigstens zwölf Mal, wie folgendes
Schema zeigen soll:

Zahl	Stelle	G	S	H	Bedeutung
		"Alles Fleisch" bei Ben Sira			
1	1,10	πασα σαρξ	כל בסרא	---	Menschen
2	8,19	πας ανθρωπος	כל בנינשא	כל בשר	Menschen
3	13,15/16	πασα σαρξ	כל בסרא	כל בשר	Lebewesen
4	14,17	πασα σαρξ	כל בנינשא	כל (ה)בשר	Menschen
5	17,4	πασα σαρξ	כל בסרא	---	Tiere
6	18,13	πασα σαρξ	כל גבדא	---	Menschen
7	39,19	πασα σαρξ	כלהון בסרא	כל בשר	Menschen
8	40,8	πασα σαρξ	כלהון בסרא	---	Menschen
9	41,4	πασα σαρξ	כלהון בסרא	כל בשר	Menschen
10	44,18	πασα σαρξ	כל בסרא	כל בשר	Lebewesen
11	45,4	πασα σαρξ	כל בנינשא	כל...	Israel
12	50,17	πας λαος	כל עמא	כל בשר	Israel

Diese Stellen sind sicher. G liest den Ausdruck noch in 44,23 und 46,19. Im ersten Fall ist mit H כל חי zu wählen. In 46,19 ist die Lesart כל אדם von H vorzuziehen, gegen G und S. Diese beiden Stellen interessieren uns daher hier nicht direkt. Negativ formuliert liegt der Ausdruck כל בשר noch in 48,12 vor, eindeutig die Menschen bezeichnend. Die letzte Kolumne des Schemas birgt die Antwort auf unsere Frage und ist das Ergebnis der nun folgenden Ueberlegungen.

1. 1,10: "Bei allem Fleisch ist sie (die Weisheit)". BOX/OESTERLEY sieht in a die Völker, besonders deren Herrscher: "That the Gentile rulers were belived to have some share of Wisdom is seen from Prov 8,15-16". Aehnlich entscheiden PETERS, HAMP (alle Menschen) und andere. SEGAL differenziert : לכל הברוים או
לסתם בני אדם . SMEND sieht in a die Heiden, in b die Juden. Das ist wahrscheinlich. Man hat vielleicht eine dreifache Steigerung: Die Weisheit ist in unbestimmter Weise bei aller Schöpfung (1,9b), nach bestimmtem Masse bei den Völkern (1,10a), reichlich bei den Frommen Israels (1,10b).

2. 8,19: "Oeffne dein Herz nicht allem Fleisch". Hier liegt der Sinn auf der Hand. Es kann sich nur um "jederman", um "alle Menschen" handeln.

3. 13,15-16: "Alles Fleisch liebt seinesgleichen ...". Gut sagt BOX/OESTERLEY an dieser Stelle: "'Flesh' has here a general sense, including the forms of animal life generally".

4. 14,17: "Alles Fleisch wird alt wie ein Kleid". Wahrscheinlich hat S richtig interpretiert mit "alle Menschen".

5. 17,4: "Er legte die Furcht vor ihnen auf alles Fleisch". Hier sind alle Lebe-

wesen mit Ausnahme der Menschen gemeint, denn die Menschen sollen ja über "alles Fleisch" herrschen können.

6. 18,13: "Das Erbarmen des Nächsten erstreckt sich auf seinen Nächsten, das Erbarmen des Herrn auf alles Fleisch". HAMP hat sicher Recht mit der Anmerkung: "13a und b stehen sich partikulares und universales Erbarmen gegenüber". Das könnte dahingehend gedacht sein, dass Ben Sira in a den Nachbarn, in b mit "alles Fleisch" das ganze Volk Israel gemeint hätte (SMEND). Aber wahrscheinlich umfasst dieser Ausdruck alle Menschen, vielleicht sogar alle Lebewesen überhaupt.

7. 39,19: "Das Tun alles Fleisches ist ihm offenbar". Wenigstens geht es um alle Menschen, vielleicht sogar um alle Lebewesen.

8. 40,8: "Alles Fleisch hat Unruhe ...". So übersetzt SMEND, wohl richtig. Denn weder der vorangegangene (SMEND), noch der nachfolgende Kontext passt gut auf Tiere. S hat an dieser Stelle ܥܩܬܐ (44). Dieses Wort steht bei S in 36,25 für עצבת, in 38,18 für עצבה, vor allem aber für דאגה 30,24 - 34,1 - 34,2 - 42,9. Es dürfte auch in 40,8 richtig stehen. Dann ist hier nur von den Menschen die Rede. Hinweise wie "Note that the whole animal world is here included" (BOX/OESTERLEY) treffen in diesem Falle nicht mehr zu. Auch S scheint eher nur die Menschen gemeint zu haben.

9. 41,4: "(Der Tod, dein Schicksal) denn dies ist von Gott allem Fleisch zugeteilt". S hat das, wohl richtig, von den Menschen verstanden.

10. 44,18: "Ein ewiger Bund wurde mit ihm (Noe) geschlossen, dass er nie wieder alles Fleisch vertilgen wolle". Nach Gn 9 und dem Verständnis von S sind hier auch alle Tiere miteingeschlossen.

11. 45,4: "Er erwählte ihn aus allem Fleisch". Hier hat SMEND mit der Einschränkung der Bedeutung von "alles Fleisch" auf Israel den Sachverhalt gut getroffen. Dieselbe Bedeutung ist auch im folgenden Fall anzunehmen:

12. 50,17: "Alles Fleisch ... beeilte sich, sie fielen ... zur Erde nieder".

Konklusion: Die Bedeutung des Ausdrucks geht vom exklusiven "Tiere" bis zum exklusiven "Israel". Dabei ist es bisweilen nicht möglich, genau abzugrenzen. Speziell für 1,10 bleibt eine gewisse Unklarheit bestehen. Wir müssen noch auf eine Eigentümlichkeit von S hinweisen. S hat nur viermal ܟܠ ܒܣܪ und zwar in 13,15 und 44,18 wo jedesmal die Tiere mitgemeint sind, ferner in 17,4, wo nur Tiere in Frage kommen, schliesslich noch in 1,10. Wahrscheinlich wollte S also auch in 1,10 die Tiere miteingeschlossen haben. Wir halten jedoch an der eingangs zitierten Auffassung von SMEND trotzdem fest und behaupten damit, S habe den Sinn diesmal nicht ganz getroffen. So wären in 1,10a implicite die Weisen Edoms und Aegyptens eingereiht in die Empfänger der Weisheit Yahwehs; und das würde zur noch mehrmals festzustellenden Methode der "Steigerung" zu Ben Sira gut passen; er sagt ja allgemein nicht "X ist schlechter als Y", sondern "Y ist besser als X".

5. "Geben" bei Ben Sira

Das Ausgehen der Weisheit von Yahweh könnte ein naturnotwendiges und mechanisches sein. Doch gerade rund um die Weisheit offenbart sich der Gott des Sirachbuches als ein Gott des liebenden Schenkens. Wir gehen darum ein klein wenig dem Thema "Geben" nach.

a) In keinem der übrigen Sapientialbücher ist beim Verb נתן so oft Gott Subjekt, wie bei Ben Sira. Am nächsten kommt <u>Qohelet</u> mit 11 von 23, dann <u>Job</u> mit 6 von 31, schliesslich <u>Prov</u> mit nur 4 von 34 נתן . Hier kann Ben Sira nicht gut die Proverbien nachgeahmt haben, und im folgenden schon gar nicht: Yahweh als Dativobjekt bei נתן : Sir 7,31 - 17,23 - 32,12 - 47,8 - 51,17.

b) Im folgenden Schema sind nur χορηγειν - διδοναι - יהב - נתן berücksichtigt soweit Gott Subjekt oder Dativobjekt ist. Wir können aus dem Schema ersehen, dass die drei Texttraditionen im allgemeinen ziemlich genau übereinstimmen. Aber methodisch kann auch in einem solchen Fall auf eine Parallelsetzung nicht verzichtet werden. Die letzte Kolumne gibt jeweils das direkte oder indirekte Objekt des Verbes an.

"Geben" im Sirachbuch, soweit es Gott betrifft					
a) Gott gibt dem Menschen			(pass. theol. in 15,17 und 26,3)		
Zahl	Stelle	G	S	H	Objekt
1	1,10	χορηγειν	ܐܫܦܥ	---	Weisheit
2	1,26	χορηγειν	al.	---	Weisheit
3	10,5	επιτιθεναι	יהב	שׂים	Würde für den Herrscher
4	15,17	διδοναι	al.	נתן	was der Mensch will
5	17,2	διδοναι	ܝܗܒ	---	begrenzte Tage
6	17,6	διδοναι	ܝܗܒ	---	ein Herz zum Denken
7	17,11	προτιθημι	ܣܡ	---	Weisheit, Gesetz
8	17,24	διδοναι	יהב	---	Rückweg zur Umkehr
9	26,3	διδοναι	יהב	---	gute Frau, cfr. 26,14
10	36,20	διδοναι	al.	נתן	Zeugnis
11	36,21	διδοναι	יהב	נתן	Lohn
12	38,6	διδοναι	יהב	נתן	Einsicht, Weisheit
13	43,33	διδοναι	---	---	Weisheit
14	44,23	διδοναι	יהב	נתן	Erbe usw.
15	45,5	διδοναι	ܣܡ	שׂים/נתן	Gesetz, Lebenslehre
16	45,7	διδοναι	יהב	נתן	Herrlichkeit
17	45,17	διδοναι	יהב	נתן	Gebote

18	45,20	διδοναι	ܝܗܒ	נתן	Erbe
19	45,20	μεριζειν	---	נתן	Erstlingsgaben
20	45,26	διδοναι	ܝܗܒ	נתן	Weisheit
21	46,9	διδοναι	ܝܗܒ	נתן	Kraft
22	47,5	διδοναι	ܝܗܒ	נתן	Kraft
23	47,11	διδοναι	ܝܗܒ	נתן	Königsgesetz
24	47,22	διδοναι	ܝܗܒ	נתן	Rest
25	50,23	διδοναι	ܝܗܒ	נתן	Weisheit
26	51,22	διδοναι	ܝܗܒ	נתן	Lohn der Lippen
27	51,30	διδοναι	ܝܗܒ	נתן	Lohn

b) der Mensch gibt Gott

28	7,31	διδοναι	ܝܗܒ	נתן	Anteil für Opfer
29	17,27	διδοναι	ܝܗܒ	---	Lobpreis
30	32,12	διδοναι	ܝܗܒ	נתן	Almosen etc.
31	47,18	διδοναι	ܝܗܒ	נתן	Lobpreis
32	51,17	διδοναι	ܝܗܒ	נתן	Dank

Die theologische Linie geht eindeutig so: Gott gibt dem Menschen und der Mensch gibt Gott (und auch dem Mitmenschen) wieder. Gott gibt dem Menschen Lohn, Kraft, Gebote, vor allem aber Weisheit. Der Mensch gibt Opfer, Dank, vor allem aber Lobpreis. Der Gedanke "alles kommt von Yahweh", mit dem Ben Sira sein Buch begonnen hatte, taucht auch hier wieder auf. - Während mit נתן stärker das freie, liebende Schenken Gottes zum Ausdruck kommt, drückt ein anderes Verb, nämlich חלק, das ordnende, existenzschaffende Geben aus, dazu cfr. 24,8.

6. שלום.

Eine der grossen Gaben der Gottesfurcht oder der Weisheit ist nach 1,18 שלום.

a) Werfen wir diesbezüglich erst einen Blick ins Buch der Sprüche. Wir finden: 3,2: "(Man soll die Weisheitslehre einhalten, denn) diese Ratschläge vermehren deinen שלום". 3,17: "Alle Wege dessen, der die Weisheit gefunden hat, führen zu שלום". 12,20: "Freude denen, die שלום raten !". Während die Proverbien nur diese drei in ihrer Bedeutung ziemlich einheitlichen Stellen kennen, finden wir

b) bei Ben Sira bereits in H elf Stellen und zusätzlich ist שלום mit Sicherheit zu ergänzen in 1,18 nach G und S, mit hoher Wahrscheinlichkeit in 26,2 nach G, S liest dort ܚܕܘܬܐ "Freude". Die ειρηνη -Stellen 41,14 - 47,13 - 47,16 sind falsch. Die Stelle 38,8 gibt einen anderen hebräischen Ausdruck wieder, nicht שלום. Auch scheint 34,10[1] nicht echt zu sein. Im Schema sieht man es deutlicher:

שלום bei Ben Sira					
Zahl	Stelle	G	S	H	Textkrit. Befund
1	1,18	ειρηνη	ܫܠܡܐ	---	+
2	4,8	ειρηνικα	ܫܠܡܐ	שלום	+
3	6,5	ευπροσηγορος	ܫܠܡܐ	שלום	+
4	6,6	ειρηνευειν	ܫܠܡܐ	שלום	+
5	13,18	ειρηνη	ܫܠܡܐ	שלום	+
6	13,18	ειρηνη	ܫܠܡܐ	שלום	+
7	26,2	ειρηνη	ܚܘܒܐ	---	-
8	34,10b	τελειουν	ܫܠܡ	שלום	+
9	34,10¹	---	---	שלום	-
10	38,8	ειρηνη	ܥܘܕܪܢܐ	תושיה	
11	41,14	ειρηνη	---	בשת	
12	41,20	ασπαζεσθαι	---	שלום	+
13	44,14	ειρηνη	ܫܠܡܐ	שלום	+
14	45,24	ειρηνη	al.	שלום	+
15	47,13	ειρηνη	ܫܠܐ	שלוה	-
16	47,16	ειρηνη	ܫܠܡܐ	---	
17	50,23	ειρηνη	ܫܠܡܐ	שלום	+

Die שלום -Stellen im Sirachbuch bieten bei weitem kein so einheitliches Bild wie jene im Spruchbuch. Die Bedeutung geht beim Siraziden von "Heil" bis zum bescheidenen "Gruss".

1,10: An dieser Stelle hat שלום den vollen Sinn von "Heil". Es steht ja an erster Stelle, gefolgt von "Leben" und (?) "Gesundheit", womit es teilweise identisch ist.

4,8; 6,5.6; 41,20: Hier ist שלום kaum vielmehr als ein einfacher Gruss.

13,18a.b : Die beiden שלום -Stellen stehen unter dem Motto "Gleich und gleich gesellt sich gern". Bei Isaias gibt es in Kapitel 11 eine Szene, wo durch ein friedliches Nebeneinander wilder und zahmer Tiere eine Paradiesessituation dargestellt wird, שלום selber kommt dort allerdings nicht vor, aber es klingt aus Kapitel 9 nach. In ähnlichem Zusammenhang wie bei Sir 13,18 findet man שלום hingegen im aramäischen Achikar (45).

26,2: Hier ist besonders stark der Kontext heranzuziehen. Aus Vers 3 wird klar, dass eine gute Frau nur dem Gottesfürchtigen zuteil wird. Man soll entsprechend das ειρηνη des G nicht zu minimalistisch auffassen. Dieses שלום reicht über ein rein profanes und selbst über ein nur häusliches Glück hinaus.

34,10b: Hier kann eine theologisch reiche Stelle vorliegen.

44,14: Das ist eine alttestamentliche Formel, vergleichbar z.B. mit 2Kön 22,20: "Darum sollst du, wann ich dich zu deinen Vätern versammle, in dein Grab gebracht werden בשלום ".

45,24: Der Ausdruck ברית שלום stammt aus Num 25,12. Nur ist im Sirachtext die alte Genitivendung yod = î plene scriptum weggelassen. Der Sinn ist der-selbe wie in Num 25,12. ברית שלום ist übrigens Hapaxlegomenon in der Biblia Hebraica.

50,23: Zunächst scheint שלום mehr im Sinne von "bürgerlichem Frieden" ge-braucht zu sein. SEGAL schreibt dazu: "Wie es scheint, waren zur Zeit, als Ben Sira diese Worte schrieb, unter den Söhnen Simons bereits Zeichen von Spaltun-gen und Meinungsverschiedenheiten offenbar geworden, die dann später zu den Ver-folgungen durch Antiochus Epiphanes führten".

Man hat den Eindruck gewonnen, es handle sich beim שלום von 1,18 neben 34,10 um die diesbezüglich sinntiefste Stelle im ganzen Buch. "Vollendung" könnte da-für eine gute Wiedergabe sein, im Sinne eines vollen Erreichens des letzten Zie-les, das in nichts anderem besteht, als in Yahweh, dem Gott der Weisheit selbst.

7. "Wohlgefallen"

Einst wurde den Hirten von Bethlehem verkündet: "Herrlichkeit Gottes in der Höhe, und באָרץ שלום באנשי רצונו "(46). So nahe stehen sich in unserer Weis-heitsperikope שלום und רצון nicht, letzteres steht in 1,27, ersteres in 1,18. Aber 1,27 ist ein theologisch zu wichtiger Angelpunkt, als dass man darüber acht-los weggehen könnte. Dabei ist der Vers selber nicht so klar, wie es scheint.

a) Was die übrigen hebräischen Weisheitsbücher betrifft, so fehlt רצון in Job und bei Qohelet. Die Proverbien dagegen lesen es vierzehnmal. Dabei ist einmal oder zweimal der Gerechte Subjekt, viermal der König, achtmal oder neunmal Gott selbst. Merkwürdigerweise finden sich die Stellen mit Ausnahme von 8,35 aus-schliesslich in der Sammlung II (47).

b) Bezüglich des Sirachbuches ist trotz des Artikels von SCHRENK über רצון und ευδοκια bei Jesus Sirach (48) und trotz der Untersuchung von HASPECKER zu Sir 1,27 (49) eine Zusammenstellung der Stellen nicht überflüssig. Die Arbeit von SCHRENK berücksichtigt S nicht und enthält zudem einige Fehler. So steht z.B. in 36,22 bei G doch ευδοκια etc. HASPECKER beschränkt sich einseitig auf die Festlegung der Bedeutung für 1,27. Nach G und H erhalten wir folgendes Schema:

ευδοκια - רצון bei Jesus Sirach					
Zahl	Stelle	G	S	H	Gott als Subjekt
1	1,27	ευδοκια	---	---	+

2	2,16	ευδοκια	‎ܪ‍ܥܝܢܐ	---	+
3	4,12	ευφροσυνη	‎ܪ‍ܥܝܢܐ	רצון	+
4	8,14	δοξα	‎ܪ‍ܥܝܢܐ	רצון	-
5	11,17	ευδοκια	‎ܪ‍ܥܝܢܐ	רצון	+
6	15,15	ευδοκια	al.	רצון	+
7	16,3	---	‎ܪ‍ܥܝܢܐ	רצון	+
8	18,31	ευδοκια	? ‎ܪ‍ܥܝܢܐ	---	-
9	31,22	ευδοκια	‎ܪ‍ܥܝܢܐ	---	+
10	32,5	ευδοκια	‎ܪ‍ܥܝܢܐ	---	+
11	32,20	ευδοκια	? ‎ܪ‍ܥܝܢܐ	רצון	+
12	32,26	ελεος	al.	רצון	+
13	35,11	ραθυμειν	‎ܪ‍ܥܝܢܐ	רצון/מענה	-
14	35,14	ευδοκια	‎ܪ‍ܥܝܢܐ	רצון	+ (indirekt)
15	36,13	ευδοκια	---	רצון	+
16	36,22	ευδοκια	‎ܪ‍ܥܝܢܐ	רצון	+
17	39,18	ευδοκια	‎ܪ‍ܥܝܢܐ	רצון	+
18	41,4	ευδοκια	---	תורת	+
19	42,15	ευδοκια	‎ܪ‍ܥܝܢܐ	רצון	+
20	43,26	πας	---	רצון	+
21	48,5	λογος	‎ܪ‍ܥܝܢܐ	רצון	+
22	50,22	ελεος	‎ܪ‍ܥܝܢܐ	רצון	+

Das ‎ܪ‍ܥܝܢܐ von S hat einen weiteren Bedeutungsumfang, kommt auch in anderem
Zusammenhang vor, und ist somit hier nicht restlos berücksichtigt. Nichts desto-
weniger ist auch hier die textkritische Bedeutung des Heranziehens von S nicht
gleich null. Denn S liest immerhin sechsmal mit H zusammen gegen G, während G
nur dreimal mit H zusammen gegen S liest. Diese Feststellung bezieht sich allerdings nur auf die Wortformen, nicht auf den Inhalt. ευδοκιαν εχειν von
29,33 bleibt ausser Betracht. Im übrigen sind alle ευδοκια / רצון berücksichtigt (soweit richtig) und aufgezählt; 35,12a und 35,15c fallen aus textkritischen Gründen aus. - Zum stark religiösen Gebrauch des Wortes - in ca. 19 von
22 Fällen ist Gott Subjekt - ist zu sagen, dass sich diese Linie schon in den
früheren alttestamentlichen Texten abzeichnete, freilich etwas weniger stark als
bei Ben Sira (50). FANG CHE-YONG schreibt: "Si de beneplacito vel benevolentia
Dei agitur, adhibetur solum רצון, si vero de actu volitionis humanae agitur,
adhibetur solum חפץ . Cum רצון applicatur homini, non voluntas, sed arbitra-
rietas vel satisfactio designatur" (51). Das ist zu viel behauptet. Eigentlich
kann er ja nur auf 8,14 und 35,11 angespielt haben. Doch lässt man an beiden
Stellen besser die Möglichkeit offen, dass רָצוֹן auch den eigentlichen Willens-
akt bezeichnen kann.

Von allen genannten Stellen nun haben die Hälfte aller Verse eine solche Form,
dass sich darin nach dem Parallelismus membrorum im Parallelstichos von
ein Ausdruck finden lässt, der ihm positionsmässig entspricht. Dabei ist es je-

denfalls sehr naheliegend, in diesen Ausdrücken ein Aequivalent für רצון anzunehmen. Wir finden da:

1,27   Weisheit und Bildung
2,16   Gesetz
4,12   Leben
11,17   Belohnung
15,15   Gebot
32,5   Vergebung, סליחה (52)
32,26   Regenwolke (symbolisch)
35,14   מוסר
39,18   Hilfe, Heil?
41,4   חלק der Menschen
43,26   Erfolg (in H verbal ausgedrückt)

Die entsprechende Interpretation nun für 1,27 wäre: "Die Gottesfurcht bringt
Weisheit und Bildung, die Treue und die Demut bringen sein Wohlgefallen". Das
entspricht ebenfalls der in 35,14 festgestellten Situation. Weisheit wäre also
praktisch hier dem göttlichen Wohlgefallen gleichgesetzt, eine vorerst eigenartige, aber durchaus passende Variante von "Alle Weisheit kommt von Yahweh".

8. Griechische Sekundärtexte in 1,1-27

Wir möchten uns nicht einem neuen Kapitel zuwenden, ohne noch ein Wort über die
griechische Sekundärtexte in Sir 1 gesagt zu haben. In keiner anderen Weisheitsperikope weist der griechische Text so viele Einschübe auf, wie in Kapitel 1. Da
bisweilen neue Aspekte ihres sekundären Charakters aufgezeigt werden können, ist
hier der Ort, kurz darauf einzugehen. Dass diese Texte bei S ganz und in den
griechischen Codices, in G I also, grösstenteils fehlen, sei für alle fünf Stellen gleich gesagt.

1,5: "Quelle der Weisheit ist Gottes Wort in der Höhe, und die Zugänge zu ihr
sind die ewigen Gebote". Hier fällt der unsirazidische Stil auf. Ben Sira spricht
nicht von der Quelle der Weisheit, er hätte etwa gesagt: "Die Weisheit ist ein
Quell", oder so ähnlich, cfr. zu 21,13-14. Auch "Gottes Wort" kann so nicht echt
sein. דבר ist in 39,17 - 43,5.10.26 - 45,3 - 47,22 - 48,3 und nach G noch 39,31 -
42,15 - 45,3 das befehlende, schaffende Wort Gottes. An dieser Stelle (d.h. in
1,5) dagegen hätte Ben Sira תורה geschrieben, und sein Enkel hätte dies mit
νομος übersetzt. Unser Autor spricht ferner zwar oft von "ewig, Ewigkeit",
aber dass er damit einen speziellen Akzent auf die Gebote legte, das trifft meines Erachtens nie zu. Schliesslich nimmt der Vers unpassenderweise spätere Gedanken vorweg, wie SMEND und PETERS schon sahen.

1,7: Der Vers ist nur eine Dublette zu 1,6 und daher hier nicht von Interesse.

1,10cd: "Die Liebe zum Herrn ist herrliche Weisheit; denen er aber erscheint, teilt er sie zu, dass sie ihn schauen". Thematisch ist zu sagen, dass gerade die Sekundärtexte öfters die Liebe zu Gott besonders hervorheben (52). Ueberhaupt passt der Vers besser zum Johannesevangelium, als zu Ben Sira. Weisheit - Liebe - Gottesschau sind Themen, die unser Autor nie auf diese Weise miteinander verbindet.

1,12: "Die Furcht des Herrn ist eine Gabe vom Herrn, denn sie bringt auch auf die Pfade der Liebe". PETERS hat diesen Vers schon ganz zu Recht als eine nachträgliche thematische Verbindung zwischen 1,10 und 1,12 angesehen. Bezüglich "Liebe" cfr. zu 1,10cd.

1,18cd: "Beides aber ist Gabe Gottes zum Frieden. Er aber breitet auch das Rühmen (?) für jene, die ihn lieben". Stilistische und inhaltliche Bedenken gegen eine Echtheit beider Stichen melden sich an. Zu 1,18c: Der griechische Übersetzer verwendet δε eigentlich nur im zweiten, nie im ersten Stichos. Ausnahmen bilden 29,6, wo es innerhalb einer formelhaften Wendung geschieht, und noch 26,27c, wo aber die Hauptcodices von G den ganzen Abschnitt nicht bieten. Für 1,18d sind die Probleme noch grösser. Nach SMEND und ZIEGLER ist der Endkonsonant bei καυχησις ein Sigma, nicht ein Ny. καυχησις ist also Subjekt des in G sonst nicht vorkommenden Verbes πλατυνειν, das nun intransitiv gebraucht würde. Uebrigens folgen die beiden Stichoi 1,18c und d nicht in allen Manuskripten direkt aufeinander, cfr. den kritischen Apparat bei ZIEGLER.

2. PERIKOPE 4,11-19

I. DEUTSCHER TEXT

11 "Die Weisheit belehrt ihre Söhne,
   und mahnt alle, die sie verstehen wollen.

12 Die sie lieben, lieben das Leben,
   und die sie suchen, erlangen Wohlgefallen.

13 Die sie festhalten, finden Herrlichkeit,
   und lassen sich nieder in Segen Yahwehs.

14 Diener des Heiligtums sind ihre Diener,
   und Gott liebt jene, die nach ihr trachten.

15 Wer auf mich hört, richtet recht,
   und wer auf mich achtet, wird wohnen in meinen Kammern.

16 Wenn einer mir vertraut, wird er mich erben,
   als Besitztum für seine künftigen Geschlechter.

17 Denn in Verstellung gehe ich mit ihm,
   und zuvor erwähle ich ihn mit Prüfungen.
   Furcht und Schrecken werfe ich über ihn,
   und züchtige ihn durch Leiden.
   Bis sein Herz erfüllt ist von mir,
   und er in seinem Sinn gefestigt ist.

18 Dann wende ich mich und mache ihn glücklich,
   und offenbare ihm meine Geheimnisse.

19 Wenn er abweicht, verlasse ich ihn,
   und übergebe ihn dem Verderben."

II. TEXTKRITISCHE UND FORMALE ANMERKUNGEN

1. Zur Gesamtstruktur

Der genaue ursprüngliche Wortlaut kann unmöglich mehr überall mit Sicherheit ermittelt werden. Man hat für unseren Abschnitt drei Möglichkeiten, den Text zu bieten. Man kann möglichst H folgen, und nur dort, wo H keinen Sinn gibt aus den Uebersetzungen ergänzen. Man kann im weiteren einer Uebersetzung folgen, vornehmlich G; so macht es DUESBERG in der Bible de Jérusalem. Schliess-

lich kann man den schwierigsten Weg gehen. Dieser führt über H, G, S und einmal
über V1 zu einem ergänzten und korrigierten hebräischen Text. Es müssen dabei
auch inhaltliche und formale Kriterien aufgeboten werden. H behält seinen Primat für den Text, weniger für die Struktur. Es wird in Rechnung gestellt, dass
er bisweilen verdorben ist, Auslassungen, Umstellungen, Abkürzungen, Rückübersetzungen aus dem Syrischen und eine Anzahl Schreibfehler in sich trägt. Dieser
Weg ist von SMEND gewiesen, wir werden entsprechend vorgehen.

Auch zur Gesamtstruktur lässt sich unter den gegebenen misslichen textkritischen Verhältnissen nicht viel sagen. Eigentlich interessante Einteilungen
bieten nur SEGAL und ALONSO. Letzterer nimmt den einleitenden Vers für sich,
dann nach der Aussageform die drei Disticha Vv. 12-14. Von 15-19 liest er nach
H fünf Verse, wobei 17c + 18ab ein Tristichon bilden. Vers 16 fehlt in H und
Vers 19 hat zwei Distichen. Aber so hat man wohl doch dem Manuskript A etwas
zuviel Autorität zugestanden auf Kosten von G und S, auf Kosten dessen, was Ben
Sira ursprünglich schrieb. Die Einteilung ALONSO's ist zu befolgen, nur möchten
wir nicht sagen 1 + 3 + 5, sondern 1 + 3 + 7, insgesamt also 11 Verse. 11 Verse
bietet auch SEGAL (53). Was er allerdings als Urtext der Verse 15-19 vorschlägt,
weicht zu stark vom hebräischen Manuskript A ab.

Ein spezielles Problem bildet die Struktur der Verse 17-19. Wir verteidigen für diese Verse praktisch die Struktur von G, in etwa auch die von S, gegen
H. Dabei werden wir darauf beharren, dass Vers 19 wirklich nur aus einem einzigen Distichon zu bestehen hat, was auch die meisten Kommentatoren auf je andere
Weise tun. In Vers 17 kann man die Zahl von drei Distichen nach G verteidigen
wie SMEND, BOX/OESTERLEY, SEGAL, FUSS, VACCARI, DUESBERG/FRANSEN (54), oder,
weil 17d und f in G sich arg ähnlich sehen, lässt es sich auch verantworten,
nur zwei Distichen zu lesen wie PETERS, DUESBERG, HAMP. Einfach mit ALONSO ein
Tristichon zu lesen ist zwar methodisch einwandfrei, empfiehlt sich aber auf
Grund der textkritischen Situation nicht. Wir halten die Struktur von SMEND für
richtig. Weil bei den Versen 17-19 eine Darlegung ohne die strukturierten Texte
fast unverständlich bleibt, sind wir hier gezwungen, die Texte nochmals vorzulegen (55). Das soll später die Diskussion über die Verse 17-19 erleichtern.

G: 17a οτι διεστραμμενως πορευσεται μετ᾽αυτου

    b εν πρωτοις...

    c φοβον και δειλιαν επαξει επ᾽αυτον

    d και βασανισει αυτον εν παιδεια αυτης

    e εως οὖ εμπιστευση τη ψυχη αυτου

f   και πειρασει αυτον εν τοις δικαιωμασιν αυτης

18a και παλιν επανηξει κατ᾽ευθειαν προς αυτον και ευφραινει
αυτον

b   και αποκαλυψει αυτω τα κρυπτα αυτης

19a εαν αποπλανηθη εγκαταλειψει αυτον

b   και παραδωσει αυτον εις χειρας πτωσεως αυτου.

H: 17   ולפנים יבחרנו בנסיונות   כי בהתנכר אלך עמו

18   אשוב אאשרנו וגליתי לו מסתרי   ועד עת ימלא לבו בי

19ab   ויסרתיהו באסורים   אם יסור ונטותיהו

19cd   ואסגירנו לשדדים   אם יסור מאחרי אשליכנו

S: 17ab   (Syriac text)

cd   (Syriac text)

17e(f)   .....   (Syriac text)

18   (Syriac text)

19   (Syriac text)

Probleme der Uebersetzung und andere gehören zu den einzelnen Versen, hier ging
es nur um die Gesamtstruktur. Im folgenden wird es besser sein, vorerst nur das
streng Textkritische bei den einzelnen Versen zu besprechen, und den kleinen
Formalproblemen dann nachher einen Abschnitt zu widmen.

2. Textkritische Anmerkungen zu den einzelnen Versen

Für Vers 11 kann H stehen bleiben. BOCCACCIO/BERARDI lesen am Anfang von 11b
תעיר an Stelle von תעיד , welches die anderen Herausgeber lesen. Das Hifil
von עור würde im Sinne von "anspornen" gut passen. Schon GINZBERG hatte עוד
in עור ändern wollen (56). Wenn es eine Aenderung ist, lehnen wir sie ab,
wenn aber der Text so las, dann umso besser! SMEND schlägt noch kleinere Emen-
dationen vor. Sie sind unnötig.

Vers 12. Mit Ausnahme von מיי am Schluss sollte der Wortlaut von H bleiben.
Jener Zusatz aber fehlt in G. Er ist typisch erklärend und stört eher. רצון
fasst der Leser in unserem Zusammenhang ohnehin als Wohlgefallen Gottes auf. Das
Wort kommt in der hebräischen Bibel mehrheitlich, bei Ben Sira fast immer im religiösen Sinn vor, cfr. zu 1,27. Das מיי kann aus Prov 8,35 herkommen, oder
aus einer zuerst in S aufgetauchten Glosse. S liebt Beifügungen dieser Art.
FANG CHE-YONG scheint die Ansicht zu vertreten, G habe zu Unrecht מייר nicht
übersetzt; der Enkel des Siraziden habe sich von einem Akkommodations- und Er-
klärungsstreben leiten lassen (57). Mit מיי wird auch der Stichos b zu lang.

MOWINCKEL möchte aus metrischen Gründen hier und in 13a das מייי beibehalten
(57a), aber Textkritik kommt hier vor Metrik.

Vers 13. Mit Ausnahme von מייי, das aus bereits zu Vers 12 erwähnten Gründen
zu streichen ist, wahrt man am besten den Wortlaut von H. כבוד kommt sowieso
in diesem Zusammenhang von der Weisheit oder von Gott, die beigefügte Erklärung
schwächt nur die Ausdruckskraft des Ganzen. SEGAL macht auf zwei Vokalisations-
möglichkeiten von ויחנו aufmerksam. Die eine lautet: " וְיָחֲנוּ = Sie lassen
sich nieder". Eine andere könnte ein Qal passiv von חנן sein: וְיֻחֲנוּ , dazu
wird passend auf Is 26,9 verwiesen. Aber der Gedanke des sich Niederlassens ist
gerade für den Weisheitssucher bei Ben Sira gut bezeugt, und somit braucht ein
"Wohnen im Segen Yahwehs" nicht zu erstaunen. Das w am Anfang des Verses dürfte
indes kaum echt sein, es sei denn, man deute es als emphatisches w.

Vers 14. Der hebräische Text des zweiten Stichos ist für manche ein vollendetes
Rätsel. Doch darf man hier den Gedanken von PETERS aufgreifen, der dahin geht,
dass hier mit Abkürzungen gearbeitet worden sei. Allerdings möchte ich nicht soweit gehen und mit PETERS nach S aus dem ersten Buchstaben des zweiten Wortes in
b bei H ein בית = "Haus" machen. Es genügt, ואלהו als Abkürzung für ואלהים
- das letzte w wäre eigentlich nur ein Abkürzungsstrich - und das א des
letzten Wortes als eine Abkürzung einer אהב-Form, Ptc. oder Perfekt Qal zu
lesen. Der Stichos lautet dann: ואלהים בְּמַאֲנָיהָ אהב . Zugegeben, das ב ist
zusammen mit אהב etwas ungewohnt. Es braucht deswegen nicht falsch zu sein.
Jedenfalls wird eine Anleihe bei Prov 8,17 nicht mehr notwendig sein. Sowohl G
wie auch S können durchaus den vorgenannten hebräischen Text gelesen haben.

Vers 15. Die einzige direkte Textschwierigkeit liegt am Schluss. Der zweite Stichos ist in H zu lang. Dass ein Substantiv weitergeführt wird mit מן und einem
zweiten Substantiv, das ist bei Ben Sira ohne Beispiel. Er hätte geschrieben
בחדרי בית oder ähnlich. Man darf, analog zur Lesart "in meinem Innern" von
S, in מבית bei H selbst eine erklärende Glosse vermuten.

Vers 16. H fehlt. Aber ein kondizional beginnender Vers wird an dieser Stelle
als sehr passend empfunden. Viel eher kann dieser Vers in H ausgefallen sein,
als dass er von den Uebersetzungen eingefügt worden wäre, er hat nämlich durchaus nicht Glossen-artigen Charakter. Vers 19 fordert zudem geradezu einen positiven אם -Vers im Vorangehenden. S und G stimmen für 16a überein. In b hingegen
gehen die beiden Uebersetzungen formal auseinander. "Und sie werden mich empfangen für alle ihre ewigen Geschlechter" ist in etwa die Lesart von S, während G
ungefähr lautet: "Und im Besitz bleiben seine Nachkommen". Inhaltlich ist der

Unterschied nicht so gross. Wir wählen S, mit Ausnahme des ‎ܥܠܡ‎ = "ewig"
am Schluss.

Vers 17. Von hier bis zum Ende liegen die Dinge recht schwierig. Cfr. die notierten Texte von G, H und S. 17ab birgt zwar noch keine grossen Probleme. In
b muss ‎יבחרנו‎ in ‎אבחרנו‎ geändert werden. Das verlangen der Kontext und
S. Dabei ist zu sagen, dass G von b nur das erste Wort hat. Aber H und S stimmen
gut zusammen. G hat Verkürzungen dieser Art unvergleichlich seltener als S. Aber
während man bei S oft einen theologischen Grund dafür finden kann, trifft dies
bei G weniger zu. Dafür sind die Stellen manchmal dort, wo man sie am wenigsten
erwartet (58). 4,17c fehlt in H, ist jedoch in G und S im wesentlichen überein-
stimmend bezeugt. Als 17d muss jener Stichos gewählt werden, der jetzt bei H
als 19b steht. Dort passt er aus noch zu erwähnenden Gründen nicht besonders
gut hin. 17e wird gebildet durch den Stichos, der jetzt als 17c steht. Im Prinzip sind sich H, G und S darüber einig. Gesucht wird schliesslich 17f. Davon
fehlt in S wie es scheint jede Spur. In H findet sich auch nichts. G hat einen
zwar korrupten, doch korrigierbaren Stichos. Er liest: και πειρασει αυτον εν δικαιωμασιν αυτης. Für die letzten Worte hat Vl "cogitationes", was
auf ein διανοημασιν führen würde, wie SMEND richtig vorschlägt. Dem entspräche ein ‎יצר‎ im Hebräischen. Für πειραζειν müsste man auch etwas anderes
finden, es sei denn, man wolle es übersetzen mit "als bewährt erfinden". Vom
lateinischen "firmabit" her liegt nach SMEND ein στερεουν nahe. Die Angelegenheit überzeugt nicht vollständig, doch ungefähr entspricht sie den Realitäten.

Vers 18. H dürfte im wesentlichen richtig sein. Zugegeben, der erste Stichos
wird sehr kurz sein. Doch kann dies hier beabsichtigt sein. S stimmt im grossen
Ganzen mit H überein. Nur hat er in b eines seiner typischen ‎ܟܠ‎ = "alle" beigefügt. Für die Interpretation von ‎אשר‎ hat er sich auf ‎עמ‎ festgelegt, d.h.
auf "ich mache gerade mit ihm". Nicht so G. Er bringt eine Auswahl. Er liest
erst mal κατ᾽ευθειαν und zusätzlich noch ευφραινειν. Damit hat er in seiner jetzigen Form zwei Interpretationen (59). Vielleicht übersetzt man ‎אשר‎
besser mit "glücklich machen" als mit "geradeaus gehen". "Glücklich machen" ist
auch die passende Lesart in 25,23, gegen SMEND, aber mit ZORELL und BAUMGARTNER.
Das Offenbaren der Geheimnisse bildet in der Bibel einen wichtigen Aspekt der
Freundschaft (60). Hier mag sich eine theologische Nebenlinie des Sirachtextes
abzeichnen.

Vers 19. Von den vier Stichen in H ist - wenn man sie fortlaufend als a b c d
bezeichnet - zunächst d über alle Zweifel erhaben. Ausserdem wurde b bereits als

17d eingesetzt. Von a und c ist ein Stichos die Dublette des andern. Dabei
stimmt 19a genau mit G überein. Nur ein Schreibversehen ist zu korrigieren.
Denn zweifellos muss das Verb נטש heissen nach 9,10 und 47,22, so schon SMEND
und PETERS. 19c stimmt genau mit S überein. Es dürfte sich dabei um eine Rückübersetzung handeln. Di DELLA schreibt in dieser Sache: "Whenever we find a
verse exstant in two forms, of which one closely resembles Greek and the other
Syriac, retroversion is in most cases the reason for the second form" (61). Der
mittelalterliche Kopist mag 19a und d vorgefunden, dabei aber festgestellt haben,
dass sein syrischer Text in a abweiche. Er dürfte darauf 19a aus S als 19c ins
Hebräische zurückübersetzt haben. Vielleicht hat er in dem bereits durcheinan-
dergeratenen H-Text einen Stichos dazu gesucht und verband mit dem ursprünglichen a das neue b, mit dem neuen c den urspünglich zweiten, nun aber vierten Stichos d. In 19c ist aus S auch das den Vers störende מאחרי herübergekommen.
Das רבט des S wurde nun ganz wörtlich mit השליך wiedergegeben. רבט selber war aber in S wohl freie Uebersetzung für ein anderes Verb, vermutlich auch
נטש , wie es G voraussetzt. Ben Sira braucht השליך nur noch in 6,21 für das
Fortwerfen eines Steines. Für eine Tätigkeit der Weisheit ist השליך ein fast
zu starker Ausdruck, man erwartet ihn nicht. Denn in Sir ist sonst das Verhältnis der Weisheit zu den Frevlern eher ein passiv-netatives als ein aktiv-negati-
ves. D.h. sie verlässt, lässt sein, hält sich fern, also ganz in der Linie von
נטש , eher als dass sie aktiv straft oder ähnlich. 19b stimmt jetzt natürlich
ebenfalls mit S überein. אסגיר ist dabei sicher ursprünglich. S musste es mit
ܐܫܠܡ wiedergeben. Alle vier Pi[cc]elformen in der hebräischen Bibel und 17 von
den 18 bei ZORELL unter "tradere" zitierten Hifilformen werden von der Peschitta
mit ܐܫܠܡ Af[c]el übersetzt. Auch die Ausnahme in Dt 32,20 ist nur eine scheinbare (62). Für die Rückübersetzung bot sich wieder הסגיר an, was der mittelalterliche Autor denn auch schrieb. Für שדדים liegt wohl die Wurzel šudd zugrunde.
S hat sie als Ptc.act. verstanden, im Sinne von "Verderber". G mag dieselbe Wurzel als šd "Verwüstung, heftige Unterdrückung" interpretiert und auf diese Weise
den Gedanken Ben Siras an sich besser getroffen haben. Nur hat er etwas frei
schliesslich einfach πτωσις gesetzt, womit er im Verlaufe seiner Uebersetzung
viele Nuancen aller Art einfing. Aber G steht auch in seinem 19b (= d in H) genau in der sirazidischen Linie. Die Weisheit überlässt den Treulosen dem Verderben, dem Unglück, dem Fall (62a).

3. Einige eher formale Anmerkungen zu einzelnen Versen

Vers 11. Die Form חכמות ist nach SEGAL ein Pluralis maiestaticus oder ein
Pluralis abstractionis. Es kann aber auch ein Singular sein. Im Phönizischen
z.B. ist a = o. DAHOOD macht darauf aufmerksam, dass ein Plural eher als
חֲכְמֹת und nicht als חָכְמֹת zu vokalisieren wäre (63). Nun steht jedoch in
der Biblia hebraica immer חָכְמֹת (64). Unser Ben Sira Text ist allerdings
nicht vokalisiert und steht somit an sich für beide Leseweisen offen. - Dieselbe Schreibweise von חכמות findet sich beim Siraziden ferner noch 35,16 Ms E
im Text und an derselben Stelle in Ms B als lectio marginalis. - Zwischen b̲n̲
und b̲i̲n̲ besteht ein Wortspiel. Söhne der Weisheit sind jene, welche m^e b̲i̲n̲i̲m̲
b̲ā̲h̲. Vers 11 ist eine Art Einleitung. b̲n̲ in direkter Verbindung mit der Weisheit kommt ganz selten vor. So viel ich sehe, findet es sich so nur noch in
Prov 8,32. Dort ruft die Weisheit aus: "Nun, meine Söhne, höret auf mich".
Prov 8,31 ist jedenfalls anderer Natur, wofern man nicht überhaupt mit DAHOOD
בני אדם als b̲ō̲n̲ē̲ 'ad̲ō̲m = "Builder of Earth" lesen will (66). Mit DAHOOD's
Lesart gewinnt man eine straffe Inclusio zu 8,22. Anderseits geht ein interessantes Strukturelement verloren, nämlich der Aspekt der Menschen als Bewohner
der Welt, in guter Ueberleitung zu Vers 32.

Vers 12. Bis zu Vers 15 haben wir eine Reihe von Partizipialsätzen. W.FUSS möchte die Verse 12-15a̲.16b̲-18a̲ als Eigengut Ben Siras, die Verse 11.15b̲.16a̲.18b̲.19
als vorsirazidisches Traditionsgut verstanden wissen. Die Hypothese überzeugt
nicht, obwohl die meisten Einzelbeobachtungen durchaus zutreffen. Uebrigens haben wir hier ein Schulbeispiel dafür, dass für jede weitere Konklusion viel davon abhängt, welchen Text man immer liest, wie man sich dessen Entstehung vorstellt und so fort. Für 19 liest FUSS: "Wenn er (aber) weicht, so verstosse ich
ihn und gebe ihn den Plündern preis". Er schreibt dann: "Das Angedrohte tritt
ohne weiteres ein mit dem Bedingungsfall (v. 19 a b), nicht aber, nach v.17,
das Verheissene (vv.16b.18)". Letzteres stimmt gewiss. Ersteres stimmt bei der
gewählten Wiedergabe von 19 ebenfalls. Doch wir lesen: "Wenn er abweicht, verlasse ich ihn, und übergebe ihn dem Verderben". Dann tritt das Angedrohte nicht
mehr so unmittelbar ein. Jedenfalls fällt das Kriterium "direkt contra indirekt"
hier für eine allfällige Literarkritik ausser Betracht. Wertvoll ist besonders
der Hinweis von FUSS, dass in den Versen 12-14 alle Partizipien und Verben Pluralformen, nachher dagegen durchgehend Singularformen aufweisen. FUSS meint dies
nur von H; es gilt ebenso von S, nicht aber von G. Für solche strukturale Dinge
hatte G kein Ohr, S war da viel empfindsamer (67).

Vers 13. Der erste Stichos steht chiastisch zu 12b. Eine interessante Linie geht vom Suchen in 12b zum Festhalten in 13a und dem sich Niederlassen in 13b. Das läuft ganz parallel zu 14,21-27. Das Bild vom Segen Yahwehs lässt an den Tempel als an den Sitz der Weisheit und des Gesetzes denken.

Vers 14. Verglichen mit 12a ist die Struktur hier umgekehrt. Dort hatten wir die Reihenfolge Subjekt - Prädikat, hier Prädikat - Subjekt. Wenn wirklich am Schluss אהב zu lesen ist, bildet das eine gewisse Inklusion mit 12a und bindet die Verse zusammen. Man hätte diesbezüglich nun mindestens drei Elemente: 1. dritte Person, 2. Pluralformen, 2. Inclusio. Nochmals wird das Bild vom Tempel deutlich.

Vers 15. Von hier an haben H und S die erste Person, d.h. die Weisheit spricht. Der Uebergang dazu ist etwas unvermittelt. Doch stört das vielleicht eher uns als die Orientalen. Der Vers selber hat eine regelmässige Parallelstruktur.

Vers 16. Für eine spätere theologische Auswertung wäre es gut, so weit als möglich den ursprünglichen Wortlaut bestimmen zu können. Für den ersten Stichos lässt sich das mit Sicherheit machen. Zuerst stand ein Hifil von אמן . Denn in S haben wir ܗܝܡܢ . Für einen Vergleich kommen ausschliesslich dreizehn Stellen in Betracht, siebenmal unter πιστευειν , sechsmal unter εμπιστε- υειν im Index von SMEND. Dabei hat man in S siebenmal ܗܝܡܢ , sechsmal ein anderes Wort. Die sieben Stellen entsprechen in H einem האמין , und zwar nur sie. Darum muss אמן Hifil auch 4,16 stehen, und SEGAL schreibt es denn auch in seiner Rückübersetzung des Verses. Das zweite Verb ist entweder ירש oder נחל . Denn dem ܢܚܠ in S entsprechen mit einer einzigen Ausnahme (10,11, liest S ܒܬܪܬܐ = "Teil") ירש oder נחל . SEGAL und SMEND bevorzugen ירש . Theologisch scheint der Unterschied nichts zu bedeuten. Für b ist aus schon genannten Gründen eine genaue Textvorlage nicht zu rekonstruieren.

Vers 17. Mit כי wird hier eine Aussage begründet. Diese Fälle sind bei Sirach relativ selten. Die meisten כי begründen einen Imperativ. Aehnlich verhält es sich in Prov, wo aber die Sammlung II eine Ausnahme macht. In Qo begründet כי meistens, in Job beinahe immer eine Aussage. Dabei kommt כי in Qo unverhältnismässig häufiger, in Job etwas häufiger vor als in Prov oder Ben Sira, gemessen am Textumfang der Bücher. Selbstverständlich darf man daraus nur sehr vorsichtig Schlüsse ziehen, und andere Formen nicht ausser Acht lassen. Z.B. sagt Ben Sira oft: "Tue das, damit ...". Er begründet also auch gerne final. Dafür gebraucht er neben den auch in Prov, Job und Qo geläufigen Formen öfters ein in diesen Büchern nicht vorkommendes בעבור (68). Vers 17 hat thematisch grosses

Gewicht, cfr. die entsprechenden Anmerkungen, wie "Wüstenzeit als Zeit der Prüfung".

Vers 19. Damit wendet sich das Blatt. Man kann vielleicht an Richter 2,11-13
denken: Erst ein sich Abwenden des Menschen, dann eine Abkehr des bis dahin
stets helfenden Gottes.

III. THEMATISCHES

Diese Perikope bringt verschiedene neue Themen in den Gesichtskreis des Be-
trachters, davon sollen die am stärksten "theologisch" scheinenden ein wenig
herausgehoben werden. Da zeigt sich zunächst die göttliche Weisheit als Lehren-
de. Darauf wird ein Thema angeschnitten, das unter anderem Aspekt schon bei
HASPECKER Beachtung gefunden hat: Die Liebe. HASPECKER stellt die Liebe des
Menschen zu Gott dar (69). Hier dagegen geht es um die Liebe, insofern sie von
Gott ausgeht. Neu ist auch die Herrlichkeit Gottes, woran die Menschen Anteil
haben sollen. Dann treten wir in einen eher kultischen Bereich mit den Themen
vom Segen, vom Dienen im Heiligtum oder beim heiligen Gott. Eine weitere Frage
geht nach dem "Weg" oder "schreiten" bei Ben Sira. Schliesslich wird man sich
noch fragen müssen, wie es um die starke Verwandschaft mit Dt 8 bestellt sei.

1. "Lehren"

a) Ein kurzer Hinweis auf die Proverbien mag dartun, wie verschieden deren Geistesart von jener Ben Siras ist, wenn man den Aspekt des Lehrens untersucht. In
den Proverbien findet man unter למד , הגיד , הודע wenig Interessantes. Es
muss ja auch nicht sein. Ein Weisheitsbuch kann lehren, ohne dass es ausdrücklich immer wieder vom Lehren spricht.

b) Aber Ben Sira spricht nun mal davon. Eine Durchsicht von vierundzwanzig kurzen Texten ergibt einige theologische Daten, die für unseren Autor typisch sind.
Wir meinen, die wichtigsten Texte erfasst zu haben, ohne unbedingte Vollständigkeit zu beanspruchen.   1. 17,7-12. "(V.7) ... Gutes und Böses lehrte er sie ...
damit sie sich ... seiner Wunder rühmten ... (V.12) ... seine Gesetze lehrte er
sie".   2. 42,19. "Er (Yahweh) offenbart das Vergangene und das Künftige".
3. 3,23. "... denn mehr als du begreifen kannst, ist dir kundgetan". Wohl ein
Passivum theologicum, cfr. 14,12.   4. 18,13. "Er (Gott) weist zurecht, erzieht
und belehrt, und führt zurück, wie der Hirt seine Herde".   5. 6,37. "Er (Yahweh)
wird dein Herz einsichtsvoll machen ... er wird dich weise machen".   6. 51,17.
"... und meinem Lehrer will ich danken".   7. 45,5. "Jakob seine Satzungen zu

lehren". Subjekt von למד kann Moses sein, entsprechend Dt 4,14, aber auch Yahweh selbst, nach Ps 119,19. 8. 44,3-5. "... Verfasser von Sprüchen in Büchern". 9. 45,17. "So lehrte er sein Volk das Gesetz". Subjekt von למד ist vermutlich Aaron, vielleicht aber auch Yahweh. 10. 46,20. "Und selbst nach dem Tode ... wies er dem König seinen Weg". 11. 47,14.17. "Wie weise warst du in deiner Jugend, und flossest über wie der Nil von Bildung! Durch Lieder, Sprüche und Rätsel setztest du Völker in Staunen". 12. 48,25. "Bis auf ewig verkündete er (Is) das Künftige". 13. 49,8. "Ezechiel ... offenbarte die Wesen am Wagen". 14. 4,11. "Die Weisheit belehrt ihre Söhne". 15. 15,10. "Wer sie (Weisheit) erlangt hat, soll ... lehren". Bezüglich der Frage nach dem Subjekt von למד cfr. die Textanmerkungen zur Stelle. 16. 18,28-29. "Jeder Verständige soll Weisheit lehren". 17. 25,9. "Glücklich, wer sprechen kann vor ... Zuhörern". 18. 39,6.8.10.12-14. Lies 39,6-9. Dann: "(V.10) von seiner Weisheit erzählt die Gemeinde (70) ... (V.12) Noch einmal will ich lehren, nachdem ich viel überlegt". 19. 51,28. "Höret auf meine Lehre in der Jugendzeit". 20. 16,24-25. "Ich will ... abgemessen meine Erkenntnis kundtun". 21. 24,33-34. Cfr. zur Stelle. 22. 43,24. "Die das Meer befahren, erzählen von dessen Weite. Wir staunen ...". 23. 30,3. "Wer seinen Sohn unterweist, ... kann vor den Freunden über ihn frohlocken". 24. 22,7. "Wer einen Toren belehrt, leimt Scherben zusammen".

Ergebnis: Zunächst ist Yahweh der erste Lehrer der Menschen überhaupt (Texte 1-7). Die Heilsgeschichte wird wie von einem roten Faden durchzogen von der Lehrtätigkeit der Väter (Texte 8-13). Die Weisheit selbst lehrt ebenfalls (Text 14), und danach tun es die Weisheitslehrer (Texte 15-21). Ben Sira spricht dabei mehrmals von sich selbst (Texte 18-21). Dem ursprünglichen Lehren in der Familie bleibt nicht mehr so viel Raum, aber es ist noch deutlich vorhanden (Texte 22-24). Lehren ist eine Form des Entfaltens der Weisheit, kein Wunder also, dass jenes wie diese zutiefst bei Gott, dem Herrn der Weisheit zu suchen und zu finden ist.

2. Die Liebe Gottes

Wir beschränken uns hier auf den verbalen Bereich und praktisch auf אהב . Denn die anderen Verben werden entweder nur profan - und jedenfalls selten - gebraucht, wie z.B. חפץ und חשק , oder sie sind derart selten, dass sie kaum etwas Neues einbringen, wie etwa רצה , welches Wort mit unserer Hilfsliste nur für 46,13 erfasst wird. בחר passt insofern eher hierher, als es immerhin in 4,17; 45,4 und 45,16 zu finden ist (71), jedoch wird dieses Verb im Zusammenhang mit dem Thema der "Wüstenzeit als Prüfung" seinen Platz finden. Hier würde es wenig bei-

tragen. אהב dagegen ist in der Weisheitsperikope 4,11-19 an sich schon stark
vertreten, in den übrigen Weisheitsperikopen zwar nur noch in Kapitel 24, allerdings da recht nachdrücklich, jedoch sonst noch öfters im Sirachbuch. Von
den übrigen Weisheitsbüchern kann man nur <u>Prov</u> zum Vergleich heranziehen, denn
das einzige אהב in <u>Job</u>, und vier in <u>Qohelet</u> sind alle profaner Natur. Das in
der biblischen Weisheitsliteratur ohnehin seltene Substantiv אהבה kann ausser
Betracht bleiben, es wird stets profan gebraucht. Für unser Schema kommt bei
Sir in H der Gebrauch des ptc.act. nicht in Betracht, da אוהב zu sehr sub-
stantivalen Charakter hat. Auch die Stellen ohne direktes Objekt müssen ausser
Betracht bleiben. Als eine Art Gegenpol zu Prov kann man hier noch Dt beiziehen. Es ergibt sich dann folgendes Schema:

אהב mit Subjekten und Objekten in Dt, Prov und Sir //N.B. * = unbestimmt, allgemein			
	Stellen	Subjekt	Objekt
a) Dt	4,37	Yahweh	die Väter
	6,5	Israel	Yahweh
	7,13	Yahweh	Israel
	10,18	Yahweh	der Fremde
	10,19	Israel	der Fremde
	11,1	Israel	Yahweh
	13,4	Israel	Yahweh
	15,16	der Knecht	das Haus des Meisters etc.
	21,15-16	der Israelite	die Frau etc.
	23,6	Yahweh	*
b) Prov	1,22	Tor	Torheit
	3,12	Yahweh	der hart Behandelte
	4,6	*	Weisheit
	8,17	Weisheit	Jünger der Weisheit
	8,36	Hasser der Weish.	Tod
	9,8	der Weise	*
	12,1	*	Zucht
	13,24	Vater	Sohn
	15,9	Yahweh	die nach Weisheit trachten
	16,13	König	der Aufrichtige
	17,17	*	Streit
	17,19	Freund	(Freund)
	19,8	קונה לב	sich selber
	20,13	*	Träume
	21,17	*	Vergnügen und Wein
	22,11 ?	Yahweh ?	die reinen Herzens sind
	29,3	*	Weisheit
c) Ben Sira	2,15-16	der Gottesfürchtige	Yahweh
	3,17	Yahweh oder *	der Demütige

3,26	*	das Gute
4,12	*	Weisheit
4,12	der Weisheitssucher	Leben
4,14	Yahweh	Weisheitssucher
7,21	*	Sklave
7,30	*	Schöpfer
7,35	Leidender	Besucher
13,15	Lebewesen	seinesgleichen
13,15	*	seinesgleichen
24,11	Yahweh	Jerusalem
24,11	Yahweh	Weisheit
30,1	*	Sohn
31,19	Gottesfürchtiger	Yahweh
34,5	*	Gold
45,1	Yahweh + Menschen	Moses
46,13	Volk	Samuel
47,8	David	Schöpfer
47,22	Jakob	Yahweh

Im <u>Deuteronomium</u> spielt fast alles zwischen Gott und Israel. Mit <u>Prov</u> stehen
wir mitten in der Sapientialliteratur. Es ist ein Betrachten der konkreten,
freilich von Yahweh gehaltenen Welt, fast ohne die Geschichte. <u>Ben Sira</u> zieht
die Grenzen wieder etwas enger. Dafür bietet er in diesem Zusammenhang mindestens zwei grossartige Synthesen. Einmal spielt wieder die Geschichte stark hinein (Jerusalem, Moses, Samuel, David und andere). Ein zweites ist folgendes:
Prov sagt tiefe Dinge über Yahweh als den Schöpfer der Welt. Doch dass man ihn
lieben soll, das wird expressis verbis nie gesagt. Im Dt ist der Geliebte der
Gott des Bundes, nicht der Gott der Schöpfung. Erst der Sirazide findet Worte
für die Liebe zu Gott als den Schöpfer, auch formal. Hingegen tritt der Sinai-
bund völlig in den Hintergrund. Im Dt geht die Liebe Gottes auf die Väter, auf
Israel und die Fremden, auf jederman. In den Proverbien kommen als Objekt der
Liebe Yahwehs in Frage der Unterdrückte, der Weisheitssucher, schliesslich jene, die reinen Herzens sind. Bei Ben Sira ist es der Demütige, der Weisheitssucher, Jerusalem, Moses und, dies nun ganz neu, die von Yahweh kommende Weisheit
ganz persönlich.

3. כבוד "Herrlichkeit"

In den Sapientialbüchern ist כבוד recht unterschiedlich behandelt. Job und
Qohelet kennen es nur je zweimal, die Proverbien dreizehn Mal, Ben Sira gegen
vierzig Mal. Bei <u>Job</u> finden wir nur eine Klage: "Gott hat meinen כבוד genommen", Job 19,9; 29,20. <u>Qohelet</u> spricht, weniger persönlich und ruhiger, in 6,2
und 10,1 ähnliches aus.

Die <u>Proverbien</u> haben eine relativ reiche Thematik. Allerdings geben sie immer nur kurze Hinweise, ihrem spruchartigen Charakter entsprechend. In dreizehn Versen finden wir Aussagen über כבוד , oder Aussagen, die mindestens damit zusammenhängen (73). An vier Stellen ist כבוד in Zusammenhang gebracht mit Demut: 15,33 - 18,12 - 22,4 - 29,33, dreimal zu Torheit: 3,35 - 26,1 - 26,8. Einmal ist vom כבוד die Rede, welchen die tüchtige Frau ihrem Manne verschafft: 11,16. Einmal wird das sich Enthalten von Streit mitbetont, 20,3. In 8,18 und 21,21 ist ein Zusammenhang mit der Gerechtigkeit gegeben. In 3,35 wird aber immerhin gesagt, dass nur der Weisheitsbefliessene כבוד erlangt, denn die Weisheit hält die Herrlichkeit in ihrer Hand bereit 3,16. Sie lädt selber ein: "Bei mir ist Reichtum und כבוד , stattliches Gut und Gerechtigkeit" 8,18. Bleibt noch der problematische Vers 25,2: " כבוד אלהים ist es, eine Sache zu verbergen, כבוד מלכים ist es, eine Sache zu erforschen".

<u>Ben Sira</u> hat unvergleichlich öfter von כבוד gesprochen. Er behandelt alle diesbezüglich in Prov anzutreffenden Themen auch und dazu einige neue, vor allem die Herrlichkeit Yahwehs und jene Herrlichkeit, die Yahweh durch die Weisheit den Menschen gab und gibt. All das wird eingehend betont. Folgende sechs Akzente möchten wir bei der "Herrlichkeit" im Sirachbuche setzen:

1. Schmach und Herrlichkeit: Es gibt eine Scham, die zur Herrlichkeit führt 4,21. - Herrlichkeit und Schmach liegen in der Hand des Schwätzers 5,13. Zuweilen kommt Schmach durch Ehre 20,11. Es kann geschehen, dass der Schuldner statt mit Ehre mit Schmach vergilt 29,6.

2. Herrlichkeit und Eltern: Darüber finden wir in 3,10-12: "Suche deine Ehre nicht in der Schmach deines Vaters, denn sie ist keine Ehre für dich. Die Ehre eines Menschen deckt sich mit der Ehre seines Vaters ... tritt mutig ein für die Ehre deines Vaters". Selbstverständlich ist unter "Ehre" hier mehr zu verstehen, als im deutschen Sprachgebrauch liegt, der Text hat כבוד .

3. Herrlichkeit der Natur: Als Beispiel diene der Regenbogen: "Der Regenbogen ist prächtig an Herrlichkeit ... Das Himmelsgewölbe umzieht er in seiner Herrlichkeit, denn Gottes Hand hat ihn aufgespannt in der Höhe" 43,11-12.

4. Herrlichkeit Yahwehs:

a) Herrlichkeit, die er hat: "Seine machtvolle Herrlichkeit haben ihre Augen gesehen, und seine mächtige Stimme hat ihr Ohr gehört", 17,13. Im Gebet fleht unser Autor: "Fülle den Sion an mit deinem Glanze, und mit deiner Herrlichkeit deinen Tempel" 36,19. Wie die aufstrahlende Sonne sich über alles ergiesst, "so die Herrlichkeit Yahwehs über alle seine Werke" 42,16. Gott muss selbst seiner Heerschar Kraft verleihen, damit sie vor seiner Herrlichkeit bestehen kann 42,17. Er (Gott) machte Aaron stark durch seine Herrlichkeit 49,12. Gott gab dem Moses einen Auftrag ... und liess ihn seine Herrlichkeit schauen 45,3. Schon in diesem Fall verwischen sich die Grenzen zu

b) Herrlichkeit, die Gott mitteilt: "Viel Herrlichkeit teilte Gott ihnen (den weisen Vorfahren) zu, und sie waren gross seit den Tagen der Vorzeit" 44,2. Dann vermehrte er noch die Herrlichkeit Aarons 45,20. Ben Sira betet: "Nun lobet Yahweh, den Gütigen, der euch mit Herrlichkeit krönte" 45,25. Ob 49,4 hierher gehört, oder ob der Vers besser unter 4.a passt, bleibt unklar. Die Stelle lautet: "Sie gaben ihre Macht einem anderen, und ihre Herrlichkeit einem fremden Volke".

5. Herrlichkeit wird konkret erlangt durch Gottesfurcht und Weisheit: "Die Furcht des Herrn ist Herrlichkeit und Ruhm" 1,11. Sie ist "ewige Herrlichkeit für jene, die sie ergreifen" 1,19. "Die Gottesfurcht ist wie ein gesegnetes Eden, und über (?) alle Herrlichkeit geht ihr Zelt" 40,27. Jene, welche die Weisheit festhalten "finden Herrlichkeit" 4,13. Der Weisheitssucher wird "sie anziehen wie ein Prachtgewand, und als herrliches Diadem sich umbinden" 6,31. Die Weisheit selber spricht: "Meine Zweige sind Zweige von Ruhm und Herrlichkeit" 24,16. Wer für sein Volk weise ist, der "gewinnt Herrlichkeit, und sein Name bleibt für ein ewiges Leben" 37,26. In 51,17 sagt Ben Sira zuerst: "Ihr (der Weisheit) Joch wurde mir zur Herrlichkeit", dann aber dankt er gleich Gott dafür: "Und meinem Lehrer will ich Dank abstatten" 51,17b.

6. Weitere Beispiele aus der Väterzeit: 44,13 nach Mas: "Auf ewig besteht ihr Andenken, und ihre Herrlichkeit wird nicht vergessen". "Abraham wurde Vater vieler Völker, und keine Makel ist auf seinen כבוד gekommen" 44,19 (74). Von David wird gesagt: "Bei all seinem Tun sang er Loblieder für Gott den Höchsten mit Worten der Herrlichkeit" 47,8. Im Gegensatz zu Abraham und zum Rat Ben Siras brachte Salomon "einen Flecken auf seine Herrlichkeit" 47,20. Wie herrlich war Simon, wenn er "die Gewänder der Herrlichkeit anlegte" 50,11. "Ihn umgaben alle Söhne Aarons in ihrer Herrlichkeit" 50,13.

7. Einige Stellen lassen sich an keinem der genannten oder gleich an mehreren Orten anschliessen, so 7,4: "Wünsche dir vom König keinen Ehrenplatz". 27,8: "Wenn du nach Gerechtigkeit strebst ... kannst du sie wie ein Gewand der Herrlichkeit anziehen". 30,31: "Bei all deinem Tun ... lass keinen Schandfleck auf deinen כבוד kommen". Zur ersten dieser drei Stellen ist zu vergleichen 44,2, zur zweiten 6,31, zur dritten 47,20.

4. "Segen" und "Diener" des "Heiligtums" (oder: "des Heiligen")

a) Segen. Ein liturgisches Schema kennt ein ברך vom Menschen zu Gott, das überhöht wird durch ein ברך Gottes an die Menschen, so Psalm 134. Auch Ben Sira kennt diese Reihenfolge. Nur hat er das erste Mal Ištafal von חוה und erst das zweitemal ברך : Sir 50,17.20-21: "Alle Versammelten fielen auf ihr Angesicht, um zu beten ... dann wiederum, um den Segen von ihm zu empfangen" (75). Während hier der Eindruck einer wenigstens zeitlichen Präzedenz des Preisens, des ברך des Menschen also vor dem ברך Gottes entstehen könnte, zeigt ein Gesamtüberblick über ברך und ברכה in unserem Buche klar, dass der Vorrang Yahwehs stark betont ist. Bei ברכה ist die Rede vom Segen Yahwehs direkt 4,13 - 11,22 - 30,25 - 31,20 - 39,22 - 40,27 - 44,22 - 44,23 - 50,20f, indirekt 3,8 - 45,1 - 46,11 und wohl auch 7,32. Nur 3,9 handelt vom Segen des Vaters, doch erfolgt dieser Segen ja gerade in der Kraft und im Auftrage des Herrn. ברוך fehlt wohl. Bei ברך ist Yahweh der Handelnde 1,13 (Passivum theologicum) - 36,9 - 36,12 - 44,21 - 45,15. Objekt ist Gott 35,13 - 39,14 - 39,35 - 43,11 - 50,22 und 51,12. "Profan" gibt sich nur 34,23. ברכה und ברך sind bei Ben Sira also praktisch ausschliesslich Gottbezogen, sei es, dass er Segen spendet, sei es, dass er gepriesen wird. - Bei 40,17 stellen wir nur fest, dass die Stelle vielleicht entweder in ברכה geändert werden muss nach G, oder dann in ברך, nach S, doch sicher ist das nicht. Dagegen gehört 45,1 nach G und S wörtlich, nach H wenigstens sinngemäss zum Segensthema, denn זכר לטוב kann, wie SMEND aufweist, durchaus Segenscharakter haben.
Jedenfalls ist brk in den übrigen Weisheitsbüchern viel schwächer vertreten. Qohelet kennt weder das Verb noch das Nomen. Job hat beide nur je einmal (76). Prov liest das Nomen achtmal, davon sind allerdings sechs Fälle in den Kapiteln 10-11. Die sechs verbalen Fälle bei Prov verteilen sich auf die erste, zweite, fünfte und sechste Sammlung. Ben Siras Buch enthält etwa doppelt soviele brk-Stellen, wie wir gesehen haben.

b) Diener des Heiligtums (oder: des Heiligen?)

Ausgangspunkt der folgenden Ueberlegungen ist 4,14a: "Diener des Heiligtums sind ihre Diener". Zunächst ist der Sinn nicht eindeutig. Es könnte gemeint sein: Am Tempel, da wird durch Gottesdienst und Studium des Gesetzes auch der Weisheit gedient, also: Die Diener des Heiligtums dienen ipso facto auch der Weisheit. Doch ist eine andere Deutung wahrscheinlicher: Jene, die der Weisheit dienen, die nach ihr streben, diese dienen auch dem Heiligtum, die dienen auch Yahweh. Ob man קדש mit "Heiligtum" oder "Heiliger" = Titel Yahwehs übersetzen

soll, bleibt vorerst unentschieden. Wir stossen hier plötzlich auf eine Art
kultisch-liturgischer Stelle mitten in der Weisheitslehre. So etwas wäre in
den Proverbien undenkbar. Wahrscheinlich ist dies nicht die einzige Stelle im
Sirachbuch. Es fällt auf, wie Ben Sira z.B. die Schönheit einer guten Frau besingt: "Wie eine Lampe, aufleuchtend über dem heiligen Leuchter, so ist ein
schönes Antlitz auf einer schlanken Gestalt. Wie goldene Säulen auf silberner
Basis, so sind hübsche Beine auf wohlgebauten Fersen" 26,17-18. Sirachs Liebe
zu Tempel und Kult muss sehr gross gewesen sein. Sonst hätte er nicht für die
Beschreibung eines Gottesdienstes unter Simon mehr als dreissig Distichen verwendet. Sonst hätte er auch nicht unter den berühmten Vorfahren den Hohepri-
ster Aaron so sehr gegen Moses herausgehoben, dass für Aaron mehr als dreissig
Distichen gebraucht wurden, für Moses aber kaum zehn. Auch bei David wird merkwürdig viel von dessen Kultinteresse und Kultfürsorge berichtet. Zuerst wollen
wir nun den thematischen Kontext zu 4,14 suchen und aufzeigen. Wir berücksichtigen λειτουργειν bei G, צבדע bei S und שרת bei H. Auf diese Weise
ergibt sich folgendes Schema:

λειτουργειν – צבדע – שרת bei Ben Sira						
Zahl	Stelle	G	S	H	Kult. Charakter	Subjekt	Objekt
1	4,14	λατρευειν	בשמשת	משרת	+	Weisheits-sucher	Weisheit
2	4,14	λειτουργειν	בשמשת	משרת	+	Weisheits-sucher	Heiligtum, Gott
3	7,30	λειτουργειν	בשמשת	משרת	+	Priester	Yahweh
4	8,8	λειτουργειν	מן מדם	התיצב לפני	–		
5	10,2	λειτουργος	בשמשא	מליץ	–		
6	10,25	λειτουργειν	פלח	עבד	–		
7	14,11	ευ ποιειν	צבדע	?	–		
8	24,10	λειτουργειν	צבדע	----	+	Weisheit	hl.Zelt, Gott
9	39,4	υπηρετειν	צבדע	----	–		
10	45,7c	μακαριζειν	צבדנו	שרת	+	Moses	Yahweh
11	45,15	λειτουργειν	צבדע	שרת	+	Aaron	Yahweh
12	46,1	διαδοχος	----	משרת	–		
13	50,14	λειτουργειν	צבדע	שרת	+	Simon	Yahweh
14	50,19	λειτουργια	----	שרת	+	Simon	Yahweh

N.B. In 14,11 ist das שרת des Ms A falsch; vielleicht geht es auf das Konto
von S.

Von diesen vierzehn Stellen sind aber nur acht für uns bedeutsam. Denn wie zu
ersehen ist, haben weder der griechische, noch der syrische Uebersetzer im Vokabular das kultische Moment genau abgegrenzt. λειτουργειν und עבד werden ohne weiteres im ausserkultischen Bereich verwendet. Nicht so bei H. Alle
sieben Stellen plus 24,10, wo שרת mit Sicherheit zu ergänzen ist, sind eindeutig kultisch, und nur sie sind es. 46,1 fällt als übernommene Bezeichnung
für Josue zum vorneherein ausser Betracht (77). Nicht zufällig gewählt sind
dann Subjekt und Objekt dieser Stellen 4,14 (bis) - 7,30 - 24,10 - 45,7 -
45,15 - 50,14 - 50,19. Subjekt sind Aaron und Simon als Hohepriester, die Priester allgemein, Moses, die Weisheit selber und schliesslich alle, die nach
Weisheit streben und die Weisheit suchen. Ein wenig unsicher bleibt 45,7, aber
kultisch ist die Stelle gewiss. Als Objekt haben wir das Heiligtum oder öfter
Yahweh selbst. Folgendes bleibt merkwürdig: Die Weisheit ist einerseits gleichsam Priesterin, sie handelt wie ein Hohepriester, anderseits ist sie mindestens
einmal auch Objekt dieses Kultes und steht ganz nahe bei, ja fast an Stelle von
Yahweh selbst. So ist theologisch von Ben Sira wieder ein Stück Vorarbeit geleistet auf die Ankunft Christi hin. Im Anschluss daran wird die Frage erlaubt
sein, ob es sich in 4,14 um das "Heiligtum" oder um den "Heiligen" selbst handle. SMEND schreibt: "Gr ... versteht קדש von Gott selbst ... Das ist vielleicht anzunehmen, denn die Diener der Weisheit sind hier als Priester bezeichnet. Die Priester heissen aber משרתי יהוה , wogegen die Diener des Heiligtums nach sonstigem Sprachgebrauch die Leviten wären". Man muss aber sagen,
dass 4,14 und ebenfalls 24,10 insofern eine gewisse Ausnahme bilden, als an
diesen Stellen קדוש beide male nicht absolut nur Yahweh als Objekt hat, sondern das Heiligtum, das heilige Zelt, oder gar die Weisheit selbst. Ben Sira
selber scheint nicht besonders den Wunsch gehegt zu haben, קדוש als Gottesnamen zu verwenden. So setzt er in allen drei vergleichbaren Fällen: 43,10 -
47,8 - 48,20 in denen G eindeutig αγιος als Gottesbezeichnung hat, nie קדוש.
23,9 ist nicht vergleichbar, da H fehlt (78). Auch die ܩܕܝܫܐ oder ܩܕܝܫܬܐ von
50,11; 50,14 und 51,12 gehen eindeutig aufs Konto von S und haben keinen Rück-
halt in H. Das קדש ישראל ist eine übernommene Formel, mehr nicht. 47,10 ist
bei שם קדשו das קדש eindeutig adjektivisch wiederzugeben, dasselbe gilt
wohl von 39,35. Auf αγιος als Gottesbezeichnung kommt FANG CHE-YONG in seinem Artikel nicht zu sprechen (79). Das wäre ergänzend nachzuholen. קדוש wird
bei ihm erwähnt (80).

5. "Weg, gehen"

Unter dem Thema des Weges und des Gehens hat man viele Stellen bei Ben Sira.

Die hauptsächlichsten werden im folgenden kurz notiert:

2,6: "Hoffe auf Gott, er wird deine Wege ebnen".

2,12: "Wehe dem Menschen, der auf zweierlei Wegen wandelt".

2,15: "Die den Herrn lieben, halten seine Wege ein".

3,17: "Wenn du reich bis, wandle in Demut".

4,17: "Unerkannt wandle ich mit ihm".

5,2: "Folge nicht ... deinen Augen, um nach bösen Lüsten zu wandeln".

5,9: "Gehe nicht auf jedem Pfade".

6,26: "Mit deinem ganzen Herzen ... halte ihre Wege ein".

8,15: "Mit einem Gewaltmenschen gehe nicht ... er geht nach seinem eigenen Kopf".

9,2: "Liefere dich nicht aus an die Frau, indem du sie über deine Höhen gehen lässt" הדריך (81).

9,13: "Wisse, dass du ... über einem Fallgitter wandelst".

10,6: "Wandle nicht auf den Wegen des Uebermuts".

11,12: "Dort ist einer ... niedersinkend auf seinem Lebensweg".

11,26: "Einfach ist es in den Augen Yahwehs, dem Menschen gemäss seiner Wege zu vergelten".

12,11: "Selbst wenn er ... gebückt einhergeht, nimm dich in acht!"

13,13: "Hüte dich ... und gehe nicht mit Gewalttätigen".

14,21: "Selig ... wer ... sein Herz auf ... Wege richtet, und auf ... Pfade merkt".

14,22: "indem er ihr nachgeht ... und alle ihre Zugänge belauert".

15,1: "Wer das Gesetz einhält, erlangt sie".

15,7: "Nicht erlangen sie Männer des Truges".

16,20: "Wer achtet auf meine Wege?"

17,15: "Ihre Wege liegen allzeit vor ihm".

17,19: "Seine Augen ruhen stets auf ihren Wegen".

21,10: "Der Weg der Sünder ist frei von Steinen".

21,16: "Das Gespräch des Toren ist wie eine Last auf der Reise".

22,13: "Mit einem Schweine gehe nicht".

23,19: "Die Augen Yahwehs blicken auf alle Wege der Menschen".

24,5: "Ich ging einher in den Tiefen der Flut".

25,26: "Geht sie nicht an deiner Seite (die Frau), so trenne sie von deinem Leibe".

30,40: "Auf welchem Wege willst du ihn (den weggelaufenen Sklaven) finden?".

35,20: "Auf einem Weg mit Fallstricken wandle nicht".

35,21: "Fühle dich auf dem Wege nie sicher ... und vor unlauterem Wege hüte dich".

36,11: "Die Weisheit ... hat ihre (der Menschen) Wege mannigfaltig gemacht".

37,9: "Er (der Ratgeber) sagt dir: Dein Weg ist ganz der rechte".

37,15: "Flehe zu Gott, dass er ... deine Schritte lenke".

39,24: "Seine (Gottes) Pfade sind eben für die Rechtschaffenen".

42,3: "(Hier ist die Rede von einem ארח אדן)

44,16: "Henoch wandelte mit Yahweh".

46,9: "Yahweh verlieh Kaleb Kraft, ihn gehen zu lassen über die Höhen" הדריך (82).

46,20: "Und selbst nach dem Tode ... zeigte er (Samuel) dem König seine Wege an".

48,22: "Hisqia tat, was gut war, und hielt fest an den Wegen Davids".

49,6: "Sie zündeten die ... Stadt an, öde wurden ihre Strassen".

49,9: "Er (Ezechiel) gedachte auch des Job, der die Wege der Gerechtigkeit einhielt".

51,15: "Es wandelte mein Fuss in Redlichkeit".

<u>Ergebnis</u>: Selten werden "Weg" und "gehen" im gewöhnlichen Sinn gebraucht. Fast immer ist wenigstens unterschwellig etwas vom Sinne "Lebensweg" oder "Torah als Wegleitung im Leben" mit dabei. Und Yahweh selbst ist engagiert: 2,6: Gott ebnet die Wege; es gibt Wege des Herrn 2,15. Die Menschenwege liegen allezeit vor ihm 17,15.19; 23,19. Er, der Herr lenkt die Schritte 37,15. Auch die Weisheit ist mit von der Partie. Yahwehs Weisheit hat eigentlich die Wege der Menschen mannigfaltig gemacht 36,11. In 6,26, in 14,21f und anderen Stellen ist sie eher Objekt. In 4,17 steht sie als Subjekt. 4,17 ist auch insofern aussergewöhnlich, als von hier eine Parallele zu Dt 8,2 führt: "Denke an den ganzen Weg, den Yahweh, dein Gott dich führte, 40 Jahre lang in der Wüste".

<u>6. Die Wüstenzeit als Zeit der Prüfungen</u>

Wir wollen unter diesem Thema Sir 4,17-19 und Dt 8 nebeneinander stellen.

a) Sir 4,17<u>ab</u> und Dt 8,2. Wie im folgenden ist Dt 8 der theologische Hintergrund (83).

Dt 8,2: "Yahweh hat dich durch die Wüste geführt, 40 Jahre lang,
um dich zu demütigen,
um dich zu prüfen,
um zu erfahren, ... ob du seine Gebote halten würdest oder nicht".

Die Führung liegt aber nicht bei Israel und nicht beim Weisheitsschüler, sondern bei Yahweh (Dt) und bei der Weisheit (Sir):

Dt 8,18: "Yahweh, dein Gott, er gab dir Kraft, diesen Wohlstand zu erwerben".
Sir 4,17: "Ich "die Weisheit) erwähle (?) ihn".

Beim Thema der "<u>Wüste</u>" stellt sich auch die Frage, ob 15,3 "Sie labt ihn mit dem Brote der Klugheit, und mit dem Wasser der Einsicht tränkt sie ihn" auf die Themen "Manna" und "Wasser aus dem Felsen" anspielen könnte. Uns scheint dies jedoch zu weit hergeholt. Ins Thema der Wüste fügt sich aber das Suchen der Weisheit nach einem Erbe und ihr erstes Dienen im hl. Zelte gut ein, Sir 24,7.10. Zum Thema "<u>Prüfungen</u>": Man lese einführend 36,24 - 34,26 - 39,4 - 31,10f - 11,7 - 27,7 - 37,27 - 18,20. Wir stehen übrigens wirklich selbst in der Prüfung: Durch den Vornehmeren 13,11, durch die Weisheit 4,17 und damit direkt oder indirekt durch Gott selbst 36,1 - 2,1 - 2,5 - 44,20. Für den Menschen gilt, was Ben Sira nach 18,23 S sagt: ܡܕ ܟܐܡܬ ܐܢ ܐܝܟ ܐܢܫܐ ܕܢ

deutsch etwa: "Sei nicht wie ein Mensch, der den Herrn versucht.

b) Sir 4,17<u>cd</u> und Dt 8,5.15. יסר ist im Zusammenhang von 4,17 etwas ungewohnt. Ben Sira fordert zwar: "Hast du Söhne, so halte sie in Zucht" 7,23, cfr. 30,12 und 30,2. Ein weiser Fürst erzieht denn auch sein Volk 10,1. Sogar Yahweh selbst weist zurecht, erzieht und belehrt 18,13. Entsprechend haben wir in Dt 8 folgende

Parallelen:

Dt 8,5: "Erkenne bei dir selbst:
Wie ein Mensch seinen Sohn erzieht (יסר),
so erzieht (יסר) Yahweh, dein Gott, auch dich".

8,15: "Er führt dich durch die grosse, schreckliche Wüste,
wo es Feuerschlangen und Skorpione hat,
wo man Durst leidet, weil es kein Wasser gibt".

c) Sir 4,17ef und Dt 8,6.

Sir 4,17ef: "Bis sein Herz von mir erfüllt ist, und
er in seinem Sinnen gefestigt ist".

Dt 8,6: "... auf dass du die Gebote Yahwehs haltest, indem du
auf seinen Wegen wandelst und ihn fürchtest".

d) Sir 4,18 und Dt 8,7.

Sir 4,18: "Dann wende ich mich und führe ihn (oder: beglücke ihn)
und offenbare ihm meine Geheimnisse".

Dt 8,7: "Denn Yahweh, dein Gott führt dich in das herrliche Land,
in das Land der Wasserbäche, Quellen und Ströme ...,
in das Land von Weizen und Gerste, von Trauben, Feigen und
Granatäpfeln,
in das Land der Oliven und des Honigs,
in das Land, dessen Steine Eisen enthalten, aus dessen Bergen
du Kupfer gewinnst".

In Dt 8 ist es das Land, das seine Geheimnisse und Schätze preisgibt. In Sir 4
ist es die Weisheit, die ihre Geheimnisse offenbart.

e) Sir 4,19 und Dt 8,19-20.

Sir 4,19: "Wenn er abweicht, verschmähe ich ihn
und überlasse ihn dem Verderben".

Dt 8,19f: "Wenn du aber Yahweh ... vergissest ... so bezeuge ich gegen
euch heute:
ihr werdet sicher ins Verderben geraten ..." (84).

Während Dt eine historische Zeit theologisch betrachtet, hat man bei Ben Sira
diesbezüglich nur noch das Formular. Sirachs "Wüstenwanderung der Weisheit"
passt ohne weiteres, und vielleicht sogar besser, an den Anfang der Schöpfung,
cf. 24,8.

3. PERIKOPE 6,18-37

I. DEUTSCHER TEXT (*15)

6,18   "Mein Sohn, von deiner Jugendzeit an nimm Zucht an,
       und bis zum Greisenalter erlangst du die Weisheit.

   19   Wie ein Pflüger und Schnitter nahe dich ihr,
       und harre auf ihren grossen Ertrag.
       Denn in ihrem Dienst musst du dich nur wenig mühen,
       und (schon) morgen wirst du essen von ihrer Frucht.

   20   Ein ungangbarer Weg ist sie dem Toren,
       und nicht hält sie ein der Unverständige.

   21   Wie ein Laststein liegt sie auf ihm,
       und nicht zögert er, sie (oder: ihn) abzuwerfen.

   22   Denn die Zucht ist wie ihr Name,
       und nicht allen ist sie leicht gangbar.

   23   Höre, mein Sohn, und nimm meine Meinung an,
       und verwirf nicht meinen Rat.

   24   Bring deinen <u>Fuss</u> in ihre <u>Fesseln</u> (oder: Netz ?)
       und in ihre <u>Umgarnung</u> deinen <u>Hals</u> (Ergänze vielleicht das Verb:"lege"= תן).

   25   Neige deine Schulter und nimm sie auf dich,
       und werde nicht überdrüssig ihrer Ratschläge.

   26   Aus deinem ganzen Herzen nahe dich ihr,
       und mit deiner ganzen Kraft halte ein ihre Wege.

   27   Ergründe und forsche, suche und finde,
       und halte sie fest und lass sie nicht los.

   28   Denn zuletzt wirst du finden ihre Ruhe,
       und sie wird sich dir wandeln in Wonne.

   29   Und es werden für dich sein ihre Fesseln eine starke Burg,
       und ihre Umgarnung ein Feingoldgewand.

   30   Ein goldener Schmuck wird ihr Joch,
       und ihre Stricke ein Purpurgewebe.

   31   Als Prachtgewand wirst du sie anziehen,
       und als herrliches Diadem sie dir umbinden.

32 Wenn du willst, mein Sohn, kannst du weise werden,

und wenn du dein Herz daran setzest, kannst du klug werden.

33 Wenn du hören willst, wirst du lernen,

und wenn du dein Ohr neigst, wirst du gebildet werden.

35 Jeden Vortrag wolle hören,

und ein kluger Spruch soll dir nicht entgehen.

36 Schau zu, wer klug ist, und suche ihn eifrig auf,

und es trete häufig auf seine Schwelle dein Fuss.

37 Richte deinen Sinn auf die Furcht Gottes,

und über sein Gebot sinne allezeit nach.

Und er wird einsichtsvoll machen dein Herz,

und wie du es ersehnst, wird er dich weise machen".

II. TEXTKRITISCHE UND FORMALE ANMERKUNGEN

1. Die Gesamtstruktur

Das lateinische Manuskript Γ^A aus dem zehnten Jahrhundert (85) hat für den Abschnitt 6,18-37 zwei Titel. Vor Vers 18 steht: "Sapientia hortatur filios, id est ecclesiam". Vor Vers 32 heisst es dann: "Promittit sapientia diligentibus se praemia aeternitatis". Dazu kommt noch der einzige lateinische Zusatzvers vor 23: "Quibus autem agnita est, permanet usque ad conspectum Dei". So haben wir hier im Groben eine Dreiteilung mit Abschnitten von 6, von 9 und von 7 Distichen. Mehr kann von einer Sekundärübersetzung nicht erwartet werden. Vl konnte ja nicht ohne weiteres au G merken, dass Vers 34 zu streichen gewesen wäre und dann die Strofenformel 6+9+6 gelautet hätte. Diese Formel hat sich freilich nicht überall durchgesetzt. PETERS spricht von einem alphabetisierenden Gedicht mit 22 Distichen nach der Formel 3+3+2+3 / 2+2+2+2+3. SMEND bringt ein besseres Schema: 3+3+3+3+3+2 / 3+2. Wir werden ähnlich aufteilen in 3+3 / 3+3+3 / 3+3 Disticha. Am Schluss könnte man auch 2+2+2 schreiben.

Wenige Bemerkungen betreffen die einzelnen Strofen. Die erste Strofe, Vv. 18-19, wird durch das Suchen nach Weisheit zusammengehalten. Bäuerliches Leben bildet den Hintergrund. Die Strofe ist positiv, im Gegensatz zur nächsten. Diese zweite Strofe ist formal sehr einheitlich durch das dreifache "und nicht", sie umfasst die Verse 20-22. Im Hintergrund der dritten Strofe (Vv. 23-25) steht vermutlich das Bild von der Sklavenarbeit. Bei den Versen 26-28, der vierten Strofe also, dürfte der Jäger Pate gestanden haben. Strofe fünf bringt als solche

keine Probleme, Strofe sieben auch nicht. In der sechsten Strofe dagegen muss
Vers 34 gestrichen werden. Er fehlt in H, störft das Ebenmass der Strofe, wiederholt zum Teil Vers 36 und trennt die beiden שמע von Vers 33 und 35 vielleicht zu sehr.

2. Zu den einzelnen Versen

Vers 18. Nur die beiden letzten Worte des Verses sind in H erhalten. Wichtig
wäre es, zu wissen, was in H für παιδεια stand. SEGAL hat מוסר geschrieben, nicht zu Unrecht, denn nach dem Index von SMEND ergibt sich für מוסר
folgendes Schema:

Parallelen zu מוסר im Sirachbuch				
Zahl	Stellen	G	S	H
1	6,22	σοφια	ܚܟܡܬܐ	מוסר
2	34,17	παιδεια	ܬܪܕܝܬܐ	מוסר
3	35,2	ευκοσμια	al.	מוסר
4	35,14	παιδεια	ܚܟܡܬܐ	מוסר
5	41,14	παιδεια	---	מוסר
6	42,5	παιδεια	---	(מוסר)
7	42,8	παιδεια	---	מוסר
8	47,14	συνεσις	ܣܘܟܠܐ	מוסר
9	50,27	παιδεια	ܡ	מוסר

Man sieht, dass מוסר sehr oft von G mit παιδεια übersetzt wurde. Auch mit
dem ܚܟܡܬܐ von S klappt es gut. מוסר würde auch deswegen gut passen, weil
es mit dem מוסר von 6,22 eine inclusio bilden könnte (86). Ausserdem setzt
6,22 beinahe voraus, dass das Wort in der Perikope schon einmal gestanden hat,
dabei ist 6,18a weitaus der passendste Platz. Mit dem ב vor נעוריך hat es
SEGAL hingegen in seiner Rückübersetzung weniger gut getroffen. Er hätte besser
ein מ gesetzt und nicht ein ב . Der Sinn muss sein "von, von an". An sich
kann ein ב diesen Sinn auch haben (87), doch setzen hier G und S ein מ auch
formal voraus. In polarer Ausdrucksweise schreibt Ben Sira hier "Jugendzeit"
und "Greisenalter". So umfängt er das ganze menschliche Leben.

Vers 19. In 19a setzt G "Pflüger und Sämann", S liest "Sämann und Schnitter",
H hat "Pflüger und Schnitter". Nach S geht, so viel ich sehe, kein Kommentator.
Manche halten G für ursprünglicher. Sie denken vielleicht, der Schnitter brauche
nicht mehr zu hoffen, denn die Ernte liege ja vor ihm. Doch eben dieser Gedanke
kann Ursache der G Lesart sein. Denn G, S und noch viel stärker die Vetuslatina
haben oft bewusst kommentierend und theologisierend übersetzt, cfr. die Bemer-

kungen über συναγωγαι in Sir 24,23. Zum Hoffnungsproblem in 6,19 sind einige philologische und lexikographische Ueberlegungen nötig. Die LXX gibt in den protokanonischen Büchern קוה ganz selten mit ελπιζειν wieder, hingegen sehr oft mit υπομενειν (88), und υπομονη fusst in allen neun Fällen auf qwh. Auch bei αναμενειν gehen alle in Frage kommenden Stellen auf qwh. In derselben Richtung läuft die Feststellung, dass in Sir das einzige über die qwh-Stellen des H hinaus feststellbare ܡܣܟ von S in 11,17 parallel steht zu παραμενειν und ʿmd. Unter ܡܣܟܐ, oder ܡܣܟ, denn es kommt nur Pael in Frage, gibt COSTAZ als Bedeutung: 1. rester, 2. persévérer, 3. attendre (89), ähnlich KOEBERT: mansit, perseveravit, exspectavit (90). In H hat man das Verb 6,16; 11,21; 36,23. S liest an der ersten Stelle etwas anderes, an der zweiten ܡܣܟ wie in H; im dritten Fall das Synonym ܣܟܐ. Von G, S und dem Gebrauch von קוה in H her liegt der Hauptakzent eher auf dem geduldigen Durchhalten und Warten, eher als im Blick in die Zukunft. Ein Blick in die LXX und die Peschitta würde das noch verdeutlichen (91). Dann gewinnt auch der polare Ausdruck "Pflüger - Schnitter" in Sir 6,19 an Farbe. Immer muss man sich um die Weisheit mühen (cfr. Jugendzeit - Greisenalter in 6,18), wie ein Bauer vom Pflügen bis zum Schwingen der Erntesichel sich um den Acker müht. Wie der Pflüger auch Schnitter sein wird, so folgt dem Harren der grosse Ertrag. - In 19c halten עבדה und עבד ein akzentuiertes למחר umschlossen. Das Verb עבד ist in עמל zu ändern, so wollen es G, S, und die Analogie zu 51,27. Dort hat der Kopist von Ms B einen ähnlichen Fehler gemacht. Die Peschitta ist in der Wiedergabe der 11 עמל der hebräischen Bibel ziemlich konstant. Acht Mal schreibt sie ܥܒܕܠ. Sehr konstant ist sie auch beim Uebersetzen von עבד (92). Ganz konstant ist auch die Sirachüberlieferung bezüglich עבד. Einerseits werden alle עבד mit ܦܠܚ wiedergegeben von S, andererseits findet man ܦܠܚ eben gerade nur an diesen Stellen (93). Dieselbe Reziprokität gilt für עמל und ܥܒܕܠ (94).

Vers 20. Bezüglich עקובה kann man Is 40,4 vergleichen und vor allem auch das arabische عَقَبَة, was "Hügel, Aufstieg, Bergpfad" bedeutet (95). In 20b geht das Suffix wahrscheinlich auf die Weisheit, obwohl es sich natürlich auch auf עקובה beziehen könnte.

Vers 21. FRITZSCHE denkt bei אבן an eine Steinhantel, womit man im Altertum sich sportlich stählte. Er zitiert für das factum eine Stelle bei HIERONYMUS (96). Aber an unserer Stelle ist es doch viel eher eine Steinlast, die der Träger sobald wie möglich abwirft. Dabei geht das Suffix in b wohl auf die Weisheit.

Vers 22. In b haben wir als Bild wieder den Weg. נכוחה ist nach SMEND ein Ge-
genstück zu עקובה von 20a. Wenn man in 22a eine etymologische Antwort sucht,
muss man trotz vieler alter und neuer Versuche (die älteren Lösungsversuche werden bei FRITZSCHE zitiert) mit ALONSO sagen: "di etymologische Beziehung von
Vers 22 ist unklar". Aber die Lösung liegt hier nicht sicher im etymologischen,
obwohl Ben Sira Wortspiele gerne anwendet, und obwohl er in 6,18 bereits ein
מוסר gelesen hat. Für unseren Vers hat SMEND auf ein Analogon in 2,18d bei S
hingewiesen. Man liest dort: "Und wie sein Name, so sind seine Werke". SMEND folgt
in 6,22 nicht H und S, die er als Korrekturen des G Textes betrachtet, welcher
lautet: "Die Weisheit ist wie ihr Name". Doch diese Lesart geht hart an einer Tau-
tologie vorbei. Man kann H unverändert lassen. Entweder wird dann שמה mit SEGAL
als שְׁמֹה vokalisiert, oder es muss שְׁמָהּ gelesen werden. Im zweiten Fall geht
das Suffix auf die Weisheit, wie wohl im ganzen Abschnitt dieser Perikope, und
wie öfters in Abschnitten über die Weisheit. Ein Maskulinsuffix in 6,22 stört die
Struktur eher. Uebrigens ist das eines der Strukturprinzipien Ben Siras: Er nennt
die Weisheit am Anfang und am Schluss, zwischendrin wird ihre ständige Gegenwart
durch Suffixe dargestellt (97). Klar haben wir das in 14,20-15,10. Auch die Schreibweise ה spricht eher für ein Femininsuffix. Zwar ist ה als Maskulinsuffix im Hebräischen als mater lectionis nicht selten (98), aber häufiger ist es doch beim Nomen dem neueren w gewichen, beim Verb ist der alte Akkusativ ahu normal. Für ה
als Suff.3.m. würde eventuell noch der Gleichklang von מוסר und מוסתר מוסר sprechen, auf den in diesem Vers angespielt sein kann.

Vers 23. H fehlt. Wir folgen G. Das struktural sehr wichtige "mein Sohn" wäre auch
bei S bezeugt, der etwa liest: "Höre, mein Sohn, und nimm meine Lehre an, und mache meine Zucht nicht zunichte".

Vers 24. Wieder fehlt H. Der Vers ist chiastisch strukturiert. Ueber die Bedeutung
der einzelnen Ausdrücke könnte man sich endlos streiten, cfr. PETERS und SMEND.
Aus textkritischen Gründen, vor allem wegen S, und eines besseren Rhythmus wegen
ist in b vielleicht ein Verb zu ergänzen, man denkt an נתן , hier als Ipr. תן .
Cfr. die Anmerkungen zur Metrik unseres Kapitels.

Vers 25. Das letzte Wort in H macht gewisse Schwierigkeiten. Manche folgen dem
Vorschlag SMEND's und ändern תחבלותיה in חבלותיה oder so ähnlich. Doch
hat diese Lesart kein tieferes Fundament als G. S liest in b ein Wort mit derselben Wurzel wie in a: šql (99). Die Bedeutung des syrischen Verbs, wie auch des de-
verbalen Nomens geht jedenfalls auf "tragen, Last" hinaus. Das ܥܡܠܘܬܐ von
S kling nach einer Verlegenheitslösung. Wahrscheinlich wusste S mit dem seltenen

hebräischen תחבולותיה nichts anzufangen und übersetzte deswegen so allgemein und unverbindlich als immer möglich. Indes passt תחבולותיה vortrefflich zu "mein Rat" von Vers 23. Die Strofe wird damit umklammert. Das Wort von H darf also nicht durch חבלה ersetzt werden, sondern es soll darauf zurückweisen. Das hat eigentlich schon PETERS gemerkt.

Vers 26. Für diesen und die folgenden Verse gilt der knappe, aber treffende Kommentar von ALONSO: "Esta estrofa inculca la actitud personal, y la imagen parece tomada de la caza: busqeda, rastréo, persecucion, captura. El alumno ha tomade plenamente la iniciativa y consigue su objeto". - Der Vers 26 hat eine sehr regelmässige parallele Struktur. Es geht wieder einmal um die Wege. Der Vers fehlt in H. Er ist trotzdem echt. Das Strofenmass, G und S schützen ihn. Wenn die Klammer in der Textausgabe von VATTIONI richtig gesetzt ist, wäre zudem in H das letzte ה der Zeile erhalten, doch wird das ein Druckversehen sein, denn weder PETERS, SMEND, SEGAL noch LÉVI, dem VATTIONI doch folgt, machen da auch nur die geringste Anmerkung. Ein ה so allein würde auch nicht zur scriptura continua von Ms A passen. PETERS, SEGAL und schon LÉVI schreiben in ihrer Rückübersetzung im ersten Stichos נפש. Das kann kaum stimmen. Es stand wohl לב im Urtext. Dieses wird von S bezeugt. S stimmt zudem an allen diesbezüglich vergleichbaren Stellen mit H überein, gegen G. SMEND hatte mit Recht zu 4,17 notiert, G setze öfters ψυχη für לב. In unserem Abschnitt trifft dies gleich zweimal zu, in Vers 32 und hier. Im deutschen kann man ruhig mit "Seele" übersetzen, nur muss man den formalen Unterschied sehen.

Vers 27. Ein sehr interessanter Vers! Wir finden vier Imperative in a, ein weqataltî mit imperativem Sinn und einen negativen Imperativ, beide mit Suffix in b. Der seltene Imperativ von מצא leitet von בקש zu חזק über. מצא hält als Imperativ beide Pole in sich vereint. רפה kommt nur noch in 51,10 vor. Zusammen mit den anderen drei Hifilstellen der Sapientialbücher, nämlich Prov 4,13; Job 7,19; 27,6 ergäbe sich eine Thematik eigener Art: Gott soll den Menschen lassen und doch nicht lassen.

Vers 28. Schon am Ende der ersten und zweiten Dreierstrofe hatte Ben Sira den Vers mit כי begonnen. Hier, im zweiten Abschnitt fängt der letzte Vers der mittleren Strofe so an. Unter seinen Fittichen birgt es eigentlich noch die drei folgenden Verse. Die ganze Perikope liesse sich formal wie folgt gliedern: Der erste Abschnitt umfasst einen doppelten Imperativ mit Begründung und eine doppelte Aussage mit Begründung (Vv. 18-19/20-22). Der zweite Teil hat fünf Imperativdistichen worauf eine lange und endgültige Begründung folgt (Vv. 23-31). Für den Rest kann

man zwei kondizionale Verse, drei Imperativverse und ein Abschlussdistichon nennen. Letzteres beginnt mit einem w, das sehr gut unter folgende bei ZORELL notierte Rubrik passt: "w cum sententia annexa indicat rationem antea dictorum: =
etenim, nam: "peregrinum noli vexare; nostis enim ..." Ex 23,9; "ascende, tradam
enim eos" 1 Ch 14,10". - Man beachte: in allen Fällen gehen Imperative voran! -
Formal wird מצא wiederholt, jetzt als Indikativ mit Objekt: die Ruhe der Weisheit. G hatte für solche Feinheiten absolut kein Verständnis; S schon eher, denn
er liest beide Male ܐܫܟܚ ; er hat im ersten Fall zur zu sehr auf unseren
Vers geblickt und aus dem ihm etwas sonderbar scheinenden Imperativ ebenfalls
ein Imperfekt Peal gemacht. Ausserdem fügt er in 28 zu "Ruhe" noch "Wonne" hinzu,
was nicht dem Willen Ben Siras entsprach. Bezüglich הפך verdient die Lesart von
Ms C den Vorzug mit תהפך , vor Ms A mit נהפך . Dann entspricht dem Femininsinn
eine feminine Form. Wollte man A lesen, müsste man eine Inkongruenz annehmen. Das
würde freilich nicht sehr erstaunen, man findet das in vielen semitischen Sprachen (100).

Vers 29. Schon in Vers 28 wurde das Verwandlungsmotiv angetönt. In der nun folgenden Strofe wird gezeigt, wie dieses sich Wandeln geschieht. Der Rückgriff auf
Strofe drei ist offensichtlich. mkwn ᶜz ist in seiner Bedeutung umstritten. SMEND
schreibt dafür "herrlicher Standort", PETERS denkt an "feste Burg". So weit auseinander liegt das vielleicht gar nicht. Dass der Ausdruck מכון עז nur bei
Ben Sira zu finden ist, das spricht nicht gegen seine Echtheit. Denn unser Autor
hat in seinem Buch eine ganze Menge solcher "Specifica" verwendet, cfr. die Liste
in der Einleitung zum Kommentar bei SEGAL, S.22. KUHN dagegen schreibt zu unserem
Vers Folgendes: " מכון : der Parallelismus des zweiten Gliedes (בגדיו) lässt
hier den Namen eines Kleidungsstückes erwarten, etwa מכנסי 'ihr Fangnetz wird
dir werden zu Hosen der Herrlichkeit; cfr. 45,8'". Schon zum vornherein bereitet
eine Textänderung wenig Freude, wann H, S und G ungefähr dasselbe lesen und der
Text einen ganz guten Sinn gibt. Mit σκεπη ... ist nur mkwn ᶜz etwas frei übersetzt. Der Gedanke des Schutzes wird stark betont. S hat hier das bei ihm sonst
nur noch in 26,16 vergleichbare ܡܘܬܒܐ . Dieses deckt die ganze Bedeu-
tungsreihe von ܝܬܒ , dem ישב des Hebräischen, vom "Thron" zum "Posten" und
zur "Wohnung", in diesem Sinn mag es auch schon mal "Burg" bedeuten. Im Hebräischen
מכון scheint כון durch. מכון ist der Ort; der Ort, wo Gott residiert, die Basis seines Thrones oder der Erde (101). Das Wort kommt als Femininum noch vor
Sir 41,1: "Der Tod ist bitter für den Menschen, der glücklich in seinem H e i m e
wohnt". Die beste innersirazidische Parallele ist aber 36,18: "Erbarme dich über

die heilige Stadt, Jerusalem, die Stätte deiner Wohnung (מכון)". Das ist al-

so Jerusalem, wo die Weisheit wohnt (102). Ausserdem: Der aszetische Gedanke,

dass das Einengende und Fesselnde nur Sinn hat, wenn es sich in Schutz und

Herrlichkeit wandeln kann, gefällt sehr. Und ein dritter Punkt: Unsere Stelle

muss Herrlichkeitscharakter haben. Mit מכנס = "Hosen" hat sie das nicht mehr,

weder semantisch noch etymologisch. Semantisch nicht, denn in Ex 28,42 steht

ausdrücklich, der Priester müsse מכנס anziehen, um damit seine Blösse zu be-

decken. Etymologisch nicht, denn die wahrscheinlichste Spur läuft hin zum ara-

bischen كَنَزَ "vergraben, unter der Erde verbergen" (103). So wäre alles gegen

eine Aenderung, nur der Parallelismus votierte dafür? Aber wird in Sir 6,29 der

Parallelismus wirklich besser, wenn wir in a u n d b ein Kleidungsstück set-

zen? Und zwar eben "Hosen der Herrlichkeit"? Wir glauben aufzeigen zu können,

dass der Parallelismus selber gegen KUHN's Vorschlag stimmt. Denn es gibt ein

den Parallelismus betreffendes Gesetz, das Ben Sira rigoros zu befolgen scheint,

das mit מכון עז besser übereinstimmt als mit מכנסי עז . Wir meinen das

Ballast Variant. Darüber wird in den formalen Spezialproblemen, die Sir 6 beson-

ders betreffen, ausführlicher gesprochen werden. Der springende Punkt in 6,29

wäre etwa dieser: בגדי כתם sollte mehr Silben zählen als der entsprechende

Ausdruck in a. Das wird mit מכון עז deutlich besser erreicht.

Vers 30. Dieser Vers greift auf 25 zurück. Während dort der Gedanke vom Joch nur

indirekt ausgesprochen war, wird das jetzt in Vers 30 ausdrücklich gesagt. - עלי

ist ein schwieriges Wort. Wir lassen es stehen und interpretieren es nach G, hoff-

end, der Enkel habe den Sinn einigermassen getroffen. Es könnte auch ein Fehler

vorliegen, doch soll man nicht zu leicht ändern. Denn ᶜly wird in Ugarit als Ti-

tel für Bᶜl gebraucht (104), und עלי steht in der Bibel öfters, z.B. 1 S 2,10

für Yahweh (105). Man kann von hier aus für עלי in Sir 6,30 den Sinn von etwas

Ueberragendem, etwas von hohem Wert, und so auch ein Schmuckstück vermuten. 30b

vergleicht nach unserer Auffassung die Richtlinien der Weisheit mit Jochstricken.

Vers 31. Mit dem Prachtkleid und der Krone ist das königliche Bild vollendet.

Vom textkritischen Standpunkt aus bleibt noch zu bemerken, dass das Qumranfrag-

ment 6,19-31 mit seinem geringen Text durchaus den bekannten H Text bestätigt

hat (106).

Vers 32. Am Anfang dieser Strofe steht ein ḥkm, 2.sg.m. Hitpael. Damit soll die

Pielform in Vers 37 zusammengesehen werden. In 37 ist Gott Subjekt von חכם .

Das liegt theologisch genau in der Linie von Kapitel 1. SMEND gefällt das schein-

bare Abfällen vom stärkeren ḥkm zum schwächeren ᶜrm in unserem Vers nicht recht.

Auch wir sehen eine absteigende Linie. Das kann jedoch vom Autor gewollt sein.
Auch in Vers 37 ist schliesslich bîn etwas weniger stark als sein Synonym ḥkm in
37d. Die stärkeren Ausdrücke umklammern. - Nach der von FUSS vertretenen tradi-
tionsgeschichtlichen Hypothese gehört unser Vers dem vorsirazidischen und vorge-
formten Traditionsgut an, wie übrigens auch Vv. 18 und 23 und schon 20. Das übrige, d.h. Vv. 19a-d.21-22.24-31.33; 34-37 teilweise, weist er direkt Ben Siras
Hand zu. Doch von den Strukturen und Wortordnungen her wird man eher Ben Sira als
Autor des ganzen Textes betrachten. Immerhin kommt FUSS von einem ganz anderen
Blickwinkel als dem unsrigen zur selben Strofeneinteilung.

Vers 33. H hat gewiss einiges verloren. MOWINCKEL verlangt an dieser Stelle aus
metrischen Gründen eine Ergänzung, sicher zu Recht (107). Schon in a scheint nach
dem שמע etwas zu fehlen. Das בל des S bietet sich dabei als vorzügliche
Hilfe an. Das σοφος von G passt weniger gut. In b müsste man nach S und G ein
וְאִם beifügen und das הט in תטה umformen. Wir folgen diesen beiden Uebersetz-
zungen, freilich nicht ohne Bedenken. Es würde schliesslich auch reichen, wenn
vor תוסר ein w-Apodoseos eingefügt würde und schlimmstenfalls könnte selbst das
unterbleiben.

Vers 35. Die positiv-negative Konzeption gefällt sehr. Im Gegensatz zum Folgenden
ist das Objekt (in a) oder das Subjekt (in b) an den Anfang gesetzt, nicht das
Verb wie in den Versen 36 und 37.

Vers 36. Das Bild ist hier vom Haus des Weisen genommen. In unserer letzten Strofe ist merkwürdigerweise nicht mehr von der Weisheit, sondern nur noch vom Weisheitsschüler die Rede, rein formal gesehen. ושחריהו ist ein Imperativ mit plene geschriebenem Verbindungsvokal. Das Wort בסיפי in 36b befriedigt so wie es
steht nicht recht. Entweder muss ein w hinzukommen, oder das Schlussyod muss als
waw gelesen werden, die Verschreibungen von w und y sind in den Sirachfragmenten
nicht selten (108). - Warum ist es besser, für 35-36 eine Dreierstrofe anzunehmen,
als von 32-37 dreimal je zwei Distichen zu lesen? Unter anderem finden wir in den
letzten drei Distichen dreimal die Wurzel bîn als Verbalform. In 36a ist es ein
Qal oder ein Hifil, in 37a liest man ein Hitpolel, in 37c steht zweifellos ein
Hifil mit Gott als Subjekt. Wir hätten also in Vers 36 eine Frage, in 37ab die
Antwort vom Menschen aus, in 37cd die Antwort von Gott her. Vielleicht kann man
unter diesem Aspekt auch die Anfangs-w in 37a und 37c stehen lassen, sie binden
zusammen. Die Frage sei erlaubt, ob die Schwellen des Hauses hier ein gewöhnli-
ches Haus meinen, oder ob nicht doch vielleicht irgendwie das Haus der Weisheit
und ihr Wohnsitz in Israel, d.h. der Tempel in Jerusalem mitgemeint sei. Vorder-

gründig bezieht sich die Anspielung natürlich auf die Weisheitsschule, insofern wird man JANSEN und HERMISSON zustimmen (109).

<u>Vers 37</u>. Im Deutschen ist die Uebersetzung von התבוננתה mit "deinen Sinn richten auf" nach HASPECKER einigermassen gerechtfertigt (110). Dieser Autor gibt ebenfalls eine vorzügliche Darstellung der Probleme rings um das verdächtige עליון . Es ist wahrscheinlich in <u>Elohim</u> oder <u>Yahweh</u> zu ändern. Denn G hat eine sehr grosse Vorliebe für עליון (111). Ausgerechnet hier aber liest er κυριος . In Ms B weisen Randlesarten in 40,1 und 43,5 daraufhin, dass die Tendenz bestand, für <u>El</u> oder <u>Yahweh</u> ein anderes Wort, z.B. עליון zu setzen. Diese Tendenz muss früh bestanden haben, denn die Masadarolle liest in 43,5 bereits <u>Adonai</u>, ein anderes Synonym für <u>Yahweh</u> (112). Bevor man zur zweiten Vershälfte übergeht, sei noch auf die chiastische Struktur von 37<u>ab</u> hingewiesen. Dabei sind התבוננתה und הגה so wenig Synonyma als יראת יהוה und מצותו . Das התבוננתה hat aber eine strukturale Funktion für die Strofe. Im Vers drin mag es sich mit der Bedeutung von "den Sinn richten auf" begnügen. הגה ist zwar ein Meditieren, doch nicht im Sinne des nicht Redens, sondern ein lautes Murmeln oder Brummeln. KOEHLER schrieb ganz richtig: "Dass die Sitte des Lautlesens bei den Hebräern bestand ... ist ohne Zweifel" (113). Den Puristen würde das <u>w</u> vor הגה stören. Wir empfinden es als elegant! Dem יראת יהוה steht מצותו gegenüber. Das hat seine theologischen Konsequenzen, wir kommen darauf zurück. Im Schlussvers 37<u>cd</u> haben wir sehr starke Akzente. Zunächst ist das bedingt durch die Verbalformen: Hifil - Piel - Piel. Dann, vor allem im ersten Stichos geben Silbenknappheit und Regelmässigkeit der Akzente dem Ganzen einen stärkeren Ausdruck.

3. Einige spezielle Aspekte formaler Natur

Zuerst wird eine Notiz aus dem Kommentar von SEGAL wiedergegeben. Sie betrifft die Anrede בני im Sirachbuch. (Dabei soll einmal darauf aufmerksam gemacht werden, dass der Kommentar von A bis Z neuhebräisch geschrieben ist). Darauf wird das bereits in 6,29 erwähnte Problem der Ballast Variants zur Sprache kommen müssen. Schliesslich wird versucht, unsere Perikope rhythmisch zu lesen.

a) בני bei Ben Sira

Zu בני schreibt SEGAL: "Wie der Autor der ersten Sammlung des Proverbienbuches, so verwendet auch Ben Sira die Anrede "mein Sohn", "Söhne". Vierundzwanzig Mal findet man in seinem Buche die Anrede "mein Sohn". Davon einundzwanzig Mal am Anfang eines bestimmten Themas oder einer Strofe. Nur dreimal findet sich die Anrede "mein Sohn" mitten im Vers, und davon zweimal als fester Ausdruck "höre, mein Sohn" (6,23 - 6,32 - 34,22). Die Anrede "höret, ihr Söhne", findet man dazu noch dreimal, aber rein formell und künstlich (3,1 - / wegen בנים in den Versen 2 und 5 .../ 23,7 - 41,14). Aber wie Prov 5,7-8, so fährt auch Ben Sira nachher in der zweiten Person sg., nicht pl. weiter. Das erinnert daran, dass es sich um eine rein formelle, alte Anredeweise handelt, die in der Weisheitsschule Verwendung fand. So sagt er auch: Höret auf mich, ihr Fürsten des Volkes, und ihr Vorsteher der Gemeinde, horchet auf! (30,27), aber unmittelbar geht er im folgenden Vers nach seiner Gewohnheit wieder dazu über, in der zweiten P. sg., nicht zweiten P. pl. zu reden. Zwar wendet er sich gewiss an viele Hörer, aber die in der Weisheitsschule übliche Form führt ihn dazu, im Singular zu sprechen" (114). SEGAL hat die einzelnen Stellen nicht besonders genannt. Nun, unter τεκνον im _Index_ von SMEND findet man nur achtzehn Stellen. Dazu kommen 3,8 - 4,20 - 11,8 - 11,10_cd_ - 11,20 - 34,12. Dabei liegen 4,20 und 11,8 nur in H vor, die andern vier in H und S.

b) "Ballast Variant"

Schon bei 6,29 wurde behauptet, Ben Sira habe das "Gesetz des Ballast Variant" gekannt und rigoros befolgt. Jetzt soll das erläutert und illustriert werden. GORDON schreibt: "Ballast Variant: If a major word in the first stichos is not paralleled in the second, the one or more of the words in the second stichos tend to be longer than their counterpart in the first stichos. _bqrb_ is the ballast variant of _b_ as in:

| _wykn_ | _bnh_ | _bbt_ | _šrš_ | _bqrb_ | _hklh_" (115). |

  "Es sei sein Sohn im Hause   eine Wurzel inmitten seines Palastes".

Nun ist diese Art von Parallelismus bei Ben Sira nicht so häufig. Ein Grund dafür mag sein, dass er eben fast lieber in polaren Kategorien denkt (116). Ausserdem führt er oft im zweiten Stichos einen Gedanken weiter. Wenn er jedoch einen synonymen Parallelismus so gibt, dass einfach ein bedeutendes Wort von _a_ in _b_ nicht mehr auftaucht, dann sind die andern entfaltet, eines immer, meist beide. Wir geben im folgenden ein gutes Dutzend Beispiele. Beim deutschen Text wird jeweils das in _b_ nicht mehr erscheinende Wort möglichst an den Anfang gesetzt (gegen die Syntax), das zur Diskussion stehende Wort in _a_ und sein "Ballast Variant" in _b_ werden unterstrichen. Seitlich werden die hebräischen Termini für beide geboten. Es wurden vor allem Beispiele gewählt, die gleich deutlich zwei Termini als Ballast-Variants zeigen.

Stellen	Text	Wort in a	Ballast Variant in b
4,10	Sei du <u>wie</u> ein <u>Vater</u> der Waisen und <u>gleichwie</u> ein <u>Gatte</u> den Witwen.	כ אב	 תמור בעל
4,11	Die Weisheit lehrt ihre <u>Söhne</u> und mahnt alle, <u>die sie verstehen wollen</u>.	בן	מבינים ב
4,13	Die sie festhalten finden <u>Herrlichkeit</u>, und lassen sich nieder im <u>Segen Yahwehs</u>.	כבוד	ברכת יהוה
4,24	Denn erkannt wird im <u>Gespräch</u> die Weisheit, und die Einsicht durch die <u>Antwort der Zunge</u>.	אומר	מענה לשון
5,14	Denn geschaffen ist für den Dieb <u>Schande</u>, und <u>schlimme Schmach</u> für den Doppelzüngigen.	בשת	חרפה רעה
6,5	Es vervielfacht eine wohlredende Kehle die <u>Freunde</u>, und anmutige Lippen die <u>freundlich Grüssenden</u> (117)	אוהב	שואלי שלום
6,29	Es werden sein... ihre Fesseln <u>eine starke Burg</u>, und ihre Umgarnung ein <u>Feingoldgewand</u>.	מכון עז	בגדי כתם
7,4	Erbitte nicht von El <u>Herrschaft</u>, noch vom König einen <u>Ehrenplatz</u>.	ממשלת	מושב כבוד
7,18	Vertausche nicht einen <u>Freund</u> um <u>Gold</u>, noch einen <u>anhänglichen</u> Bruder um <u>Ophirgold</u>.	אהב מחיר	 אח תלוי זהב אופיר
10,18	Nicht geziemt sich für den <u>Menschen</u> <u>Uebermut</u>, noch <u>grimmer Zorn</u> dem von einer <u>Frau geborenen</u>.	אנוש זדון	 עזות אף ילוד אשה
13,15	Es liebt jedes Lebewesen <u>seinesgleichen</u>, und jeder Mensch den <u>ihm ähnlichen</u>.	מינו	הדומה לו
30,15	Lieber ... ein Leben in Gesundheit, als <u>Feingold</u>, und einen frohen Sinn lieber als <u>Perlen</u>.	פז	פנינים
30,17	Besser ist <u>Sterben</u> als ein <u>unnützes Leben</u>, und die <u>ewige Ruhe</u> als <u>beständiges Leid</u>.	מות חיי שוא	 נוחת עולם כאב נאמן
33,19	Erfülle <u>Sion</u> mit deiner <u>Huld</u>, und mit deiner <u>Herrlichkeit</u> deinen <u>Tempel</u>.	ציון הוד	 כבוד היכל
42,16	Es strahlt die aufgehende Sonne über <u>alles</u>, und die Herrlichkeit Yahwehs über <u>alle seine Werke</u>.	כל	כל מעשיו
43,13	Seine Allmacht zeichnet hin den <u>Blitz</u>, und lässt leuchten die <u>Pfeile seines Gerichts</u>.	ברק	זיקות משפטו
48,14	Er vollbrachte in seinem Leben <u>Wunder</u>, und in seinem Tode <u>staunenswerte Dinge</u>.	נפלאות	תמהי מעשה

Beispiele der Anwendung des Ballast-Variant-Gesetzes im Sirachbuch

Hier stösst man bei Ben Sira offenbar auf einen Punkt, an dem er einer alten
Tradition treu geblieben ist. Teilweise ergibt sich ein Ballast Variant allerdings auch als eine poetische Selbstverständlichkeit. Immerhin kann es auch
beim Siraziden textkritisch nützlich sein.

c) Zur Metrik der Weisheitsperikope des 6. Kapitels im Sirachbuch

Von den Weisheitsperikopen eignen sich nur wenige für einen Versuch rhythmi-
scher Lesung. Entweder fehlt der hebräische Text ganz oder teilweise, oder die
textkritische Situation ist so verworren, dass es einfach unmöglich ist, eine
grössere Anzahl aufeinanderfolgender Verse mit Sicherheit als ursprünglichen
Text genau lesen zu können. Eignen würden sich 14,20-15,10 und 6,18-37. Wir machen den Versuch nur für 6,18-37. MOWINCKEL hat für das ganze Buch praktisch
ausnahmslos die Formel 4+4, allenfalls noch 4+3 wahrhaben wollen (118). Wer unbedingt will, kann alles nach 4+4 lesen. Nur ist das ein fast unheimlicher Rigorismus, es wird mit vielen Aprioris gearbeitet. Bei der Negierung der Tristichen war die Lage ganz anders. Wir geben im folgenden den Text, setzen die Akzente und geben rechts die rhythmische Formel jedes Verses. Auf eine strophi-
sche Gliederung wird verzichtet, man findet dieselbe beim deutschen Text.

6,18-37 in rhythmischer Lesung		
Text	Formel	Vers
בני מנעוריך קח מוסר ועד שיבה תשיג חכמה	4+4	6,18
כחורש וכקוצר קרב אליה וקוה לרב תבואתה	4+4(3)	19ab
כי בעבדתה מעט תעבד ולמחר תאכל פריה	4+4(3)	19cd
עקובה היא לאויל ולא יכלכלנה חסר לב	3+3	20
כאבן משא תהיה עליו ולא יאחר להשליכה	4+3	21
כי המוסר כשמה כן הוא ולא לרבים היא נכוחה	4+4	22
שמע בני וקח לקחי ואל תמאס בעצתי	4+3	23
והבא רגליך ברשתה וצודך בחבלותיה	3+3	24
הט שכמך ושאה ואל תקץ בתחבולתיה	3+3	25
בכל לבך קרב אליה ובכל מאדך שמר דרכיה	4+4	26
דרש וחקר בקש ומצא והחזקתה ואל תרפה	4+3	27
כי לאחור תמצא מנוחתה ותהפך לך לתענוג	4+3	28
והיתה לך רשתה מכון עז וחבלתיה בגדי כתם	3+3	29
עלי זהב עולה ומוסרתיה פתיל תכלת	3+3	30
בגדי כבוד תלבשנה ועטרת תפארת תעטרנה	3+3	31
אם תחפוץ בני תתחכם ואם תשים לבך תערים	(4)3+3(4)	32
אם תובא לשמע תלמד ואם תטה אזנך תוסר	(4)3+3(4)	33
כל שיחה חפוץ לשמע ומשל בינה אל יצאך	(4)3+3(4)	35
ראה מה יבין ושחרהו ותשחוק בספיו רגלך	(4)3+3	36
והתבוננתה ביראת יהוה ובמצותו והגה תמיד	3+3	37ab
והוא יבין לבך ואשר איותה יחכמך	3+3	37cd

Es muss gleich gesagt werden, dass der eben notierte Text nicht jener der Manuskripte ist, sondern jener, wie er nach den vorausgegangenen Anmerkungen sein
soll. Wie man sieht, bleibt es in vielen Fällen, wahrscheinlich nicht nur in
den bezeichneten, eine offene Frage, ob man vier oder drei Akzente lesen soll.
Aber eine gewisse Rhythmik war von Ben Sira gewiss beabsichtigt. Allerdings
scheint Ben Sira damit lange nicht so stark gearbeitet zu haben wie etwa Isaias.
Bezüglich Isaias vergleiche man die ausführlichen Analysen bei ALONSO (119) und
beim selben Autor auch die Einführung in die Rhythmik und Metrik überhaupt. Als
Ergebnis dürfte gelten: Man muss die Texte rhythmisch lesen, aber nicht so
starr wie MOWINCKEL. Es liegt oft im Ermessen des Interpreten, zu entscheiden,
welche Akzente er im Moment stärker hervorheben soll. Als Leitsatz dürfte gelten: vier oder drei Akzente pro Stichos, nicht weniger, aber auch nicht mehr.

III. THEMATISCHES

Wenn zu dieser Perikope die thematischen Anmerkungen weit kürzer ausfallen als
zu 1; 24 und anderen Abschnitten, so ist damit der Perikope 6,18-37 kein Armuts-
zeugnis ausgestellt. Nein, es ist nur gesagt, dass manches in anderen Texten
ebensodeutlich dargelegt ist. Vielleicht dürfte man beifügen, der Abschnitt stelle eben thematisch auch keine grossen Probleme. Drei kleinere Anmerkungen sind
immerhin anzubringen. Zuerst fällt auf, dass in 6,18 zum ersten Mal das Wort
"Jugendzeit" gebraucht wird; wie gebraucht der Sirazide diesen Ausdruck? Das wäre eine kleine Frage, besonders im Zusammenhang mit der Weisheit, die von Yahweh
kommt. Gegen Schluss der Perikope drängt sich ein anderes kleines aber wichtiges
Problem auf. Es betrifft die Voraussetzungen, damit die Weisheit beim Menschen
ankommt und könnte lauten: Geht es Ben Sira um Einzelgebote oder global ums Gesetz? Eine letzte Frage schliesslich betrifft jene Geisteshaltung auf die Weisheit hin, die im hebräischen Text vorzüglich durch אוה ausgedrückt wird.

1. "Jugendzeit"

Kein anderes Buch der Bibel gebraucht den Ausdruck "Jugendzeit" so oft wie Ben
Sira. Das gilt auch für die Weisheitsliteratur. In den <u>Proverbien</u> kommt נעורים
nur zweimal vor, bei <u>Job</u> ebenfalls. <u>Qohelet</u> kennt das Wort gar nicht. Unser Autor dagegen schreibt es wohl ein Dutzendmal, wie folgende Tabelle zeigen kann:

"Jugendzeit" im Sirachbuch					
Zahl	Stelle	G	S	H	Inhaltsangabe
1	6,18	νεοτης	ܛܠܝܘܬܐ	---	Von J. auf nimm Zucht an
2	7,23	νεοτης	ܛܠܝܘܬܐ	נעורים	Suche den Söhnen Frauen in der J.
3	15,2	παρϑενια	ܛܠܝܘܬܐ	נעורים	Wie die Frau der J. nimmt sie auf.
4	23,23	πλημμελειν	ܛܠܝܘܬܐ	---	???
5	25,3	νεοτης	ܛܠܝܘܬܐ	---	Wenn du in der J. nicht gesammelt hast ...
6	30,11	νεοτης	ܛܠܝܘܬܐ	נעורים	Der Sohn sei nicht Herr in der J.
7	30,12	νεοτης	ܛܠܝ	נערות	Beuge ihm den Kopf in seiner J.
8	42,9	νεοτης	ܛܠܝܘܬܐ	נעורים	(Mädchen) in ihrer J., dass sie nicht verblühen.
9	47,4	νεοτης	ܛܠܝܘܬܐ	נעורים	David erschlug den Riesen in seiner J.
10	47,14	νεοτης	ܛܠܝܘܬܐ	נעורים	Salomon war weise in seiner J.
11	51,14	νεοτης	בנערי	נערות	In meiner Jugend ...
12	51,15	νεοτης	ܛܠܝܘܬܐ	נעורים	Seit meiner Jugendzeit

Ein Grund, warum Ben Sira verhältnismässig oft נעורים schreibt, ist seine Vorliebe für die expressio polaris. Wirklich kann man das Menschenleben in seiner Ganzheit mit dem Ausdruck "von der Jugendzeit bis ins Greisenalter" gut erfassen. Vielleicht trifft es auch zu, dass Ben Sira es mehr als etwa Qohelet mit jungen Leuten und mit Erziehern der Jugend zu tun hatte. Wenn alle Weisheit von Yahweh kommt, wann ist dafür der καιρος ? Sagt man doch, dass nur der reifere Mensch weise sei? Jesus Ben Sira findet aber, man habe früh mit dem Streben nach ihr einzusetzen. So war es bei David, so bei Salomon und so war es bei ihm selbst.

2. Gebot oder Gebote?

In 6,37 steht ein eindeutiges מצותו. Der Sinn scheint ebenso klar zu sein, sobald man das folgende Wort והגה beizieht. Das w davor ist ohnehin vielen ein Dorn im Auge, und wie froh sind sie dann, dieses zum vorhergehenden Wort ziehen zu dürfen und das Schlusswaw jenes Wortes mit gutem Gewissen in ein yod verwandeln zu können. Denn zum Glück hat Di LELLA das zweifellos richtige Prinzip entdeckt, dass yod und waw mehrfach verschrieben worden sind in den Sirachtexten (120). Dazu bestätigt ein Blick auf G und S mit ihren Pluralformen dies alles. So übersetzen denn klassische und moderne Kommentatoren durchweg mit Plural;

einige sehen in H einen Fehler. Schon SMEND meint:" מצותו וההגה ist nach Gr
Syr Fehler für מצותיו הגה ". Doch umgekehrt ist auch gefahren! G und S haben H nicht genau verstanden. Denn G und S verdunkeln mit ihrer Uebersetzungsweise einen wichtigen theologischen Aspekt. Für Ben Sira geht es nicht um die
einzelnen Gebote, sondern um die Torah überhaupt, um sie als gesamte. Deswegen
hat er auch bei מצוה durchgehend den Singular; die einzige Ausnahme will kollektiv verstanden sein. Auch in 6,37 ist der Singular echt, nicht eine Scriptio
defectiva wie SEGAL vermutet. Eine Tabelle wird eine Uebersicht über die acht
vergleichbaren מצוה von H geben. Dabei bedeutet s = Singular, p = Plural. Wie
man aus der Tabelle sehen wird, liest G durchwegs Plural, S ist unentschieden,
H hat fast nur Singular. Es ist interessant, dass bei G bedeutende Tochterüber-
setzungen öfters abweichen, ebenfalls einzelne unbedeutende Minuskeln. Um ein
noch klareres Bild zu erhalten, werden wir in einem zweiten Schema die Uebersetzungsweisen von G, S und H bezüglich sg. oder pl. von εντολη bei G,
ܦܘܩܕܢܐ bei S und מצוה bei H vergleichen für das ganze Buch. Für Schema II
bildet die Tabelle über εντολη bei 15,1 die Grundlage. Es folgen nun beide
Schemata.

מצוה und seine Aequivalente in Ben Sira: Singular oder Plural?								
Stellen	H	S	G	Abweichende Hand-schriften in G		Abweichende Tochter-übersetzungen aus G		SMEND's Uebersetzung
				Name	Lesart	Name	Lesart	
6,36	s	p	p					p
10,19	s	s(121)	p					s
15,15	s	p	p	46	s	Aeth	s	s
35,23	s(1*)	s	p	A+Min	s	Aeth	s	s
37,12	s(2*)	-	p	2 Min	s	Sah	s	s
44,20	s	-(122)	-(122)					s
45,5	s	-	p	631	s	Aeth	s	s
45,17	p	p	p					p
1*) p in Bm 1 2*) p in Bm 2								

Vergleichbare Stellen von εντολη - ܦܘܩܕܢܐ - מצוה bezüglich sg. oder pl.			
Ausdrücke	Gesamtzahl der Stellen	Singular	Plural
מצוה	8	7	1
ܦܘܩܕܢܐ	12	8	4
εντολη	18	3	15

Ergänzend müsste man noch eine Notiz zur aethiopischen Uebersetzung beifügen: Diese liest sehr oft Singular. Das Bild von G ist an sich noch klarer, als es nach dem zweiten Schema scheint. Eigentlich könnte man auch nach dem zweiten Schema sagen, G lese immer Plural. Die drei Singularformen sind Spezialstellen. Es handelt sich um 29,9; 32,7 und 39,31. Die ersten beiden Fälle sind Verbindungen mit der Präposition χαριν, also Spezialausdrücke. In 39,31 wird kein Substantiv, sondern der Infinitivus constructus בצותו ganz wörtlich zu εν τη εντολη umgeschrieben. Bei S kann ich keinen Grund finden, warum er achtmal den Singular und viermal den Plural liest. Immerhin ist er für eine eher auf Singularverständnis ausgerichtete Leseweise ein wertvoller Zeuge. Und somit kann man mit guten Gründen auch in 6,37 die Uebersetzung von HASPECKER verteidigen (123), wenn er bemerkt: "Im Unterschied zu G und S steht es (מצוה) bei H durchweg im Singular". Wie diese Aussage zu präzisieren ist, haben die zwei Schemata bereits gezeigt. Und die Abweichungen Bm in 35,23 und 37,12 dürften kaum aus Ben Sira's Hand stammen.

3. "Ersehnen" - אוה (und חמד)

אוה steht absolut sicher als Piel in 6,37 und als Hitpael in 16,1. Wenn unsere Lesart in 4,14 richtig ist, gehört jene Stelle auch hierher. Nach den Zeugnissen von H, G und (oder) S sind somit zu beachten: 1,26 - 4,14 - 6,37 - 16,1 - 24,19 - 25,21 und 40,22. Das folgende Schema mag einen ersten Ueberblick über die textliche Situation geben:

"Ersehnen" אוה - ـّـ - επιθυμειν bei Ben Sira						
Zahl	Stellen	G	S	H	Objekt	positive od. neg. Stellung
1	1,26	επιθυμειν	---	----	Weisheit	+
2	4,14	αγαπαν	ܨܒܐ	אוה ?	Weisheit	+
3	6,37	επιθυμια	ـّـ	אוה	Weisheit	+
4	16,1	επιθυμειν	ـّـ	התאוה	stattliche Kinder	-
5	24,19	επιθυμειν	ـّـ	----	Weisheit	+
6	25,21	επιποθειν	ـّـ	ח(מ)ד	Habe der Frau	-
7	40,22	επιθυμειν	ܨܒܐ	החמיד	Anmut/Schönheit	+ und -

Bei G ist in 6,37 das Verb zu setzen, bei S in 40,22. - Wenn auch das Substantiv einen stark negativen Charakter hat, so gilt dies nicht unbedingt für das Verb, jedenfalls nicht bei Ben Sira. W.BUECHSEL hat in seinem Artikel "θυμος" (123a) zu wenig Rücksicht auf das Verb genommen und so den Sachverhalt im AT nicht gut getroffen. Aehnliches gilt für die meisten deutschsprachigen Artikel über "Begehren, Begierde", da diese oft auf dem ThWNT aufbauen (124). Um vieles besser und positiver ist die Arbeit von GALOPIN/GUILLET im "Vocabulaire de Théologie biblique" (125). Gerade diese Studie kann durch das, was wir in Bezug auf Ben Sira zu sagen haben, noch ergänzt werden. Das Begehren wird bedingt verneint in Bezug auf die Habe einer Frau und in Bezug auf stattliche Kinder. Anmut und Schönheit werden bejaht und verneint zugleich, d.h. ihr Wert wird positiv gewürdigt, doch wird der Leser über sie hinausgeführt. Nur etwas gibt es, was wiederholt ohne jede Einschränkung mit ganzer und grenzenloser Leidenschaft erstrebt werden soll: Es ist die von Yahweh kommende Weisheit selbst. Das wird mit intensiven Verbalformen deutlich ausgedrückt. Im Neuen Testament gibt es nur eine einzige Stelle mit einer intensiven Form von επιθυμειν (Verb + Dativus modi desselben Stammes) mehr und Subjekt ist dort Christus, die menschgewordene Weisheit. Denn er "als die Stunde gekommen war, setzte sich zu Tisch, und die Apostel mit ihm. Da sagte er ihnen: επιθυμια επεθυμησα τουτο το πασχα φαγειν μεθ᾿ υμων ...." (126). Das ist die Vollendung der sirazidischen Linie.

4. P E R I K O P E 14,20-15,10

14,20 "Selig der Mann, der über die Weisheit nachsinnt,

     und über die Einsicht <u>nachdenkt</u>.

21 Der <u>richtet</u> auf ihre <u>Wege</u> sein Herz,

     und auf ihre <u>Pfade merkt</u>; indem er ihr

22 nachgeht <u>forschend</u> (oder: als Späher?)

     und alle ihre <u>Zugänge belauert</u>.

23 Der <u>schaut</u> durch ihr <u>Fenster</u>,

     und an ihren <u>Türen horcht</u>.

24 der sich <u>lagert</u> im Umkreis ihres <u>Hauses</u>

     und in ihre <u>Wand</u> seine Pflöcke <u>schlägt</u> (oder: Zeltstricke festmacht?)

25 Der sein Zelt an ihrer Seite ausspannt,

     und so ein schönes Heim bewohnt. (oder: und sich niederlässt als guter
                            Nachbar?)

26 Der <u>setzt</u> sein Nest in ihr <u>Laub</u>,

     und in ihren <u>Zweigen weilt</u>. (oder: übernachtet)

27 Der sich <u>birgt</u> in ihrem <u>Schatten</u> vor der Hitze,

     und in ihrer <u>Zufluchtsstätte Wohnung nimmt</u>.

15,1 Wer Yahweh fürchtet, tut dies,

     und wer das Gesetz einhält, <u>erlangt sie</u>.

2 Sie <u>kommt</u> ihm entgegen wie eine <u>Mutter</u>,

     und wie die <u>Frau</u> der Jugendzeit <u>nimmt sie ihn auf</u>.

3 Sie <u>speist</u> ihn mit dem <u>Brote</u> der Klugheit,

     und mit dem <u>Wasser</u> der Einsicht <u>tränkt</u> sie ihn.

4 Er <u>stützt</u> sich <u>auf sie</u> und wird nicht wanken,

     <u>auf sie</u> <u>vertraut</u> er und wird nicht zuschanden.

5 Sie <u>erhöht</u> ihn über seine <u>Genossen</u>,

     und inmitten der <u>Versammlung öffnet</u> sie ihm den Mund.

6 Freude und Wonne lässt sie ihn finden,

     und einen ewigen Namen lässt sie ihn erben.

7 Nicht <u>erlangen</u> sie <u>Männer</u> des Truges,

     und <u>Männer</u> des Stolzes <u>schauen</u> sie nicht.

8 <u>Fern</u> ist sie von den <u>Frevlern</u>,

     und <u>lügenhafte</u> Männer <u>denken nicht</u> an sie.

9 Nicht <u>ziemt</u> sich ihr Loblied im <u>Munde</u> des <u>Bösen</u>,

  denn es ist ihm von Gott nicht zugeteilt.

10 Im Munde des Weisen soll erklingen ihr Loblied,

  und wer sie erlangt hat, soll sie lehren." (oder: wer ihrer mächtig ist?)

II. TEXTKRITISCHES UND FORMALES

1. Zu den einzelnen Versen

  Da über Gesamtstruktur und Teilstrukturen später gesprochen werden soll,
geht es sogleich um textkritische Probleme und um kleine Probleme formaler Art.
Vers 14,20. אשרי אנוש. Dieser Makarismus wird uns später noch beschäftigen.
Die weitaus grösste Zahl aller אשרי findet sich in den Psalmen. אנוש kommt
nur in der Poesie oder in gehobener Prosa vor. Job (18 Stellen), Psalmen (13
Stellen), und Isaias (achtmal) beherrschen in der hebräischen Bibel das Feld. In
Qumran finden sich die meisten Fälle in der Hymnenrolle, ferner an eindrückli-
chen Stellen der Gemeinschaftsregel (127). SMEND möchte ישעה ändern. Das ist
nicht notwendig. Das Verb שעה ist sehr theologisch, von seinem Gesamtgebrauch
in der Bibel her gesehen. Nur acht Fälle sind in der hebräischen Bibel sicher.
Das folgende Schema mag einen ersten Einblick bieten:

שעה	in der Biblia Hebraica		
Zahl	Stellen	Subjekt	Objekt
1	Gn 4,4-5	Gott	Opfer
2	Ex 5,9(*)	Israeliten	lügenhafte Reden
3	Is 17,7-8	Mensch	Schöpfer
4	Is 22,4	ihr (Israel?)	Profet (?)
5	Is 31,1	Israeliten	der Heilige Israels
6	Ps 119,117	Psalmist	Satzungen Yahwehs
7	Job 7,19	Gott	Job
8	Job 14,6	Gott	Mensch
(*) In Ex 5,9 ist es der Pharao, der spricht. Darum ist jene Stelle etwas an- ders geartet als die übrigen.			

Stark verwandt mit Sir 14,20 ist Ps 119,117. Psalm 119 ist ja ohnehin ein weis-
heitliches Gedicht. ZORELL gibt neben שעה I (128) separat ein שעה II und dort
nur die Stelle Sir 44,8 als Hapaxlegomenon. Es dürfte sich jedoch um denselben
Stamm handeln. Bei Ben Sira liegt Qal nur in 14,20 und Hitpael nur in 44,8 sicher

vor. S liest im ersten Fall ܐܝܡܕܡ, im zweiten ܐܝܬܫܠ, G hat διαλεγε-
σθαι und εκδιηγεισθαι . Das Verb הגה des ersten Stichos kommt im Sirachbuch wie in den Proverbien dreimal vor (129), nämlich 6,37 - 14,20 - 50,28. Diese Stellen stehen immer in engem Zusammenhang mit dem Erwerb der Weisheit, haben
also ein ganz anderes Kolorit als die entsprechenden Proverbienstellen.

<u>Vers 21</u>. Das ובתבונתיה von H ist falsch, ein Substantiv von בין ist hier
fehl am Platze. G liest αποκρυφος . S hat ܫܒܝܠܐ. G setzt ein Substantiv aus
סתר voraus. Das wäre an sich möglich. Aber in Analogie zu Vers 20 darf man
hier einen strafferen Parallelismus vermuten. Und wirklich bringt S genau das,
was man braucht: "Pfad" = ܫܒܝܠܐ. An unserer Stelle wird eine Verschreibung
vorgekommen sein. Das ursprüngliche Wort wäre נתיב . Der Fehler dürfte, wie
SEGAL gut bemerkt, durch Vers 20 verursacht worden sein. Dort steht תבונה richtig. Formal ist der partizipiale Stil erwähnenswert, der sich bis Vers 27 durch-
zieht, ausgenommen ist nur Vers 26. Bei Ben Sira fällt öfters der Gebrauch von
starken Verbformen auf, z.B. der starke Hifil- und Pielgebrauch. In unserem Vers
haben wir gleich ein Hitpolel, in den Versen 22 und 23 dann Piel.

<u>Vers 22</u>. Textprobleme gibt es hier zwei. Einmal fehlt כל in G und S. In S steht
ܠܠ. Vielleicht sollte man על כל lesen. Wir behalten aber H. Das zweite,
schwierigere Problem steckt in <u>a</u>. H bietet בחקר . S liest ܢܬܡܚܫܒ ܐܝܟ, G ως
ιχνευτης . Manche glauben, das ב in ein כ umwandeln zu sollen. Sie berufen
sich dabei nicht ganz zu Recht auf G und S. G kann sehr wohl ein ב voraussetzen,
nämlich ein sogenanntes ב essentiae (130). Man müsste dann בְּחֹקֵר vokalisieren.
Man kann aber, wie SEGAL gut gesehen hat, ruhig בְּחֶקֶר lesen und dabei an Stellen
wie Dt 16,3 denken. Dort steht: "Eilends bist du herausgegangen aus Aegypten:
בחפזון יצאת " . ב + Substantiv ergeben zusammen einen adverbialen Ausdruck. In
diesem Sinne lautet dann die vorgeschlagene Uebersetzung: "Indem er ihr forschend
nachgeht". Das בְּחֹקֵר hingegen könnte mit "als Späher" wiedergegeben werden. Eine theologisch interessante Frage könnte jene nach dem weisheitlich-theologischen
Gehalt von חקר werden, im Zusammenhang mit einigen synonymen Ausdrücken wie בקש
und דרש .

<u>Vers 23</u>. Textkritisch ohne Probleme, formal sich mit seiner chiastischen Struktur
gut einfügend, stellt der Vers diesbezüglich keine Anforderungen.

<u>Verse 24-25</u>. Vers 24 birgt zwei Textprobleme. Einmal schreiben G und S den Plural:
"Mauern", während H nur den Singular liest: קיר . H kann bleiben. Die zweite Frage ist nicht ganz befriedigend zu beantworten. Sie lautet: Wie soll man lesen:
יתריו = "seine Seile" mit H, πασσαλον = "Pflock" mit G oder schliesslich

ܣܟܘܗܝ = "seine Pflöcke" mit S? Man wird wählen, je nachdem, wie man sich
die Situation vorstellen kann. Für H spricht der weisheitliche Kontext von Job
4,21: הלא נסע יתרם בם ימותו ולא בחכמה - "Ist es nicht so, dass, wenn
ihr Zeltstrick ausgerissen wird, sie dann sterben, aber nicht in Weisheit?".
Doch muss man schon hier unter Umständen יתד lesen. Die G Lesart scheint die
schwächste von allen zu sein, VACCARI folgt ihr. Wir wählen die dritte Möglichkeit und geben damit S den Vorzug. Auf diese Weise kommen wir in den Kontext
von Is 33,20: אהל בל יצען בל יסע יתדתיו לנצח וכל־חבליו בל־ינתקו -
"ein Zelt, das niemals abgebrochen wird, dessen Pflöcke nie herausgerissen werden, dessen Seile niemals reissen". In 25a ist vielleicht das w am Anfang zu
streichen. Für b hatte schon SMEND seine Bedenken angemeldet. Er übersetzt:
"und Wohnung nimmt im Quartier (ihres Weilers)". Das טוב ist ihm nämlich ein
Dorn im Auge. KUHN erwägt die Möglichkeit der Lesart וְשָׁכָה שָׁכֵן טוֹב - "und
bei ihr wohnt als guter Nachbar". Das ist eine Textänderung. Man kann den Gedanken vom "Nachbar" besser und billiger haben. Man muss nur wie ALONSO lesen: "y
se acomoda como un buen vicino" = וְשָׁכַן שָׁכֵן טוֹב . Das ist eine einwandfreie
Lesart, ohne Manipulation am Text. Wir möchten allerdings lieber wie SEGAL vokalisieren, nämlich וְשָׁכַן שֶׁכֶן טוֹב . S und die O-Rezension von G haben den Text
so verstanden. Die Masse der Codices von G verstand ähnlich, auch sie schreibt
καταλυσει εν καταλυματι, nur für טוב hat sie Genitiv plural: αγαθων .
שֶׁכֶן ist ausserdem belegt in Dt 12,5. Dort wird es gesagt von der Wohnung Yahwehs,
vom Tempel oder vom heiligen Zelt. Möglicherweise hat Ben Sira darauf anspielen
wollen. Er denkt die Weisheit jedenfalls nicht ungern in liturgischem Milieu,
Sir 24,10-12 bezeugt das. Das Bild in den Versen 24-25 ist anfänglich eindeutig
vom Nomaden genommen. Er lebt im Zelt. Aber der Weisheitsschüler stellt das Zelt
an ein gemauertes Haus. Das ist nicht mehr ganz nomadisch, das sieht eher nach
Schulsituation aus oder nach Kult im Tempel oder beides zusammen.

Verse 26-27. Jetzt dient der Baum als Bild, wir werden darauf zurückkommen. Aber
es ist dieselbe eigenartige Situation wie in Vv. 24-25. Die Lage wandelt sich.
Mit Vogel und Baum beginnt es, dann, sensim sine sensu, steht man in einer fast
tempelartigen Szene, die kultisch oder lehrhaft oder auf beide Arten zugleich geprägt sein kann. Die Verse sind chiastisch, wie oft in diesem Abschnitt:

    Setzt - Laub - Zweige - weilt - sich birgt - Schatten - Wohnung - weilt.
      1 -   2 -   2   -   1   -   1   -   2   -   2   -   1

In G ist vom Bild fast alles zerstört. Damit sind wir bei den Textproblemen. Für
Vers 26 behalten wir H unbedingt. G setzt für "Nest" das Wort "Kinder". Er mag

"Nest" im Sinne von Job 29,18a verstehen: ואמר עם קני אגוע - "ich dach-
te: inmitten meiner Familie werde ich sterben". Dann wird τεκνον erklärlich.
Für "Laub" hat G farblos erklärend nur "Schutz". S liest "seine Hände" für קנו .
An diesem Fehler war wohl G ein wenig mitschuldig, wie SEGAL vermutet. In G und
S ist יתלונן flach mit "wohnen" übersetzt. S gibt עפי mit ܣܘܟܐ wieder.
Das ist schlecht, denn ܣܘܟܐ heisst "Zweig, Ast", nicht "Laub" wie עפי . Für
Vers 27 gehen H und S zusammen. Der Text von H ist tadellos. S hat leicht er-
kennbare Fehler, sie sind erklärt und korrigiert bei SMEND. G dagegen geht einen
eigenen Weg. Nach einem Aequivalent von צל sucht der Leser vergebens. Für מעונה ,
das zweifellos ungefähr "habitaculum" heisst, findet er δοξα . Der Uebersetzer
kann durch einen Fehler in einem Manuskript dazu veranlasst worden sein. Wenn
statt מעון einmal חדר stand, war leicht eine Verschreibung in הדר möglich. -
KUHN hat gegen מעונה Bedenken geäussert. Ihm erscheint "in ihren Wohnungen sich
niederlassen" als eine matte Wiederholung. Daher möchte er נעמה annehmen und
für ישכן will er יסכן lesen, eine andere Schreibweise für יִסָּכֵן . So ergibt
sich der Sinn: "Der in ihren Annehmlichkeiten sich verpflegen lässt". Das ist eine Verschlechterung, ohne Rücksicht auf die Tradition von H, G und S, ohne Rücksicht auf den Kontext und auf die Geistesart Ben Siras selbst.

Vers 15,1. Dieser Vers ist irgendwie Zentrum der Perikope. Textschwierigkeiten
gibt es in H keine. G und S lassen das כי am Anfang unübersetzt. W.FUSS übersetzt
es mit "siehe", also wie ein hinneh, er nennt es ein deiktisches כי . Wir möchten
lieber in der Linie von G und S bleiben und dieses כי als ein כי affirmationis
auffassen. Dazu sagt JOÜON: "Il a la valeur d'un certes, oui faible et doit géné-
ralement s'omettre dans la traduction" (131). Statt יהוה übersetzt S ܐܠܗܐ,
nicht ܡܪܝܐ , dergleichen kommt öfter auch bei G vor. In b hat S zu wörtlich
übersetzt und damit den Sinn von הדריך durch sein ܗܠܟ nicht getroffen, dasselbe ist ihm in Vers 7 unterlaufen. Aus dem H Text ist nicht klar, ob das Suffix
bei ידריכנה sich auf תורה oder auf חכמה bezieht. Letzteres hat mehr für
sich, denn תפש תורה kann man gut als festen Ausdruck für "Fromme" verstehen,
früher waren es konkreter bestimmte Leute. Dass das Suffix wirklich der חכמה
gilt, wird von G und S bezeugt, denn sie geben αυτην , beziehungsweise ܒܗ ,
was nicht zu νομος oder ܢܡܘܣܐ passt; diese Worte sind in G und S Maskuli-
na. - Interessant ist das Thema von drk im allgemeinen und der Hifilgebrauch des
Verbs im besonderen. Der Sinn "erlangen" ist in 15,1 und 15,7 ganz deutlich. In
dieser Nuance findet man es sonst weder in der hebräischen Bibel, noch in Qumran.
ZORELL gibt mit Recht die beiden Sirachstellen unter einer speziellen Nummer (132).

In ugaritischen Texten kommt die Wurzel drk öfters im Sinne von "Macht" und
"Herrschaft" vor, parallel z.B. zu mlk (133). Aber auch die mehr intellektuale
Linie wird man nicht ganz ausser Acht lassen dürfen, so heisst אדרכ im Syrischen auch "comprendre, s'appliquer, pouvoir" (134) und die dem syrischen Afel
und dem hebräischen Hifil entsprechende arabische vierte Form hat bei أدرك auch
die Bedeutung "comprendre, saisir le sens de quelque chose", ausserdem: "arriver
à l'âge de raison (enfant)" (135). Ueber die Probleme rund um die Gottesfurcht
informiert HASPECKER (136).

Verse 15,2-6. Ms A und B lesen für H fast genau dasselbe. Mit Ausnahme von Vers 6
finden wir überall chiastische Strukturen. Interessant sind die Verben. Wenn die
Weisheit Subjekt ist, d.h. in den Versen 2-3 und 5-6, haben wir starke Verbformen, in V.4, wo der Weisheitsschüler als Subjekt steht, dagegen nur einfache Formen. Wir finden:

Verbformen: Pi - Pi - Hi - Hi - Ni - Qal - Po - Pi (oder Qal) - Hi - Hi
Verse   : 2 - 2 - 3 - 3 - 4 - 4 - 5 - 5   - 6 - 6

G und S stimmen in ihren Texten auf weite Strecken mit H überein. Bei G fehlt in
6a das Verb, und zudem hat er freier übersetzt. S hat in Vers 2 die Verben ver-
tauscht, in Vers 3 ܢܛܘܬܐ geschrieben, statt eines Synonyms dafür, und in
Vers 5 ein überflüssiges ܠܗܘܢ beigefügt. Hingegen bezeugt er in 6a formal die
Lesart von Ms B mit ܬܡܠܝܘܗܝ = "sie erfüllt ihn". Die Weisheit ist also auch
in 6a Subjekt. Allerdings ist ܡܠܝ nicht מצא , sondern מלא , wir ziehen hier
inhaltlich H vor. Formal ist das tiqtol von Ms B dem yiqtol von Ms A vorzuziehen.
Man könnte freilich auch an eine Inkongruenz denken mit defektiver Schreibweise:
יִמְצָא oder יִמְצָא (137), wobei dann trotzdem in Ms A auch die Weisheit Subjekt
wäre; jedoch ist ein Fehler in Ms A wahrscheinlicher. Schliesslich soll noch eine
gewisse Interpretationsschwierigkeit in 15,2b nicht verschwiegen werden. Man wird
den Gedanken nicht ganz los, die Uebersetzung "Frau der Jugendzeit" treffe vielleicht nicht den rechten Sinn. Alle Kommentatoren fassen es als Braut auf, auch
hier wurde diese Interpretation als die traditionalere und in diesem Sinn wahrscheinlichere beibehalten. Wer indessen einmal die Verse unter dem Aspekt des Parallelismus membrorum liest, der bekommt doch gewisse Zweifel. In allen anderen
Versen herrscht das Prinzip der Synonymie, nur eben in Vers 2 ist dies nicht der
Fall. Da mag man sich fragen, ob hier mit "Frau der Jugendzeit" - so haben viele
das אשת נעורים wiedergegeben - nicht wie in 2a die Mutter gemeint sein könnte.
Der Sinn wird damit nicht reicher, und der Parallelismus wird nicht viel besser.
Aber man muss schliesslich auch dann nach dem ursprünglichen Sinn fragen, wenn er

eventuell weniger reich wäre als ein anderer, ebenfalls möglicher Sinn.

Verse 15,7-10. Auffallend ist wieder die sehr starke chiastische Struktur. Wiederum stellen sich für H nicht viele Probleme. Wir lesen in Vers 10 mit Ms B פי , nicht פה wie Ms A. Mit Ms B geht dort auch S, nur hat er den Plural: ܫܒ̈ܚܬܐ . In Vers 9 liest die von LAGARDE gebotene Ausgabe von S ein ܬܫܒܘܚܬܐ zu viel, in der Mossulausgabe fehlt es zu Recht. G hat in 8a fälschlich ein abstraktes Substantiv: υπερηφανια . In Vers 9 steht διεσταλη statt απεσταλη ; und κυριοςdürfte falsch sein, da H אל und S ܐܠܗܐ lesen. Schliesslich wird auch κυριος in Vers 10 ein Fehler sein. Denn es geht um das Lehren des Weisheitsschülers, oder des Meisters, besser gesagt. KUHN hat vorgeschlagen, in Vers 10 den Text zu ändern. Statt ומשל בה liest er ומלבשה : "wer mit ihm (dem Lobe Gottes) bekleidet (d.h. von ihm durchdrungen) ist, der wird es lernen". Dagegen ist einzuwenden, dass erstens diese Textänderung keine Stütze im Traditionsgut hat. Zweitens passt sie nicht in die Linie von drk - mlk - mšl, worauf bei 15,1 hingewiesen wurde. Drittens geht es beim Suffix hier nicht um das Lob Gottes, sondern um die Weisheit (138). Viertens schliesslich ist "lernen" falsch, es muss, wie SMEND (139) und SEGAL richtig sehen, למד Piel stehen, nicht Qal. Man kann sich dann immer noch fragen, ob der Weise oder ob Gott Subjekt sei; letzteres gefällt hier nicht. Mit dem Hinweis darauf, dass G für sein ευοδοσει = "der Herr wird es (das Lob) leicht machen" dll statt lmd las, dürfte KUHN Recht haben, ebenfalls mit dem Hinweis auf ܕܠܝܠ = "leicht". Aber G ist eben falsch.

HASPECKER hat aufgezeigt, dass Ben Sira oft einen Abschnitt positiv - negativ - positiv aufbaut (140). Mit Recht erwähnt er dabei auch 15,1-6.7-9.10. Dieses Schema positiv - negativ - positiv ist schon sehr alt. Man findet es bereits 25 Jahrhunderte vor Ben Sira in einem Pyramidenspruch. Die Rechtfertigung des Osiris und seine Wesenseinheit mit dem toten König wird wie folgt geschildert:

1 "Er lebt,   und es lebt auch dieser NN.
2 Er ist nicht gestorben,   und es ist auch nicht gestorben dieser NN.
3 Er ist nicht zuschanden geworden, und es ist auch nicht zuschanden geworden
                                     dieser NN.
4 Er ist nicht gerichtet worden,   und es ist auch nicht gerichtet worden die-
                                     ser NN.
5 Er richtet,   und es richtet auch dieser NN". (141)

Dabei sind 1 und 5 formal positv, 2-4 formal negativ. Inhaltlich sind 1-2 und 4-5 parallel (142).

2. Struktur von 14,20-15,10

Es findet sich niemand, der nicht irgendwie diesen Abschnitt als eine spezielle Einheit ansähe. Man ist sich nicht einig darüber, ob Vv. 9-10 noch zur Perikope

gehören. Manche sehen Vv. 9-10 als Uebergangsverse zum Folgenden an. Aber ich
meine aufzeigen zu können, dass sie besser zum vorangehenden Stück gehören. Die
innere Gliederung der Perikope könnte auf verschiedene Weise geschehen. Im Prinzip genügt es, die Verse 14,20-27; 15,1; 15,2-6; 15,7-9; 15,10 etwas auseinander-
zuhalten. Die mittelalterliche Handschrift ⌈A hat vor 14,20: "De viro sancto
vel martyre vel confessore vel iusto laus sapientiae" (143). Das ist nicht falsch,
aber wenig nützlich.

W.FUSS ist in seiner Arbeit der Auffassung, dass sich auch in unserer Perikope Tradition und Komposition scheiden lasse. Der vorsirazidischen Tradition
weist er 14,20-27; 15,2-3.5-6 zu. Ben Sira selber hätte 15,1.4.10 beigesteuert.
Die Beobachtungen von FUSS sind methodisch einwandrei und führen von seiner Warte aus in die genannte Richtung. Eine struktural-formale Betrachtungsweise indessen weist andere Wege. Um es gleich zu sagen: Es scheint eher, Ben Sira habe alte Pattern benützt und so ein midraschartiges Gedicht verfasst (144). Es sollen
vier Texte vergleichsweise angeführt werden: a) Amenemope, Kapitel 4, b) Jer
17,5-8, c) Psalm 1, d) Sir 14,20-15,10.

a) <u>Amenemope Kapitel 4</u>

Da der Text struktural sehr interessant ist, und eine Uebersetzung nicht alle Elemente genügend herausstellen kann, geben wir den Text zuerst in Umschrift und
erst dann deutsch wieder (145).

1. Der transskribierte Text von Amenemope 4:

4,1	ỉr p3 šmm n (=m) ḥwt nṯr
2	sw mỉ š3(t) rd m ḥnty
3	m km 3t p3yw.f h3ꜥ srdm
4	ỉn.tw pḥtw.f n(=m) mꜥḥrm (?)
5	sw mḥw w3wy r st.f
6	t3 st3 t3y.f ḳrs
7	gr m3ꜥ dỉ.f sw m rỉ3t
8	sw mỉ š3(t) rd m tḥnt
9	sw 3ḥ3ḥ k(3)b.f šmw.f
10	sw n (=m) - ḫft - ḥr n nb.f
11	dg3w.f bnrw ḫ3ybt.f ndm
12	ỉn.tw pḥtw.f m mnw

2. Deutsche Uebersetzung

4,1 "Der Heisse im Tempel (II)
  2 Er ist wie ein Baum (III), der gewachsen ist im Walde,
    3 In einem Augenblick verliert er seine Aeste (IX),
    4 und er findet sein Ende im Hafenplatz.
    5 Er wird geflösst weithin von seiner Stelle,
    6 und die Flamme ist sein Grab (IX).

```
 7  Der wahre Bescheidene (I), wenn er sich abseits hält,
 8  Er ist wie ein Baum (III), der gewachsen ist im Garten.
     9  Er grünt (IV) und verdoppelt seine Früchte,
    10  er steht seinem Herrn gegenüber.
    11  Seine Früchte (VII) sind süss, sein Schatten angenehm (V),
    12  und er findet sein Ende im Garten (VIII)".
```

b) **Jer 17,5-8**

Hier und bei den folgenden Texten genügt die Uebersetzung:

```
17,5a  "Verflucht (IX) der Mann (II), der vertraut auf einen Menschen,
    b   der setzt Fleisch als seinen Arm,
    c   dessen Herz sich von Yahweh abwendet.
        6a  Er wird sein wie ein kahler (IX) Strauch (III) in der Steppe,
        b   er wird nicht erleben, dass Gutes kommt.
        c   Er wird dürre Orte der Wüste bewohnen, ein Salzland, wo niemand
            weilt (IX).

    7a  Gesegnet der Mann (I), der vertraut auf Yahweh,
    b   und dessen Hoffnung Yahweh ist.
        8a  Er wird sein wie ein Baum (III), der gepflanzt ist an Wasserbächen ..
        b   Er fürchtet sich nicht, wann die Hitze kommt, sein Laub (IV) bleibt
            immer grün.
        c   In einem dürren Jahr ist er nicht in Sorge, er hört nicht auf,
            Frucht (VII) zu bringen".
```

c) **Psalm 1**

```
1a   "Selig der Mann (I), der nicht geht in den Rat der Bösen, ...
2a    sondern am Gesetz Yahwehs seine Freude hat ...
3a    Er wird sein wie ein Baum (III), gepflanzt an Wasserbächen,
 b    der seine Frucht bringt (VII) zur rechten Zeit,
 c    dessen Laub (IV) nicht verdorrt,
 d    und alles, was er tut gelingt.

4     Nicht so die Bösen (II),
      sondern sie sind wie Spreu, die der Wind verweht ...
6a    Denn Yahweh kennt den Weg der Gerechten, aber
 b    der Weg der Bösen führt ins Verderben" (IX).
```

d) **Sir 14,20-15,10**

```
14,20  "Selig der Mann (I), der über die Weisheit nachsinnt ...
   26   Der sein Nest in ihr Laub (III) (IV) setzt, und in ihren Zweigen (IV) weilt,
   27   der sich birgt in ihrem Schatten (V) vor der Hitze ...

15,6   Freude ... lässt sie ihn finden,... einen ewigen Namen lässt sie ihn
       erben (VIII).
   7   Nicht erlangen sie (IX) Männer des Truges (II) ...
   8   Denn fern (IX) ist sie den Frevlern ...".
```

e) **Ergebnis aus den vier Texten:**

Wir finden überall grundlegend dieselbe Struktur, nämlich eine Zweiteilung, dabei werden die Frommen (I) und die Bösen (II) jeweils genannt. Bei allen Texten

wird der Baum als Vergleich beigezogen (III), bei Ben Sira ist er allerdings
als Wohnung der Weisheit oder als Symbol ihrer selbst gedacht. Vom Laub (IV) ist
in allen Texten die Rede, vom Schatten (V) direkt bei Amenemope und Sirach. Von
den Früchten (VII) reden die ersten drei Texte, bei Ben Sira ist hier die Situation ein wenig anders. Vom gr m³ᶜ heisst es beim Aegypter: "Er findet sein Ende
im Garten"(VIII). Dieses ewige Bleiben im Garten ist nicht weit weg von Sirachs
Aussage in 15,6: "Einen ewigen Namen lässt sie ihn erben". Das Nichtbleiben,
Nichtbestehen (IX) wird ebenfalls in allen Texten vom Bösen gesagt.
In diesem Sinne lassen sich alle vier Texte nebeneinanderstellen, doch weiterhin
gehen Amenemope 4 und Jer 17,5-8 einerseits und Psalm 1 und unser Ben Sira Text
stärker zusammen. Beides sind Makarismen, beide haben die Folge positiv - nega-
tiv, während der Aegypter und Jeremias die umgekehrte Reihenfolge einhalten.
Yahweh und das Gesetz stehen in Psalm 1, wie auch bei Ben Sira im Zentrum. Das
Thema vom Weg ist etwas stärker im Psalm, doch unser Autor betont es auch (146).
Man wäre versucht, die Ben Sira Perikope einen Midrasch zu Psalm 1 zu nennen.
Wenn das nicht zu exklusiv verstanden wird, darf man dies wohl sagen. Doch mögen
auch andere Texte an dieser Stelle den Autor beeinflusst haben. Alonso weist auf
Parallelen zum alfabetischen Schlussgedicht von Prov 31 hin.

III. THEMATISCHES

Schon das erste Wort der Perikope, nämlich אשרי ist theologisch interessant. In unserer Perikope preist man einen ganz bestimmten Menschentyp glücklich,
den, der bei der Weisheit w o h n e n kann. Von daher interessiert, wie Ben
Sira bezüglich "weilen, wohnen" in seinem Buch überhaupt denkt. Im zentralen Vers
15,1 wird vom Gottesfürchtigen und vom תפש תורה gesagt, er erlange die Weisheit. So wird man nach dem Sinn von תורה und מצוה fragen müssen. Dem Weis-
heitssuchenden wird garantiert, dass er sich auf die Weisheit stützen, auf sie
sicher vertrauen könne. Wem traut denn der Sirazide überhaupt? Das Wort בטח
birgt eine kleine Ueberraschung diesbezüglich. - Man betont gerne, wie in der
jüngeren Weisheitslehre der individuelle Mensch angesprochen werde. Nun schreibt
aber Ben Sira in 15,5 von der "Versammlung". So wird zu prüfen sein, ob darin etwas für unseren Autor typisches enthalten sein könnte. Jedenfalls geschieht in
diesem Vers etwas seltenes; die Weisheit öffnet dem Schüler den Mund, ein factum,
das theologisch nicht übergangen werden darf. Die zweitletzte Tätigkeit der Weisheit besteht darin, F r e u d e zu schenken. Uns interessiert dabei, ob der

Aspekt dieser Freude derselbe sei, wie in den Proverbien, oder nicht. Als letzte
Gabe hat die Weisheit "einen ewigen Namen" bereit. Nun scheint unter den hebräischen Sapientialbüchern nur Ben Sira das Wort שם oft zu gebrauchen. Insofern haben wir damit noch einmal ein ihn betreffendes Spezifikum gefunden.

1. Makarismen

Es gibt im Proverbienbuch fast ebensoviele Makarismen wie bei Ben Sira.
Prov hat achtmal אשרי und einmal אשר . Das Sirachbuch hat אשרי in H oder
setzt es nach G und S voraus in 14,1 - 14,2 - 14,20 - 25,8a - 25,8c - 25,9 -
26,1 - 28,19 - 31,17.18 - 34,8 - 48,11 - 50,28. Das Verb steht oder wird vorausge-
gesetzt in 11,28 - 25,7 - 25,23 - 34,9 - 37,24 - 45,7. Eigentlich von der Weisheit oder vom Lehren sprechen 14,20; 25,9.10 (147); 50,28:

14,20: "Selig der Mann, der über die Weisheit nachsinnt ...".

25,9f: "Selig, wer einen Freund fand, und wer sprechen kann vor ... aufmerksamen
Hörern".

50,28: "Selig der Mann, der über dieses (Sirachs Weisheitslehre) nachsinnt ...".
Die Seligkeit erreicht ihren Höhepunkt in der Furcht des Herrn, 25,10b.11. Weisheit und Gottesfurcht stehen aber gerade unter dem Aspekt der Seligkeit beieinan-
der in 25,10: "Wie gross ist der, der Weisheit fand, doch keiner überragt den,
der den Herrn fürchtet". Das entspricht ganz den in 1,1-10 vorgefundenen Leitli-
nien.

2. "Wohnen, bleiben"

J.De VAULX schreibt: "Toujours en mouvement, Israël, nomade puis exilé, n'a
jamais véritablement experimenté ce qu'est "demeurer" ... Et pourtant ce peuple,
toujours en marche, rêve de se reposer des fatigues du désert: il voudrait s'ins-
taller, et vivre en paix dans la terre que Dieu lui a promise ... Au soir de
chaque grande étape de son histoire, Israël pense dresser ses tentes pour une
"sûre demeure" ... Demeurer est un idéal toujours espéré, mais jamais atteint,
qui ne trouvera son accomplissement qu'en Dieu" (148).

Bei Ben Sira findet sich dieses Thema am stärksten in Bezug auf die Weisheit
selbst. Die hauptsächlichsten Stellen findet man unter שכן - חנה - לון -
עד - עד bei H und S, für den verbalen Bereich. Dazu kommen die Substantive שכן - אהל bei H, ܡܥܡܪܐ und ܡܫܟܢܐ bei S. ישב wird nur über das
syrische ܝܬܒ von 14,27 einmal indirekt berührt, es tritt in unsere Thematik eigentlich nicht direkt ein. Wir erhalten folgendes Schema: (30,20b2 und 34,20b2
sind kontrovers.)

"Wohnen, bleiben" bei Ben Sira (Nr. 1-16: Verb, Nr. 17-22: Substantiv)					
Zahl	Stelle	G	S	H	Textangabe
1	4,13	εισπορευεσθαι	ܒܕܝܢ ܟܝܢܐ	חנה	Jünger der Weisheit wohnen im Segen.
2	4,15	κατασκηνουν	ܥܡܪ	חנה	Sie wohnen in der Weish. Kammern
3	11,34	ενοικιζειν	ܐܘܬܒܡ	שכן/דבק	Fremden die Wohnung anbieten ist gefährlich
4	14,24	καταλυειν	ܥܡܪ	חנה	Jünger der W. wohnt bei ihr
5	14,25	καταλυειν	ܥܡܪ	שכן	" " " " " "
6	14,26	αυλιζειν	ܢܒܝܬ	לון	" " " " " "
7	14,27	καταλυειν	ܝܬܒ	שכן	" " " " " "
8	24,4	κατασκηνουν	ܘܡܥܡܪܝ	---	Weisheit wohnt in der Höhe
9	24,7	αυλιζειν	ܥܡܪ	---	Weisheit sucht Wohnung auf Erden
10	24,8	κατασκηνουν	ܥܡܪ	---	Gott weist ihr Wohnung an
11	27,9	καταλυειν	ܢܥܡܪ	שכן	Vögel wohnen bei ihresgleichen
12	28,16	κατασκηνουν	---	---	Wer Lügnern lauscht, wohnt nicht im Frieden
13	36,31	καταλυειν	lies: ܢܬܒ/ܢܬܒ	הרגיע	dem Wohnsitzlosen ist nicht zu trauen
14	43,17	καταλυειν	---	שכן	???
15	47,12	καταλυειν	ܥܡܪ	שכן	Weiser Sohn - in Frieden wohnen (SALOMON)
16	51,23	αυλιζειν	ܒܝܬ	לון	Weilet in meinem Lehrhause!
17	14,25	σκηνη	---	אהל	Zelt ausspannen bei der W.
18	14,25	καταλυμα	ܥܡܪܐ	שכן	cfr. Nr. 5
19	24,8	σκηνη	ܡܫܟܢܐ	---	cfr. Nr. 10
20	24,10	σκηνη	ܡܫܟܢܐ	---	W. dient im hl. Zelt
21	24,15	σκηνη	al.	---	" " " " "
22	50,5	ναος	ܡܩܕܫܐ	אהל	Simon kommt aus dem hl. Zelt

N.B.: 43,20 scheidet aus, es ist Fehler in G, fehlt in H und S. 6,14 scheidet ebenfalls aus, denn es ist nicht mit SMEND אוהל zu lesen.

Nr. 14 gibt keine rechte Auskunft, scheidet also praktisch auch noch aus.

Ergebnis: Zunächst ist es eine schlimme Sache um den Mann, der kein Heim hat 36,31. "In Frieden wohnen" bleibt ein Ideal 28,16. Dem Wildfremden die eigene Wohnung anzubieten, das ist eine gewagte Sache 11,34. Mit dem anschaulichen Spruch

"die Vögel lassen sich bei ihresgleichen nieder", kommen wir schon stärker an
den Bereich der Weisheit selbst heran. Einst erstand um Davids willen ein weiser Sohn, der in Sicherheit wohnen konnte 47,12. Die übrigen zehn verbalen Stellen sagen in vielen Variationen immer wieder das eine: Bei der Weisheit, bei ihr
allein wohnt man glücklich, in Ruhe, in Frieden. - Einst hatte die Weisheit selber das Problem, wo sie weilen könnte. Da wies ihr Yahweh das Gebiet von Israel
an, Jerusalem, das heilige Zelt, den Tempel 24,7-8.

3. תורה und מצוה

In seiner Untersuchung über den Strukturwandel der israelitischen Weisheitslehre hat BAUCKMANN (149) schon entscheidende Unterschiede zwischen תורה /
מצוה in den Proverbien einerseits und Ben Sira anderseits aufgezeigt. Wir
möchten diese Frage nochmals aufgreifen und das Problem in weitere Zusammenhänge
stellen.

a) <u>תורה und מצוה in Qo, Job und Prov.</u>

1. <u>תורה</u>. Das Wort fehlt bei <u>Qohelet</u>. <u>Job</u> hat es nur in 22,22 und zwar als Torah von Yahweh, aber wahrscheinlich einfach im allgemeinen Sinn von "Belehrung".
Die <u>Proverbien</u> weisen ein gutes Dutzend Stellen auf: 1,8 - 3,1 - 4,2 - 6,20 -
6,23 - 7,2 - 13,14 - 28,4 (bis) - 28,7 - 28,8 - 29,18 und 31,26. Wahrscheinlich
ist nie das Gesetz Gottes direkt gemeint.

2. מצוה . <u>Job</u> hat nur 23,12. Gemeint sind dort die Gebote Gottes. <u>Qohelet</u> hat
8,5 und 12,13. Die zweite Stelle handelt sicher von den Geboten Gottes, die erste von den Geboten des Königs. In den <u>Proverbien</u> findet sich das Wort zehnmal:
2,1 - 3,1 - 4,4 - 6,20 - 6,23 - 7,1 - 7,2 - 10,8 - 13,13 - 19,16. In den sieben
Fällen der Sammlung I ist es die Weisung der Eltern und vor allem des Weisheitslehrers. In den drei Fällen der Sammlung II handelt es sich um allgemeine Wei-
sungen. Jedenfalls bezeichnet מצוה nie die lex revelata, weder als Ganzes, noch
als Teil, etwa den Dekalog.

b) <u>תורה und מצוה bei Ben Sira</u>

Methodisch und auch von der Sache her empfiehlt es sich, G, S und H zu berücksichtigen (150). Dabei ergibt sich zuerst ein Schema für תורה , dann eines für
מצוה .

1. תורה :

תורה bei Ben Sira						
Zahl	Stelle	G	S	H	textkritisch	lex Dei
1	2,16	νομος	ܢܒܛܠܐ	---	+	+
2	9,15	νομος	ܢܐܡܘܣ [ܕܡܪܝܐ]	(ב)ינות	-	-

		G	S	H		
3	15,1	νομος	נבטוסא	תורה	+	+
4	16,27	κρισις	נבטוסא	---	-	-
5	17,11	νομος	נבטוסא	---	+	+
6	19,17	νομος	al.	---	+	+
7	19,20	νομος	נבטוסא דלא	---	+	+
8	19,24	νομος	al.	---	+	+
9	21,11	νομος	נבטוסא	---	+	+
10	23,23	νομος	נבטוסא	---	+	+
11	24,23	νομος	נבטוסא	---	+	+
12	30,38	κρισις	נבטוסא	משפט	-	-
13	31,8	νομος	? אראסא	---	+	+
14	32,1	νομος	נבטוסא	---	+	+
15	32,4	αινεσις	נבטוסא	---	-	-
16	35,15	νομος	---	---	+	+
17	35,17	συγκριμα	אראשו	תורה	-	-
18	35,18	φοβος	אשו	תורה	+	+
19	35,24	νομος	אראשו	תורה	+	+
20	36,2	νομος	---	תורה	+	+
21	36,3	νομος	---	דבר	-	-
22	36,3	νομος	---	תורה	+	+
23	38,34	νομος	נבטוסא	---	+	+
24	39,8	νομος	נבטוסא	---	+	+
25	41,4	ευδοκια	---	תורה	-	-
26	41,8	νομος	---	תורה	+	+
27	42,2	νομος	---	תורה	+	+
28	45,5	νομος	נבטוסא	תורה	+	+
29	45,17	νομος	---	? משפט	+	+
30	46,14	νομος	נבטוסא	---	+	+
31	49,4	νομος	נבטוסא	תורה	+	+

Von den 31 Stellen sind allerdings nur 24 textkritisch haltbar. Dreimal liegt
der Fehler in S, zweimal in G und ebenfalls zweimal in H (151). In allen 24
(oder eventuell 23) Fällen handelt es sich dann aber um das geoffenbarte Gottes-
gesetz. Ob es sich dabei immer, oder wenigstens vorzüglich um das sinaitische
Gesetz handelt, das werden wir am Testfall 17,11 prüfen.

2. מצוה :

מצוה bei Ben Sira   (Die kontroverse Stelle 35,18b[3] ist nicht berücksichtigt)

Zahl	Stelle	G	S	H	textkr.	lex Dei
1	1,26	εντολη pl (152)	---	---	+	+
2	6,37	εντολη pl	פוקדנא pl	מצוה sg	+	+
3	10,19	εντολη pl	פוקדנא sg(pl)	מצוה sg	+	+
4	15,15	εντολη pl	פוקדנא pl	מצוה sg	+	+
5	23,27	εντολη pl	פוקדנא pl	---	+	+
6	28,6	εντολη pl	al.	---	+	+
7	28,7	εντολη pl	פוקדנא sg	---	+	+
8	29,1	εντολη pl	פוקדנא sg	---	+	+
9	29,9	εντολη sg	פוקדנא sg	---	+	+

10	29,11	εντολη pl	ܘܦܘܩܕܢܐ		---	+	+
11	32,2	εντολη pl	ܦܘܩܕܢܐ sg		---	+	+
12	32,7	εντολη sg	ܦܘܩܕܢܐ sg		---	+	+
13	35,23	εντολη pl	ܦܘܩܕܢܐ sg	מצוה sg(1)		+	+
14	35,24	εντολη pl	ܦܘܩܕܢܐ sg	נפשו ?		+	+
15	37,12	εντολη pl	al.	מצוה sg(2)		+	+
16	39,31	εντολη sg	ܦܘܩܕ	צוה		-	(formal)
17	44,20	νομος --	ܦܘܩܕܐ --	מצוה sg		+	+
18	45,5	εντολη pl	om.	מצוה sg		+	+
19	45,17	εντολη pl	ܦܘܩܕܢܐ pl	מצוה pl		+	+

(1) in Bm 1 pl.   (2) in Bm 2 pl.

Textkritisch fällt eine Stelle aus. Bei 39,31 sind S und H formal im Recht gegen
G. Inhaltlich ist kein Unterschied (153). Die 18 restlichen Stellen zeigen wieder dasselbe Bild wie bei תורה : Es handelt sich immer um die Gebote, oder besser um das Gebot (154) Yahwehs. Daran würde auch die kontroverse Stelle 35,18b[3]
nichts ändern.

Nun stellen sich aber in Bezug auf die Arbeit von BAUCKMANN (155) einige
Fragen. Seine Untersuchung ist genau. Doch vergleicht er nur die Proverbien und
Ben Sira. Dann liegt es selbstverständlich nahe, von einem Strukturwandel in dem
Sinne zu sprechen, dass Prov die ältere, Sir die jüngere Form darstellen würde.
Gerade bei מצוה wird aber die Angelegenheit komplizierter, sobald man Job und
Qohelet dazunimmt. Denn in beiden Büchern kommt מצוה als Gesetz Gottes vor,
auch "Gebot des Königs" geht in dieselbe Richtung. Nun ist Job wahrscheinlich
oder sicher älter als Prov 1-9, welche Sammlung ja die meisten Stellen lieferte!
Auch Qohelet kann älter oder wenigstens ebenso alt sein wie Prov I. Dann könnte
es ja zutreffen, dass man bei מצוה eher zwei verschiedene, zeitlich sich über-
schneidende Redeweisen vor sich hätte, die nebeneinander bestanden, aber nicht
zugleich bei ein und demselben Autor. Dadurch, dass man weiss, dass das Sirachbuch jünger ist als die Proverbien, ist noch nichts über die Formen darin gesagt.
Einzelne oder selbst viele können unter Umständen trotzdem älter sein.

Nach Sir 1 und 24 und anderen Texten ist die Weisheit in der ganzen Welt.
Nach Sir 24 und anderen Stellen kann die Weisheit mindestens teilweise der Torah
gleichgesetzt werden. So müsste letztere denn wie erstere schon am Schöpfungsmorgen zugegen sein. Im Rabbinismus liegt später dieser Gedanke offen vor. Man
braucht nur auf den Ausspruch hinzuweisen: "Gott blickte in die Torah, und er er-
schuf die Welt" (156). Das hätte Ben Sira noch nicht oder nicht mehr gesagt. Einmal wenigstens sind die drei Themen "Weisheit - Gesetz - Schöpfung" nahe beisammen (in 17,11), und man wird sich fragen müssen, wie sie sich verhalten. Vor allem

wäre hier die Relation von תורה und Schöpfung interessant. Denn davon kann es zum Teil abhängen, wie wir einige Passagen und Abschnitte in den Weisheitsperikopen interpretieren werden. Man muss wohl dafür erst einmal wissen, von welchem Menschen und von welchem Gesetz Ben Sira in 17,8-10 und vor allem in 17,11-14 eigentlich redet. Einige Hinweise finden sich in den Kommentaren:

ALONSO: "La experiencia historica se proyecta hacia la creacion, y la situacion de Adan viene descrita como alianza con ley y mandamientos. Y la promulgacion de dicha alianza sucede, como en el Sinai, manifestandose la gloria y la voz de Dios" (157).

HAMP: (Zu 17,11) "Schon 8-10 handelten nicht mehr vom Menschen allgemein, sondern vom Frommen. So kommt Ben Sira vom Naturgesetz auf das mosaische Gesetz, von der natürlichen Offenbarung auf die übernatürliche zu sprechen. Weisheit = Tora".

PETERS: (Zu 17,11) "Der Vers handelt vom mosaischen Gesetz, nicht vom Naturgesetz". Aehnlich SMEND.

SEGAL: (Zu 17,8-9) "In diesen Versen spricht Ben Sira über den Menschen im allgemeinen, ohne einen Uebergang zu setzen, und ohne seine Worte auf die Israeliten einzuschränken ... Wurde nicht die Welt auf Israel hin geschaffen, dem die Torah gegeben wurde?".

VACCARI: (Zu 17,13) "Sie haben gesehen: Im Paradies auf Erden, Gn 2, sie haben gehört: Auf dem Sinai, Ex 19".

HAMP und SMEND haben die Situation nicht gut überschaut; auch der von PETERS angegebene Unterschied lässt sich so nicht aufrecht erhalten, er ist scholastisch. Man mag ebenso wenig mit VACCARI in ein und demselben Vers auf die genannte Weise Paradies und Sinai vereinigt sehen, obwohl die Idee an sich etwas Richtiges hat. Es geht wirklich um alle Menschen, wie SEGAL gut sieht. Statt auf den Gedanken von der Weltschöpfung um Israels willen einzugehen, wird man aber besser mit ALONSO ungefähr sagen: Die Szene ist ganz Schöpfung der Welt, doch die Topoi sind aus der Sinaitradition genommen.

Und nun kommt die Frage, um was für ein Gesetz es sich handle in den Abschnitten von denen in dieser Arbeit hauptsächlich die Rede ist. Konkret betrifft das die Stellen 15,1 - 19,20.24 - 24,23 - 38,34 - 39,8 von תורה her und 1,26 und 6,37 von מצוה her. Mit Ausnahme von 24,23 besteht kein Grund, die Bedeutung auf eine erst am Sinai ergangene Torah einzuengen. Die Torah kann von der Schöpfung an begonnen haben. Für ein Verständnis von 24,23 muss man 45,5cd und 45,17ab zuziehen. 45,5cd: "Und er (Gott) legte in seine (des Moses) Hand das Gebot, die Lehre des Lebens und der Einsicht, damit er lehre ...". 45,17ab: "Und er (Gott) gab ihm (Aaron) seine Gebote ... dass er lehre ...". Praktisch erhalten Moses und Aaron den gleichen Auftrag, nämlich ein munus docendi. Dass mit Moses etwas ganz Neues angefangen habe, davon steht bei Ben Sira nichts. Dasselbe gilt nun für

Sir 24,23: "Dies alles ist das Gesetz, das uns Moses gebot". Nichts weist daraufhin, dass nicht auch die Torah schon von Anfang der Welt und der Menschen an da
war. Dann stellt sich das Problem ein wenig anders, als FUSS es formulierte (158).
Wir halten aber auch nicht mit BAUCKMANN (159) die Unterscheidung von consilium
und praeceptum für relevant, sondern das Hineinstellen der Torah in die Schöpfungsordnung als deren Ziel und mindestens zum Teil auch als deren Anfang. In diesem
Sinne würde man durchaus mit BAUCKMANN sagen, Ben Sira habe dem Gesetz die altge-
wohnte Frage eines Weisheitslehrers aufgedrückt (160). Jedenfalls kommt die Torah
von Yahweh, wie auch alle Weisheit nur von Gott her ist.

<u>4. "Vertrauende Sicherheit"</u>

Es ist klar, dass der Mensch Sicherheit braucht, etwas, oder jemanden, worauf
er sich verlassen kann. Es ist ein Problem der Weisheit, zu suchen, wo man diese
Sicherheit finde.

Ben Sira hat auf diese Frage eine eigene Antwort bereit. Es dürfte zu deren
Herauskristallisierung genügen, den בטח -Stellen und wenigen Synonymen im Sirachbuch ein wenig nachzugehen:

בטח / נשׁען	im Sirachbuch	(ohne Hifil und ohne Substantiv)				
Zahl	Stelle	G	S	H	pos. oder neg. Form	Objekt
1	2,10	εμπιστευειν	ܣܒܪ	---	+	Yahweh
2	5,1	επεχειν (1*)	ܬܟܠ	נשׁען	–	Reichtum
3	5,5	αφοβον γενεσθαι	ܬܟܠ	בטח	–	Verzeihung
4	5,8	επεχειν	ܬܟܠ	בטח	–	Schätze
5	6,7	εμπιστευειν	ܬܘܟܠܢ	בטח	–	neuer Freund
6	13,11	επεχειν	ܬܟܠ	בטח	–	Machthaber
7	15,4	επεχειν	ܬܟܠ	בטח	+	Weisheit
8	15,4	επεχειν	ܡܣܬܡܟ	נשׁען	+	Weisheit
9	16,3	στηριζειν	ܬܟܠ	בטח	–	böse Kinder
10	31,2	επεχειν	ܣܒܪ	---	–	Träume
11	31,18	επεχειν	ܬܟܠ	---	+	Yahweh
12	32,15	επεχειν	ܬܟܠ	בטח	–	Opfer ohne Recht
13	34,6	al.	ܬܘܟܠܢ	בטח	Spezialfall	Perlen
14	35,21	πιστευειν	ܬܟܠ	בטח	–	Weg
15	35,24	πειθειν	ܬܟܠ	בטח	+	Yahweh
16	37,11	επεχειν	al.	---	–	Menschengruppen
1* für 5,2a cfr. das Folgende.						

בטח in 47,12 ist Substantiv und fällt daher hier weg. Auch בטח Hi in 13,6 und
20,23 gehören nicht in unsere Thema. Das ܬܟܠ der <u>Hilfslisten</u> bringt nur noch
5,2 und 38,21, beides Stellen ohne neue Aspekte, auch ܬܘܟܠܢ bringt nichts ein.

Bei שׁען hat man auch vielleicht noch andere Formen. Hier ist nur auf Nifal Rücksicht genommen. Bei 5,2a[1] hat man möglicherweise noch eine echte Stelle; sie ist aber dann jedenfalls negativ. Die Tabelle gibt jene Stellen, an denen בטח oder נשׁען stehen oder nach S, beziehungsweise nach G vorauszusetzen sind. Dabei ergeben sich zehn (oder im Falle einer Echtheit von 5,2a elf) Stellen, die "negativ" sind. Das heisst, sie lauten אל תבטח oder ähnlich, sie negieren dem betreffenden Objekt den בטח-Wert. 34,6 ist positiv der Form nach, in der Aussagebewertung aber negativ, es bildet einen Spezialfall. Nur fünf Stellen sind positiv, und diese gehen ausschliesslich auf die Weisheit und auf Yahweh selbst. Das überrascht ein wenig. Eigentlich würde man doch erwarten, dass ein Mensch, z.B. ein Freund oder eine gute Frau durchaus Objekte von בטח sein könnten. In den Proverbien wäre das möglich. So vertraut dort der Mann der tüchtigen Frau, cfr. Prov 31,11. Dasselbe würde wohl von חסה gelten. In den Proverbien ist es wahrscheinlich so, dass sich der Gerechte in seiner Unschuld, seiner Redlichkeit bergen kann, Prov 14,32 nach der griechischen und syrischen Uebersetzung. Bei Ben Sira ist neben Yahweh in 51,8 ausschliesslich die Weisheit Objekt für חסה , 14,27. Es sei hier auf 6,37 verwiesen, wo bei אוה eine ähnliche Entdeckung gemacht wurde: Auch אוה wurde positiv nur von der Weisheit (und damit indirekt auch von Yahweh) gebraucht. So kommt denn alle Sicherheit von der Weisheit, alle Weisheit aber von Gott.

5. "Gemeinde, Versammlung"

a) Man kann vergleichshalber die Lage in den übrigen Weisheitsbüchern prüfen. In Qohelet und Job finden wir קהל und עדה überhaupt nicht, auch in der Weisheit Salomons zeigt sich kein griechisches Aequivalent. In den Proverbien kommt קהל nur dreimal vor, עדה sogar nur einmal, zusammen mit קהל . In 5,14 und 26,16, aber auch in 21,16 übt die Versammlung eigentlich nur eine strafende Rechtsprechung aus.

b) Anders bei Ben Sira. Wir berücksichtigen εκκλησια und συναγωγη aus G, ܟܢܘܫܬܐ aus S, קהל und עדה aus H. Dabei fällt 6,34 aus schon im textkritischen Abschnitt zur Stelle erwähnten Gründen aus. Ebenfalls zu streichen sind 34,3 und 43,20. An beiden Stellen lesen H und S (161) anders, richtiger.

Zahl	Stelle	G	S	H	Text
— "Gemeinde, Versammlung" beim Siraziden					
1	1,30	συναγωγη	ܟܢܘܫܬܐ	---	... dass nicht der Herr dich in der G. stürzt ...
2	4,7	συναγωγη	ܟܢܘܫܬܐ	עדה	Mach dich beliebt bei der G.

3	7,7	πληθος	ܟܢܘܫܬܐ	עדה	Setz dich nicht ins Unrecht bei der G.
4	7,7	οχλος	ܗܝܐ	קהלה	Bring dich nicht zu Fall vor der V.
5	7,14	πληθος	ܟܢܘܫܬܐ	עדה	... keine ... Reden in der G. der Fürsten
6	15,5	εκκλησια	ܟܢܘܫܬܐ	קהל	In der V. öffnet sie ihm den Mund
7	16,6	συναγωγη	ܟܢܘܫܬܐ	עדה	Ueber der G. der Gottlosen ... Feuer
8	21,9	συναγωγη	al.	----	... Werg ist die G. der Gottlosen
9	21,17	εκκλησια	ܟܢܘܫܬܐ	----	Man sucht den Mund des Weisen in der V.
10	23,24	εκκλησια	ܟܢܘܫܬܐ	----	Ehebrecherin wird der V. vorge- führt
11	24,2	εκκλησια	ܟܢܘܫܬܐ	----	In der V. Gottes öffnet sie ihren Mund
12	24,23	συναγωγη	ܟܢܘܫܬܐ	----	... Erbteil für die G. Jakobs
13	26,5	εκκλησια...	...ܟܢܘܫܬܐ	----	Ueble Nachrede und Volksauflauf
14	30,27	εκκλησια	ܟܢܘܫܬܐ	קהל	Vorsteher der V. horchet auf!
15	34,11	εκκλησια	ܟܢܘܫܬܐ	קהל	Sein Lob verkündet die V.
16	38,33	εκκλησια	ܟܢܘܫܬܐ	----	In der V. ragen sie nicht hervor
17	39,10	εκκλησια	ܟܢܘܫܬܐ	----	Sein Lob verkündet die V.
18	41,18	συναγωγη	----	עדה	Schäme dich vor der G. der Ge- setzesübertretung
19	42,11	εκκλητος	ܩܗܠܐ	קהלה	Volksauflauf
20	42,11	πληθος	ܩܗܘܦܐ	עדה	Sie soll dich nicht beschämen bei der G.
21	44,15	λαος	----	עדה	Von ihrer Weisheit erzählt die G.
22	44,15	εκκλησια	ܟܢܫܐ	קהל	Ihr Lob verkündet die V.
23	44,19	πληθος	ܟܢܘܫܬܐ	המון	Abraham ... Vater einer Menge ...
24	45,18	συναγωγη	ܟܢܘܫܬܐ	עדה	die Rotte des Korach
25	46,7	εκκλησια	ܟܢܫܐ	קהל	Aufruhr der V.
26	46,7	λαος	ܟܢܘܫܬܐ	עדה	Sie wandten den Zorn ab von der G.
27	46,14	συναγωγη	ܟܢܘܫܬܐ	עדה	Im Auftrag Yahwehs berief er die V.
28	50,13	εκκλησια	ܟܢܫܐ	קהל	Feueropfer ... vor der ... V. Israels
29	50,20	εκκλησια	----	קהל	Er erhob seine Hände über die ... V. Israels

Anmerkung: 11,6d in Ms B ist zu unsicher, obwohl dort קהל feststeht.

In G erhält man 29 Stellen, die sich verteilen auf 14 εκκλησια, 8 συναγωγη, 4 πληθος und dreimal ein je anderes Wort. In der syrischen Uebersetzung haben wir 25 vergleichbare Stellen: 19 ܟܢܘܫܬܐ , 3 ܟܢܫܐ und drei je andere. Die 20 vergleichbaren Stellen aus H ergeben: 9 קהל(ה) , 10 עדה und eine andere. Es lässt sich also ungefähr sagen, dass S fast nur ܟܢܘܫܬܐ liest, wogegen H und G je zwei Wörter gebrauchen: קהל und עדה , εκκλησια und συναγωγη . S hat noch wenige ܓܒܐ , G wenige πληθος . Merkwürdigerweise übersetzt G ein קהל immer mit εκκλησια , עדה dagegen nie. Nun gehen zwar alle εκκλησια der LXX auf קהל zurück, aber dass קהל nur so übersetzt wird, ist dem Sirachbuch eigen. Dies besonders, wenn man bedenkt, dass die LXX etwa bei Ezechiel in neun von zehn Fällen ein קהל mit συναγωγη wiedergibt. עדה wird von G meist mit συναγωγη, bisweilen auch mit πληθος oder λαος übersetzt. Inhaltlich stellt man zwischen קהל und עדה praktisch keinen Unterschied fest. S konnte also ruhig für beide ܟܢܘܫܬܐ schreiben.

Theologisches Ergebnis:

Es gibt zunächst verschiedene Arten von Gemeinschaften: Jene der Bösen, z.B. die Gemeinschaft der Gottlosen 10,6; 21,9, die Rotte Korachs 45,18. Aber meist ist es die Versammlung Israels oder die Versammlung der Stadt. Diese kann richterliche Funktionen ausüben, S hat diesen Gedanken in 7,7 mit ܕܝܢܐ gut ausgedrückt. Denn an jener Stelle obliegt es der Gemeinde, über Recht und Unrecht zu entscheiden. In manchen anderen Fällen ist es die religiös-politische Gemeinschaft im allgemeinen. Dann und wann liegt der Hauptakzent ausgesprochen auf dem liturgischen Moment, so in 50,13 und 50,20. Interessanterweise wird direkt nur eine einzige aktive Tätigkeit der Gemeinde oder Versammlung als solcher erwähnt, dies aber gleich mehrmals: Die Versammlung verkündet das Lob des Weisen, preist den Gerechten: 34,11: "Sein Lob verkündet die Gemeinde". 39,10: "Seine Weisheit preist die Gemeinde und sein Lob verkündet die Versammlung". 44,15: "Von ihrer Weisheit erzählt die Gemeinde, und ihr Lob verkündet die Versammlung". Auch die Weisheit selbst ist aktiv in der Versammlung. Einmal öffnet sie dem Weisen dort den Mund 15,5. Dann öffnet sie ihren eigenen Mund, allerdings in der Versammlung Gottes, im Kreise der himmlischen Geister, im Kronrat Yahwehs 24,2. Als Gemeinschaft ist Israel erbberechtigt von Seiten Yahwehs. Das Erbe ist das Gesetz, das uns Moses gebot 24,23. Seine eigene Rolle in der קהל schätzt Ben Sira in profetischer Zuversicht nicht eben niedrig ein: "Höret auf mich, ihr Fürsten des Volkes, und ihr, Vorsteher der Gemeinde, horchet auf!" 30,27. Der Autor ist zuversichtlich, denn er glaubt und spricht es aus: "Der Mund des Weisen wird in der Versammlung gesucht" 2,17.

6. Zum Gebrauch von פתח bei Ben Sira

Was dieses Verb פתח angeht, so hat man mit hinreichender Sicherheit folgende zehn Stellen bei Sir (4,31 und 42,6 sind kontrovers; 34,7 eine eigenartige Lesart von

Bm und damit zu kontrovers):

פתח	im Sirachbuch				
Zahl	Stelle	G	S	H	Inhaltsangabe
1	15,5	ανοιγειν	ܦܬܚ	פתח	Die Weish. öffnet dem Schüler den Mund
2	20,15	ανοιγειν	ܦܬܚ	---	Der Tor öffnet den Mund wie ein Herold
3	22,22	ανοιγειν	ܦܬܚ	---	Wer gegen den Freund den Mund öffnet...
4	24,2	ανοιγειν	ܦܬܚ	---	Die Weisheit öffnet ihren Mund
5	26,12 (bis)	ανοιγειν	ܦܬܚ	---	Der Durstige öffnet den Mund, die Dirne den Köcher ...
6	29,24	ανοιγειν	ܦܬܚ	---	Der Fremdling darf seinen Mund nicht öffnen
7	34,12	ανοιγειν	ܦܬܚ	פתח	Der Geladene öffne nicht den Mund weit
8	39,5	ανοιγειν	ܦܬܚ	---	Der Weise öffnet den Mund im Gebet
9	51,19	επεταζειν	ܦܬܚ	פתח	Ben Sira öffnet die Tore der Weisheit
10	51,25	ανοιγειν	ܦܬܚ	פתח	Ben Sira öffnet seinen Mund

Ergebnis: ܦܬܚ / פתח wird fast nur vom Oeffnen des Mundes gebraucht. Nur in 51,19 wird gesprochen von den Toren der Weisheit, welche Ben Sira öffnet. Einmal noch, in 26,12c ist die Rede vom Oeffnen des Köchers, doch wird an dieser Stelle ein Vergleich über das Oeffnen des Mundes weitergeführt. In den Proverbien hat man פתח viermal, immer mit "Mund" als Objekt. Subjekt sind dort zweimal Lemuel, einmal der Tor und einmal die weise Frau.

Eigentlich neu ist die Aussage von 15,5. In der hebräischen Bibel ist ein transitives פתח zusammen mit פה als Objekt selten. In der protokanonischen Weisheitsliteratur fehlt es ganz. Im übrigen hat man nur folgende Stellen: Yahweh öffnet den Mund einer Eselin, damit sie sich wehren kann, Num 22,28, den Mund Ezechiels, damit er rede, Ez 33,22 und 3,27 (162). Dazu kann man mit שפה Ps 51,17 nehmen: "Oeffne meine Lippen, so wird mein Mund dein Lob verkünden". Jedenfalls ist immer Yahweh Subjekt, wenn פתח transitiv mit dem Objekt פה (פי) gebraucht wird. Dasselbe gilt von Qumran, wo 1QH 10,7 und 12,33 zu vergleichen sind. Vom ersten Fall soll hier der Kontext strukturiert gegeben werden: 1QH 10,5-8:

"Aber <u>ich</u> bin Staub und Asche,
      wie soll ich denken,   ohne dass du willst,
       "   "   " planen,   "   "   " einverstanden bist,
       "   "   " feststehen,   "   "   " mich hinstellst,
       "   "   " klug sein,   "   "   " (es) geformt hast,
       "   "   " reden,   "   "   " <u>den M u n d m i r öffnest</u>,
      wie soll ich antworten,   ohne dass du mich verständig machst?

Siehe <u>du</u> bist der Fürst der Göttlichen, der
          König der Verherrlichten, der
          Herr jeglichen Geistes und
          Herrscher über jedes Werk" (163).

In Qumran und in den Beispielen der Biblia Hebraica ist es Yahweh, der den Mund
jemandem öffnet. Bei Ben Sira dagegen wird es von der Weisheit gesagt, die Diene-
rin, ja fast Priesterin Yahwehs ist, wenn einige Texte in Kapitel 24 und 4 richtig
interpretiert wurden. Man kann sich in diesem Zusammenhang fragen, ob nicht eine
gewisse ferne Parallele vorhanden sei zum aegyptischen Mundöffnungsritual, einer
für den Toten wichtigen Zeremonie. Denn "As a result of this ritual complex the
dead man is separated from his position in this world and during the ritual actions
he is leading a marginal existence, he does not belong anywhere, not fully on the
earth, neither does he fully belong to the world beyond. Only when the ritual of
"Opening the Mouth" has been performed has his position ultimately been fixed in
the beyond" (164). In einem der Texte lauteten dabei die Worte des Priesters: "Ich
öffne deinen Mund, damit du mit ihm redest, deine Augen, damit du Re siehst, deine
Ohren, dass du Verklärungen hörst, dass du Beine habest zum Gehen, dein Herz und
deine Arme, um die Feinde abzuwehren" (165). - Auch der Gedanke an eine Einsetzung
ins Amt des Weisheitslehrers liegt in Sir 15,5 nahe.

7. "Freude" als sirazidisches Thema

a) Auch in den <u>Proverbien</u> ist oft von der Freude die Rede, vielleicht öfter als
bei Ben Sira. Doch die Akzente sind verschieden. Prov insistiert stärker auf der
innerweltlichen, zutiefst freilich auch nur dem Frommen zukommenden Freude. Man
möchte sagen, die Proverbien seien in dieser Angelegenheit etwas weniger direkt
theozentrisch, aber nicht weniger religiös. Letzteres zeigt schon die im Spruchbuch häufige Verknüpfung von שמחה mit צדיק .
b) Aber die Schilderungen beim Siraziden erscheinen uns farbiger und konkreter,
stärker direkt mit Yahweh und der Weisheit verbunden. Jedenfalls sind es viel weniger, als man das eigentlich in einem Weisheitsbuch erwarten sollte, die irdischen
Werte, aus denen die Freude quillt. Diese sind zwar auch da, ganz positiv, aber dahinter steht gleich mehr oder weniger deutlich Gott, deren Schöpfer (166). Zunächst
preist Ben Sira allgemein die Freude: "Herzliche Freude ist für den Menschen Leben,
und Frohsinn des Menschen verlängert seine Tage" 30,22. Nur die schlechte Freude
bleibt verwehrt 19,5. Im übrigen soll man den Nächsten nicht verachten, wenn er etwas stark fröhlich ist 34,21. Im Gegenteil, der Gastmeister soll seine Sache beitragen 35,2, allerdings nicht bis zur Ausgelassenheit 18,32. Eine Quelle edler Freude ist der Wein 34,27-28. Dabei wird bezeichnenderweise gleich gesagt, er sei zur

Freude g e s c h a f f e n. Man hat also wieder die typisch sirazidische Linie;
irdische Schöpfung - Freude - von Gott. Der Wein erfreut zwar das Herz, aber mehr
noch bewirkt das die Liebe vertrauter Menschen 40,22. Ein Quell der Freude sind
gut erzogene Kinder: 16,1.2. - 3,5 - 30,1.2.3.5. Selbst Elemente und wilde Tiere
freuen sich, wenn Yahweh ihnen einen Auftrag erteilt 39,31. Dann soll der Mensch
die Abgaben zu Ehren des Herrn mit Freude entrichten 32,11. Die den Herrn fürchten, sollen auf ewige Freude hoffen 2,9; 1,23. Der Herr wird nämlich nicht säumen,
bis er sein Volk durch seine Hilfe erfreut hat 32,25. Die Furcht des Herrn macht
froh das Herz, ist Freude, Wonne, langes Leben 1,12. Die Gottesfurcht wird überhaupt mehrmals als Quelle der Freude dargestellt. Ausser auf die bereits genannten Stellen wäre noch auf 26,4 zu verweisen, weil nach jener Stelle eine gute Frau,
Quell reicher Freude, nur dem Gottesfürchtigen zuteil wird. - Ein Ohr, das auf
Weisheit achtet, erfreut 3,29. Einen solchen Menschen lässt die Weisheit selbst
Freude und Wonne finden 15,6; 6,28. Aus dem eigenen Leben darf Ben Sira bekennen:
"Wie wenn eine Traube geblüht hat und nun heranreift, freut sich mein Herz an ihr"
51,15. Schliesslich möchte er sich über seine Schule freuen können 51,29.

8. Der "Name" bei Jesus Sirach

a) In <u>Qohelet</u> etwa fehlt שם ganz. <u>Job</u> hat das Wort ausser in der Rahmenerzählung
nur zweimal, ohne speziellen Akzent. In den <u>Proverbien</u> findet es sich nur sechsmal: 10,7 - 18,10 - 21,24 - 22,1 - 30,4 - 30,9. Dabei ist 30,4 rein didaktisch
fragend. In 10,7 und 21,4 wird betont, dass der Name des Bösen nicht bleibt. 21,1
sagt positiv aus, dass ein guter Name besser sei als Reichtum. 18,10 schliesslich
bringt die tiefste Aussage: "Der Name Yahwehs ist ein fester Turm". Anderswo bit-
tet ein Autor: "Gib mir nicht ... Armut, damit ich nicht den Namen meines Gottes
entweihe" 30,9.

b) Bei Ben Sira ist mit שם mehr verbunden. Das Wort lässt sich auch schon an über
dreissig Stellen finden. ονομα im <u>Index</u> von SMEND genügt, unsere <u>Hilfslisten</u>
bieten nicht mehr. Zwei Stellen, 46,1 und 51,3 sind gemäss H und S zu streichen.
Bei 23,10 ist ονομα Teil einer sekundären Hinzufügung und fällt deswegen zum vorneherein weg. Auch 43,8 ist zu unsicher. Wir versuchen einmal, die שם -Stellen zu
gruppieren in solche allgemeiner Natur, dann jene, die es mit dem Weisen zu tun
haben, darauf die Stellen, die es mit dem Namen Gottes zu tun haben. Es dürfte sich
ergeben, dass bei keinem anderen Sapiential-Autor des Alten Testaments dieses Thema
so oft und so vielfältig zur Sprache kommt, wie bei Ben Sira.

1. Mehr allgemeine, problemeinführende Stellen:

a) 40,19: "Nachkommenschaft und Städtebau geben dem <u>Namen</u> Bestand,
aber mehr als sie beide eine liebenswerte Frau" (167).

b) 41,11ff.: "Vergänglich ist der Mensch dem Leibe nach,
doch der <u>Name</u> des Frommen wird nicht ausgetilgt.
Sei besorgt um deinen <u>Namen</u>, denn er begleitet dich
besser als tausend kostbare Schätze.
Das Gut des Lebens währt zählbare Tage,
das Gut des <u>Namens</u> aber währt unzählbare Tage".

c) 6,1: "Einen schlimmen <u>Namen</u> und Schmach erwirbt die schändliche Frau".

d) 22,14: "Was ist schwerer als Blei? -
Wie könnte es anders <u>heissen</u> als: der Tor?".

e) אמר אוהב אני אהבתי אך יש אוהב שם אוהב

Am Text von 37,1 ist kaum zu zweifeln, wohl aber an der Interpretation des zweiten Stichos. G versteht den Vers so: "Jeder Freund sagt: 'Ich bin ein Freund', aber es gibt den Freund, der nur dem Namen nach ein Freund ist". Man könnte den zweiten Stichos jedoch auch etwa wie folgt verstehen: "Doch es gibt den Freund, der wirklich ein Freund ist". SEGAL hat auf diese Möglichkeit hingewiesen. Es mag sein, dass S den Text schon so verstanden hatte: ܟܝܬ ܐܝܟ ܪܚܡܐ ܪܚܡܐ ܗܕܡܗ ܘܪܚܡܐ. Im vorausgegangenen Kontext handelte es sich in allen ähnlich strukturierten Versen darum, eine Wahl anzubieten, und zwar nach der Formel: "Jedes ... ist gut, aber das eine ist besser als das andere". Mit dem griechischen Verständnis von 37,1<u>b</u> erhält man eine gewisse Trennung von Name und Wirklichkeit. Ben Sira, ja das Alte Testament überhaupt, intendieren eher das Gegenteil: der Name ist bedeutend und bezeichnend. Noch etwas. Wenn der griechische Text Recht hat, liebt bei Ben Sira hier ein Hinabsteigen de maiori ad minus vor. Doch Ben Sira denkt eher umgekehrt. Er sieht etwas, wertet es positiv, findet dann etwas weiteres und noch besseres, so in 40,18-27, aber auch in 36,23.26; 37,7 (168), wahrscheinlich auch 37,22-23.24-26; 25,7-11.

2. Stellen mit "weise" oder "Weisheit"

a) 15,6<u>b</u>: "Einen ewigen <u>Namen</u> lässt sie ihn erben".

b) 37,16: "Wer für das Volk weise ist, gewinnt Ehre,
und sein <u>Name</u> bleibt für ein ewiges Leben".

c) 39,9: "Sein Gedenken hört nicht auf in Ewigkeit,
und sein <u>Name</u> lebt fort von Geschlecht zu Geschlecht".

d) 39,11: "Nimmt er ein Ende, so genügt sein <u>Name</u>".

e) 6,22: "Denn מוסר ist wie ihr (?) <u>Name</u> ...".

Wir möchten bezüglich der bisher unter 1. und 2. genannten Stellen nur auf gewisse Parallelen zum aegyptischen <u>k3</u> hinweisen. GARDINER schreibt bezüglich des <u>k3</u> : "The

term appears to embrace the entire 'self' of a person regarded as an entity to
some extent separable from that person. Modern concepts to which that of the k3
occasionally corresponds are 'personality', 'soul', 'individuality', 'tempera-
ment'; the word may even mean a man's 'fortune' or 'position': ir.n nb t3wy k3.f -
'one whose fortune the Lord of the two Lands made'" (169). Was im aegyptischen
Text der Herrscher der beiden Länder vollbrachte, das gibt bei Ben Sira die Weisheit, cfr. 15,6. Der eigentlich parallele Terminus für שם wäre aber im Aegyptischen rn.

3. Die berühmten "Patres"

a) 44,8: "Algunos legaron su nombre
          para ser respetados por su herederos" (ALONSO).

Diese Uebersetzungsweise scheint dem Text am ehesten gerecht zu werden.

b) 44,14: "Ihre Leiber sind in Frieden bestattet,
          und ihr Name lebt fort von Geschlecht zu Geschlecht".

c) 44,11f.:"Die Richter, ein jeder nach seinem Namen ...
          Möge ... ihr Name ein Nachwuchs sein für ihre Söhne".

d) 47,6: "Bis zu den fernsten Inseln drang sein Name". Cfr. dazu 4.c.

Diese vier Stellen sagen wenig typisches aus.

4. Der Name Gottes

a) als Objekt des Lobpreises:
 aa) 17,10: "damit sie seine Wunder weitererzählen, und seinen heiligen Namen
            priesen".
 bb) 39,15: "Gebt seinem Namen Herrlichkeit, gebt ihm Bekenntnis als Lobpreis".
 cc) 39,35: "Nun ... preiset den Namen des Heiligen".
 dd) 47,10: "Wenn man seinen (Gottes) heiligen Namen pries ...".
 ee) 51,1.11.12.: "Ich will deinen Namen verkünden - loben will ich deinen Namen -
            ich will den Namen Yahwehs preisen".

b) als Zeuge beim Eid:
    23,10: "Wer oft schwört und den heiligen Namen ausspricht,
            der wird nicht freibleiben von Sünde".

c) Gottes und des Volkes Name:
 aa) 36,17: "Erbarme dich deines Volkes, das nach deinem Namen genannt ist ...".
 bb) 47,18: "Du (SALOMON) wurdest benannt nach dem Namen des Hochgepriesenen,
            nach dem auch Israel benannt ist".

Die Erklärung geht bei 47,18 nicht sicher auf Yedidyah, wie fast alle Kommentatoren meinen. Man erwartet eher einen Zusammenhang mit שלום . SEGAL weist auf
Ri 6,26: "Gedeon baute dort einen Altar für Yahweh, und er nannte ihn יהוה שלום".

d) im Sinne von "Auftrag":
    36,20: "Erfülle die Weissagungen, die in deinem Namen ergangen sind".

e) als Segen:
 aa) 45,15: "... ihm zu dienen, ihm Priester zu sein,
            und sein Volk zu segnen בשמו ".

bb) 50,20: "Der Segen Yahwehs war auf seinen Lippen,
des <u>Namens</u> יהוה durfte er sich rühmen".

Zu 45,15: Entweder ist בשמו zu verstehen als "durch seinen Namen", wobei der Name Medium des Segens, Segensträger ist, oder dann ist es dasselbe wie "in seinem Namen" von 36,20. Das erstere ist wahrscheinlicher.

Zu 50,20: Rühmen: Vielleicht weil nur der Hohepriester diesen Namen aussprechen durfte. So denken BOX/OESTERLEY und bis zu einem gewissen Grade auch SEGAL. Aber es ist fraglich, ob diese Einschränkung zu Ben Siras Zeiten schon bestand. Ben Sira schreibt oft יהוה , womit über die Aussprache allerdings noch nichts entschieden ist. Man müsste sich auch erst klar werden, welcher Name in 23,10 gemeint ist, das Tetragramm oder jede Anrufung Gottes unter jedem Gottesnamen ganz allgemein.

Abschliessend noch einige Bemerkungen über den Namen Gottes als Objekt des Lobes: Der Grund für den Lobpreis des Namens Gottes liegt nie in Gott als dem Erlöser, sondern in Gott als dem Schöpfer (170). 51,1-12 bildet nur scheinbar eine Ausnahme.

5. P E R I K O P E 19,20-24; 20,27-31; 21,11-28

In diesem Abschnitt werden Perikopen behandelt, die nicht im Zentrum unseres In-
teresses stehen. Zwei davon umfassen nur wenige Verse. Und doch müssen auch diese eher peripheren Abschnitten angehört werden. Selbst wenn damit nur eventuellen
Missverständnissen vorgebeugt würde, wäre die Mühe nicht vergebens.

A. 19,20-24

I. DEUTSCHER TEXT

Vv. 20   "Alle Weisheit ist die Furcht des Herrn,

und alle Weisheit (oder: Einsicht) ist die Gesetzeserfüllung.

22   Es ist nicht Weisheit das Verstehen der Schlechtigkeit,

und es ist nicht Einsicht der Rat der Sünder.

23   Es gibt eine Schlauheit, die abscheulich ist,

und es gibt den Dummen, der frei ist von der Sünde.

24   Es gibt den wenig habenden an Erkenntnis, der Gott fürchtet, (S: sich vor
Sünde bewahrt)
und es gibt den viel habenden an Erkenntnis, der das Gesetz übertritt".

II. TEXTKRITISCHE UND FORMALE ANMERKUNGEN

Wahrscheinlich bilden diese vier Verse formal nur den Anfang einer langen
Reihe, in der jede Zeile mit ‏שׁי‎ oder ‏אֵין‎ beginnt. Man hat hier also nicht eigentlich eine kleine Weisheitsperikope, sondern eher einen Auftakt zum Folgenden. Man
kann aus G und S den Text bisweilen nur mehr annäherungsweise erschliessen. Unser
kleiner Abschnitt ist somit weder formal noch inhaltlich eine übermässig reiche
Fundgrube. Trotzdem musste er behandelt werden. Denn der Leser muss wissen, wie
wir diese Verse genau lesen und verstehen wollen, sonst könnte er Widersprüche zu
anderen Stellen herauslesen. Dem sollte vorgebeugt werden.

Vers 20. Bei manchen Kommentatoren wird der Vers im Dunkeln gelassen, andere verstehen ihn teilweise falsch. HAMP übersetzt: "Jegliche Weisheit ist Furcht des
Herrn, und in jeglicher Weisheit ist Gesetzeserfüllung (eingeschlossen)". Er folgt
zu stark G. Das εν in b ist überfällig. Von den über zwanzig Stellen, wo H und S
gemeinsam gegen G nichts dem εν entsprechendes haben (171), fällt wahrscheinlich
nur 37,26 zugunsten von G aus. Die anderen Stellen zeigen klar, dass viele εν aufs
Konto des griechischen Uebersetzers gehen. Die semitischen Sprachen verwenden den

status constructus, oder sonst eine prägnante Form. Bei PETERS hat man den Eindruck, er nehme "alle Weisheit" als Subjekt, "Gottesfurcht" als Prädikatsnomen an (172). Vers 22 rät aber anders. "Verstehen der Schlechtigkeit" und "Rat der Sünder" sind dort zweifellos Subjekt. Ben Sira will nicht sagen: Wenn man Weisheit hat, ist sicher Gottesfurcht dabei und Gesetzeserfüllung. Nein, er meint genau das, was ALONSO als Uebertragung von Vers 20 gibt: "El temor del Senor es sintesis de la sabiduria, complir su ley es toda la sabiduria". Dafür zeugt auch S. Er hat freilich in 20b eher eine Glosse zu a, als den ursprünglichen Sinn von b überliefert. Doch bisweilen kann selbst eine Glosse manches aufhellen. S schreibt für b: ‏ܐܬܠܟܣܘ ‏ܗܝ ‏ܗܝ ‏ܕܐܝܬܝܗ ‏ܗܬܠܚܕ‎ = "die Gottesfurcht, s i e ist Weisheit". - G hat sicher Recht mit νομος. In b würde man auf ein Synonym der Weisheit tippen. Da jedoch S und G uni sono jedesmal σοφια /‏ܐܬܡܟܚ‎ bringen, muss diese Frage vorläufig unentschieden bleiben.

<u>Vers 22</u>. Für dieses negative Gegenstück zu Vers 20 sind sich G und S inhaltlich ziemlich einig. Formal ist der Hinweis von ALONSO zu beachten: "Das hebräische Original verband in dem Vers vier Synonyme der weisheitlichen Welt: Weisheit, Erkenntnis, Einsicht und Rat. Die Qualifikation "Schlechtigkeit, die Schlechten" zerstört diese Wirklichkeit". SEGAL setzt in seiner Rückübersetzung der Reihe nach חכמה - תבונה - עצה - דעה ein. Wahrscheinlich hat er die richtigen Worte getroffen, der <u>Index</u> von SMEND rät nicht anders (173). Auch die beiden negativen Worte gibt SEGAL mit רע und חטא gut wieder (174).

<u>Vers 23</u>. Die Masse der Codices von G liest πονερια in a. RAHLFS und ZIEGLER haben indes das πανουργια der Lukian-Rezension als Textlesart aufgenommen, vermutlich zu Recht (175). Doch können auch zwei Worte vertauscht worden sein, σοφια aus a nach b und πονερια aus b nach a. Dann wären die codices im Recht. Die jetzige Lesart von G kann nicht beibehalten werden. Oder was soll das bedeuten: "Es gibt eine Klugheit, die abscheulich ist, und es gibt den Dummen, dem die Weisheit fehlt"? So liest G! S verschafft uns eine echte Alternative: "Es gibt eine Klugheit, die Sünde schafft, und es gibt den Dummen, der frei ist von Sünde". Nur mit "abscheulich" mag G den Tenor des Verses besser bewahrt haben, sicher ist es nicht. Natürlich könnte man auch umgekehrt korrigieren, indem man "den Dummen" durch "den Schlauen" ersetzt. Daran denkt ALONSO. Man stünde durchaus in der biblischen Tradition (176). Aber die innersirazidische Tradition weist für 19,23 den umgekehrten Weg.

<u>Vers 24</u>. Wir folgen formal eher S. Er bewahrt die ש׳ -Form besser. G erhält die wichtigsten Termini hingegen besser. Der Vers schliesst ausgezeichnet ab mit genauer

Parallele zu 19,20.

B. 20,27-31 (und 41,14-15)

I. DEUTSCHER TEXT

Vv. 27 "Der Weise, durch weniges bringt er vorwärts sich selbst, (oder: als gering bezeugt er seine Seele?)

und der kluge Mann, er gefällt den Fürsten.

28 Wer den Acker bebaut, erntet einen hohen Garbenhaufen,

und wer den Fürsten gefällt, sühnt Unrecht.

29 Geschenk und Gabe blenden die Augen,

und wie ein Maulkorb (oder: Knebel im Munde) machen sie ein Ende der Zurechtweisung.

30 Weisheit, die verborgen, und ein Schatz der geheim,

wozu nützen sie beide?

31 Besser ist ein Mann, der seine Torheit verbirgt,

als ein Mann, der seine Weisheit verbirgt".

II. FORMALE UND TEXTKRITISCHE ANMERKUNGEN

1. Gesamtstruktur

Wir lesen 3+2 Disticha. Dabei sind die letzten zwei gleichlautend wie 41,14-15, wenigstens in G, nur eine kleine Partikel variiert. S fehlt in Kapitel 41, H hat man in Kapitel 20 nicht. Ben Sira wiederholt an sich nie zwei völlig gleichlautende Distichen, kaum eines, er würde selbst in diesem Fall eine mindestens formal neue Variation bieten. Es scheint darum mit der Textüberlieferung nicht alles zu stimmen. - Drei Möglichkeiten bieten sich: 1. Die beiden Verse stammen aus Sir 20 und sind in 41 eingedrungen, oder 2. das Umgekehrte geschah. Schliesslich können die Verse ursprünglich in H verschieden gelautet haben, G hätte sie dann nivelliert. Wir wollen uns nicht entscheiden, betrachten aber die dritte Möglichkeit als die vorläufig wahrscheinlichste. Formal und inhaltlich bieten die fünf Verse wenig Eigengut, das nicht auch in grösseren Weisheitsperikopen behandelt würde. Und doch: Sie sollen mithelfen, Sirachs Theologie zu zeigen. Da müssen sie erst selber sicher feststehen. Das ist jedoch mindestens für Vers 27 nicht zum vorneherein ausgemacht.

2. Zu den einzelnen Versen

Vers 27. Fürstenhof und Ratsversammlung bilden den Hintergrund. - H fehlt. Da G und

S nicht restlos dasselbe lesen, sind wir zu einer textlichen Untersuchung gezwungen. Der Vers lautet in G:

ο σοφος εν λογοις προαξει εαυτον,

και ανθρωπος φρονιμος αρεσει μεγιστασιν.

Als Ueberschrift steht davor: λογοι παραβολων.

In S hat man:

ܟܬ̈ܒܐ ܕܚܟܡܬܐ ܚܟܝܡܐ ܩܒܠ ܡܠܐ ܘܥܠ ܪܒܐ ܡܫܠܛ

G: "Der Weise, durch Worte bringt er sich vorwärts, und der verständige Mensch gefällt den Grossen".

S: "Der voll ist von Sprüchen der Weisheit, soll als etwas geringes bezeigen seine Seele, und der weise Knecht wird herrschen über die Grossen".

Sicher ist S zu lang. Die beiden ersten Worte müssen wie bei G einen Titel bilden. S verwechselte מִלָּה "Wort" mit "voll sein" in H. Oder es liegt ein innersyrischer Fehler vor, man hätte ܡܠܐ nicht als "Wort", sondern als "voll sein" gelesen. Das Substantiv ܚܟܡܬܐ ist wahrscheinlich aus einem ursprünglichen ܚܟܝܡ umgebildet worden. Der Grund ist einsichtig: Wer ܡܠܐ ܚܟܝܡ als "wer voll ist von Sprüchen" versteht, der kann ein ܚܟܝܡ gar nicht brauchen. Ein Substantiv hingegen dient ihm vortrefflich. So biegt er um. Noch ein weiteres spricht für ܚܟܝܡ = σοφος : In allen 18 Fällen, wo zu σοφος die Wurzel ܚܟܡ parallel steht, liest man ܚܟܝܡ . Nur in 20,27 stünde ܚܟܡܬܐ . SMEND hat es im Index, in anderem Sinn allerdings, mit einem Fragezeichen versehen (177). Wirklich ist das G im Recht. ܐܝܟ hört sich auch nicht eben vertrauenerweckend an. Schon in 6,19 setzte S ein ܟ statt ein ܒ voraus und schrieb entsprechend ܐܝܟ . Dasselbe hat er hier wiederholt. ܚܘܐ (178) ist auf viele Bedeutungen hin offen. Ausser an unserer Stelle findet man es im Index (179) unter (υπο) δεικνυναι , εξ-αγγελλειν , εμβλεπειν , εκχειν . Keine der acht Stellen (180) ist inhaltlich oder textkritisch verdächtig. SEGAL wünscht ܚܘܐ in ܚܝܐ abzuändern. Ausser dem genannten Grund spricht aber auch noch der Umstand dagegen, dass das Verb ܚܝܐ in S ein seltener Gast ist. Im Index von SMEND findet man es nur in 3,1; 44,23 und 48,11. Das Hauptproblem für 20,27a liegt aber darin, dass S ܢܦܫܗ , G hingegen λογος liest. Diese beiden lassen sich absolut nicht auf einander abstimmen. Dabei steht ܢܦܫܗ sicherer. Denn von den insgesamt zwölf Stellen (181), wo es sich ausser in 20,27 noch in Parallele zu einem griechischen Wort findet, ist es nie zweifelhaft. In 25,8 gibt es die Vorlage vielleicht etwas frei wieder, im übrigen bezeichnet es genau. Das griechische λογος hingegen steht auf bedeutend weniger sicherem Boden. Mehrmals wurde es wenigstens in einem Teil der Minuskelhandschriften für εργον geschrieben, so in 3,23 und 4,29. Mehrere Stellen lassen

sich finden, wo λογος ein ολιγος ersetzt. In 19,1 z.B. liest G richtig τα
ολιγα . Doch die sahidische Uebersetzung hat "diese Worte", was auf ταυτα
λογια hinausläuft. In 35,8 steht in einer Minuskelhandschrift λογος für ολιγος.
Dieser Vers bietet zudem ein klares Bild der Entstehung einer solchen Verlesung.
Der Korrektor von 545 schrieb nämlich εν ολ ηγοις , vorher hatte gestanden εν
ολογοις , von da ist der Schritt zu εν λογοις nicht mehr weit. In 20,13
liest G εν λογοις . Nur die Handschrift 235 bietet ein εν ολιγοις . Doch
hat gerade sie ein besonderes Gewicht, denn sie gehört mit der Syrohexapla zusammen zur Origenesrezension. S fehlt. Dafür ist für diesen Vers H aus Ms C vorhanden, und H gibt der Minuskel 253 Recht. Der Sinn muss da ungefähr sein: "Der Weise macht sich beliebt mit wenig Worten, aber die Gunsterweise der Toren sind weg-
geworfen (182). In 20,27 endlich liest die gesamte G-Tradition εν λογοις . So
liest auch RAHLFS. ZIEGLER macht hier eine Konjektur und schreibt im Text εν
ολιγοις . Bei der Sorgfalt und Gründlichkeit seiner Ausgabe, bei der sehr spar-
samen Anwendung von Konjekturen, ist man schon a priori geneigt, den Vorschlag von
ZIEGLER anzunehmen. Es sprechen Gründe dafür. Einmal hat ein anderer Kenner der
LXX, M.S.SEGAL ebenfalls ολιγοις als echt angesehen. Dann hat S in östlicher (183)
und westlicher (184) Ueberlieferung ein ܐ‍ܠܝܠ , was dem ολιγοις entspricht. Wir
wissen ferner, wie leicht εν ολιγοις in ein εν λογοις verschrieben werden
konnte. Schliesslich sei ein inhaltliches Argument genannt. ZIEGLER schreibt (185):
" ολιγος ist ursprünglich. Das Ideal des Weisen, vor allem des Redners ist ολιγα,
nicht πολλα ; sein Motto lautet: εν ολιγοις πολλα (35,8)". Schweigen, wenig
reden, gut sprechen, das ist die vom Siraziden vertretene Richtlinie für den Weisen: "Abgemessen will ich meine Erkenntnis kund tun" 16,25, "Mache für deine Worte Waage und Gewicht" 28,25, "Richte deine Worte zurecht" 36,4. Das liegt zudem
ungefähr in einer Linie mit dem Ideal vom grw "the silent man", gr "be silent, be
quiet, be still (186)" des alten Aegypten. Dass man hingegen durch Worte sich vorwärts bringe, könnte zur Not auch passen, besonders sirazidisch ist es aber nicht.

Vers 28. Der bäuerliche Typus kommt wieder zum Vorschein.

Vers 29. Würde man das σοφος von G beibehalten, hätte man eine Umklammerung zwischen 29a und 27a. Dagegen spricht aber das Zeugnis von S. Ausserdem ergäbe sich
eine zu grosse Uebereinstimmung mit dem Wortlaut von Dt 16,9 LXX und auch zum ma-
soretischen Text jener Stelle. Ganz wörtlich Bibelstellen zu zitieren, ist nicht
Ben Siras Art.

Verse 30-31. H hat diese Verse nur 41,14-15, dort hat man jetzt auch die Masadarolle. Wir nehmen 20,30-31 und 41,14-15 zusammen.

Vers 20,30 = 41,14. Das לאכל בשת der Masadarolle in 41,14b verstehe, wer kann! Es soll dafür בשתיהם stehen. Die Genizafragmente haben das Bessere bewahrt. Das ב vor שתיהם darf man vielleicht hier wieder einmal als "von, aus" verstehen, entsprechend dem Ugaritischen und einer Reihe von Beispielen aus der hebräischen Bibel. Für beides findet man die Belege bei GORDON (187).

Vers 20,31 = 41,15. G und S, sowie Ms B von H lesen zweimal dasselbe Verb. Die Masadarolle hat in a טמן und nur in b צפן . Der Unterschied ist rein formal (188).

C. 21,11-28

I. DEUTSCHER TEXT

Vv. 11 "Wer das Gesetz beobachtet, beherrscht seinen Trieb,
und vollendete Weisheit ist die Furcht des Herrn.

12 Wer nicht klug ist, nimmt keine Zucht an,
aber es gibt eine Klugheit, die viel Bitterkeit bringt.

13 Die Erkenntnis der Weisen ist reichlich wie ein Born,
und sein Rat wie lebendiges Wasser.

14 Das Herz des Frevlers ist wie eine rissige Zisterne,
denn keine Weisheit hält es fest.

15 Ein weises Wort, wenn der Weise es hört,
lobt er es und fügt noch eines hinzu.
Hört es der Tor, so lacht er darüber,
und wirft es hinter seinen Rücken.

16 Die Rede des Toren ist wie eine Last auf der Reise,
auf den Lippen der Verständigen aber findet sich Anmut.

17 Der Mund des Weisen wird in der Versammlung gesucht, und auf seine
Worte richten sie ihr Herz.

18 Wie ein Gefängnis ist die Weisheit für den Toren,
und die Erkenntnis ist dem Unvernünftigen wie Bande.

19 Wie Ketten an den Füssen ist für den Unverständigen die Zucht,
und wie Fesseln an der rechten Hand.

21 Wie ein goldener Schmuck ist für den Klugen die Zucht,
und wie eine Spange am rechten Arm.

22a Der Fuss des Toren eilt ins Haus,

23b aber Anstand ist es, dass man draussen bleibt.

23<u>a</u>   Der Tor blickt durch die Tür ins Haus,

22<u>b</u>   aber der Kluge schlägt sein Antlitz nieder.

24   Torheit es es, an der Tür zu horchen,

        doch der Verständige verschliesst seine Ohren.

25   Die Lippen der Frevler reden in Leidenschaft,

        aber die Worte der Verständigen sind abgewogen.

20   Der Tor erhebt beim Lachen seine Stimme,

        der Kluge aber lächelt still.

26   Die Toren haben im Mund ihr Herz,

        die Weisen hingegen im Herzen ihren Mund.

27   Wenn der Tor einem flucht, der ihm gegenüber schuldlos ist,

        verflucht er seine eigene Seele.

28   Seine eigene Seele befleckt der Ohrenbläser,

        und wo er weilt, wird er gehasst".

II. TEXTKRITISCHE UND FORMALE ANMERKUNGEN

1. Vorbemerkung über die Struktur

    Der Abschnitt 21,11-28 hat Anklänge an 14,20-15,10. Motivmässig sind Vv. 13-14 besonders interessant. Im Distichon 20,11 haben wir einen Uebergangsvers, man kann ihn zum Vorangehenden rechnen, wie ALONSO, oder zum Folgenden, mit vielen anderen Kommentatoren. Man könnte auch mit HASPECKER (189) die Zäsur erst zwischen Vers 12 und Vers 13 setzen. Mit Rücksicht auf den Wortschatz von Vers 11 nehmen wir denselben lieber zum Folgenden und damit wird er in die Perikope einbezogen. Der ganze Abschnitt lässt sich kaum bloss auf eine einzige Art gliedern, oder vielleicht überhaupt nicht. Deswegen übersetzt man am besten den gesamten Text ohne Strofeneinteilung.

2. Zu den einzelnen Versen

<u>Vers 11</u>. So wie wir ihn lesen, hat der Vers eine chiastische Struktur. Wie in vielen anderen Versen des Abschnitts ist die Wortstellung nicht immer ganz sicher, und der Wortlaut auch nicht. In <u>a</u> muss wohl כבש יצר gestanden haben. יצר ist ziemlich gesichert. S liest in unserem Vers entsprechend ܪܥܝܢ, ebenfalls in 15,14 gemeinsam mit H. Ausserdem findet sich יצר noch in 27,6 bei H, in S steht dort ܪܕܘܬܝܬ = "Gedanke". G hat für <u>b</u> "Vollendung der Gottesfurcht ist Weisheit". So lesen auch PETERS, DUESBERG in der "Bible de Jérusalem", HAMP. Ben Sira redet sicher nicht so. Richtig haben darum SMEND, SEGAL, DUESBERG/FRANSEN in der Garofalo-

Bibel und ALONSO "und vollendete Weisheit (oder: Zucht) ist die Furcht des Herrn".
So steht der Vers in einer Linie mit 1,14-18, anderen Stellen in Sir, Prov und
Job. Die Gottesfurcht ist bei Ben Sira etwas gegebenes, die Weisheit hingegen muss
wachsen im Menschen. Im zweiten Stichos muss entweder חכמה oder ein Aequivalent
dafür gestanden haben, SMEND möchte מוסר schreiben. Er sieht im syrischen ܣܡܐ
einen Anhaltspunkt dafür. מוסר wäre in נחסר verlesen worden. Es stehen einander parallel Gesetzesbeobachtung und Furcht des Herrn, Bezwingung des יצר und
vollendete Weisheit oder Zucht. Man müsste wohl bei Ben Sira öfters den ganzen
Vers überschauen, und nicht bloss einzelne Stichen abschneiden. HASPECKER schreibt
zwar mit einigem Recht (190): "Gottesfurcht ... wird mit Weisheit identisch gesetzt". Man kann indes ebensogut sagen: Die Weisheit wird dem Herrschen über den
יצר gleichgesetzt, und Gottesfurcht bedeutet hier soviel wie "Beobachtung der
Torah". Diese chiastische Parallele scheint wichtiger und zentraler zu sein, als
die andere innerhalb der einzelnen Stichen.

<u>Vers 12</u>. S und H fehlen. Deshalb können wir nichts sagen.

<u>Vers 13</u>. Dieser Vers ist in S besser überliefert. G will ungefähr sagen: Die Er-
kenntnis des Weisen mehrt sich wie eine Flut. Man kann in <u>a</u> eine quantitative, in
<u>b</u> vor allem eine qualitative Beschreibung sehen. Die Erkenntnis des Weisen ist
reichlich und mehrt sich noch, 13<u>a</u>, sie ist frisch und spendet Leben, 13<u>b</u>. Mit
SMEND sind wir der Meinung, man dürfe κατακλυσμος (= מבול) keineswegs annehmen. Am besten liest S. - In <u>b</u> stehen einander gegenüber "Quelle des Lebens"
aus G und "lebendiges Wasser" aus S. G ergibt einen strafferen, S einen lebendi-
geren Parallelismus. Aus der Erkenntnis kommt der Rat, aus dem Brunnen fliesst
das lebendige, das quellende Wasser. S ist auch ein wenig deutlicher in Bezug auf
neutestamentliche Stellen wie Joh 4,12.

<u>Vers 14</u>. Für <u>a</u> wird angenommen, G lese: "Das Innere des Toren ist wie ein zerbro-
chener Krug". Dann folgen die meisten S. Für "das Innere" ist "Herz" des S sicher
besser (191). Bezüglich αγγειον schreibt SMEND: "Derselbe Fehler Prov 5,15".
Dort sollte בור wiedergegeben werden. Gewöhnlich steht dafür λακκος , weniger
oft βοθρος. Dass αγγειον hier Fehler ist, ist wahrscheinlich, doch nicht sicher. Nicht sicher, denn das Wort hat schon in zweiter Bedeutung den Sinn von
"receptacle, reservoir, bed of the sea" (192), auch "Fischbehälter" kann es heissen (193). Es kann somit in Prov 5,15 und Sir 21,14 auch בור "Zisterne" wiedergeben. Und doch liegt eher ein Fehler vor. G hätte wohl βοθρος schreiben müssen.
Er verwendet dieses Wort an mehreren Stellen und trifft dabei mindestens in 21,10
mit dem ܓܘܒܐ des Syrers zusammen. Dasselbe Wort hat S an unserer Stelle. Wenn

αγγειον in der ersten Bedeutung von "Krug" gelesen werden soll, ist es unpassend und falsch. Ein zerbrochener Krug erlaubt den Vergleich mit etwas Durchlässi-
gem nicht mehr. Dagegen fügt sich das Bild von einer rissigen Zisterne ausgezeichnet ein. In b liest S "und alle Tage deines Lebens sollst du Weisheit lernen".
Das wäre auch nicht so schlecht. Der inhaltliche Unterschied ist klein. Wir folgen G.

Vers 15ab. Wir gehen nach G. S weicht nur wenig ab.

Vers 15cd. In 15c verdient die Lesart von S den Vorzug. Die weise Rede missfällt
dem Toren nicht bloss, er macht noch dumme Sprüche dazu. Der Parallelismus wird
mit S ein wenig besser als mit G. In ab hat der Weise zwei Handlungen vollbracht:
Positive Wertung und eigene Arbeit. Der Tor vollbringt in cd ebenfalls deren zwei:
Negative Wertung und Fortwerfen. In 15d scheint G ein treuerer Zeuge zu sein, als
S.

Vers 17. In b steht bei S der Ausdruck ܣܐܡ ܠܒ, was = שׂים לב ist. In 14,21a
ist ja G schon bedeutend weniger gut als H und S. Drum verdient S auch hier mehr
Vertrauen. - Nach dem Bild von der Reise und der Herberge in Vers 16 folgt nun jenes von der Volksversammlung.

Vers 18. Man geht in a nach S. In b ist eine Konjektur fällig. Weder "Feuerkohlen"
von S, noch "sinnlose Worte" von G können ursprünglich sein. - Nach unserer Fassung ist der Vers chiastisch.

Vers 19. Vielleicht bekommt hier doch das παιδεια des G den Vorzug vor dem
ܪܕܘܬܐ des S. Dies für a. In b hat S für χειρ des G mit Recht nichts. Denn
für eine semitische Sprache genügt ימינה vollauf. Es kann oft mit "Arm" übersetzt werden.

Vers 21. Während Vers 20 wohl in beiden Textzeugen falsch eingeordnet ist, hat 21
in G einen sinnvollen Platz und eine passende Form. S hat die Substantive ver-
tauscht, wie SMEND schon sah.

Verse 22-28 und 20. Der Reihe nach sind Fuss, Auge, Ohr und Mund engagiert. Beim
letzteren verweilt man bis 28.

Verse 22-23. Hier muss man die Halbzeilen umstellen, ferner in 22b nach S und in
23 nach G lesen.

Vers 24. In b stand wohl   יכביד אזניו "er macht schwer seine Ohren" (SMEND).

Vers 25. S hat den Vers dem Sinne nach gut überliefert.

Vers 20. G und S sind sich ziemlich einig, S verdient im Einzelnen den Vorrang.

Vers 26. Der Sinn ist in G sicher gut wiedergegeben. Ob G mit seiner chiastischen
Stellung: Mund - Herz - Herz - Mund die ursprüngliche Form bewahrt hat, das ist

eine andere Frage. S lautet: "Der Mund des Toren ist sein Herz, der Mund des Weisen ist i n seinem Herzen". In diesem Fall wäre in a das Wort "Mund", in b "Herz"
stark zu akzentuieren. Doch hat G mehr für sich. - Nach Ben Siras Wunsch soll der
Schüler zu einem überlegenen, massvollen Sprechen kommen, cfr. 28,24-25 und 16,25.

Vers 27. Für b sind sich G und S einig, nicht aber für a. Denn für a liest G εν
τω καταρασθαι ασεβη τον σαταναν . Bei S hingegen finden wir ܢܛ ܠܐ
ܡܠ ܐܝܚ ܐܠ ܕ ܝܠ ܣܐܠ . Der griechische Text scheint sagen zu wollen: Der Böse soll die Schuld für sein Unglück nicht dem Satan zuschieben, sondern bei sich selbst suchen. Andere ändern den Text, indem sie den Artikel weg-
lassen. Man hat dann "einen Widersacher, einen Gegner". Der Sinn könnte sein: Wer
einem andern fälschlich flucht, der muss erleben, dass der Fluch sich gegen den
richtet, der ihn ausgesprochen hat. Aber die Angelegenheit bleibt problematisch.
Indessen hat S: "Wenn der Tor einem flucht, der nicht sündigt gegen ihn ...".
SMEND denkt an ein Schreibversehen in G, dort könnte z.B. jemand ein συνετος in
ein σατανας verschrieben haben. KUHN (194) fragt sich, ob etwa αναιτιος ursprünglich gewesen sein könnte. Doch führt diese Spur nicht weiter. Schliesslich
liest die spätmittelalterliche Handschrift 743 an unserer Stelle δικαιον und
nicht σαταναν . δικαιον wäre ziemlich genau das, was S in negativer Formulierung gibt. G dürfte kaum ursprünglich sein. Zwar schreibt SEGAL mit Recht: "In
den Tagen Ben Siras hatte man längst gelernt, das Böse dem Satan zuzuschreiben,
cfr. 1 Chr 21,1". Das ist schon gut. Aber hier ist σαταναν ein komisches Hapaxlegomenon (195). Der Gebrauch von שטן in Qumran täte an sich nichts zur Sache. Doch sei immerhin erwähnt, dass sich das Wort in der Qumranliteratur bisher
nicht finden liess. Was aber fordert der Kontext? Dieser verlangt ein Quasisynonym
für den Weisen, es mag "der Unschuldige", "der Gerechte" oder ähnlich lauten. Denn
von 21,11 an hat man stets die Gegenüberstellung von "Tor" einerseits und "Gebilde-
ter, Besonnener, Verständiger" anderseits. Aus diesen Gründen halten wir S für den
Text, der dem Original sinngemäss am nächsten steht. Dabei geht Ms 743 von G in
derselben Richtung (196).

Vers 28. G scheint den Vers in einer annehmbaren Form zu bieten. S hat etwas ganz
anderes, dessen Ursprung ich mir nicht erklären kann: "Unwillig ist die Seele des
Weisen wegen des Toren, weil er nicht weiss, was er ihm sagen soll".

III. THEMATISCHES

Einige an sich eher thematische Ueberlegungen kamen schon im eher textkritischen Abschnitt zur Sprache, so etwa "der Satan" bei 21,27. Wir möchten nur noch

einiges sagen über das Motiv des

Wassers im Sirachbuch, im Anschluss an 21,13. An sich ist das Wasser unter theologischem Aspekt ein zwiespältiges Ding. Lieblich erfrischend einerseits, kann es
anderseits ein Element der Zerstörung werden, drohend, lebenvernichtend, die Menschen strafend. Es wäre nun interessant, zu beobachten, ob Ben Sira beide Aspekte
in gleichem Masse zum Zuge kommen lasse. Jedenfalls braucht Ben Sira das Bild vom
Wasser sehr vielfältig, und zwar sehr oft in direkt weisheitlichem Bereich. Mehrmals geht es um das Meer, dessen Sand niemand zählen kann 1,1, cfr. 18,10. Auch
die Regentropfen zählt keiner 1,1. Nur Gott kann die Meerestiefen ergründen 42,18;
cfr. 1,3. Etwas schrecklich-schönes ist es um das Meer. Es ist weit. Wunderdinge
gibt es dort, alle Arten von Lebewesen, die Riesen des Weltmeeres 43,23-25. Während Meer und Wassertropfen eher Grösse und Kleinheit beschreiben, dient das Wasser an sich als Lebenselement. Das wichtigste für den Menschen ist Wasser ...
39,28; cfr. 29,26; 25,25; 34,27. Wasser ist ein Symbol der göttlichen Huld. Yahwehs
Segen strömt über wie der Nil, und wie der Eufrat tränkt er das Erdenrund. Ebenso
verwandelt sein Zorn wasserreiches Land in eine Salzwüste 39,22-23. Wie die Regenwolke zur Zeit der Dürre, so ist Yahwehs Huld lieblich zur Zeit der Bedrängnis
32,26; cfr. 43,22; 18,16; 3,30; 38,5. Doch auch die irdische Gemeinschaft hat für
Wasser besorgt zu sein: 48,18; 50,3. Eine frische Pflanze an kühl fliessendem Wasser ist für den Siraziden ein Bild für hohes Glück, 50,8.12. Was Wunder, wenn gerade bei der Weisheit die reichsten Ströme fluten, die herrlichsten Quellen sprudeln, die schönsten Blüten locken, wie in Sir 24. Die Weisheit gibt dem Schüler
als Trunk das Wasser der Einsicht 15,3, sie (197) macht ihn geradezu trunken mit
ihren Erzeugnissen 1,16. Entsprechend darf auch Ben Sira als Lehrer und Herold
der Weisheit von sich selber sagen: "Wie lange ... soll eure Seele so sehr dürsten?" 51,24. "Höret auf mich ... so werdet ihr gedeihen wie die Zeder, die am
Wasser gepflanzt ist" 39,13. Das Herz des Meisters strömte über und liess Einsicht
hervorquellen 50,27. Uebrigens liess schon Salomon, der Patron der Weisen, Bildung
überströmen gleich dem Nil 47,14. Schliesslich sind vor den Menschen hingelegt
Feuer und Wasser, Leben und Tod 15,16-17 (198). Bei Ben Sira ist Wasser ein gott-
nahes, menschenfreundliches Element, im Gegensatz zum Feuer. Das Hohelied kehrt
einmal das Bild um: "Stark ist die Liebe ... ihre Brände ... sind Flammen Yahwehs
(199), selbst gewaltige Wasser vermöchten nicht die Liebe zu löschen ...",
Hl 8,7-8. Da ist das Wasser ein negatives Element. Bei Sirach erfüllt es diese
Funktion nur ganz am Rande. In 40,13-14 ist einmal davon die Rede, der Frevler
schwinde wie ein Gewitterstrom, der rasch versiegt. In 40,17 liegt der Akzent im

Grunde genommen wenigstens teilweise auf der Negation "k e i n Wasser", also ganz in der gewöhnlichen Linie. Mit dem rätselhaften Vers 51,4: "Du hast mich gerettet aus dem Schosse des Abgrundes – nicht von Wasser" runden wir die Darstellung über das Wasser bei Ben Sira ab. Kaum etwas findet sich beim Siraziden über gefährliche Sturmfluten, über Wassertiefen als drohende Grössen. Nein, für ihn ist Wasser durchweg Zeichen des Segens, Symbol der Weisheit und des Lebens. Wenige Male wird es zusammen mit dem – negativ gesehenen – Feuer genannt.

6. PERIKOPE 24,1-34

I. DEUTSCHER TEXT   (*15)

Vv. 1   "Die Weisheit lob sich selbst,
         und inmitten ihres Volkes rühmt sie sich.

2   In der Versammlung Gottes öffnet sie ihren Mund,
     und inmitten seiner Heerscharen preist sie sich:

3   Aus dem Munde des <u>Höchsten</u> ging ich hervor,
     und wie ein Nebel bedeckte ich die <u>Erde</u>.

4   In den <u>Höhen</u> schlug ich auf meine <u>Wohnung</u> (mein Zelt),
     und mein <u>Thron</u> war auf <u>Wolkensäulen</u>.

5   Den <u>Kreis des Himmels</u> umwandelte ich allein,
     und ich ging einher in den <u>Tiefen der Flut</u>.

6   Ueber die Quellen des Meeres und die Fundamente der Erde,
     und über alle Völker und Nationen hatte ich Gewalt.

7   Ueberall <u>suchte</u> ich <u>Ruhe</u>,
     und ein <u>Erbe</u>, wo ich <u>weilte</u>.

8   Da gebot mir der Schöpfer des Alls,
     der mich schuf, machte mein Zelt fest,
     und sprach: In Jakob sollst du wohnen,
     und Besitz nehmen in Israel.

9   Von Ewigkeit her bin ich erschaffen,
     und bis in Ewigkeit hört nicht auf das Andenken an mich.

10   Im heiligen Zelte diente ich vor ihm,
     und darauf wurde ich in Sion eingesetzt.

11   In der Stadt, die er liebte wie mich, fand ich Ruhe,
     und in Jerusalem war mein Herrschaftsbereich.

12   Ich fasst Wurzel (oder: ich wuchs empor) in einem geehrten Volke,
     im Anteil des Herrn, in seinem Erbbesitz.

13   Wie eine Zeder wuchs ich empor auf dem Libanon,
     und wie ein Oelbaum auf den Bergen des Senir.

14   Wie eine Palme wuchs ich empor in En Geddi,
     und wie eine Rosenweide in Jericho.

Wie ein Olivenbaum wuchs ich empor in der Schefela (oder: Ebene),
und wie eine Platane am Wasser.

15 Wie Zimt und wohlriechender Kalmus und Kassia,
und wie Myrrhenfluss duftete ich süss.
Wie Galbanum und Onyx und Stakte,
und wie Weihrauch war mein Duft im Zelt.

16 Ich, wie eine Terebinthe streckte ich aus meine Wurzeln,
und meine Zweige sind Zweige von Ruhm und Herrlichkeit.

17 Ich, wie der Weinstock sprosste ich Anmut,
und meine Blüten bringen Frucht von Ehre und Pracht.
(oder: meine Sprossen sind Sprossen von ...; oder: ... Blüten ... sind
Blüten?)

19 Kommt zu mir, die ihr begehrt nach mir,
und an meinen besten Früchten labt euch;

20 Denn mein Andenken ist süsser als Honig,
und mein Erbe mehr als Wabenseim.

21 Die essen von mir, hungern weiter nach mir,
die trinken von mir, dürsten weiter nach mir.

22 Wer auf mich hört, wird nicht zuschanden;
die mir gemäss handeln, sündigen nicht. (oder: die mich tun? und:
gehen nicht fehl?)

23 Dies alles ist das Gesetz, das uns (?) Moses gebot,
als Erbteil für die Gemeinde Jakobs.

25 Das voll ist wie der Pischon von Weisheit,
und wie der Tigris in den Tagen des Abib.

26 Das (über)flutet wie der Eufrat von Einsicht,
und wie der Jordan in den Tagen der Ernte.

27 Das überwallt wie der Nil von Lehre,
und wie der Gichon in den Tagen der Weinlese.

28 Nicht wird <u>vollenden</u> der <u>erste</u>, es zu erforschen,
und der <u>letzte</u> wird es nicht <u>ergründen</u>.

29 Denn voller als das <u>Meer</u> ist sein <u>Sinn</u>,
und sein <u>Rat</u> mehr als die grosse <u>Flut</u>.

30   Und ich, ich war wie ein Bewässerungsgraben,

       und wie ein Kanal, der herabfliesst zu den Gärten.

31   Ich dachte: Ich will tränken meinen Garten,

       und ich will bewässern meine Beete.

       Doch siehe, mein Kanal wurde zum Strom,

       und mein Strom wurde fast wie ein See.

32   Wiederum will ich Unterweisung wie Morgenröte aufleuchten lassen,

       und will ausstrahlen sie bis fernhin.

33   Und wiederum will ich meine Lehre als Profetenwort ausgiessen,

       und hinterlassen sie ewigen Geschlechtern.

34   Seht, dass ich nicht für mich allein mich mühte,

       sondern für alle, die suchen die Weisheit" (oder: sie suchen?).

II. TEXTKRITISCHES UND FORMALES

1. Zur Gesamtstruktur

Es ist vorgesehen, im Falle unseres Kapitels länger als üblich beim Problem der Gesamtstruktur zu verweilen. Ein geschichtlicher Abriss soll über zehn Stufen vom Mittelalter in die neueste Zeit führen. Es dürfte sich diesbezüglich ein umfassendes Bild der Wege und Irrwege ergeben. Insofern haben die nun unter a - k zusammengefassten und notgedrungen etwas langatmigen Ausführungen doch ihre Berechtigung. Das Neue in den folgenden Seiten liegt also eher in der Zusammenstellung, nicht im Darbieten einer eigentlich neuen Gesamtstruktur.

a) Ursprünglich wurde eine Gliederung unseres Kapitels fast nur vom Thema her avisiert. Die Handschrift Γ^A der Vetuslatina aus dem zehnten Jahrhundert kennt folgende Ueberschriften:

Laus sapientiae per quam facta sunt omnia, Vv. 1-2.
Sapientia loquitur, id est Christus Dei filius, Dei virtus et Dei sapientia, per quam cuncta creata disponuntur, Vv. 3-8.
Sapientia loquitur potentiam suam et dispositionem operum suorum cum Patre, Vv. 9-17.
Sapientia matris affectu loquitur ... (Titel zu Zwischenversen)
Sapientia hortatur: "Qui concupiscitis me, a generationibus meis implemini" et "spiritus meus super melle dulcis", ille nimirum spiritus de quo dicit: "quem Pater mittit in nomine meo ..." (200), Vv. 23-34.

Man wäre versucht, die genannten Titel als wenig sinnvolle Glossen abzutun. Aber das darf nicht a priori geschehen. In einem sekundären Stadium mögen die zitierten Sätze auf theologischer Ebene ihre Bedeutung haben, wir befassen uns weiter nicht mehr damit.

b) Mit dem mehr Formalen zu beginnen, ist eine jüngere Gliederungsweise. Ihre Ursprünge sind nicht leicht zu erfassen, da die Literatur schwer zugänglich ist. Es mag genügen, mit einem Autor zu beginnen, der schon ein ganz modernes Schema vorlegen kann: O.F.FRITZSCHE. Dieser Autor gibt zu Sir 24 diesbezüglich eine knappe Einführung (201). FRITZSCHE geht zuerst auf die Kontextfrage ein und schreibt: "Hatte der Verfasser soeben ausgesprochen, dass nichts besser und süsser sei als die Gottesfurcht, so war nahegelegt, hier einen neuen Abschnitt über das Wesen der Weisheit, auf welcher die Gottesfurcht beruht, anzureihen, um so den Leser anzuregen, sich ihr ganz hinzugeben". Das Kapitel 24 bildet nach ihm ein wohlgeordnetes Ganzes mit 36 Distichen (202). Zwei Disticha bilden die Einleitung des Verfassers, d.h. Ben Siras. Es folgt dann, nach FRITZSCHE, die Rede der Weisheit selbst in 22, nämlich 11 (2+2+3+2+2) und 11 (3+viermal 2) Distichen. Die Zäsur liegt also zwischen Vers 12 und Vers 13. Die Rede schliesst mit Vers 22. Es folgt die Rede des Verfassers in 6 (4+2) und 6 (3+3) Distichen. Die Zäsur liegt diesmal zwischen Vers 29 und Vers 30. Ben Sira würde in Vv. 22-29 sprechen über das Verhältnis des vorher Gesagten zum Buch des Bundes (203) und in den Versen 30-34 über sein persönliches Verhältnis zur Weisheit (204). Man hat im einzelnen noch manche Erkenntnis hinzugewonnen. Grundsätzlich aber ist FRITZSCHE's Gliederung vorzüglich, vor allem methodisch. Er gibt Formalkriterien und lässt doch die thematischen Elemente nicht ausser acht.

c) Einen neuen interessanten Versuch machte J.K.ZENNER 1897 (205). Er möchte Sir 24 nach Art eines Chorliedes aufgliedern: Vv. 1-2 bilden den Vorspruch, Vv. 3-8 die erste Strofe, Vv. 9-14 die Gegenstrofe, Vv. 15-22 die Wechselstrofe. Die zweite Strofe besteht aus Vv. 23-29, die zweite Gegenstrofe aus Vv. 30-34. Die Gliederung in Strofe - Gegenstrofe - Wechselstrofe etc. ist durch das Chorliedschema gegeben. Die Kriterien dafür, dass die Zäsuren an den erwähnten Stellen zu machen sind, liegen auf zweifacher Ebene. Einmal müssen sich Strofe und Gegenstrofe umfangmässig in etwa entsprechen. ZENNER liest Vorspruch+7+7+8+6+6 Distichen. Zum zweiten muss sich eine solche Strofik inhaltlich und formal rechtfertigen lassen. ZENNER gibt als Thema für Strofe 1 "Ursprung der Weisheit ..., ... ihr Gebiet, ... ihr Lieblingssitz", für Gegenstrofe 1 "vorzeitiger Ursprung ... der Weisheit, ihr Walten im heiligen Zelt, ihre lebensfrische Entwicklung" (206). "Die Wechselstrofe (Vv. 15-22) beschreibt in der ersten Hälfte die lieblichen Früchte der Weisheit und fordert in der zweiten Hälfte zur genussvollen Teilnahme an den Früchten auf...". "Die zweite Strofe und Gegenstrofe tragen ein gemeinsames Kolorit, das sie von den vorangehenden Strofen scharf unterscheidet; nachdem der Dichter gewissermassen das

ganze Pflanzenreich zum Vergleiche herangezogen, entnimmt hier seine Phantasie
der grossartigen Erscheinung von Strömen ... die Mittel, die Darstellung zu be-
leben ... Dem Gedanken nach sollen diese zwei Strofen die vorangehende Rede deuten". Der Autor schliesst: "Somit bietet der griechische Text, mit dem der syrische, gegen den lateinischen übereinstimmt, einen vollkommenen Chorgesang, der
sich in klassischer Symmetrie aufbaut. Dass die Zusätze des lateinischen Textes
dieses schöne Ebenmass vollständig zerstören, kann jeder Leser durch Vergleich
selbst leicht herausfinden". Nun, in dieser Art hat ZENNER's Versuch keine gute
Aufnahme gefunden. Schon PETERS schrieb: "Er hat mich nicht überzeugt". Es ge-
lingt ZENNER nicht recht, kurze thematische Angaben für Strofe 1, deren Gegenstrofe etc. vorzulegen. Schlecht geraten ist auch die Notiz über Vv. 15-17, denn
von den Früchten der Weisheit redet gerade nur 17b. Der Anfang der Wechselstrofe
mit Vers 15 ist zudem problematisch. Inhaltlich passt Vers 15 eher als Schluss
zum Vorangehenden, und formal kann mit Vers 16 (εγω) viel eher ein Neuanfang
gegeben sein. Kurz: Das Chorliedschema passt nicht zu Sir 24. Deswegen ist ZENNER's
Arbeit nicht wertlos. Er hat gute Bemerkungen zu einzelnen Versen und ein feines
Gespür für das bei Ben Sira ausgeprägt vorhandene Ebenmass von Versen und Strofen.
Schliesslich ist sein deutliches Abrücken von der sekundären und oft sehr verderbten Vetuslatina positiv zu notieren (207).

d) Zehn Jahre nach ZENNER's Studie nahm SMEND im grossen Sirachkommentar zu Struktur und Strofik von Sir 24 wieder Stellung. Er schreibt: "Die Rede zerfällt deutlich in sechs Strofen von je sechs Distichen. In den ersten vier redet die Weisheit
selbst, in den beiden letzten der Verfasser". Für die weitere Aufgliederung innerhalb der Sechserstrofen schlägt er die Formel vor: 2+2/ 3+3/ 1+3+2/ 2+2+2/ 1+3+2/
3+3. SMEND sieht Kapitel 24 stark als ein Ganzes. Er schreibt dazu: "Das Ganze ist
ein stolzer Ausdruck des geschichtlichen Selbstbewusstseins des Judentums. In ab-
strakter Form wird hier für Israel derselbe Anspruch erhoben, den das Lob der Väter Israels c.44-49 concret darlegt". Im Grunde genommen unterscheidet sich SMEND's
Strukturvorschlag nicht wesentlich von demjenigen von FRITZSCHE. Neu und sonst
kaum beachtet ist der Hinweis auf den Zusammenhang von Sir 24 und Sir 44 - 49 (208).
Jedem, der sich intensiver mit dem Vokabular und den Themen von Sir 24 befasst,
fallen tatsächlich die zahlreichen und ausgeprägten philologischen und thematischen
Parallelen zwischen dem "Lob der Weisheit" und dem "Lob der Väter" auf.

e) PETERS sagt im 1913 erschienenen Kommentar: "Der Abschnitt (209) bildet die Einleitung des sechsten Buches. Es wird aber mit dem vorhergehenden Absatz zusammengehalten durch die bekannte Vorstellung des Verhältnisses Gottes zu seinem Volke

unter dem Bilde eines Ehebundes. Weisheit ist darum Bundestreue und diese eheli-
che Treue. So ergibt sich ein gewisser Gegensatz zu 23,18-27 ... Der ganze Abschnitt gliedert sich, abgesehen von zwei deutlich erkennbaren Dreizeilern am Ende, in zweizeilige Strofen ... Die Rede der personifizierten Weisheit: 1-22 Preis
der Weisheit, 23-34 Rede des Schriftstellers". In diesem Fall scheint PETERS die
Relation zum vorhergehenden Kapitel nicht unter dem besten Vorzeichen avisiert
zu haben. Unter welchen Aspekten man allenfalls in Sir 24 und bei Ben Sira überhaupt vom Bundesgedanken reden kann, wird die theologische Untersuchung zu zeigen
haben. Aber wir sind bei Ben Sira nicht in Hosea. FRITZSCHE hat da klarer gesehen.
Auch die Strofik ist bei FRITZSCHE oder SMEND weniger gezwungen und eigentlich genauer. Die entscheidende Zäsur nach Vers 22 bejaht indessen auch PETERS.

f) BAUMGARTNER (210) sieht in Sir 24 eine Abart der Hymnenform. In Vv. 3-18 wendet sich nach ihm die Weisheit an die himmlische Versammlung, Vv. 19-22 spricht
sie die Menschen an. "Das folgende, v.23ff, ist nach Form und Inhalt ein Zusatz
des J Sir, denn hier redet nicht mehr die Göttin, sondern der nüchterne Weise,
der die Weisheit, die eben noch das herrliche himmlische Wesen war, in ziemlich
prosaischer Weise kurzweg dem Gesetz gleichsetzt" (211). Nach ihm gehören Vv. 30-31
zum Vorangehenden, vielleicht sind sie eine eigentliche Unterschrift in Form einer
persönlichen Bemerkung; denn formell ($\varkappa\cdot\alpha\gamma\omega$) wie inhaltlich (durch das Bild von
der Flut) schliesse es ans Vorangehende an. Der Einschnitt ist also zwischen
Vers 31 und Vers 32 zu machen. Die Frage nach dem Auditorium ist gut gestellt,
beantworten werden wir sie anders. Auch beginnt eine neue Strofe besser mit Vers 16
als mit 19. Das $\varkappa\cdot\alpha\gamma\omega$ von 24,30 kann eher fürs Gegenteil ins Feld geführt werden
und selbst inhaltlich lässt sich eine Zäsur zwischen Vv. 29 und 30 ebensogut rechtfertigen. Die Zäsur nach Vers 29 dagegen hatte auch BAUMGARTNER richtig gesehen.
Das Problem des "prosaischen" Uebergangs von der Weisheit zum Gesetz schliesslich
wird später zur Sprache kommen.

g) Die Kommentare von BOX/OESTERLEY (212), RYSSEL (213) und EDERSHEIM (214) bringen unter dem Aspekt der Struktur nicht Neues und können daher unberücksichtigt
bleiben. Dasselbe gilt von den Einleitungen ins AT und fast allen neuen Uebersetzungen und Kommentaren. Man findet viele gute Hinweise zu einzelnen Stellen, etwas
Neues zur Gesamtschau sagen sie kaum aus. Ausnahmen sind ALONSO, in geringerem Masse SEGAL, FUSS und HASPECKER. SEGAL sieht in seinem neuhebräischen Kommentar (215)
auch nach 24,22 den grossen Subjektwechsel. Er gliedert das ganze Kapitel nach so-
zusagen ausschliesslich inhaltlichen Gesichtspunkten in 2+4+3+4+3+4+4+4+2+3+3 Distichen.

h) 1962 erschien die These von **W.FUSS**: "Tradition und Komposition im Buche Jesus Sirach". Mit dieser neuen Fragestellung ist auch das Problem der Gliederung von Sir 24 zum Teil neu gestellt. Dieselbe hat bei **FUSS** natürlich einen etwas anderen Charakter. Er frägt ja nicht primär nach einer von Ben Sira vorgenommenen Gliederung, sondern nach den allenfalls vorhandenen und eventuell aufzeigbaren vorsirazidischen Abschnitten. Er findet solche in den Versen 1-6 und 9-10a. Alles andere stammt von Ben Sira. Vers 22 endet die Weisheitsrede, Vv. 23-29 haben abschliessenden Charakter nach **FUSS**. Der Abschnitt Vv. 30-34 steht nach ihm für sich, darf allerdings nicht abgetrennt werden. Dass Sir 24 die zweite Buchhälfte einleite, möchte **FUSS** mit Recht nicht a priori bejahren. Damit sind mehrere interessante Fragen in die Diskussion geworfen. Sie werden aber besser im Zusammenhang mit den kleineren Einheiten besprochen.

i) **HASPECKER** spricht nur kurz von unserem Problem, da in Sir 24 von der Gottesfurcht nicht ausdrücklich die Rede ist. Er bringt mehrere Kontextaspekte. Dass Sir 24 Auftakt zum zweiten Teil des Buches sei, lässt er nur bedingt gelten. Er hebt die sehr starken Verbindungen zum Vorangehenden hervor. Und er nennt dafür das Lob des Gesetzes in 23,27, den Ausdruck "süss", der in Kapitel 23 auf die Gesetzesbeobachtung, in 24,20 auf den Weisheitssucher bezogen wird. Er bemerkt ferner: "Ebenso scheint die abschliessende Feststellung 24,20, dass der Gesetzestreue (sic! (216)) nicht zuschanden wird und nicht sündigt ..., die Schilderung von Kp. 23 in Erinnerung zu rufen. Schliesslich ist die ... singuläre Hervorhebung des "Erbe Jakobs" in beiden Kapiteln auffällig (23,12 und 24,7-8.12.23) (217) Darüberhinaus drängt die häufige Parallelisierung von Gottesfurcht und Gesetzeserfüllung ... geradezu auf eine abschliessende nachdrückliche Empfehlung des Gesetzes als Weisheit (im objektiven Sinn) und Quelle der Weisheit (im subjektiven Sinn) hin ... Alson hat der Hymnus Kp. 24 gleichstarke Beziehungen zum vorangehenden und zum nachfolgenden Textbereich" (218). Das schon von **FUSS** vorgebrachte Problem vom Ort unseres Kapitels im Zusammenhang des ganzen Buches wird also von **HASPECKER** aufgegriffen, und die Relation zum vorangehenden Kontext wird von ihm stärker betont. Letzteres war in anderer Form schon ein Anliegen von **FRITZSCHE** und **PETERS**. Ueber die innere Struktur von Sir 24 äussert sich **HASPECKER** kaum. In einer Fussnote scheint er einer unserer Ansicht nach nicht sehr glücklichen Einteilung von **LEVÈVRE** zuzustimmen (219).

k) Der an sich knappe Kommentar von **ALONSO** bringt formal und theologisch gerade für Sir 24 die wertvollsten Hinweise. Formal nimmt **ALONSO** die Formel "6 mal 6 Distichen" von **SMEND** an, betont aber, dass hinhaltlich die Strofen 2-4 ineinander-

greifen und dass man von da her auch 7+7+4 lesen kann. Erstmals wird das den einzelnen Strofen eigene Motto deutlich herausgestellt. Für die erste Strofe: Ursprung der Weisheit und functio cosmica, für II: Suchen einer Wohnung auf Erden
bis Erwählung eines Volkes und einer Stadt; der Weisheit Wachsen und Duften in
III, in IV die Einladung an die Menschen. In V spricht der Weise über das Gesetz,
in VI redet er von sich selbst. Formal sieht ALONSO in Sir 24 den Anfang des
zweiten Teiles, inhaltlich den Höhepunkt des Buches und das Hauptstück für eine
Theologie der Weisheit. Schliesslich wird darauf hingewiesen, dass Ben Sira nicht
nur Prov 1 - 9 vor sich hatte, sondern mindestens auch von Job abhängig ist. Damit erfährt die von SEGAL vertretene Auffassung, wonach Ben Sira am meisten aus
den Proverbien geschöpft habe (220), die notwendige Korrektur. Es gibt ja Themen
und anderes, wo Sir stärker mit Job oder Qohelet zusammengeht, als mit Prov (221).

Wir nehmen also für Sir 24 eine Gesamtstruktur von 6 mal 6 Distichen an. Formal erscheint dies als sicher, inhaltlich scheint es vertretbar zu sein (222).
Allfällige Bemerkungen zur Struktur der einzelnen Strofen erfolgen beim jeweils
ersten Vers.

2. Zu den einzelnen Versen

Verse 1-2. Die Struktur der Verse 1-2 hat die verschiedensten Vermutungen wachge-
rufen. Einige denken, alles spiele sich in einer himmlischen Szene ab, andere sehen alles in einer Szene auf Erden, wieder andere sehen in Vers 1 eine irdische,
in Vers 2 dagegen eine himmlische Szene.

a) Autoren, die für beide Verse an eine himmlische Szene denken: Schon BRETSCHNEI-
DER (223) und WAHL (224) vertraten diese Auffassung. Ihnen gesellt sich SMEND zu,
wenn er betreffs λαος schreibt: "Gemeint sind aber nicht die Juden, sondern die
himmlischen Genossen der Weisheit. Sie steht unter den überirdischen Genossen der
Weisheit unvergleichlich da". Bezüglich εκκλησια denkt er an בעדת אל und verweist auf Ps 82,1. Hinter δυναμις sieht er צבא und gibt Sir 42,17 und 17,23
als zu vergleichende Stellen an. Auch ALONSO vertritt eine ähnliche Auffassung.
Er schreibt: "El 'pueblo' es la asamblea celeste, alaque pertenece la sabiduria
por su origen divino; su actitud la muestra superior a todo eso pueblo. 'Altisimo'
conserva el sentido de 'supremo'. Los dos versos estan todavia pronunciados por
el autor, como si hubiera sido testigo del discurso".

b) Unter den Autoren, die alles in der irdischen Szene sehen, sind speziell zu
erwähnen FRITZSCHE, PETERS, JANSEN und HAMP. FRITZSCHE weist bezüglich λαος die
Auffassung zurück, wonach die Weisen überhaupt gemeint seien. Er versteht das

Wort von den Israeliten, speziell mit Rücksicht auf Vers 8, wo von Israel die Rede ist. Mit εκκλησια sollen ebenfalls nicht die Frommen überhaupt, sondern nur
das israelitische Volk gemeint sein (225). Unter δυναμις möchte er wieder das
israelitische Volk verstanden wissen, nicht die israelitischen Truppen (226). Er
schreibt: "Dieser bildliche Ausdruck hat an sich nichts anstössiges, lässt sich
aber anderweitig nicht belegen ... Jahweh ist diesseits thronend im Tempel gedacht". PETERS bemerkt zum Problem: "Dass nicht die himmlische Heerschar (SMEND)
gemeint ist, sondern Israel zu verstehen ist, zeigt v.1.8.11f, sowie Prov 1,20f;
8,2f". JANSEN schrieb: "Der Ausdruck εν μεσω λαου αυτης kann kaum etwas
anderes als Zuhörer in einer Weisheitsschule oder bei irgend einer mehr öffentli-
chen Zusammenkunft bezeichnen" (227). HAMP zu Vers 2: "Die Heerschar Gottes ist
in dichterischer Sprache seine Gemeinde". Aehnlich viele Kommentatoren.

c) Von den Autoren, die zwei Szenenbilder in einem sehen, soll hier nur BOX/OESTER-
LEY genannt werden. In jenem Kommentar wird gesagt: "Die Lesart von S: "Volk Gottes" legt nahe, dass Israel gemeint ist. SMEND denkt, dass die himmlischen Gefähr-
ten der Weisheit gemeint sind, und die Lesart von L (228) "in Deo honorabitur"
weist auf eine himmlische Szene. Doch wird im nächsten Vers auf die himmlische
Heerschar angespielt. Darum sind wahrscheinlich hier die Israeliten gemeint. Der
Autor scheint betonen zu wollen, dass die Weisheit im Himmel und auf der Erde geehrt ist".

d) Für einen Lösungsversuch ist hier erst ein Textvergleich zwischen G und S notwendig, H fehlt für das ganze Kapitel.

G: η σοφια αινεσει ψυχην αυτης,
    και εν μεσω λαου αυτης καυχησεται.   (Vers 1)
    εν εκκλησια υψιστου στομα αυτης ανοιξει,
    και εναντι δυναμεως αυτου καυχησεται.   (Vers 2)

S: V.1: ܬܪܝܬܐ ... ... (Vers 1)
   V.2: ... ... (Vers 2)

G: Vv.1-2: "Die Weisheit lobt sich selbst,
          und inmitten ihres Volkes rühmt sie sich.
          In der Versammlung des Höchsten öffnet sie ihren Mund,
          und vor seiner Heerschar rühmt sie sich".

S: Vv.1-2: "Die Weisheit lobt sich selbst,
          und inmitten des Volkes Gottes (a) rühmt sie sich.
          In der Versammlung Gottes (b) öffnet sie ihren Mund,
          und inmitten (c) seiner Heerscharen (d) preist (e) sie sich".

Von den fünf festgestellten und in der Uebersetzung des syrischen Textes mit a - e
notierten Differenzen sind die dritte und die fünfte für uns unerheblich. Was den
Zusatz "Gott" bei S in Vers 1 betrifft, kann er nach allgemeiner Ansicht nicht

ursprünglich sein. S mag ein hebräisches ה missverstanden haben (229). Es könnte auch das Bestreben zu erklären (230) zu Grunde liegen. Jedenfalls ist in S der
zweite Stichos zu lang. In Vers 2 steht besser "Gott", nicht wie bei G "der Höchste". Einmal hat G die Tendenz, wo immer möglich "der Höchste" zu schreiben. In
den ersten vierzig Kapiteln kann man zehn Mal (231) H und G vergleichen. H liest
nie עליון , neunmal אל , einmal יהוה . Von Kapitel 41 an liest man allerdings
zwei עליון . S liest von zwanzig Fällen nur in 24,3 mit G ﬦﬞ (232), in 24,2
aber nicht. Es wäre ausserdem der einzige Fall im ganzen Buche, dass unmittelbar
hintereinander zweimal "der Höchste" zu lesen wäre. In Vers 3 steht es sicher richtig, nach G und S. In Vers 2 gewinnt die Struktur, wenn am Anfang "Gott" steht:
In Vers 1 haben wir den Anfang, ohne Gottesnamen. In Vers 2 steht "Gott". Vers 3
als Höhepunkt in der Anfangsrede der Weisheit hat ﬦﬞ , im selben Vers steht
dazu polar die Erde. Was steht hinter δυναμις ? Man kann vom syrischen ﬦﬞﬞ
her nicht unbedingt auf ein חיל schliessen. Ein einziges Mal ist in der hebräischen Bibel חיל mit dem Suffix Gottes versehen, in Joel 2,11, wo es die Heu-
schrecken sind. Himmlische Wesen sind es nie, es ist auch nie Israel als Volk Gottes, sondern nur als Volk im profanen Sinn oder als Kriegerschaar. Für צבאי
hingegen gibt es innersirazidische Parallelen: 17,32: "Das Heer des Himmels straft
Gott, aber die Menschen sind nur Staub und Asche". Hier fehlt zwar das hebräische
Aequivalent, aber S und G haben wie in 24,2 ﬦﬞﬞ , beziehungsweise δυναμις . In 42,17 lesen wir: "Ausserstande sind die heiligen Engel Gottes ... Kraft
muss Gott seinem Heere (צבאי) geben, vor seiner Herrlichkeit stand zu halten".
Für εκκλησια stand קהל (233). Man darf zur Interpretation aber auch die
עדה -Stellen beiziehen, da Ben Sira offensichtlich beide synonym gebraucht (234).
Für beide Termini findet man in der Biblia hebraica Parallelen, die eine Deutung
von nicht menschlichen Wesen für Sir 24,1-2 zulassen. Für עדה ist es klar, z.B.
Ps 82,1. In ähnlichem Sinne wären einige Ugarittexte zu lesen, z.B. Keret II,7 und
11 (235). Mit קהל hat Prov 21,17 den Ausdruck קהל רפאים : "asamblea de las
Sombras", wie ALONSO übersetzt. Wenn der Terminus קהל für die Unterwelt brauch-
bar ist, kann man ihn gewiss auch für die Himmelsregion verwenden. Ein Wort blie-
be noch zu sagen über λαος in Vers 1. Es stand wahrscheinlich עם . Damit kann
ebenfalls eine Gemeinschaft nicht menschlicher Wesen bezeichnet werden; in Prov
30,25-26 sind es die Klippdachse und Ameisen. In Sir 16,17 ist es möglicherweise
die Versammlung der himmlischen Geister. Wir verstehen daher 24,1-2 wie SMEND und
ALONSO.

Vers 3. Der Zeilenanfang dieses und des folgenden Verses ist in G εγω , in S ﬦﬞ .

Dasselbe hat man noch in G Vv. 24,16-17, sonst nie; κ'αγω hat man noch in 24,30;
36,16a und 37,1 (236). In S kommt noch 51,13 hinzu, das ist der Anfang des alfabetischen Schlussgedichtes. In H ist nur 51,13 erhalten: אני . Dasselbe ist in den
anderen Fällen vorauszusetzen. An sich könnte אני auch nur rhythmische Bedeutung
haben. Doch in Prov 8,12-36 hat אני sicher strukturale Bedeutung in den Versen
12.17.27. In Vers 22 steht יהוה , in Vers 32 ועתה שמעו לי . Einen bedeutenden
Teil einer Rede, oder die Rede überhaupt mit dem Personalpronomen der ersten Person zu beginnen, ist ein altes stilistisches Mittel (237). W i e ein Nebel: Vergleiche mit ausdrücklicher Nennung des Vergleichspartikels sind in den anderen
Weisheitsbüchern viel seltener. - Formal kann man in Vers 3 einen Chiasmus sehen.
Vers 4. Rein formal kann man von G her eine Anspielung auf die Wolkensäule des
Exodus sehen. Aber S liest den Plural.
Vers 6. Das Bild gewinnt mit S. Erstens ist die Lesart von G mit seinem "die gan-
ze Erde" sehr trocken und prosaisch. Zweitens entspricht S mit "Fundamente der
Erde" besser der sirazidischen Vokabular. Wir lesen in 16,9: "Die Gründe der Erde
beben, wenn Gott sie anblickt". Man hat in Vers 6 wieder den sogenannten trägen
Rhythmus (238).
Vers 7. Die mit diesem Vers beginnende zweite Strophe setzt mit dem "Ruhe"-Thema
ein (239). Mit dieser Strophe beginnt die partikuläre Geschichte Gottes und der
Weisheit mit Israel. Aber alles ist merkwürdig gegen den Anfang der Welt, gegen
den Schöpfungsmorgen hin verlagert.
Vers 8. 8cd ist nur in S chiastisch, wohl richtig. Auch in S muss ܟ݂ܝ݂ܐ gelesen
werden, denn ܢܒܝܐ scheint doch für Menschen reserviert zu sein, wie umgekehrt
ܢܒܝ݂ܐ für Gott. Jedenfalls ist ܢܒܝܐ von Menschen gesagt in 6,4; 8,2; 12,2;
28,9; dazu fehlerhaft unsere Stelle 24,8. ܢܒܝ݂ܐ kann hier kaum richtig sein, denn
יהוה הכל passt nicht und kommt in der Bibel so nicht vor. Auch ein אדני הכל
konnte ich in der Biblia hebraica nicht finden, obwohl ähnliche Formeln im alten
Nahen Osten durchaus vorhanden waren (240). ברא und כל kommt zwar genau so auch
nicht vor, doch dem Sinne nach gleich ist Is 42,5 mit: בורא שמים וארץ . Was
das κατακληρονομηθητι betrifft, wäre das wörtlich "werde als Besitz erlangt". Die Idee vom Besitz mag bleiben, das Passiv passt nicht. Formal gesehen
fehlen von nun an fast alle Parallelen zu Prov 8.
Vers 9. In 9a ist das Passiv des S mindestens so gut wie das Aktiv von G. BOX/
OESTERLEY übersetzt 24,9a wie folgt: "He created me from the beginning, before
the world". Als Ueberschrift setzt er davor: "The existence of Wisdom before the
creation of the world is again, and more definitely, stated in 24,9a" (241). Dieser

Kurzkommentar und die Uebersetzung von 24,9a werden dem Text nicht gerecht. S hat

zwar ܥܠܡܐ , aber im Plural, und hier gewiss im zeitlichen Sinn; mag er sonst

auch ab und zu ܥܠܡܐ im Sinne von "Welt" gebraucht haben, hier nicht so. H hat

עולם nie im Sinne von "die Welt". BOX/OESTERLEY haben freilich eher G wiederge-

ben wollen; προ του αιωνος απ᾽ αρχης εκτισεν με . Ueber εκτισεν

könnte man sich streiten. αιων und αρχη gehen indes nicht gut zusammen. Eines

von beiden dürfte Glosse sein. Ben Sira pflegt solche Dinge nicht doppelt zu sagen,

auch dann nicht, wenn man das eine als "vor Weltbeginn" interpretieren wollte. In

unserem Fall wurde Sir 24,9a unter Einfluss von Prov 8,23b übersetzt, welche Stel-

le lautet: מראש מקדמי ארץ . Der LXX-Text jener Stelle ist verderbt. Von ארץ

fehlt bei Ben Sira in G (242) jede Spur, und man kann es nicht einfach beliebig

beifügen. Ganz abgesehen davon, dass DAHOOD Prov 8,23b ganz anders liest, nämlich

als "from the beginning I flowed from the Primeval" (243).   ארץ ist hier gesehen

als Verb: 1.sg.yiqtol von רוץ . Uns scheint zwar die masoretische Lesart auch gut

und die Aenderung unnötig, doch ist sie immerhin möglich und dann wäre es mit der

supponierten Identität von Prov 8,23b und Sir 24,9a jedenfalls aus, nicht zum Scha-

den für beide Texte. In 9b gewinnt man mit S ein theologisches Thema ersten Ranges:

zkr. Es ist gut sirazidisch auch für die Weisheit und in 24,20 wird das Wort ei-

gentlich vorausgesetzt. Andere Stellen bezüglich der Weisheit finden sich noch in

15,8 und 39,9. W.FUSS will 24,9.10a der vorsirazidischen Tradition zuweisen. Ver-

mutlich folgt er G. Wer S folgt, der kann unmöglich von einem mythologischen Cha-

rakter dieser Verse sprechen, zkr weist einen anderen Weg.

Vers 10. Formal haben wir vielleicht eine temporale Folge: Das heilige Zelt der Wü-

ste und dann der Tempel (244) auf Sion. Vielleicht handelt es sich aber auch nur

um Topoi, denen automatisch noch ein gewisser "geschichtlicher Erdgeruch" anhaftet.

Vers 11. "Stadt" und "Jerusalem" sind dasselbe. "Ruhe finden" und "herrschen" kann

Variation im Sinne eines Fortschreitens sein.

Vers 12. Damit beginnt die dritte Strofe. FUSS schreibt zu den Versen 12-17 (245):

"Das tertium jener übrigens wenig geschmackvoll gehäuften Vergleiche, die sämtliche

dem Bereich der Botanik entnommen oder verbunden sind, ist die Schönheit und Lieb-

lichkeit der offenbar mit dem Gesetz identisch gedachten Hokma. Es scheint, dass

Sirach damit die von ihm selbst verursachte Störung wieder gut machen und in das

alte Fahrwasser der Selbstprädikation einmünden will". Wir sind mit FUSS der Auf-

fassung, dass diese Strofe ganz von Ben Sira stammt. Aber gerade dann darf man nach

formalen und thematischen Kriterien fragen, die eine Ordnung im Ganzen erkennen

lassen. THOMAS von Aquin schrieb einst: "Sapientis est, omnia debito modo et ordine

disponere" (246). Selbst in diesem Sinn war Ben Sira durchaus ein Weiser.
In 12a dürfte man vielleicht S folgen, der hier in 12a auch "emporwachsen" liest.
Das "Emporwachsen" wäre dann stärker betont. Aber auch G hat manches für sich,
cfr. Vers 16. In b scheint S mit "inmitten seines Erbbesitzes" die bessere Lesart
bewahrt zu haben als G mit "war mein Erbbesitz".

Verse 13-14. Von diesen Pflanzen- und Ortsnamen findet sich nichts in Prov, weder
in Prov 8, noch sonstwo (247). Sollte man vielleicht eher übersetzen: "Wie eine
Libanonzeder wuchs ich empor" etc.? Die Verskonstruktionen in G und S legen das
nicht nahe. Diese beiden Uebersetzungen scheinen den Text nicht so verstanden zu
haben (248). In 13b muss man S folgen, ausgenommen das "Schneegebirge" am Schluss.
G liest hier "Zypresse", doch hat er dieses Wort auch in 50,10, wo S wie hier
ܐܝܠ ܕܗܒܫ "(wilder) Oelbaum" liest, was dem hebräischen Text, nämlich עץ שמן
besser entspricht. Senir ist ein selteneres Wort für den Hermon und daher eher
ursprünglich (SMEND). Dass in 14a Engeddi zu lesen war, bezeugt S deutlicher mit
seinem nur an dieser Stelle vergleichbaren ܥܝܢ ܓܕ. In b ist "Rosenweide" des
S besser als "Rosenpflanzung, Rose" von G. Man soll hier üppig wachsende, grosse
Pflanzen haben, weniger aber schöne Blumen. Im übrigen hat schon SMEND auf die Abweichungen bei S hingewiesen. Jedesmal, wenn G "Rose" schreibt, hat S etwas anderes, so in 24,14 "Rosenweide", in 39,13 "Zeder", in 50,8 "Aehren des Ackers". Dabei scheint S in allen Fällen die bessere Lesart bewahrt zu haben. In 14cd ist erneut S vorzuziehen, ausgenommen das zweite ܐܝܟ ܐܪܙ in 14d. Ob in 14c allgemein
eine Ebene, oder die Schefela gemeint ist, kann nicht mit Sicherheit entschieden
werden. Nachdem aber die Peschitta auch an Stellen wie Jos 11,2 für שפלה dasselbe Wort wie für Sir 24,14, nämlich ܦܩܥܬܐ schreibt, kann man für Sir 24,14
die Lesart "Schefela" vorziehen. - Analog zu 13a und 14a soll in 14c ein Verb stehen, so richtig S. In 14d erwartet man kein Verb mehr, dafür eine Ortsbezeichnung,
wenigstens eine ganz allgemeine. G hat keine, S dagegen liest "am Wasser", vielleicht stand in H etwas deutlicheres. Die Verse Sir 24,13-14 haben übrigens einiges gemeinsam mit Ez 31,3-9 und vor allem mit Is 41,17-20 (249).

Vers 15. In 15a ist der G Text nach ZIEGLER zu lesen. Wie schon SMEND sah, ist δε-
δωκα οσμην nur Variante. In 15a liegt aber gleichzeitig eine Konjektur nach
Ex 30,23 nahe. Die teilweise Uebereinstimmung von G und S in Sir 24,15a bedeutet
in unserem Falle wenig, weil S gerne bei komplizierten Wörtern und bisweilen bei
schwer lesbaren Stellen einfach aus G übersetzt. Vers 15cd sind sicher die Ingre-
dienzen des heiligen Räucherpulvers von Ex 30,34 (SMEND). Myrrhe und Zimt sind Duft-
stoffe des heiligen Salböls von Ex 30,34f. ασπαλαθος wäre LXX Hapaxlegomenon,

was man in unserem Vers nicht erwartet, obwohl es sinngemäss als Duftöl enthal-
tende Pflanze stehen könnte. Der Versbau geht wieder nach dem trägen Rhythmus
(250). Man kann sich fragen, warum Ben Sira die Reihenfolge der Essenzen anders
bringt als Ex. Er las doch wohl in der Reihenfolge wie dort (251), zählt aber in
Sir 24 in der Reihenfolge 3 - 2 - 1 - 4 in Vers 15cd und 2 - (3 - 4 -) 1 in 15ab.
Das ist ein Formalproblem beim Siraziden überhaupt. Warum zitiert er kaum wörtlich? Ihm stand doch der Text zur Verfügung. Einen beachtenswerten Hinweis bringt
FUSS: "Die später kanonisch gewordenen Bücher - für Sirachs Zeitgenossen und für
ihn selbst kamen nämlich der Pentateuch und die von den Juden sogenannten Profeten in Betracht - waren schon damals so bekannt und angesehen, dass es als unan-
gemessen und unzulässig erschienen wäre, wenn einer zum Zweck seines eigenen Buches aus ihm wörtlich exzerpiert hätte" (252).

Verse 16-17. Mit Vers 16 beginnt die vierte Strofe, die SMEND in 2+2+2 Disticha
gliedert. Nach Strofe drei hin ist formal ein Neuansatz deutlich. Auch nach hin-
ten ist die Strofe gut geschlossen. Für Vers 16 muss man bald G folgen, bald S,
bald keinem von beiden (253). Mit G lese ich in 16a "Terebinthe", mit S "Wurzeln",
das passt zur Terebinthe. Man bekommt einen polaren Chiasmus mit "Zweige" in b
und "Wurzeln" in a. Dreimal "Zweige" im selben Vers, wie G es hat, will nicht
recht zur sirazidischen Redeweise passen. Für Vers 17 ist die ursprüngliche Lesart nicht mehr auszumachen. In a hat G viel für sich. In b würde man eine formal
stärkere Parallele zu 16b erwarten. Vielleicht stand wie in S, so auch in G ursprünglich zweimal dasselbe Wort, vielleicht zweimal "Blüten", denn es gibt einige lateinische Zeugen, die zweimal "flores" setzen. Die Frage ist nur, ob das nicht
ein Schreibversehen sei oder ob man wirklich hier auf eine Spur stösst, die zum ursprünglichen Text führt. καρπος passt anderseits zum Folgenden, ist jedoch
nicht unbedingt gefordert, S liest zweimal "Sprossen". Könnte man an Blütenzwei-
ge denken? Thematisch finden sich in den Psalmen und in Is 5 gewisse Parallelen.

Verse 19-22. Im grossen Ganzen kann man das Ergebnis der Studie SMEND's annehmen.
19b wird teilweise nach S gelesen. In 20b ist das ⅄ von S sinnvoll und verhütet
Missverständnisse. Es dürfte ursprünglich sein. In Vers 19 bilden die Imperative
noch einen schwachen Chiasmus. Der Vers könnte fast auch in den Proverbien stehen,
Vers 20 dagegen nicht. Denn das zkr -Thema und das "Erbe" sind typisch für das Sirachbuch. Vom Honig reden auch die Proverbien (254). Ben Sira rechnet ihn zu den
zehn lebenswichtigen Dingen, 39,26 (255). In 46,8 kommt die deuteronomische Formel vor: "Das Land, das von Milch und Honig fliesst". In 49,1 wird gesagt, das Andenken des Josias sei süss ... wie Honig auf dem Gaumen". Diese Stelle vergleicht

memoria und Honig, wie Sir 24,20. Somit ist hier durch das Vokabular wieder eine
Brücke von Sir 24 zum Lob der Väter geschlagen. Vers 21 geben wir nach S, der
Hauptunterschied zu G besteht in einem beigefügten ⟍ in a und b. Ob Ben Sira
dieses ⟍ nur gedacht, oder auch geschrieben hatte, ist schwer zu sagen. An
sich liebt S Zusätze dieser Art, aber in Sir 24,21 ist das "mir" doch fast zu passend, um blosse Glosse zu sein. Jedenfalls verblüfft die Paradoxie schon etwas weniger, wenn man S folgt. Vers 22b hat man bisher durchweg übersetzt mit "die mir
dienen", oder ähnlich. Das in G erlaub dies durchaus; es liegt ihm oft ein ל
zugrunde in H und wird auch in S entsprechend übersetzt. Ebenso entsprechen sich
bisweilen H, G und S in der Linie עבד - ⟍⟋⟍ - εργαζεσθαι . Einzig
die Parallele von "Hören" und "Dienen" ist ungewohnt. Besser würde "hören" mit
"tun" verbunden. ALONSO gibt diesbezüglich einen Hinweis auf das Hören und Tun
bei der Gesetzespraxis, wo das Begriffspaar traditional ist. Dann lässt sich
Sir 24,22b übersetzen: "Wer mir gemäss handelt", oder "wer mich tut". So ergibt
sich ein passender Uebergang zu Vers 23. Und Verse wie: "Höret ihr Söhne das Recht
der Väter und tut danach, damit ihr lebt" (256) können diese Sicht nur fördern.
Was für ein Verb hinter αμαρτανειν steht, ist schwer zu sagen. LOWTH (257) und
FRITZSCHE (258) gebrauchten in ihren Rückübersetzungen חטא , aber SMEND denkt
eher an eine Form von שחת , weil sich von daher das ⟍⟋⟍⟋ von S leichter erklären lasse. Tatsächlich steht ⟍⟋⟋ sonst noch zweimal parallel zu שחת , in
6,4 und 49,4 und zwar nur so. Deswegen hat SEGAL den rechten Griff getan, als er
in seiner Rückübersetzung שחת wählte. Nur würden wir statt des von S her inspi-
rierten Nifal eine eher G entsprechende Hifilform setzen (259).

Vers 23. Da mit diesem Vers der letzte Abschnitt beginnt, ist vor den Textproblemen noch einiges zur Struktur zu bemerken. Auch sind noch formale Hinweise anderer
Art zu untersuchen. ZENNER gliedert in 6+6 Verse, dabei rechnet er mit einem ursprünglichen 5+5, denn die Verse 29 und 34 sind ihm verdächtig (260). SMEND hat
6+6 = 1+3+2 / 3+3 Distichen. Nach ihm und den meisten Autoren ist die grosse Pause
nach Vers 29 zu setzen. Anders denkt BAUMGARTNER, der Vv. 30 und 31 noch zum ersten
Teil rechnet (261). Doch ist die Zäsur nach 24,29 stärker als nach 31. ZOECKLER notierte: "Das die ganze folgende Rede beherrschende Bild ist vom erquickenden und
fruchtbar machenden Wasser himmlischen Ursprungs. Behelfs eingehender Veranschau-
lichung dieser Wirkung der Weisheit werden zunächst die von dem einen Hauptstrom
Edens ausgehenden vier Paradieseströme herbeigezogen, jedoch in grösserer dichterischer Freiheit, geschmackvoller und freier von ungesundem Schwulst, als dies bei
Benützung desselben Vergleichs z.B. bei Philo ... geschieht ...; als einfacher

Vergleichspunkt bleibt lediglich die reichlich befruchtende Wirkung der Ströme"
(262). BAUMGARTNER schrieb von einer "ziemlich prosaischen Art" der Verse Sir
24,23ff. (263). FUSS sieht hier "eine Monotonie sich überstürzender Bilder, oder
Wiederholung desselben Gedankens in mehreren einander parallel laufenden Sätzen".
Zum Verhältnis von Vv. 23-24 zum Vorangehenden äussert sich BAUCKMANN: "Wir finden
hier in einem übernommenen Lied (264) einen Zusatz (265), den er selbst angebracht
hat" (266). Aber FUSS hat diesbezüglich eine bessere Auffassung. Er ist der Meinung, dass schon in der zweiten bis vierten Strofe fast alles von Ben Sira stammt.
Vokabular und Stil bestätigen dies. Nach der Sententia communis ist unser Abschnitt
ein Kommentar zum vorangehenden Lob der Weisheit. Das stimmt zwar, doch dürfte man
weitergehen, und in ihm so etwas wie die zweite Tafel eines Dyptichons sehen, darauf wird noch verwiesen werden. - Damit kann der sehr schwierige Vers 23 unter
die Lupe genommen werden.

Von Sir 24,23 muss zuerst die folgende Wiedergabe verteidigt werden: "Dies alles
ist das Gesetz, das uns (?) Moses gebot, als Erbteil für die Gemeinde Jakobs". Das
weicht von allen heute üblichen Uebersetzungsweisen ab. Ausnahmsweise müssen G und
S wieder im vollen Wortlaut zitiert werden, vor allem wegen der unterschiedlichen
und in den syrischen Textausgaben kaum erkennbaren Struktur:

G: ταυτα παντα βιβλος διαθηκης θεου υψιστου,
    νομον ον ενετειλατο ημιν Μουσης,
    κληρονομιαν συναγωγαις Ιακωβ.

S: ‎‎ܟܠܗܘܢ ܗܠܝܢ ܒܣܦܪܐ ܕܩܝܡܗ ܕܡܪܝܐ ܟܬܝܒ : ܢܡܘܣܐ ܕܝܗܒ ܠܢ ܡܘܫܐ : ܝܪܬܘܬܐ ܗܘ ܠܟܢܘܫܬܗ ܕܝܥܩܘܒ.

G: "Dies alles ist das Buch des Bundes des höchsten Gottes,
    das Gesetz, welches Moses uns aufgetragen hat,
    als Erbe für die Gemeinden Jakobs".

S: "Dies alles: Im Buche des Bundes des Herrn ist es geschrieben:
    Das Gesetz, das uns Moses gab, Erbe ist es für die Gemeinde Jakobs".

Neben dem eher theologischen und somit später zu besprechenden Unterschied vom
Plural συναγωγαις in G und dem Singular ܟܢܘܫܬܐ in S findet sich eine
weitere Differenz darin, dass S ܟܬܝܒ über G hinaus hat. Inhaltlich ändert das
wenig. Formal ist S nun freilich eher ein Distichon mit zwei allerdings sehr lan-
gen Stichen, während dagegen G doch ziemlich eindeutig ein Tristichon darstellt.
Von den Kommentatoren folgt keiner S, die meisten, nicht alle, gehen nach G. Aber
PETERS schreibt: "V. 23 ist als drei Stichen enthaltend durch S und G bezeugt.
Nirgend ist aber in Ekkli sonst ein Tristichon als ursprünglich sicher überliefert.
Man hat deshalb Strofe III als ein Zusatz aus Dt 33,4 bezeichnet, das hat aber gar

keinen Anhaltspunkt in der Textüberlieferung. M.E. hat aber Zenner Recht darin,
dass er Strofe I für sekundär hält (267). Dafür sprechen die inkonzinne Länge des
Stichos, sowie der Umstand, dass Lat von ον , das den Zusatz angliedert, noch
nichts weiss. Ich halte demnach βιβλος διαϑηκης ϑεου υψιστου für eine
erläuternde Glosse aus Bar 4,1". Der Entscheid von PETERS ist unbedingt zu beja-
hen. Einzig an seiner Aussage über S sei zur Vermeidung von Missverständnissen eine Präzisierung angebracht. PETERS will wohl sagen, S berge den Inhalt des griechischen Tristichons voll und ganz in sich. Das stimmt. Formal aber scheint S eher
ein umgearbeitetes Distichon zu sein. Unter diesem Eindruck mag auch SMEND geschrieben haben: "Beide Stichen erscheinen als überlang". Von S ausgehend, darf
man nach einem kürzeren Distichon für 24,23 fragen. Ein Tristichon kommt für Ben
Sira nicht in Frage (268). Das ist nicht eine vorgefasste Meinung, sondern insofern ein Ergebnis, als wirklich bei jedem einzelnen Fall eines Tristichons in H,
G oder S textliche oder inhaltliche Schwierigkeiten vorliegen, deren Lösungen jeweils gerade nicht auf einen Dreizeiler hinauslaufen. Während vom Formalen her
noch nicht ganz sicher entschieden werden kann, was nun eigentlich Glosse ist
(269), spricht eine thematische Betrachtungsweise eindeutig gegen 24,23a. Denn
einmal erwartet man im Anschluss an Vers 22 gleich das Gesetz. Ferner spricht Ben
Sira nie von einem "Bundesbuch". Vor allem aber hat bei ihm der Bundesbegriff eine ganz andere Nuance, hier passt er gar nicht hinein (270). Es ist noch eine formale Frage zu stellen bezüglich der Uebereinstimmung mit Dt 33,4. Sir 24,23bc könnte wörtliches Zitat aus Dt 33,4 sein (271) (272). Wenn aber Ben Sira sonst auf biblische Stellen anspielt, zitiert er nicht ganz wörtlich, vielleicht durfte er das
nicht tun, wie FUSS vermutet (273). Mindestens stellt er etwas um, passt ein. Hingegen ist ausgerechnet hier ein stilfremdes Element geblieben im Pronomen "uns".
Man muss damit rechnen, dass dies eine spätere, erst von G im Anschluss an Dt 33,4
LXX und TM vorgenommene Angleichung ist, die S entweder aus G übernommen hat,
oder seinerseits ebenfalls machte im Anschluss an die Peschitta oder den TM von
Dt 33,4. Ben Sira selbst hat soweit ich sehe mit Ausnahme von Gebetstexten (274)
nie den Plural der ersten Person benützt, er schreibt "ich" oder "du" und "ihr",
aber nicht "wir, uns". Das mag mit einer gewissen Vorliebe für polare Ausdrucksweise zusammenhängen.

Verse 25-27. Da H fehlt, können wir das genaue Verhältnis der Anfangsverben dieser
Verse zueinander nicht mit Sicherheit bestimmen. Nach SMEND standen מלא in Vers 25,
צוף in 26, נבע in 27. Ein Vergleich der in Frage kommenden Wörter in verschiedenen Stellen des Index (275) gibt ihm Recht. G gibt die Verben etwas zu aktiv wieder,

und PETERS folgt ihm in seinem Kommentar. Aber soviel ich sehe, ist das Gesetz bei
Ben Sira nie Subjekt einer eigentlichen a c t i o. Es hat nur stative und intran-
sitive Verben bei sich, anders die Weisheit oder die Gottesfurcht. Stark synonym
ist die Dreiheit "Weisheit - Einsicht - Lehre". Auch diesbezüglich stimmen G und
S überein. Im übrigen ist das ܢܘܗܪܐ des S in 25a Glosse zu "Pischon". In 25b
kann S mit "in den Tagen seiner Früchte" nicht das Richtige getroffen haben. Auch
das ημεραι νεων ist nicht deutlich. Man kann die Bemerkung SMEND's aufgreifen,
wonach die LXX ein חדש האביב regelmässig mit μην των νεων übersetzt. Entsprechend darf auch in Sir 24,25b ein אביב vorausgesetzt werden. In 26b hat S
statt "Ernte" des G ein "Nisan". Noch einmal schreibt er "Nisan" in 50,6, wo G
εορτη und H מועד lesen. Da es in 50,6 ein Versuch ist, genauer zu erklären,
dürfte das auch die Ursache für das "Nisan" in 24,26 sein. In 27a ist selbstverständlich die S-Lesart "der überwallt wie der Fluss (Nil)" anzunehmen. G hat אור
und יאר verwechselt und ein falsches Verb an den Anfang gesetzt. Wenn die Zeitan-
gaben stimmen - was nicht so sicher ist - dann wird das ganze Jahr im Dreierzyklus
von Frühling, Sommer und Herbst erfasst. Der diesbezügliche Aussagewert könnte
dann soviel wie "jederzeit, dauernd, ewig" sein. Mit der Reihenfolge der Ströme
ist ein neues Rätsel gestellt. Zunächst ist dasselbe wie in Vers 15 festzustellen:
Ben Sira folgt nicht der Ordnung des vor ihm liegenden biblischen Textes. Sicher
dachte er an Gn 2. Denn Pischon, Gichon, Tigris und Eufrat sind nur dort beieinan-
der, und zu Sirachs Zeiten waren die ersten drei Namen Hapaxlegomena (276). Gn 2
hat also in der Reihenfolge 1 - 2 - 3 - 4 Pischon - Gichon - Tigris - Eufrat. Daran gemessen hat Ben Sira die Folge 1 - 3 - 4 - 5 - 6 - 2. Es fällt ferner auf; dass
die geographisch leichter ortbaren Flüsse in einer gewissen Ordnung aufgezählt werden, nämlich von Osten nach Südwesten. Vielleicht sollte auch der Jordan im Zentrum
stehen. Die beiden mysteriösen Paradiesesflüsse, der Pischon und der Gichon, umrah-
men das Ganze (277). In Vv. 25-27 haben wir sechs Flüsse, wie wir Vv. 13-14 sechs
Bäume hatten. Unsere drei Verse bilden irgendwie die zweite Tafel des Paradieses-
dyptichons. Ströme und Bäume zusammen als Bild des Paradieses findet man auch bei
Ezechiel und Deuteroisaias. Es scheint aber auch im orientalischen Paradiesesbild
als solchem zu liegen, man findet es noch öfters in den Suren des Koran, z.B. Sure
17,91f: "Nicht eher wollen wir dir glauben; als bis du uns eine Wasserquelle aus
der Erde strömen lässt, oder einen Garten hervorbringst mit Palmen und Weinstöcken,
deren Mitte Wasserbäche reichlich durchströmen" (278). Dasselbe Bild eines fast
selbstverständlichen Beisammenseins von Pflanze und Wasser kann man noch in der modernen Literatur Israels finden (279). Formal interessant ist in den Versen 25-27

auch der regelmässige Wechsel zwischen bleibenden (o) und sich ändernden (∅)
Teilen. Man kann das schematisch so aufzeichnen:

V. 25: o ∅ o ∅ ∅, V. 26: o ∅ o ∅ ∅, V. 27: o ∅ o ∅ ∅.

Die Zeit wechselt, der geographische Raum wechselt; was bleibt ist die Fülle der
Weisheit im Gesetz.

<u>Verse 28-29</u>. G lest für beide Verse besser als S. Es genügt, mit SMEND in beiden
Versen die Pronomen αυτη in αυτος abzuändern und so den Bezug zu νομος wie-
derherzustellen. Beide Verse sind chiastisch. Man findet zahlreiche Anklänge an
Sir 1: Erforschen, keiner, Meer, Flut. - Das Bild hat sich gewandelt. An die Stelle der gedeihenspendenden Ströme trat das unauslotbare Meer. Zum Gesetz passt
beides. ZENNER's Verdacht gegen Vers 29 ist nicht aufrecht zu erhalten, ganz unabhängig davon, was man über Vers 34 denkt.

<u>Verse 30-31</u>. In 30a passt das ܪܓܠܬܐ ܕܡܝܐ von S besser als das διωρυξ απο
ποταμου . Nur muss ܡܝܐ hier als Kanal verstanden werden. 30b: Wiederum
ist S besser, wenigstens was das Verb ܢܚܬ betrifft. Dieses ist sonst nur
noch in 9,9 vergleichbar, dort als hinabgehen in die Scheol, hier als ein hinab-
fliessen in die Gärten. Auch der Plural bei "Gärten" sieht in S echter aus.
υδραγωγος und ܐܪܥܐ ܕܦܪܕܣܐ entsprechen sich gut. Für Vers 31 ist G vollstän-
diger. S kann in 31d aber durch das Verb ܗܘܐ etwas zur Interpretation beitragen. Wenigstens in 51,6 und 37,2 dürfte ܗܘܐ den Sinn haben von "fast sein
wie, nahezu sein wie". Man soll also das εγενετο εις nicht pressen. Für die
Uebersetzung von θαλασσα und ܝܡܐ mit "See" cfr. den Kommentar von ALONSO
zur Stelle, ferner Mc 7,31 im griechischen Text, in der Peschitta und in der hebräischen Rückübersetzung von DELITZSCH (280).

<u>Verse 32-34</u>. Vers 32 und 33 haben chiastische Strukturen. Die Textprobleme begin-
nen in 33a. Dort stehen sich ως προφητεια aus G und ܟܢܒܝܘܬܐ aus S gegenüber. Praktisch geht also die Entscheidung um die Präposition כ oder ב . Schon
SMEND hat ausdrücklich den syrischen Text bevorzugt. SEGAL dagegen schreibt: "S:
A l s Prophetie. Das mag ein Fehler sein. Denn man kann sich nur schwer vorstellen, dass Ben Sira seine Lehre den Worten der Profeten gleichsetzt" (281). Weiteres im thematischen Abschnitt unter "Profet". Zu Vers 34 schrieb ZENNER: "Fehlt
in syrischen Text und stimmt nicht zu dem Vorhergehenden. Er ist schwerlich ursprünglich" (282). Man könnte noch mit SMEND beifügen, dass der Vers weitgehend
mit 30,26 identisch sei. Das war freilich für diesen Sirachkenner kein Grund, den
Vers als sekundär zu betrachten. Einmal liebt es Ben Sira, öfters Verse mit denselben Topoi zu wiederholen, cfr. 1,2 und 18,10. Ferner sind zwischen 30,26 und

24,34 in G immerhin drei Differenzen formaler Art festzustellen: καταvoειv gegen ιδειv , ζητουv gegen εκζητουv , παιδειαv gegen αυτηv . Dazu kommt eine Variante in 30,26: Eine Maiuskel, mehrere Minuskelgruppen und zwei G voraussetzende alte Uebersetzungen haben σοφιαv oder setzen es voraus. In 30,26 vermag sich diese Lesart zwar nicht zu behaupten. Man darf sich aber fragen, ob dies nicht auf ein ursprüngliches חכמה in 24,34 hinweisen könnte. G setzt öfters Pronomina für Substantive. Vl gibt in 24,34 und 30,26 "veritatem". In 14,20-15,10 hatte Ben Sira mit ḥkm das Ganze umrahmt. - Wir folgen bis auf weiteres SMEND und setzen in 24,34 "Weisheit" - חכמה - voraus, allerdings mit einigen Bedenken. Der Vers als solcher ist aber gewiss echt.

3. Ein spezielles Formalproblem: Tristichen im Sirachbuch?

Nachdem die Frage vor allem in 24,23 sehr aktuell geworden ist, soll hier näher darauf eingegangen werden. Schon MOWINCKEL war Tristichen nicht hold. Er schreibt: "Es gibt zwar auch eine dreireihige Periode ... In der Weisheitsdichtung kommt sie nicht vor; wo dies scheinbar der Fall ist, es auf mangelhafte Ueberlieferung oder einen Textfehler zurückzuführen ... Auch in Prov. beweisen G (283) und andere Textzeugen, dass die scheinbaren tricola fast immer auf Textkorruption beruhen" (284). So weit zu gehen, ist etwas gewagt. Meines Erachtens gibt es beispielsweise gegen das Tristichon Job 21,17 keine textkritischen Einwände; es lockert die Rede, indem es ziemlich genau in der Mitte der Jobrede steht. Die Proverbien kennen ebenfalls Tristicha, gerade auch in der ersten Sammlung, so etwa Prov 8,30 (285). Man würde also ohne weiteres auch im Sirachbuch Tristichen erwarten dürfen, sie könnten formal auflockern. SEGAL schreibt nun allerdings: "Tristichen sind bei Ben Sira viel seltener als im Proverbienbuch. Man findet sie nur an folgenden Stellen: 27,25 - 28,12 - 36,14 (286) - 45,11bc - 51,2de" (287). Eine Untersuchung dieser fünf Stellen zeigt aber, dass man es überall mit ursprünglichen Distichen zu tun hat:

1. 27,25. G kann ein Tristichon sein. Aber ειϛ υψοϛ fällt in S schon aus. Dann hat man eigentlich nur mehr ein Distichon.

2. 28,12. PETERS wird Recht haben, wenn er schreibt: "Entweder sind Stichos I und II als ein Stichos beabsichtigt (Smend), oder Stichos drei ist erläuternder Zusatz. Für letztere Alternative spricht Syr, der erst hat: "Und beides ist von dir". Keinesfalls kann ein Tristichon angenommen werden, da solche im Sirachbuch sich sonst nicht finden".

3. 36,14. Hier liegen in H entweder zwei Distichen oder ein Tristichon vor. Aber

das erste Distichon ist in einen Stichos zusammenzufassen, und der letzte Stichos ist erweiternde Erklärung. Er fehlt mit Recht in G. Ursprünglich stand also hier ein Distichon.

4. 45,11bc. Dieser Vers ist nach G zu lesen. H hat eine erste Glosse mit עַל הַחֹשֶׁן und eine zweite als erläuternde Dublette zu אבני חפץ , nämlich כל אבני יקרה . Hier hat man wiederum mit Sicherheit ein ursprüngliches Distichon.

5. 51,2de. d und e bilden zusammen nur einen Stichos. Denn מדבת עם ist dublettenartige Erweiterung. G ist wieder im Recht. S fehlt.

In 24,23 sieht SEGAL demnach kein Tristichon, sondern vielleicht ein Distichon mit Ueberschrift und überlangem erstem Stichos. Er äussert sich weiter nicht dazu. Bei Durchsicht des Kommentars hat man bei SEGAL allerdings den Eindruck, er habe nicht alle Tristichen genannt. So gibt er z.B. 4,3b.4ab (288). Doch handelt es sich dort tatsächlich wieder um ursprüngliche Distichen, cfr. G und SMEND. Es ist wirklich gar kein Rigorismus und kein Apriorismus, wenn wir sagen: Tristichen gibt es sehr wahrscheinlich im Sirachbuch nicht.

4. Sirachs polare Ausdrucksweise (zu 24,5)

Kräftig ist bei Ben Sira die polare Ausdrucksweise: Kreis des Himmels oben, - Tiefe der Flut unten. Eines der Grundprinzipien Ben Siras ist die polare Weltschau: "Dem Schlechten steht das Gute gegenüber, dem Leben steht der Tod gegenüber, dem guten Menschen steht der Frevler gegenüber. Schau auf jedes der Werke Gottes, sie alle sind paarweise, eines entspricht dem andern", 36,14-15 (289). Entsprechend findet man: Höhe des Himmels - Tiefe der Flut 1;3; Himmel und Himmel der Himmel - Ozean und Erde 16,18; Quellen des Meeres - Fundamente der Erde 24,6; aus der Höhe zur Höhe - von der Erde zur Erde 40,11; Hervorgehen aus dem Schoss der Mutter - Rückkehr zur Mutter aller Lebendigen 40,1; Heer in der Höhe - Menschen 16,32; Meerestiefe - Herz, Vergangenes - Künftiges 42,18-19; Zunge, Auge, Ohr - Herz zum Denken 17,6; Herz - Ohr 3,29; Erbarmen - Zorn 5,6; Ehre - Schande 5,13; Klein - Gross 5,15; Laub - Wurzel 6,3; Wurzel - Zweige 23,25; Pflüger - Schnitter 6,19; Gutes - Böses, Leben - Tod, Armut - Reichtum 11,14; Wort - Tat 3,8; Feuer - Wasser 15,16 und 51,4b.5; Jugend - Greisenalter 6,18; Jugend - Ende 51,14; Licht - Dunkel 16,16 (290); Wurzel - Zweige, Gutes - Böses, Leben - Tod 37,17-18; Gutes - Böses (versucht der Weise) 39,4; Urzeit - ewig (?) 39,20; auf dem Thron - in Staub und Asche 40,3; Krone und Diadem - Kleid aus Fellen 40,4; der erste und der letzte 24,28; vom Meer zum Meer, vom Strom - zum Ende des Landes 44,21; Leben - Tod 48,4; ausreissen - pflanzen, niederreissen - bauen (?)

49,7. Auch wenn in einigen dieser Fälle nur eine Antithese gefunden werden kann, so ist doch sicher der grösste Teil der angeführten Stellen polarer Natur und zielt auf eine - bisweilen relative - Totalität. Oft steht geradezu ein "alles" noch im Vers und oft ergibt es der Kontext klar.

III. THEMATISCHES

Mit ALONSO betrachten wir Sir 24 als Höhepunkt des Buches, auch unter thematisch-theologischem Aspekt. Die nun folgenden Seiten bieten allerdings keine Theologie des Kapitels, das war auch in den bereits behandelten Perikopen nie der Fall. Doch sollen die Ausführungen einen Teil jener Vorarbeiten bilden, auf Grund derer später eine Theologie des 24. Kapitels und des ganzen Sirachbuches einmal geschrieben werden kann. In zehn Punkten werden einige besonders typische Aspekte herausgehoben, auf der Basis des ganzen Buches in helleres Licht gerückt und kurz mit der übrigen biblischen Weisheitsliteratur konfrontiert. Es lässt sich dabei nicht vermeiden, dass von neuem oft die Textkritik zu sprechen hat, aber "Not kennt kein Gebot", auch kein literarisches! Die bisweilen etwas eigenartige Mischung von Textkritik und Themenuntersuchung lässt sich nicht immer durch Fussnoten vermeiden. Das einzig mögliche ist, eine gewisse Kürze anzustreben.

Es soll nun gesprochen werden von "Wolken, Himmel und Höhe" und als Gegensatz dazu von "Tiefe und Unterwelt". Die Weisheit sucht "Ruhe" und ein "Erbe"; wir fragen wie es damit bestellt sei. Darauf folgt eine ziemlich lange Ausführung über "den Schöpfer, die geschaffene Welt und die Weisheit", dazu צוה / פקד als kurzer Anhang. Dann interessieren "Israel, Jerusalem und Sion - die Stadt und der Herrschaftsbereich". Der nächste Abschnitt gilt den "Bäumen und Pflanzen", und dem "Weinstock" im weisheitlichen Bereich. Einige Sätze sind dem Thema des "Andenkens" zu widmen. Vor allem wegen 24,23 muss verschiedenes zum Thema "Bund" gesagt werden. Im Anschluss daran ist eine Bemerkung zu συναγωγαις fällig, diesem merkwürdigen Plural von 24,23. Mit "Bewässern, reichlich tränken" und dem "Wunderstrom" wird etwas gesagt über das Wasser, nachdem einiges schon zu 21,13 vorweg genommen worden war. Einige Ueberlegungen über das Profetentum Ben Siras folgen nachher. Schliesslich wären noch einige wenige Bemerkungen über griechische und lateinische Sekundärtexte fällig. Man könnte alles noch etwas synthetischer gestalten, aber wir folgen den Versen des Kapitels.

1. "Wolken, Himmel und Höhe - Tiefe und Unterwelt"

A. 1. "Wolken"

Im textkritischen Teil wurde das Ergebnis der folgenden Untersuchung bereits vorweggenommen mit dem Hinweis, bei Ben Sira handle es sich immer um gewöhnliche Wolken, allerdings oft mit theologischem Gepräge. Auch in der nun folgenden Untersuchung wird immer ein wenig die Problematik von Sir 24,2 im Hintergrund stehen.

a) In einem schematischen Ueberblick werden wir vorerst νεφελη - ομιχλη , dann nach dem <u>Index</u> von SMEND ܥܢܢܐ und ܥܪܦܠܐ aus S, ערפל/עב und עב/ענן aus H darstellen. Es folgt darauf eine Auswertung des Schemas und eine kurze Uebersicht über die "Wolken" als Motiv.

"Wolken im Sirachbuch						
Zahl	Stellen	G	S	H	richtig in	Wolken
1	13,23	νεφελη pl	ܥܢܢܐ pl	עב	GSH	+
2	24,3	ομιχλη	ܥܪܦܠܐ	---	GS	+
3	24,4	νεφελη sg	ܥܢܢܐ pl	---	GS	+
4	32,20	νεφελη pl	ܥܢܢܐ pl	ענן	GSH	+
5	32,21	νεφελη pl	ܥܢܢܐ pl	ענן / עב	GSH	+
6	32,26	νεφελη pl	ܥܢܢܐ sg	עת	GS	+
7	40,13	υετος	ܥܢܢܐ pl	חזיז	(G)SH	?
8	43,14	νεφελη pl	---	עב	GH	+
9	43,15	νεφελη pl	---	ענן	GH	+
10	43,22	ομιχλη		ענן	(G)H	+
11	45,5	γνοφος	ܥܪܦܠܐ	ערפל	(G)SH	+
12	50,6	νεφελη pl(291)	ܥܢܢܐ pl	עב	GSH	+
13	50,7	νεφελη pl	ܥܢܢܐ pl	ענן	GSH	+
14	50,10	νεφελη pl	ܥܢܦܐ	ענף	SH	-

b) Auswertung des Schemas. Nur 50,10 ist aus textkritischen Gründen zu streichen. 40,13 ist zweifelhaft und fällt praktisch ebenfalls aus. Viermal folgen sich zwei Stellen in der Verszählung unmittelbar. In G fällt sofort auf, dass nur in 24,4 der Singular steht. Es kann kaum zweifelhaft sein: G hat die Stelle von der Exodus-Wolkensäule verstanden. Der Singularform eignet hier ein theologischer Aussagewert. Auf der anderen Seite hat S die Stelle ebenso zweifellos n i c h t von der Exodus-Wolkensäule verstanden wissen wollen. S setzt nach allen Zeugen in 24,4 den Plural, und auch sonst immer bei ܥܢܢܐ , eine Ausnahme bildet 32,26, wo er vielleicht kollektiv "Regenwolken" verstand. Wenn aber in der Bibel von der Exoduswolkensäule die Rede ist (292), dann übersetzt die Peschitta immer mit Singular.

c) Das Motiv. 45,5 und 24,3 gehören zusammen irgendwie einer besonderen Gruppe an, weil dort mit ערפל eher auf das Wolken d u n k e l als auf Wolken schlechthin angespielt wird. In 24,3 kann auch dichter Nebel gemeint sein. Bezüglich der weit zahlreicheren νεφελη - ܥܢܢܐ - עב / ענן -Stellen finden wir folgende Aussagen: Das Wort des Reichen erhebt man bis in die Wolken 13,23. Ueber den Säulen (293) der Wolken (294) hat die Weisheit ihren Thron 24,4. Der Hilferuf des Gequälten erreicht die Wolken und das Wehgeschrei des Armen dringt durch die Wolken 32,20-21. Die Huld Gottes ist köstlich in der Not, wie Regenwolken in der Zeit der Dürre 32,26. Gott lässt die Wolken herausfliegen wie Vögel und gibt seiner Wetterwolke Tragkraft 43,14-15. Linderung für alles bringt das Träufeln der Wolken 43,22. Simon war herrlich wie der Morgenstern aus den Wolken und wie der Regenbogen, der in den Wolken sichtbar wird 50,6-7. - Die Wolken sind eigentlich doch immer die natürlichen Wolken, bisweilen in übertragener Bedeutung für "Himmel" gebraucht. SMEND schreibt zu 24,4: "Gemeint ist die Wolkensäule des Exodus. Sie ist in den Himmel versetzt, weil auch sie zu den Gütern der Zukunft gehört". Insofern als damit gesagt wird, G habe die Stelle bewusst so verstanden, ist das richtig. Aber wie gesagt, S hat ebenso bewusst die Stelle n i c h t so verstanden und Ben Sira selbst wohl auch nicht. Wie zum Thema "der Schöpfer etc." noch genauer darzulegen ist, nimmt der Sirazide zwar Motive und Topoi aus der Exodusgeschichte, legt auf letztere selbst jedoch keinen starken Akzent.

2. Der Himmel

Kaum sieben Dezennien nach dem Sirachbuch wurde das erste Makkabäerbuch verfasst, welches mit dem Ausdruck ουρανος Gott selbst bezeichnet. Bei Ben Sira dagegen hat das Wort noch den traditionellen Bedeutungsumfang, mit einigen speziellen Akzenten allerdings.

a) Mehrfach braucht unser Autor das Wort als polaren Ausdruck zu "Tiefe, Flut", "Erde" und "Menschen": 1,3 - 16,18 - 17,32 - 24,5.

b) Als Element der Ewigkeit: 45,15 - 50,24.

c) Als etwas Herrliches: 26,16 nach S - 43,1.8.9.12.

d) Schliesslich als Wohnung Yahwehs 32,8 nach S - 46,17.

3. Die Höhe

a) Wir geben zunächst schematisch die in Frage kommenden Stellen nach G, S und H unter den Stichworten υψηλος - υψος - מרום - ܪܘܡܐ - ܡܪܘܡܐ :

Zahl	Stelle	G	S	H	"Höhe" als Himmel
1	1,3	υψος	ܪ̈ܘܡܐ	---	+
2	3,19	υψηλος	?	?	-
3	16,17	υψος	ܪ̈ܘܡܐ	מרום	+
4	17,32	υψος	om.	---	+
5	24,4	υψηλος	ܡܪ̈ܘܡܐ	---	+
6	26,16	υψιστα κυριου	ܪ̈ܘܡܐ ܪܡܐ	מרומי מעל	+
7	27,25	υψος	om.	---	-
8	40,11	τα υδατα	ܪ̈ܘܡܐ	מרום	+
9	40,11	θαλασσα	ܪ̈ܘܡܐ	מרום	+
10	43,1	υψος	---	מרום	+(?)
11	43,8	υψος	ܪ̈ܘܡܐ	מרום	+
12	43,9	υψιστα κυριου	---	מרומי אל	+
13	45,7	περιστολη...	ܪ̈ܘܡܐ	תועפות	-
14	46,9	υψος	ܫܘܦܪܐ	במה	-
15	47,15	παραβολαι...	ܪ̈ܘܡܐ ܗܐ ܐܡܪ	מרום שירה	-
16	50,2	υψηλος	---	מעון	-

"Höhe" in Jesus Sirach (ohne die kontroverse Stelle 45,2b)

b) Von diesen Stellen scheiden sechs Nummern als für unseren Zweck unbrauchbar
aus. Dazu folgendes: 3,19: Die Stelle ist wohl überhaupt sekundär (295). Sicher
bezieht sie sich nur auf Menschen. 27,25: Vielleicht handelt es sich beim Wort
"Höhe" um eine Hinzufügung von G. Doch selbst wenn der Ausdruck ursprünglich ist,
bedeutet er nur: "in die Luft hinauf". 45,7: Zunächst einmal kommt hier H, und
in etwa auch G zum Zuge, gegen S. Jedenfalls hat die Stelle nichts mit "Himmel"
zu tun. 46,9: Hier handelt es sich, wie H richtig anzeigt, um eine Bergeshöhe.
Was die nächste Stelle betrifft, 47,15, so ist hier die textkritische Situation
verworren. Mit "Himmel" hat er gewiss nichts zu tun. G ist wohl richtig, und H
muss entsprechend interpretiert oder korrigiert werden. 50,2: H ist im Recht.
Doch selbst bei G kann es sich nur um die Höhe einer Mauer, oder um etwas ähnliches handeln. 45,2b hätte zwar מרום in Ms B aber G, S und Bm lesen anders.

c) Zu den positiven Stellen:

1,3: Der Sinn ist klar, da "Höhe" als status constructus zu "Himmel" steht.

16,17: Das "in der Höhe" ist eindeutig Parallele zu "vor Gott": "Vor Gott bin
ich verborgen, und in der Höhe, wer denkt an mich?".

17,32: In S steht nur "Himmel". Wenn "Höhe" dazugehört, ist der Sinn noch klarer.

24,4: "In den Höhen schlug ich meine Wohnung auf" steht parallel zu "auf den
Wolkensäulen war mein Thron". Weiter fällt auf, dass S an dieser Stelle ܡܪ̈ܘܡܐ schreibt und nicht ܪ̈ܘܡܐ, wie in allen übrigen Fällen.
Dieses Verhältnis entspricht der Peschitta eigentlich nicht, denn von
den 40 (296) vergleichbaren Fällen übersetzt sie 23 mit ܡܪ̈ܘܡܐ,

und nur 17 mit ܗܘܡܢܐ . Inhaltlich dürfte kein Unterschied vorhanden
sein.

26,16: "Wie die Sonne, wenn sie aufgeht in den oberen Höhen ...", so etwa liest
H. Die Aussage darf wirklich etwas poetischer sein als es S mit seinem
trockenen "Himmelsgewölbe" anzeigt. Der Sinn ist klar.

40,11: "Alles was von der Erde stammt, kehrt zur Erde zurück, und was aus der
Höhe stammt, zur Höhe". Der Vers erinnert an Qo 12,7. Dort wird gesprochen von der Rückkehr des Geistes zu Gott, der ihn gegeben. "Höhe" ist
in Sir 40,11 beidemal die Richtung auf Gott hin. Für G cfr. SMEND.

43,1: Selbstverständlich ist die himmlische "Höhe" gemeint. Man kann sich jedoch fragen, ob man nicht trotz 43,9 in 43,1 anders übersetzen soll. Die
gewöhnliche Wiedergabe des Verses entspricht etwa jener bei HAMP:
"Die Schönheit in der Höhe ist das klare Firmament,
und die Himmelsfarbe ist ein herrlicher Anblick".
Dabei geraten sich aber "Höhe" und "Firmament" gegenseitig doch ein wenig ins Gehege. Wir würden vorschlagen, מרום als adjektivischen Genitiv zu verstehen, und würden תואר מרום (297) im Deutschen deuten als
"höchste Schönheit" oder "etwas vom Schönsten, was es gibt". Die Uebersetzung lautet dann:
"Unvergleichlich schön ist das klare Firmament,
ja die Himmelsfeste - ein herrlicher Anblick".

So kommen also "Himmel" und "Höhe" als Firmament und als Wohnung Gottes vor. Da
erstaunt es nicht weiter, wenn beide zum Reich der Weisheit gehören.

B. Tiefe und Unterwelt

Zwei verschiedene Ausdrücke bezeichnen die Tiefe, aber sie bezeichnen nicht
dasselbe.

1. תהום

a) Zuerst soll eine schematische Uebersicht gegeben werden:

					תהום bei Ben Sira
Z.	Stelle	G	S	H	Text
1	1,3	αβυσσος	ܬܗܘܡܐ	---	Die Tiefe der Flut, wer ergründet sie?
2	16,18	αβυσσος	ܬܗܘܡܐ	תהום	Ozean und Erde beben, wenn Er her- absteigt.
3	24,5	βαθος	ܥܘܡܩܐ	---	In den Tiefen
4	24,5	αβυσσος	ܬܗܘܡܐ	---	der Flut ging ich einher
5	24,29	αβυσσος	ܬܗܘܡܐ	---	...sein Rat mehr als die grosse Flut.
6	42,18	αβυσσος	ܬܗܘܡܐ	תהום	Die Meerestiefe ... erforscht Er.
7	43,13	αβυσσος	---	תהום	Inseln in der Flut.
8	51,5	βαθος + αδης	---	תהום	Du hast mich errettet aus dem Schosse des Abgrundes.

b) Der Ausdruck תהום kommt immer im Zusammenhang mit Yahweh oder der Weisheit vor. תהום hat immer den Charakter des Wunderbaren, des unendlich Tiefen. Der תהום ist unerforschlich, nur Yahweh ergründet ihn. Die Weisheit kennt ihn auch, sie ging ja einer in dessen Tiefen. Einmal dient תהום als Vergleich für die Fülle der Weisheit des Gesetzes des Herrn 24,29. Gleich im Zusammenhang damit wird gesagt, man könne die Torah so wenig zu Ende erforschen, wie man den תהום nicht ergründen könne 24,28. Nur einmal wird von ihm eine gewisse Gefährlichkeit ausgesagt, in 51,5. Doch ist gerade hier die Metapher am stärksten und im folgenden Vers wird gesprochen von der שאול . SMEND schrieb zu 42,18: "Bei תהום ist an Rahab, Leviathan usw. gedacht. Die Dämonen und die Menschen sind in Gottes Gewalt". Diese Deutung ist weniger wahrscheinlich. Denn Ben Sira scheint eher ein Beispiel für Unergründlichkeit in der p h y s i s c h e n Weltordnung, und eines in der p s y c h o l o g i s c h e n Ordnung nennen zu wollen. Den Vers 43,23 hat SMEND wiedergegeben mit: "Seine Ueberlegung überwältigte den Drachen, und er gründete die Inseln in der Flut". Doch kann der Sinn auch in eine andere Richtung weisen: Gott liess das Meer sich senken, sodass die Inseln emportauchen konnten. Die Masadarolle hat als Verb im ersten Stichos תעמיק . Das kann ein Nifal plene scriptum sein, oder weniger wahrscheinlich ein Hifil mit intransitivem Sinn. Die Uebersetzung könnte lauten: "Er (?) sprach, das Meer solle sich senken, und so gründete er die Inseln in der Flut".

2. שאול

a) Wiederum soll das Ergebnis einer Bestandesaufnahme nach dem Index von SMEND vorerst schematisch dargestellt werden. Inhaltlich stimmen G, S und H fast immer überein, formal etwas weniger oft.

שאול bei Ben Sira					
Zahl	Stelle	G	S	H	Text
1	9,9	απωλεια	ܫܘܠ	שחת	... damit du nicht ... in die Unterwelt hinabfährst.
2	9,12	αδης	ܡܘܬܐ	מות	Er (Frevler) soll nicht bis zum Tode straflos ...
3	14,12	----	?	שאול	... in der Unterwelt kein Genuss mehr.
4	14,12	αδης	ܫܘܠ	שאול	Der Beschluss der Unterwelt ist dir nicht kundgetan.
5	14,16	αδης	----	שאול	In der Unterwelt ... kein Genuss mehr!

6	17,27	αδης	al.	----	Was hat der Allerhöchste an denen, die in die U. hinabfahren?
7	21,10	αδης	ܫܝܘܠ	----	Am Ende des ... Sünderweges ... liegt die ... Unterwelt.
8	28,6	θανατος	ܫܝܘܠ	----	Denk ... an Unterwelt und Tod und bestehe im Gesetz!
9	28,21	αδης	ܫܝܘܠ	----	Besser als sie (böse Zunge) ist die Unterwelt.
10	30,17[2]	----	ܫܝܘܠ	שאול	Besser hinabsteigen zur Unterwelt als beständiges Leid.
11	41,4	αδης	----	ש(אול)	Es gibt in der Unterwelt keine Beschwerde(instanz).
12	48,5	αδης	ܫܝܘܠ	שאול	Du (Elias) liessest einen Toten auferstehen ... aus der Unterwelt.
13	51,2	----	ܫܝܘܠ	שאול	Aus der Gewalt der Unterwelt hast du meinen Fuss entrissen.
14	51,6	αδης	ܫܝܘܠ	שאול	Mein Leben kam nahe an die tiefste Unterwelt.
15	51,9	θανατος	----	שאול	Von den Toren der Unterwelt her rief ich um Hilfe.

b) שאול steht einmal, in 51,6 nahe bei תהום (298): "Mein Leben kam nahe an die tiefste Unterwelt". Hier und bei שאול überhaupt bleibt nichts an Wunderbarem, nichts Geheimnisvolles, nichts lockend Tiefes. Nein, die Unterwelt ist fast nur düster. Man möchte so wenig als möglich mit ihr zu tun haben. Erwähnenswert wird die שאול , wenn ein Toter zurückkommt 48,5, oder wenn sie indirekt hilft, das Gesetz zu bewahren, so in 28,6, jenes Gesetz, das gerade vor einem zu frühen Hinabsteigen in die Unterwelt bewahren soll.

2. "Ruhe" und "Erbe"

1. "Ruhe"

a) In den Proverbien kommt als Substantiv von נוח her nur נחת von 29,9 in Frage. Der Akzent ist negativ: "Es gibt mit dem Toren keine Ruhe". Als Verb hat man הניח in 29,12 und נוח in 14,33 und 21,16. In unserem Zusammenhang interessiert 14,33: "Die Weisheit ruht im Herzen des Verständigen".

b) Bei Ben Sira ist die Thematik über "Ruhe" reicher. Einige Male wird zwar von Ruhe gesprochen, ohne dass man viel Theologie daraus entwickeln könnte. So etwa in 44,23; 11,19 (299); 20,21; 30,34. Aber daneben bricht wieder das sirazidische Prinzip durch, alles von Yahweh und seiner Weisheit herzuleiten. "Salomon war König in friedlichen Zeiten, und Gott verschaffte ihm Ruhe von allen Seiten" 47,13. Das ist eigentlich nur eine biblische Reminiszenz, doch wird der Akzent dabei sehr stark auf Gott gelegt. Eigentlich verwundert es ein wenig, dass

sogar die Weisheit selber Ruhe sucht, und einen Ort, wo sie weilen kann 24,7
(300). Die Weisheit selbst spricht weiter: "In der Stadt, die er liebte, wie
mich, fand ich Ruhe, und in Jerusalem war mein Herrschaftsbereich" 24,11. Das
ist einerseits ein Eingehen in die Ruhe Gottes, in das gelobte Land, Anderseits mag hier zugleich ein Anklang an das liturgische Ruhen am Sabbat gegeben
sein (301). Die Ruhe, die Yahweh der Weisheit in Jerusalem gegeben, lässt eine Teilnahme zu: "Zuletzt wirst du bei ihr Ruhe finden, und sie wird sich dir
in Wonne verwandeln" 6,28. Von sich selber sagt Ben Sira: "Seht mit eigenen Augen, dass ich mich nur wenig mühte, aber viel Ruhe gefunden habe" 51,27. An die
letzten beiden Stellen schliesst sich thematisch die Aufforderung: "Meide ihn
(den Toren), so wirst du Ruhe finden" 22,13. - Allerdings liegt von Urzeit her
eine Unruhe im Menschen: "Der Mensch ... selbst zur Zeit der Ruhe ... verwirrt
der nächtliche Schlaf seinen Sinn. Soeben hat er ... Ruhe, da wird er durch
Träume aufgeschreckt" 40,5-6. Einer anderen Art von Unruhe begegnen wir in
32,21: "Das Wehgeschrei des Armen dringt durch die Wolken und findet keine Ruhe,
bis es zum Ziel gelangt". Die Stelle von der ewigen Ruhe in 30,17 kann man selbstverständlich nicht im uns gewohnten vollen Sinn nehmen. Das verbietet schon der
Kontext: "... besser ewige Ruhe, als beständiges Leid". Zudem lautet dort eine
Variante: "Besser hinabsteigen zur Scheol ...". Aehnlich 46,19: "Und zur Zeit,
da er (Samuel) auf seinem (Sterbe)lager ruhte, ... (302)". An mehreren Stellen
ist das Thema "Ruhe" mit jenem von "Wohnen" verbunden, so 24,7; 28,16; 47,12-13.

2. "Erbe" (303)

a) In den <u>Proverbien</u> findet man unter ירש nur 30,23, eine Stelle ohne besonderen Akzent (304). Bedeutender ist schon נחל . Während ein Substantiv von ירש
fehlt, findet sich נחלה dreimal (305), freilich ohne speziellen theologischen
Akzent.

Für das Verb gibt folgendes Schema eine Uebersicht:

נחל in Prov				
Zahl	Stelle	Aktionsart	Subjekt	Objekt
1	3,35	Qal	Tor	Schande
2	8,21	Hi	Weisheit	Besitz für Weisheitssucher
3	11,29	Qal	Tor (306)	Wind
4	13,22	Hi	der Gute	Besitz für Nachkommen
5	14,18	Qal	der Einfältige	Torheit
6	28,10	Qal	der Schuldlose	Gutes

Man könnte das Ergebnis dieser Tabelle in einem Satz zusammenfassen, etwa: "Jeder erhält das, was zu ihm passt". Yahweh und die Geschichte treten nicht direkt auf den Plan.

b) Bei Ben Sira

1. Für eine Uebersicht im Sirachbuch darf man sich ausnahmsweise mit (κατα) (συγ) κληρονομειν und κληρονομια nach dem <u>Index</u> von SMEND begnügen (307). Was das Substantiv κληρονομια betrifft, kann zunächst darauf hingewiesen werden, dass die von Kapitel 44 an vorkommenden Stellen (308) sich durchwegs auf das geschichtliche Erbe Yahwehs und Israels beziehen. Von den übrigen Stellen ist 41,6 zu streichen, H hat richtig ממשלת . 9,6; 22,23 und 42,3 haben als gemeinsames Anliegen die rechte Verwaltung des überkommenen Besitzes. 23,12 bringt den Ausdruck "Erbe Jakobs". Schliesslich findet sich κληρονομια gleich viermal in Kapitel 24, davon wird noch zu reden sein. Für das Verb gibt ein Schema die beste Uebersicht.

(κατα) (συγ) κληρονομειν		im Sirachbuch				
Zahl	Stellen	G	S	H	Subjekt	Objekt
1	4,13	κληρονομειν	ܐܨܚܢ	מצא	Weish.jünger	<u>kbwd</u> von Yahweh
2	4,16	κληρονομειν	ܐܝܬܗ	----	Weish.jünger	Weisheit
3	6,1	κλρονομειν	ܐܝܬܗ	הוריש	böse Frau	Schande
4	10,11	κληρονομειν	ܒܬܚܐ	נחל	der Tote	Moder etc.
5	15,6	κατακληρονομειν	ܐܝܬܗ	הוריש	Weisheit	Namen für den Weisen
6	19,3	κληρονομειν	----	----	der Tote	Moder etc.
7	20,25	κληρονομειν	ܐܝܬܗ	----	Dieb, Lügner	Untergang
8	22,4	κληρονομειν	----	----	kluge Tochter	Besitz für d. Gatten
9	22,23	συγκληρονομειν	ܐܝܬ	----	allg.	Freund
10	24,8	κατακληρονομειν	ܐܨܕܬܬ	----	Weisheit	Erbbesitz in Israel
11	36,16<u>b</u>	κατακληρονομειν	ܐܝܬܗ	התנחל	Yahweh	Erbbesitz in Israel
12	37,26	κληρονομειν	ܐܝܬܗ	נחל	der Weise	Ehre
13	39,23	κληρονομειν	ܗ	הוריש	Zorn Yahwehs	vertreibt die Völker
14	44,21	κατακληρονομειν	ܐܝܬܗ	הנחיל	Yahweh	Erbe für Nachkommen
15	45,22	κληρονομειν	ܐܝܬܗ ܐܚܝܬܗ	נחל	Aaron	kein Erbe an Land, aber Yahweh als Erbe
16	46,1	κατακληρονομειν	ܐܝܬܗ	הנחיל	Josue	Führt ins Erbland ein.

Ben Sira gebraucht ירש / נחל etwa doppelt so oft wie das Spruchbuch. Dabei
zieht er נחל vor. S dagegen verlegt sich ganz auf yrš. nḥl im Sinne von "erben, etc." ist wohl im Syrischen nicht vorhanden (309). Die bereits in Prov festgestellten Linien tauchen teilweise wieder auf. Dazu aber kommt die Erwählung
der Geschichte und vor allem als biblisches Novum die Weisheit als Erbbesitzsu-
cherin in Israel 24,8.

2. Wirklich ist das Thema "erben" in Kapitel 24 ausserordentlich stark. In vier
verschiedenen Strofen findet man insgesamt viermal κληρονομια und einmal
κατακληρονομειν . In kurzen Zügen:

Anfang der 2. Strofe: 24,7: Die Weisheit sucht einen Erbbesitz.
Zentrum der 2. Strofe: 24,8: Yahweh weist ihr Israel zu.
Anfang der 3. Strofe: 24,12: In diesem Erbbesitz des Herrn wächst sie wunder-
                      bar.
Zentrum der 4. Strofe: 24,20: Sie gibt Anteil an ihrem Erbbesitz.
Anfang der 5. Strofe: 24,23: Dies alles ist die Torah, als E r b e für die
                      Gemeinde Jakobs.

Der geschichtliche Augenblick ist dabei nicht auf die Epoche der Volkswerdung in
der Exoduszeit einzuschränken, sondern eher bis an die Erschaffung der Welt hin
vorzuverlegen. Das mag für den Moment etwas gewagt erscheinen. Doch wird diesbezüglich im nun folgenden Abschnitt manches klarer dargelegt werden können.

3. Der Schöpfer, die geschaffene Welt und die Weisheit

    FANG CHE-YONG schreibt: "Quod sat facile apud B. Sira extrahi potest et eum
ab aliis scriptoribus Antiqui Foederis magis distinguit, forsitan est eius admi-
ratio et descriptio de Deo Creatore. Cf.e.gr. 16,24-18,14; 39,12-35; 42,15-44,33.
Fides in Deum ut creatorem universi est bonum traditionale populi hebraei, B.
Sira tamen hanc fidem ... vestivit cum propriis observationibus" (310). Wir wollen diesbezüglich nach einem kurzen Seitenblick auf das Spruchbuch bei Ben Sira
einige erst eher quantitative, darauf einige eher qualitative Untersuchungen an-
stellen.

a) In den Proverbien ist nur selten von Gott als dem Schöpfer die Rede. Man findet diesbezüglich fünfmal eine Stelle mit Verb, einmal mit Substantiv. Uebrigens
scheint der Gedanke an Gott als den Schöpfer nur in den Sammlungen I und II auf-
zutauchen, also in der jüngsten und (zweit)ältesten allein. Yahweh schuf durch
die Weisheit Himmel und Erde 3,19-20. Die Weisheit wurde geschaffen vor allen
Dingen; diese folgten nachher 8,22-31. Yahweh hat alles geschaffen 16,4, Ohr und
Auge 20,12, Reich und Arm 22,2. Natürlich ist er so auch Schöpfer der Menschen
17,5. Das Hauptverb ist עשה ; jedoch fehlen ברא und יצר (311) ganz. חלק
kommt nur dreimal vor, immer im Sinne von "teilen", aber nie ist Yahweh Subjekt.

b) Ben Sira dagegen spricht viel öfter von Gott als dem Schöpfer. Wir haben 35 Verbstellen und 14 Substantivstellen notiert, ohne absolute Vollständigkeit zu beanspruchen. Die hauptsächlichsten Stellen dürften aber eingefangen sein.

"Erschaffen" und "Schöpfer" im Sirachbuch							
A. Stellen mit Verb							
Zahl	Stelle	G	S	H	richtig in	Subjekt	Objekt
1	1,4	κτιζειν	ܒܪܐ	---	G	pass.	Weisheit
2	1,9	κτιζειν	ܒܪܐ?	---	G	Yahweh	Weisheit
3	5,14	εστιν	ܒܪܐ	ברא	SG	pass.	Schande
4	7,15	κτιζειν	---	חלק	GH	pass.	Ackerbau
5	10,8	κτιζειν	ܒܪܐ	נאוה/חלק	GS?	pass.	Uebermut
6	15,9	αποστελλειν	ܒܪܐ	חלק לו	H	Gott	Loblied
7	15,14	ποιειν	ܒܪܐ	ברא	SH	Gott	Mensch
8	16,16	---	ܒܪܐ	חלק	SH	Gott	Licht, Lob
9	16,26	κτισις	ܒܪܐ	ברא	SH	Gott	sein Werk
10	17,1	κτιζειν	ܒܪܐ	---	GS	Yahweh	Mensch
11	17,6	διαβολη	ܒܪܐ	---	S	Yahweh	Glieder
12	18,1	κτιζειν	ܒܪܐ	---	GS	Gott	Alles
13	23,14	γενναν	ܒܪܐ	---	S	pass.	Mensch
14	23,20	κτιζειν	ܡܗܠ	---	G(S)	pass.(?)	Alles
15	24,8	κτιζειν	ܨܒܐ	---	G(S)	Yahweh	Weisheit
16	24,9	κτιζειν	ܒܪܐ	---	GS	pass.	Weisheit
17	34,13	κτιζειν	ܒܪܐ	חלק/ברא	GSH	Gott	allg.
18	34,27	κτιζειν	ܒܪܐ	חלק/יצר	GSH	pass.	Wein
19	36,10	κτιζειν	ܒܪܐ	יצר	GSH	pass.	Mensch
20	37,3	εγκυλιειν	ܒܪܐ	יצר	SH	pass.	Charakter-loser
21	38,1	κτιζειν	ܒܪܐ	חלק	GSH	Gott	Arzt
22	38,4	κτιζειν	ܒܪܐ	הוציא/ברא	GSH	Gott	Heilmittel
23	39,21	κτιζειν	ܨܒܗ	בחר	G	pass.	dies u. jenes
24	39,25	κτιζειν	ܒܪܐ	חלק	GSH	Gott	Gutes und Schlechtes
25	39,28	κτιζειν	ܒܪܐ	יצר/עשה	GSH	pass.	Winde
26	39,29	κτιζειν	ܒܪܐ	ברא	GSH	pass.	Feuer ...
27	39,30	---	---	ברא/בחר	H	pass.	cfr. Text
28	40,1	κτιζειν	ܒܪܐ	חלק	GSH	Gott	Mühsal
29	40,10	κτιζειν	---	ברא	GH	pass.	Uebel
30	42,24	ποιειν	ܒܪܐ	עשה	S(H)	Gott	Werke
31	43,14	ανοιγειν	---	ברא	H	Gott	Himmelsspeicher
32	44,2	κτιζειν	ܦܠܓ	חלק	?	Gott	Ehre
33	45,19	ποιειν	ܦܠܓ	הביא	S	Yahweh	Zeichen
34	49,7	αγιαζειν	ܡܗܠ	יצר	H	pass.	Jeremias
35	49,14	κτιζειν	ܒܪܐ	יצר	GSH	pass.	wenige wie Henoch

Zahl	Stelle	G	S	H
		B. Stellen mit Substantiv		
1	3,16	κυριος	ܒܪܝܐ	(Ms A) בורא
2	4,6	ο ποιησας αυτον	ܒܪܝܐ	צור
3	7,30	ο ποιησας αυτον	ܒܪܝܐ	עושה
4	10,12	ο ποιησας αυτον	ܥܒܘܕܗ	עושה
5	24,8	κτιστης	(!) ܒܪܘܝܐ	---
6	35,13	ο ποιησας αυτον	ܐܠܗܐ	עושה
7	36,13	ο ποιησας αυτον	ܒܪܝܐ	עושה
8	38,15	ο ποιησας αυτον	ܐܠܗܐ	עושה
9	39,28	ο ποιησας αυτον	ܒܪܝܐ	---
10	43,5	ο ποιησας αυτον	ܥܒܘܕܗ	עושה
11	46,11	ο ποιησας αυτον	----	עושה
12	46,13	κυριος	ܒܪܝܐ	עושה
13	47,8	ο ποιησας αυτον	ܒܪܝܐ	עושה
14	51,12(4)	----	----	יוצר

Selbst wenn die eine oder andere Stelle ausfällt, bleibt die Zahl immer noch recht hoch. Beim Verb haben wir in G vor allem κτιζειν mit 22 von 33 oder 34 Fällen, in S ܒܪܐ : ca. 20 von ca. 30. In H dagegen verteilt es sich auf 9 bis 10 חלק , 7 ברא und 5 יצר , ferner einige עשה bei insgesamt 25 Stellen. Bezüglich ist zu 38,4 im Index von SMEND noch eine Korrektur anzubringen. SMEND schreibt im Kommentar: "Nach Gr. (εκτισεν) ist ברא anzunehmen". Entsprechend setzt er die Textlesart הוציא von Ms B nur an zweiter Stelle, in Klammern, und gibt als eigentliche Lesart die lectio marginalis ברא an. Doch sollte man auch aus einem sachlichen Grund der Textlesart von Ms B folgen. Sonst haben wir nämlich ברא mit einem Terminus a quo, was in der gesamten biblischen Tradition nie der Fall ist (312). Bei חלק könnte man sich bisweilen streiten, ob "schaffen" oder "zuteilen" die richtige Interpretation sei. HASPECKER schreibt dazu: "Systematisch gesehen gehört das Thema des Schicksalswillen Gottes in die Lehre von allumfassenden Ordnungswillen Gottes ... die auch einen so wesentlichen Bestandteil der Schöpfungslehre bei Sirach ausmacht, dass das Verb ḥlq im Sinne von "verfügend bestimmen, zuteilen" in bestimmten Fällen geradezu den Schöpfungsakt bezeichnet" (313). Aber vielleicht is doch das c r e a r e noch etwas stärker vorhanden. Es fällt schliesslich auf, dass man in fast der Hälfte aller Fälle eine passive Form vorfindet, wohl immer ein Passivum theologicum. Beim Substantiv ist 4,6 wahrscheinlich nach H zu lesen und fällt damit aus. 24,8 ist richtig nach G. In S müsste an dieser Stelle wenigstens ܒܪܝܐ in ܒܪܘܝܐ korrigiert werden (SMEND). Bei 39,5 ist nur in einer sekundären Erweiterung in G der Schöpfungsgedanke zu finden; 39,5 scheidet also aus textkritischen Gründen a priori aus. Ergänzend könnte man noch 41,9; 44,23 und 45,20 berücksichtigen. Doch ist die erste Stelle nur in G auswertbar (314), und die andern beiden bringen mit ihrem חלק hier wohl nicht mehr als den gewöhnlichen Sinn von "teilen", sind somit an dieser Stelle nicht interessant.

c) Nun besagt diese Aufzählung noch nicht alles. Man sieht zwar, dass der Schöpfungsgedanke den Autor durch das ganze Buch hindurch begleitet, nur von Kapitel 25 an ist eine längere Lücke; doch ist sie weniger gross, als es nach unserer Zählweise scheinen mag (315). Im Folgenden soll untersucht werden, ob zu diesem mehr quantitativen Ergebnis ein qualitatives hinzukommen kann. Besonders soll dabei die Gesamtstruktur von Perikopen und Perikopenreihen berücksichtigt werden. Es kommen die im Schema genannten Stellen in Frage, dazu noch einige, in welchen Gott mit אבי "mein Vater" bezeichnet und angesprochen wird.

1,1-10:

Noch nicht so deutlich wie nachher, aber doch unüberhörbar, wird in 1,1 schon gesagt, dass Gott der Schöpfer der Weisheit ist. Denn כל חכמה מיהוה היא - viel anders kann der Text nach dem Zeugnis von S ja nicht gelautet haben - besagt deutlich eine Herkunft von Gott, und implicite, wie die Verse 4 und 9 bestätigen, ein Geschaffensein. In Vers 4 wird die Weisheit mit einem Passivum theologicum als Ersterschaffene vorgestellt. Vers 9 greift auf 1 und 4 zurück. Hier endlich erscheint Gott als der Schöpfer, Herr und Spender der Weisheit in einem. Dabei kommt mit dem ـڡ aus S (316) das Problem der Schöpfungsordnung sehr deutlich zum Ausdruck. Die Erschaffung der Welt und der übrigen Werke Gottes ausser der Weisheit werden in den Versen 4 und 9 mehr indirekt mitgenannt.

2,18cd:

Dieses Distichon ist in seiner zweiten Hälfte nur in S erhalten. Die Kommentatoren geben als Begründung der Echtheit dieser Stelle meist nur an: "Stichometrisch unentbehrlich" oder ähnlich, eventuell noch, es sei auch in H, in 6,17, vorhanden, am falschen Platz also. Man kann nun vom Thematischen her ein weiteres Argument beifügen. Denn ziemlich oft wird am Schluss einer Perikope oder einer grösseren redaktionellen Einheit auf das Thema "Gott der Schöpfer" zurückgegriffen; das wird im Folgenden deutlich werden. Und mehrmals ist der Gedanke der Schöpfung am Anfang u n d am Schluss ausdrücklich erwogen. Dies trifft nun für 1,1-2,18, also für die grosse Einleitung zum ganzen Buche ebenfalls zu. Zunächst ist 2,18cd freilich eine theologische Begründung für das unmittelbar zuvor Gesagte, vor allem für die Demut von 2,17.

3,16:

3,1-16 bildet thematisch eine feste Einheit. Es geht um das vierte Gebot, daran ist kein Zweifel. Auch der formale Aufbau ist klar: Auf eine kurze Einleitung, 3,1-2, folgen zuerst eine thematische Darlegung, 3,3-7, darauf eine Parenese, 3,8-15. Mit "Sünden tilgen" von Vers 15 und "Sünden abbüssen" von Vers 3 wird der Hauptteil umklammert. Vers 16 bildet mit der Erwähnung des Schöpfers einen emphatischen Abschluss. Wiederum wird ein kleines Stück der Theologie Ben Siras durchschaubar. Für ihn ist ein Nein zum Gebot nicht in erster Linie ein Nein zum befehlenden Willen Gottes, sondern ein Einbruch in die Schöpfungsordnung, ein Verneinen der Weisheit Gottes als des Gestalters der Welt. HASPECKER hat gewiss Recht, wenn er sagt, 3,1-16 sei ganz überlegt an den Anfang des Buches gesetzt worden; es handle sich um die naturgegebene Themenfolge (317). Man könnte sich fragen, ob hier nicht auch noch eine theologische Auffassung mitbeteiligt war, die Gott als den Schöpfer und die Eltern als dessen Mitarbeiter sah. Dieser Gedanke ist unter Beachtung von Versen wie 7,28 nicht ohne weiteres von der Hand zu weisen, cfr. den nun folgenden Abschnitt.

7,30:

HASPECKER dürfte richtig gesehen haben, dass 7,21-33 ein eingeschobenes positives Stück ist. Die letzten zwei Verse wirken dabei fast eher als Anhängsel. In der Perikope ist die Rede vom Verhalten zu Sklaven, Vieh, Söhnen, Töchtern, Frau, Eltern und an siebter Stelle zum Priester und zu Gott. Hier wird geboten: "Mit ganzer Kraft liebe deinen Schöpfer". Auf dem literarischen Höhepunkt greift Ben Sira also theologisch an den Anfang zurück. Der Priester wird Diener des Schöpfers, vom Exodus, vom Bund steht da kein Wort. Mit etwas Vorsicht wird man sagen dürfen, die Begründung für das ehrfurchtsvolle und freigebige Verhalten gegen den Priester liege darin, dass Gott als "dein Schöpfer" und "sein Schöpfer" gesehen wird. 7,31b darf nicht bloss formal, es muss auch thematisch als Nebensatz eingestuft werden; als Nebensatz, der nicht begründet, sondern nur auf nähere praktische Ausführungen hinweist. Der folgende Vers 7,31cd gibt nämlich in informierendem Sinne diesbezüglich bereits die ersten konkreten Angaben (318). Vielleicht wird 7,30 auch für das Vorausgegangene als Begründung dienen dürfen. Denn das rechte Verhalten zu den Eltern wird begründet mit "Denke daran, dass du ohne sie nicht wärest" 7,28. Das bereitet den Schöpfergedanken vor und legt zudem nahe, im Deus creator den Grund auch für die Ehrung der Eltern zu suchen.

10,12 (vielleicht noch 10,18):

9,17-11,6 ist eine grössere redaktionelle Einheit. Sie umfasst einen negativen

Teil: 9,17-10,18 und einen positiven: 10,19-11,6. Im ersten Teil wird in 10,12
der Uebermut oder die Sünde definiert als: "Wesen (319) des Uebermuts ist der
Trotz des Menschen, das heisst, wenn er in seinem Herzen sich abwendet von seinem Schöpfer". Dabei kann מן und לב bestehen bleiben, מן muss nur den Sinn von
"in" annehmen, cfr. zu 1,2. In 10,18 ist wohl נאוה richtig, gegen SMEND. Es mag
sich um ein Passivum theologicum handeln. Dann ist der Gedanke an eine zuteilende
Ordnungskraft, und damit letztlich der Gedanke an den Schöpfer unterschwellig in
diesem Vers auch noch enthalten. Möglicherweise lassen auch die "Werke Yahwehs"
von 11,4c den Schöpfungsgedanken nochmals ein wenig anklingen. Sicher ist aber
das Erwähnen des Schöpfers in der Definition der Sünde, und das Fehlen des Erlö-
sers oder des Bundesgottes daselbst, für Ben Sira sehr typisch.

15,9:

Einerseits ist 14,20-15,10 Teil einer sich bis 18,14 erstreckenden redaktionellen
Einheit, anderseits ist es auch schon eine in sich genügend geschlossene Perikope. Nach der Seligpreisung des Weisheitssuchers, 14,20-27, nach dem zentralen Vers
15,1 und dem Bericht über die Tätigkeit der Weisheit von 15,2-6 folgt in 15,7-9
eine negative Sektion. 9b lautet: "Es (das Loblied) ist ihm (dem Bösen) von Gott
nicht zugeteilt". Als Verb steht חלק , das auch "erschaffen" bedeuten kann. In
diesem Vers allerdings liegt der Akzent wohl eher auf dem ordnenden Zuteilen, auf
dem Einordnen ins Schöpfungsganze. Aber es ist doch ein Blick auf den Schöpfer,
und zwar wieder am Schluss einer Perikope. Und auch die eigentliche theologische
Begründung für das Vorangehende steckt darin. Warum ist die Weisheit, ihr Lob und
Góttes Lob dem Bösen so fern? Das ist, weil El, der Schöpfer und Herr der Welt
das für sie nicht gemacht, d.h. nicht geschaffen und nicht zugewiesen hat.

15,14-20:

Die Abhandlung über die Sünde von 15,11-18,14 zerfällt in zwei Abschnitte, wovon
jeder nach dem Schema 'Einwand - Widerlegung - Folgerung' aufgebaut ist. Der erste Abschnitt umfasst 15,11-16,16. Dabei hat man von 16,1 an die Folgerung. 15,11a.
12a sind die Einwände, 11b.12b-20 die Widerlegung. Diese besteht vorerst in einer
Reductio ad absurdum: 11b.12b.13, dann folgt die Begründung dafür in 15,14-20
(HASPECKER). In Vers 14 wird grundlegend gesagt, dass der Mensch als freies Wesen
von Gott geschaffen wurde. Diese Freiheit ist ein Teil der Schöpfungsordnung. Die
Verse 15-17 erläutern diese Freiheit mit dreimaligem Gebrauch von חפץ . Der
Mensch vermag das Gebot zu halten, wenn ihm daran gelegen ist, 15,15. Alles ist
ihm zur Wahl vorgelegt, Vers 16. Wichtig ist 15,17b. In einem Passivum theologi-
cum wird dort betont, dass Gott den Willen des Menschen grundsätzlich achtet. Das

liegt begründet in der Weisheit und Macht Gottes, der seine Schöpfungswerke
stets in ihrer Ordnung durchschaut, darin aber auch die freien Taten der Menschen miterfasst, Vers 19b. Als Ergebnis dieser tieferen Schau der Schöpfungsordnung folgt schliesslich in Vers 20 die Gegenthese: "Er (Gott) befiehlt dem
Menschen nicht, zu sündigen, noch bestärkt er lügenhafte Männer". Die Schöpfung
umfasst also nach Gottes Plan auch die Freiheit und die Verantwortung des Menschen, und dies von Anfang an (320).

16,15-16:

Diese Verse bilden den Abschluss der Antwort zum ersten Einwand von 15,11a.12a,
wonach Gott die Sünde verursache. Der Text ist nicht mehr genau überliefert. Die
Themen von der Schöpfung, vom Erbarmen und vom Lob, ferner die Erwähnung des
schon früher erwarteten Pharao sprechen aber dafür, hier echte Ben Sira-Verse zu
sehen, und nicht etwa eine spätere Glosse. In Vers 16b ist שבם nicht durch חשך
zu ersetzen (321). Im übrigen gibt HAMP den Vers so gut wieder, als es unter den
schwierigen textkritischen Verhältnissen eben möglich ist: "Yahweh verhärtete
das Herz des Pharao, das ihn nicht erkannte, obwohl seine Werke offenbar waren unter dem Himmel. Sein Erbarmen ist seiner ganzen Schöpfung sichtbar, und sein Licht
und sein Lob hat er den Menschen zugeteilt". Wenn Ben Sira wirklich dies hat sagen
wollen, dann ist der Grund für die Schuld des Pharao nicht mehr derselbe wie in
der Exodusüberlieferung. Das Weisheitsbuch dagegen stimmt da wieder einigermassen mit Exodus überein; es spricht ebenfalls von den Wundern des Auszuges. Bei
Ben Sira aber ist der Pharao ein Tor geworden, einer, der Gott als den Schöpfer
nicht finden will, der sich nicht als ein Weiser der Schöpfung zuwenden will. Viel
mehr lässt sich diesbezüglich hier bei der misslichen Textsituation nicht sagen.

16,26; 17,1.6 etc.:

16,17-17,28 bildet den zweiten Abschnitt zum Thema der Sünde. Nachdem in 16,17-23
die Einwände genannt worden sind, wobei die Verse 18-19 bereits eine provisorische Antwort geben, folgt die Widerlegung von 16,26 bis 17,23, genauer bis 17,14,
denn nachher folgt die Gegenthese. Diese Widerlegung ist ein eigentlicher Schöpfungstraktat von 18 Distichen: Vier für die Himmelsregion, zwei für die Erde mit
Pflanzen und Tieren, dreimal vier für den Menschen. Bezeichnenderweise ist von
der Erschaffung an sich in 16,26 nur in einem Nebensatz die Rede, der Akzent liegt
eben auf der Schöpfungs o r d n u n g. Dabei bildet der Stichos 26b nicht einfach
einen weiteren Teil der Protasis, sondern mindestens in seinem zweiten Teil die
Apodosis. Man kann daher nicht lesen: "(V.26) Als Gott ... und als er zuteilte,
da (V.27) bestimmte er ...". Der Vers lautet: "Als Gott seine Werke am Anfang

schuf ..., da teilte er ihnen Gebiete zu", so nach S mit kleineren Korrekturen.
Wahrscheinlich gilt der Vers hauptsächlich der Sternenwelt. Vers 27 dürfte lauten: "Er bestimmte für immer ihr Tun, und ihren Herrschaftsbereich für alle Ewigkeit". So war also auch für die Gestirne von Anfang an eine Ordnung bezüglich
Qualität und Quantität ihrer Tätigkeit gegeben. Vers 27cd betont die Dauerhaftig-
keit dieser Ordnung: Kein Schwinden ihrer Kraft, kein Ermüden gibt es da (322).
Der Schluss dieser ersten Strofe, Vers 28, dient formal und thematisch als Vorlage für den Schluss des Schöpfungstraktates vom Menschen in 17,14. Nur wird in
16,28 zuerst das Verhalten der Geschöpfe zueinander, nachher das Verhalten gegenüber Gott beschrieben, in 17,14 verhält es sich umgekehrt. Der Grund dafür liegt
im Kontext. Denn im ersten Fall kommt man von der Schöpfung her zu Gott, im zweiten von Gott her zu den Mitmenschen. Man kann fragen, was mit "Wort" in 28b gemeint
ist. Aus der Parallele 17,14 ergäbe sich am ehesten der Sinn von "Gebot". Auch die
Parallele 39,31 legt dies scheinbar nahe. Anderseits geht es in 16,28 weniger um
einen Auftrag von Fall zu Fall, sondern um eine einmalige, feste Ordnung. Man wird
daher auch für unsere Stelle die Bedeutung von "actio creativa" im Auge behalten.
Damit wäre die Strofe gut geschlossen. Von der Erde ist nur kurz die Rede, fast
nur als Uebergang zum Menschen, von dem die drei nächsten Strofen, 17,1-14 handeln.
Einige zur Sache gehörende Textprobleme sind vorausgehend zu klären oder wenigstens festzustellen. In 17,2 beschreibt S mit ﬦ , was einem חלק entspricht,
die Zuweisung einer bestimmten Frist für den Menschen. Diese ist somit in der
Schöpfungsordnung bereits grundgelegt. Die Verse 3-4 begründen den Herrschaftsan-
spruch des Menschen von der Schöpfung her. Vers 3 ist jedenfalls nicht in der Weise von G zu lesen, sondern nach S mit Korrekturen, etwa: "Sich selbst ähnlich
kleidete er ihn in Macht, und nach seinem Bilde hüllte er ihn in Furchtbarkeit"
(SMEND). In Vers 4 wird das Verhältnis von Mensch und Tier beschrieben als Konse-
quenz des Vorgegebenen: Die Tiere fürchten (323) den Menschen. Damit ist in 3 und
4 das Gottesfurchtthema vorbereitet. Interessant ist das Schöpfungsziel. Gegenüber
der Erde ist es der Mensch und dessen Herrschaft über alles, 17,4. Gegenüber Gott
ist es der Lobpreis, 17,9-10. Wenn es sich nur um einen Schöpfungstraktat handelt,
könnte damit die Sache zu Ende sein. Aber es geht ja um den Einwand, Gott kümmere
sich nicht um die Welt, und er sehe sie nicht vor sich. So kommen ab Vers 11 noch
die Weisheit und das Gesetz zur Sprache. Es besteht kein Grund, hier an etwas anderes als an die Schöpfungszeit zu denken (324). Vers 14 bildet den wichtigen
Schluss. Er fasst zusammen und sagt, dass in der Schöpfungsordnung drin die Gebote gegeben waren, dass für das Verhalten im zwischenmenschlichen und im göttlichen

Bereich der Weg grundsätzlich gewiesen ist. Gott schuf am Anfang den Himmel,
die Welt, den Menschen, die Weisheit und das Gesetz. Somit liegt das sich Kümm-
mern Gottes um die Welt in ihren Grundstrukturen drin. Der Weg ist damit frei
für die nunmehr begründete Gegenthese, dass nämlich alles von Anfang an offen
vor ihm liegt, 17,15. Entsprechend dem etwas anderen Einwand liegt in diesem
Schöpfungstraktat der Akzent nicht auf der Freiheit des Menschen, sondern auf
dem Schöpfungsziel, der Schöpfungsordnung und ihrer Durchschaubarkeit für Gott.
In 15,13-20 wie in 16,26-17,14 ist vom Gesetz die Rede. Im ersten Fall steht es
am Anfang als ein Wegweiser, nach dem man sich richten kann oder nicht. Im zweiten Fall folgt es auf die Weisheit und ist wie in Sir 24 ein Stück weit damit
identisch. Im zweiten Traktat ist das Gesetz etwas, das eingehalten werden
m u s s, soll die Struktur der geschaffenen Welt nicht schweren Schaden leiden.
18,1:

17,29-18,14 ist ein relativ eigenständiger Hymnus auf das Erbarmen Gottes. Nach
dem Rahmenvers 17,29 wird in Vers 30 wahrscheinlich eine globale Begründung gegeben, wenn man mit SMEND liest: "Denn nicht wie Gottes ist des Menschen Art,
und nicht wie sein Trachten das der Menschenkinder". Ein kurzer Vergleich an den
Beispielen von Sonne und Sternen erläutert dies noch. Mit 18,1 setzt die ausführ-
liche Darlegung über die Grösse Gottes und die Hinfälligkeit des Menschen ein. Dabei setzt unser Autor typisch bei Gott als dem Schöpfer an. Der Vers selbst ist
nur in G vollständig erhalten und muss ungefähr lauten: "Der in Ewigkeit lebt,
hat alles geschaffen, Yahweh allein ist gerecht". Nichts von einer Einschränkung
auf Israel, nichts von Bund oder von Bedrohung durch fremde Völker, nein, Gottes
Erbarmen wird durch die geschöpfliche Situation des Menschen an sich begründet.
22,27-23,6:

Dieses Bittgebet könnte man mit HAMP überschreiben als "Gebet um Reinheit in Worten, Gedanken und Werken". Ein eigentliches Motiv, das Gott bewegen soll, wird
nicht ausdrücklich genannt, es kann aber in den Anreden von 23,1a.4a enthalten
sein. Diese beiden Stichen sind auch die einzigen, die uns im Zusammenhang mit
dem Schöpfungsthema interessieren. Doch verlangen gerade 23,1a.4a einige textkritische Vorbemerkungen. G hat für 23,1a.4a:

κυριε πατερ και δεσποτα   (4a θεε) ζωης μου
"Herr, Vater und Herrscher   (4a: Gott) meines Lebens".

S liest 23,1a.4a:

ܢܝܫ ܗܡ̈ܚ ܝܪܡ ܝܒܐ ܐܗܠܐ

"Gott, mein Vater und Herr meines Lebens".

Die Differenzen zwischen G und S sind nicht klein. Das Wort aber, worauf es uns ankommt, nämlich "Vater" ist in G und S für 1a und 4a verbürgt. Es gibt freilich selbst hier einen beachtenswerten Unterschied. S schreibt nicht den Status emphaticus ܐܒܐ, sondern ausdrücklich das Suffix der ersten Person: ܐܒܝ. Zwar könnte das auch einfach "Vater!" heissen und ebenso könnte das πατερ des G auch "mein Vater!" bedeuten. Wir meinen nun, "Vater" sei an dieser Stelle ungefähr als "Creator" zu verstehen. Dann mag auf dem Possessivpronomen durchaus ein gewisser Akzent liegen (325). Nur sehr wenige Kommentatoren haben diesem Umstand Rechnung getragen, etwa SMEND von den Klassikern und die GAROFALO-Bibel von den Modernen. 23,1a.4a könnten lauten: "Yahweh, mein Vater und Herr meines Lebens". So darf man denn vermuten, auch im Gebet 22,27-23,6 liege der erste eigentliche Grund, womit Gott zur Hilfe bewogen werden soll, in der Aussage: "Weil du mich geschaffen, mich in deine Weltordnung gestellt hast, musst du nun auch geben, dass ich dieselbe wahren und fördern kann". אב als Deus creator findet man auch sonst in der Bibel, etwa Mal 2,10.

23,14ef:

Die Stelle wird von vielen Kommentatoren zu Recht mit Job 3,3 verglichen (326). Der Jobvers ist aber infolge der zahlreichen formalen und thematischen Variationen, wie z.B. "Segen" und "Fluch" keineswegs tautologisch. Doch sind einige Unterschiede zu Sir 23,14ef sehr typisch. Job 3,3 mag lauten: "Ausgelöscht werde der Tag, an dem ich geboren bin, und die Nacht, die sagte: Ein Mensch ward empfangen". Wichtig sind die Verben: in a ילד , in b הרה , entsprechend schreibt die Peschitta ܒܛܢ in b und ܐܬܝܠܕ in a, die LXX ist in b unvollständig. Die Sprechweise von Job 3,3 ist traditionell in der Bibel, was ילד und הרה betrifft. An vielen Stellen bilden "Empfangen werden" und "geboren werden" zusammen den Anfang des Lebens. Sir 23,14ef lautet nach G, dem soweit ich sehe alle Kommentatoren folgen: "Und (damit du nicht) wünschest, du wärest nicht geboren, und den Tag deiner Geburt verfluchest". Wenn man den Vers so in einem poetischen Text aus Babylonien oder aus Ugarit vorfände, würde er keine Bedenken erwecken. Für Ben Sira ist er hingegen formal zu tautologisch. Man kann zwar mit ALONSO auch aus G unter formalem Aspekt noch etwas mehr herausholen: "Que desereas no haber nacido y maldeciras el dia en que viste la luz". Das würde zur Not genügen. Doch gibt es eine bessere Antwort vom syrischen Text her. Der springende Punkt liegt dabei nicht, wie SEGAL suggeriert, darin, dass S die erste Person verwendet, im Gegensatz zur zweiten Person bei G. Der eigentliche Unterschied liegt im Verb selbst. G hat in 23,14e γενναν, S schreibt hier ܒܪܐ in einem Passivum theologicum. In 14f

sind sich G mit τιϰτειν und S mit ⵎ einig. Die Uebersetzung nach dem Syrischen lautet: "Und (damit du nicht) sagen musst: O wäre ich doch nicht geschaffen, und den Tag, an dem du geboren bist verfluchst". SMEND hat zu S beiläufig bemerkt: "Zum Teil wohl genauer", ohne allerdings die Konsequenzen daraus zu ziehen.
Es spricht aber alles dafür, dass S hier nicht bloss teilweise genauer ist, sondern ganz einfach den ursprünglichen Text im ganzen genau wiedergibt, was man von
G hier nicht sagen kann (327). 23,14ef steht in der kleinen Perikope über das tö-
richte und schamlose Reden 23,12-15. Die sieben Distichen verteilen sich nach der
Formel 2+4+1. Zuerst wird eine Darlegung geboten, 12a-d. Dann folgt ein Mahnwort.
23,13-14f. Der zusammenfassende Vers 15 schliesst ab. 14ef bringt die letzten
Konsequenzen aus dem törichten Reden: Der Betroffene kommt soweit, dass er für
sich den Wunsch nach einer totalen Verneinung seiner selbst hegt, ein Rückgängig-
machen der eigenen Existenz ersehnt. Da wird nicht bloss die eigene Geburtsstunde
verflucht, sondern der Bezug geht durch das Verb ⵎⵏ auf Gott selber; nur er
kann ja Subjekt des Verbs von S sein. Hier liegt ein kleiner, doch typischer Unterschied zu Job oder Jeremias. Mehr am Rande möchten wir noch bemerken, dass
sich mit unserer Leseweise die Traditionsfrage im Sinne von FUSS neu stellen würde. Mit G kann man nichts für Sirach Spezifisches finden, und man mag den Text
mit FUSS einer vorsirazidischen Quelle zuweisen. Mit S aber hat man hier einen
zwar unscheinbaren, aber doch sehr typischen Ausdruck der Geistesart Ben Siras
selbst.

Kapitel 24:

Hier geht es um die Verse 3.8.9. Ueber den ursprünglichen Wortlaut von Vers 3
kann kein vernünftiger Zweifel bestehen. Die Rückübersetzung lautet bei LOWTH,
FRITZSCHE und SEGAL auf אני מפי עליון יצאתי . Dafür sprechen auch G, und
noch stärker S, denn alle mit H vergleichbaren ܦܘܡ gehen auf יצא zurück, cfr.
Index von SMEND. Die Formel יצא מן פה ist an dieser Stelle also hinreichend
gesichert. Nicht so eindeutig verhält es sich dagegen mit dem Sinn von 3a. SMEND
notiert: "Als Medium der Weltschöpfung wird die Weisheit mit dem Worte Gottes
identifiziert". PETERS schreibt: "Die personifizierte göttliche Weisheit ist als
Wort Gottes gedacht, das über die Erde ausgeht". SEGAL hat nur die kurze Anmerkung: "Klgl 3,38". Die Formel יצא מן פה kann an sich das bedeuten, was SMEND
und PETERS meinen. Das ist der Fall etwa in Dt 8. Aber für den Ben Sira Text gibt
SEGAL die bessere Fährte an. Klgl 3,38 lautet etwa: "Geht nicht aus dem Munde Gottes das Böse und das Gute hervor?". Man kann wirklich nicht folgern, die Weisheit
sei in Sir 24,3 als Wort Gottes gedacht. Dies umso weniger, als dann von Vers 23

an die Weisheit eher als Torah gesehen wird, was mit דבר keineswegs identisch
ist. Ausserdem ist bei Ben Sira das "Wort Gottes" durchwegs entweder klar schöpferisch oder klar normativ, cfr. zu 1,5. 24,3 wäre eine Ausnahme. "Hervorgehen
aus dem Munde Gottes" besagt hier so viel wie "geschaffen werden durch Gott". Man
könnte beinahe übersetzen: "Als der Höchste mich geschaffen hatte, da bedeckte
ich ...". Interessant wird so, dass das Sprechen der Weisheit selbst auch mit der
Schöpfung einsetzt, und zwar mit der Erschaffung ihrer selbst. In den Proverbien
ist das bezeichnenderweise nicht so. Dort beginnt die Weisheitsrede in 8,4, aber
erst in 8,22 erfährt man etwas über ihre Erschaffung. Bei Ben Sira mag in den auf
24,3 folgenden Versen der Weisheit durchaus eine schöpferisch ordnende Tätigkeit
im Kosmos zugedacht sein. - In Vers 8 steht die Weisheit als selbständige Hypos-
tase zum ersten Mal direkt Gott gegenüber. Dabei schaut sie ihn weder als El,
noch als Yahweh, sondern als Schöpfer des Weltalls und als Schöpfer ihrer selbst.
Es tritt demnach wieder genau dieselbe Geisteshaltung zutage wie in Vers 3. Das
ist ein weiterer Grund, beide Verse demselben Autor zuzuschreiben, und nicht nach
dem Vorschlag von FUSS Vv. 1-6 der vorsirazidischen Tradition, Vv. 7-8 Ben Sira
und Vv. 9-10a wieder der Tradition zuzuweisen. Denn auch Vers 9 verrät noch einmal das typisch sirazidische Ansetzen bei der Schöpfung. Zwar soll ja gleich von
Sion und Jerusalem die Rede sein. Doch kann es der Autor entsprechend seiner theologischen Methode nicht lassen, bei der Schöpfung anzusetzen, selbst wenn es nach
unserem Empfinden nicht notwendig wäre.

34,12 - 35,13:
Dreimal klingt der Schöpfungsgedanke in dieser Perikope an. Das erste Mal in
34,13bc. Der Vers mag lauten: "Nichts, was Gott schuf, ist schlimmer als das Auge".
HAMP schreibt: "Das Distichon bc stört den Zusammenhang und ist kaum ursprünglich".
FUSS dagegen betrachtet dieses Distichon eben gerade als eigentliche Schöpfung
Ben Siras, im Gegensatz zum vorangehenden, das er als möglicherweise vom Autor
übernommen ansieht. Es lässt sich nun beifügen: Der typisch sirazidische Gedanke
an die Schöpfung, und das an dieser einigermassen exponierten Stelle, nämlich am
Anfang eines grösseren Abschnittes, legt so aus einer neuen Perspektive nahe, den
Vers als echt zu betrachten. Der Akzent liegt in 34,13bc wohl eher wieder auf der
Ordnung, als auf dem Schöpfungsmoment als solchem. Denn wahrscheinlich steht חלק
zu Recht. Eine Dublette gibt ברא . Noch einmal taucht חלק auf, mitten in der
Perikope, im Zusammenhang mit dem Wein. Von ihm steht in 34,27 geschrieben, er
sei zur Freude geschaffen. Man hat den Vers in H zum Teil doppelt, einmal mit יצר ,
das andere Mal mit חלק . Letzteres scheint mehr für sich zu haben. Es könnte auch

mit "zuteilen" übersetzt werden, doch dies im Sinne von "in der Ordnung der
Schöpfung jemandem einen passenden Platz und die richtige Funktion zuweisen".
FUSS wies den Vers aus traditionsgeschichtlicher Schau der vorsirazidischen
Ueberlieferung zu. Aus theologischer Sicht möchte man ihn lieber typisch sirazidisch nennen. Denn auch hier scheint, nebenbei und fast sensim sine sensu die
Weltschau und die Theologie Sirachs von Gott als dem Schöpfer ein klein wenig
durchzubrechen. - Die bedeutendste Stelle bringt der Schlussvers 35,13. Der Au-
tor will als Dank für alle guten Gaben und die Wohltat des geselligen Beisammenseins zu einem Lobpreis Gottes auffordern. S liest dabei "Gott", doch sicher zu
Unrecht. Er hat die Tendenz, alle Gottesbezeichnungen in ‎ܐܠܗܐ‎ umzubiegen,
cfr. zu 1,1. H und G lesen "deinen Schöpfer". Uebrigens hat S noch ein weiteres
geändert. Das Persönliche der Stelle ist bei ihm versachlicht. Statt "d e i n e n
Schöpfer" hat er "den Namen Gottes". Und doch wäre auch dieser Nebenakzent für
Ben Sira typisch; er fand sich beispielsweise auch in 24,8, wo die Weisheit
spricht vom "Schöpfer des Weltalls, der m i c h schuf". FUSS schreibt zu unserem Vers: "Und endlich leistet er (Sirach) in v.13, auf das Ganze seit 34,12ss
zurückblickend und es religiös überhöhend, sein schuldiges Debut - es ist aber
auch ein williges! - an den Gott Israels". Da wird die Bedeutung des Verses gut
gesehen. Nur muss man noch präzisieren, dass es hier nicht um den Gott Israels
als Gott des Bundes geht, sondern als Schöpfer von Welt und Menschen, und zwar
mit besonderem Blick auf das Individuum. Vielleicht soll unser Vers auch noch so
was wie eine theologische Begründung geben für die in Vers 12 erwähnte Gottesfurcht. Position und Inhalt sind jedenfalls für die Theologie Ben Siras bezeichnend.

36,10.13.15:

36,7-15 ist eine ziemlich eigenständige Perikope. Von den verschiedenen Textproblemen interessiert in unserem Zusammenhang eigentlich nur die Differenz zwischen
υπερεχειν und ‎ܦܪܫ‎ in Vers 7. Wahrscheinlich hat S recht, denn er führt
das in den Versen 8 und 10 wiederkehrende Themawort ‎ܦܪܫ‎ ein. Der Akzent
liegt ja in unserem Abschnitt eher auf dem "Verschiedensein" als auf dem "Ueber-
ragen". H liest in Vers 8 שפט Ni, in 10 הבדיל . Traditionsgeschichtlich hat
FUSS in unserer Perikope mit beachtlichen Argumenten ein von Sirach übernommenes,
ergänztes und vor allem israelisiertes kanaanitisches Stück sehen wollen, dem
grundsätzlich die Verse 7-11.12a.12c.15 zugehören. Dabei wäre auch darin einiges
israelitisiert worden, so wohl die Gottesnamen in 8 und 10, wogegen in Vers 15
noch das ursprüngliche "El" stünde. Doch weist manches in eine andere Richtung.

Einmal wird מעשה אל von Ben Sira lieber verwendet als מעשה יהוה (328).

Bei חכמה dagegen scheint יהוה bevorzugt zu werden. Im übrigen wurde zu 1,1 auf die praktisch heillos verwirrte Situation bezüglich der Gottesbezeichnungen in den hebräischen Sirachhandschriften aufmerksam gemacht, cfr. dort. - In typisch sirazidischer Weise geht der Blick erst zum Himmel, Verse 7-9, dann zum Menschen, Verse 10-13. Wiederum typisch für unseren Autor ist, dass er beim Menschen in Vers 10 mit der Erschaffung ansetzt, dann aber zur Schöpfungs o r d n u n g übergeht, Vv. 11-12, und in 13c das Schöpfungsthema vom Menschen abschliessend nochmals aufgreift. Das Stichwort חמר steht dabei in 10a und 13a (329), יצר / עשה in 10b und 13c. Vers 15a greift auf die Gesamtheit der geschaffenen Welt zurück und schliesst damit den Abschnitt: Vers 7 alles Licht, Vers 10 alle Menschen, Vers 15 alle Werke Gottes. Das schwierige Problem der Unterschiede bei den Menschen wird also von Ben Sira mit dem Hinweis auf die Weisheit Gottes in der Schöpfungsordnung und in der Ordnung für den Menschen beantwortet.

37,3:

So wie der Text in H jetzt lautet, kann im ersten Stichos nicht alles stimmen. B und D würden etwa lauten: "Wehe dem Charakterlosen, der sagt: Warum bin ich so erschaffen?". Gut schreibt FUSS: "Der Text von B ... und D erregt Verdacht, weil er dem mit einem "Wehe" bedrohten Menschein ein Wort der Einsicht in seine eigene Verderbtheit in den Mund schiebt". Die Lösung kommt wohl von G her: πονερου ενθυμημα = יצר רע (330). Aus G ist auch noch die zweite Person zu übernehmen, an Stelle der ersten in H und der dritten Plural in S. Das Verb dagegen ist nicht in G mit seinem κυλιειν = גלל , sondern bei H mit יצר und bei S mit ܒܪܐ richtig überliefert. Der Stichos lautet dann: "O böse Sinnesart, wozu bist du erschaffen?". G hat wohl aus theologischen Gründen ein Verbum creationis hier vermeiden wollen, da ein solches seiner Ansicht nach Gott als den Urheber auch des Bösen dargestellt hätte (SMEND). Im hebräischen Text erhält man ein Wortspiel: יצר - נצרת . Der Rückgriff auf das Vokabular der "Schöpfung" überrascht an dieser Stelle ein wenig, doch kann man diesen Vers mit 23,14 vergleichen. Jedenfalls findet man auch hier wieder die für Ben Sira typische theologische Schau von Gott als dem Schöpfer.

38,1-15:

Die Perikope weist eine interessante Struktur auf (331). Auf einen Rahmenvers im Du-Stil folgt eine Darlegung im Er/es-Stil, darauf ein Mahnwort im Du-Stil und schliesslich wieder ein Rahmenvers, nun im Er/es-Stil. Ueber die Schöpfungsordnung finden wir Aussagen nur in den Rahmenversen und in der thematischen Darlegung,

in den Versen 1.2-8.15. Vers 1: "Schätze den Arzt entsprechend seiner Notwendig-
keit, denn auch ihn hat Gott zugewiesen" (332). Als Verb steht חלק . Gleich zu
Beginn wird also die hohe Stellung des Arztes damit begründet, dass er diese im
Schöpfungsganzen von Gott erhalten hat. Es ist nicht blinder Schicksalswille,
sondern die Weisheit Gottes, die das Weltall schuf, die nun dem Arzt den Platz
zuweist. Gott schafft die Weisheit des Arztes, Vers 2, die Heilmittel der Erde,
Vers 4 (333), die Einsicht für den Menschen, Vers 6. Das Ziel dieser schöpferi-
schen und ordnenden Tätigkeit Gottes wird klar umschrieben in 5b.6b.8b: Um Gottes Kraft kund zu tun - um sich Ehre zu verschaffen ob seiner Stärke - damit die
Schöpfungswerke Gottes nie brachliegen. Das stimmt mit dem schon in 17,10 vorgefundenen Schöpfungsziel überein. Am klarsten und ausdrücklichsten ist jedoch in
Vers 15 von Gott als dem Schöpfer die Rede. Zweifellos bildet also eine Rückschau
auf Gott als den Schöpfer den emphatischen Schluss. Der Sinn des Verses ist nicht
zum vornherein klar. Man übersetzt meist: "Wer vor seinem Schöpfer sündigt, wird
den Händen des Arztes preisgegeben". FUSS hat gut bemerkt: "Hier scheint der Arzt
noch weit geringer eingeschätzt zu werden, so sehr, dass sich dieser Satz an-
scheinend weder mit vv.9-14, noch erst recht mit vv.1-8 recht verträgt". Deswegen
greifen wir den Gedanken von HASPECKER auf (334), den Vers anders zu übersetzen.
Das אשר des Anfangs kann hier kausalen Sinn haben (335). Ob man die Randlesart
הסתגר oder die Textlesart התגבר vorzieht, ist im letzten gleichgültig. Im
weiteren kann das לפני des Textes wohl bestehen gegen die lectio marginalis
על ידי . Folgende Uebersetzung scheint berechtigt: "Denn gegen seinen Schöpfer
sündigt, wer sich dem Arzte verschliesst". Damit weist der Vers nicht bloss an
den Anfang zurück, sondern begründet zudem noch einmal theologisch die Pflicht,
den Arzt beizuziehen. Man muss das tun, weil die Schöpfungsordnung es so vorsieht.
Wieder einmal kommt die Theologie Sirachs über Gott als den Schöpfer zum Vorschein.
39,14cd - 39,35:
Das Ganze ist gedacht als ein grosses Gotteslob. Sobald man aber die Rahmenverse
39,14cd.15 und 39,35 abzählt, ist es ein weltanschauliches Lehrgedicht. Vers 16
bietet die weltanschauliche These: "Die Werke Gottes sind alle gut, und jedem
Zweck genügen sie zu seiner Zeit" (336). Diese These wird dann in Vv. 17-20 erläutert. Vers 17a ist in H lückenhaft. G kann man wie folgt übersetzen: "Durch
sein Wort stellt er wie einen Wall das Wasser auf". S hat: "Durch sein Wort stellt
er die Sonne auf". Inhaltlich kann G nicht stimmen. Denn sooft Ben Sira ein voll-
ständiges Bild der Schöpfung zeichnet, geht er von oben nach unten, kommt zuerst
die Himmelsregion, dann erst die Erde oder die Tiefe; so 1,3; 16,26-28; 24,4-5a;

39,17 und im grossen Abschnitt 42,16-43,33 mehrmals. In "Wasser" und "Sonne" können נד und נר zugrundeliegen, und "Wall" mag auf ein missverstandenes מרום
zurückgehen (SMEND). Der Stichos muss etwa lauten: "Durch sein Wort setzt er die
Leuchte an die Himmelshöhe". In b lesen einige Textausgaben אוצרו , andere
אוצרות , es geht gewiss um Gottes "Vorratskammern" am Firmament (337). Man hat
demnach wieder die bekannte sirazidische Linie: Zuerst ein Blick zum Himmel, als
er erschaffen ward, dann zur Erde. Die Erläuterung setzt wieder bei der Schöpfung
ein, bei der Erschaffung der Sonne diesmal. - Vers 21 bringt den doppelten Einwand: "Wozu dies oder jenes! Dies ist schlechter als jenes!". Das ist ein grund-
legendes Bezweifeln einer sinnvollen Schöpfungsordnung. Die Verse 21b.d.22-31
widerlegen dies eingehend. Zu 21b sind einige textkritische Bemerkungen notwendig.
In 21b ist eine Interpretation im Sinne von 30c legitim. Dort hat H נברא , am
Rande steht נבחר . In 21 liest S ein Ptc.pass. von כבד "machen, schaffen".
G liest κτιζειν . S und G haben den Sinn sicher gut getroffen, נברא ist auch
in H zu lesen, oder dann muss נבחר in diesem Sinne interpretiert werden. Es würde allenfalls über die creatio hinaus noch eine Zweckordnung schon im Verb selbst
ausgedrückt. Wenn das richtig ist, setzt die Widerlegung des Einwandes ebenfalls
grundsätzlich bei der Schöpfung ein. "Alles ist zu seiner Zeit von Wert", so hört
man im Folgenden mehrfach. Noch in Vers 25 war grundsätzlich gesagt worden, dass
Gott von Anfang an für die Guten Gutes und für die Bösen Gutes und Böses schuf. Ab
Vers 28 werden im einzelnen acht schlimme Dinge aufgezählt, dabei ist wiederholt
deutlich deren Beziehung zum Schöpfer gegeben, so in 28a und d, in 29, in 30c.
Vers 33 bringt die These des Anfangs wieder. Dabei ist in 33b bei der Lesart
יספיק nicht unbedingt eine Korrektur erforderlich. Das Verb kann als intransi-
tives Hifil verstanden werden. So nimmt denn in diesem Abschnitt der Schöpfungsgedanke und der Gedanke an die Ordnung im Schöpfungsganzen erneut einen breiten Raum
ein.

40,1.10:
Zur Struktur der Perikope 40,1-17 cfr. HASPECKER, Gottesfurcht, S. 182-183. Thema
ist "Mühsal des Lebens". Vers 40,1 steht als Themaangabe: "Grosse Mühsal hat Gott
zugeteilt (חלק), und ein schweres Joch liegt auf den Menschenkindern". Wieder
ist wohl חלק eher als "zuweisen" denn als "erschaffen" zu verstehen. Aber es ist
doch die S c h ö p f u n g s ordnung, die in Frage steht. Im Geiste des Autors ist
dabei schon mitgedacht, dass Gottes Weisheit es so ordnete, und zwar von Anfang an.
Ben Sira braucht dies nicht jedesmal ausdrücklich zu repetieren. In lcd dürfte der
individuelle Lebensanfang und das individuelle Lebensende gemeint sein, nicht der

Anfang der Menschen überhaupt. - Die andere Stelle in diesem Abschnitt, die den
Schöpfungsgedanken zum Ausdruck bringt, ist 40,10. Dieser Vers leitet eine individuelle Aussagenreihe ein: 40,10-20, nachdem in Vers 8 die von der Mühsal be-
troffenen Lebewesen, in Vers 9 die Mühsale selbst aufgezählt worden waren. Das
Verb an sich, und das theologische Passiv zeigen, dass Gott engagiert ist. Es re-
giert also bezüglich des Frevlers nicht einfach ein Schicksal, sondern die Ordnung der Weisheit. 40,1 und 40,10 gehören nicht zu den bedeutendsten Stellen für
eine sirazidische Schöpfungstheologie. Doch sind auch sie noch Zeugen für die
Art des Autors, bei zentralen Punkten auf die Schöpfung zurückzugreifen.
42,15-25 und Kapitel 43:
In diesem Gedicht über die Herrlichkeit der Werke Gottes im allgemeinen setzt unser Autor in gewohnter Weise mit 15cd bei der Erschaffung der Welt durch Gottes
Wort an. Die Masadarolle bestätigt in diesem Vers das מעשיו des Randes von B.
Bei לקחו aber liest Mas wie B im Text (338). Am besten übersetzt man mit ALONSO:
"y de su voluntad reciben su tarea". Ein solcher Gedanke ist bei Ben Sira in verschiedenen Variationen mehrfach anzutreffen (339). Diese Ordnung und Gesetzmässig-
keit in der Schöpfung drin ist also ein Thema, auf das unser Autor gerne zu sprechen kommt. Im Folgenden ist wiederum typisch, dass der Blick zuerst nach oben
geht, und dass dabei an erster Stelle von der Sonne die Rede ist, Vers 16, später von der Tiefe, Vers 18. In den Schlussversen 24 und 25 taucht ein schon im
weltanschaulichen Lehrgedicht des Kapitels 39 angetroffenes Thema wieder auf. Jenes nämlich, dass die Werke Gottes zu jedem Zweck genügen zur bestimmten Zeit,
und dass sie in ihrer Verschiedenheit eine wunderbar geordnete dynamische Einheit
bilden. Mehr zu sagen ist schwierig, weil besonders 42,12 nicht eindeutig zu interpretieren ist. - Sehr deutlich tritt das Denken an den Schöpfergott auch in
Kapitel 43 zutage. Am Ende der Betrachtung über die Sonne wird man ganz selbstverständlich zu Yahweh, ihrem Schöpfer geführt. Aehnliches gilt von den Sternen, dem
Regenbogen, dem Himmelsgewölbe, 43,10-12. Der letzte Vers in diesem Traktat beginnt bezeichnenderweise mit "Alles hat Yahweh gemacht". Nicht weniger typisch,
wenn auch nicht so oft nachzuweisen, wäre die Fortsetzung: "den Frommen aber hat
er Weisheit verliehen".
Der Lobpreis der Väter (= Sir 44-49 und 50):
Nicht einmal im Lobpreis der Väter fehlt der Schöpfungsgedanke. Man findet ihn na-
turgemäss nicht so oft, dafür aber ganz spontan. Bei Samuel beginnt der Bericht
über dessen Lebenswerk mit dem Vers: "Der Liebling des Volkes und die Wonne seines
Schöpfers" 46,13. Bei David steht als Klimax der Schilderung seines Lebens: "Aus

ganzem Herzen liebte er seinen Schöpfer" 47,8. Man würde erwarten: "Seinen Herrn", "seinen Erlöser". Aber nein, bei Sirach ist Anfang und Höhepunkt die S c h ö p- f u n g und ihre O r d n u n g. Schliesslich geht auch der kurze Rückblick auf die Vorfahren ganz in dieser Richtung, denn in 49,14 liest man: "Kaum einer der auf Erden Erschaffenen kommt Henoch gleich". Da verweist das Verb יצר fast wie ברא auf den Schöpfergott.

51,10-11:

Hier bietet Ben Sira den eigentlichen Text eines kurzen Bittgebetes. Ausgerechnet der für uns wichtigste Vers 10ab stellt textkritisch einige Probleme. G und S haben zunächst in 10ab noch keine direkte Rede. Doch besteht kein Grund, in diesem Punkte von H abzuweichen. Man kann übersetzen: "Yahweh, du bist mein Vater, du mein starker Helfer" (340). Ben Sira beginnt also das kleine Bittgebet mit einem Anruf Gottes als des Schöpfers, so wird "Vater" wohl interpretiert werden dürfen. Dieses Geschaffensein und der Gottestitel "Vater" als Schöpfer des individuellen Menschen ist demnach für den Beter der erste und vielleicht bedeutendste Grund für weitere Hilfe in der Gegenwart. Und wiederum ist ein zweiter typischer Akzent mit- gegeben im Possessivpronomen "m e i n". Aehnliche persönliche Züge trug schon 24,8; und in 35,13 musste S diesbezüglich korrigiert werden. Nicht vom Gott des Bundes, nicht vom Retter aus Aegypten, sondern von s e i n e m S c h ö p f e r erwartet Ben Sira das Heil.

Diese Ausführungen zu יצר, ברא, חלק etc. sollten gezeigt haben, wie stark und wie gerne Ben Sira Gott als creator und die Welt als creatura im besten Sinne des Wortes sieht.

Anhang: צוה und פקד

a) Die Lage in den übrigen Weisheitsbüchern: 1. צוה fehlt bei Qohelet und in den Proverbien ganz. In Job steht es dreimal, wobei zweimal Gott (341) und einmal noch Job Subjekt ist. 2. פקד Qal fehlt in Prov und Qo wiederum. Job hat es sechsmal, aber nur zweimal ist Gott Subjekt. Nifal liest man nur in Prov 19,23. Aber

b) Bei Ben Sira ist mit צוה neunmal, mit פקד wenigstens siebenmal zu rechnen, nach folgendem Schema:

צוה und פקד bei Jesus Sirach (ohne pqd hi in 42,7)

Zahl	Stelle	G	S	H	Subjekt	Objekt
1	7,31	εντελλεσθαι	פקד	צוה	pass.theol.	"du"
2	15,20	εντελλεσθαι	פקד	צוה	Gott	Mensch coll.
3	17,14	εντελλεσθαι	פקד	----	Gott	Mensch coll.
4	24,8	εντελλεσθαι	פקד	----	Gott	Weisheit
5	24,23	εντελλεσθαι	פקד	----	Moses, aber es geht um Gottes Gesetz	"wir"
6	39,31	εντολη	פקד	צוה	Gott	Elemente etc.
7	45,3	εντελλεσθαι	פקד	צוה	Gott	Moses
8	46,14	κρινειν	פקד	צוה	Samuel, in Gottes Auftrag	Gemeinde
9	48,22	εντελλεσθαι	פקד	...	Isaias als Profet	Hisqia
1	16,18	επισκοπη	פקד	פקד	Gott	Himmel, Erde
2	32,21	επισκεπτειν	פקד	פקד	pass.theol.	----
3	33,10	μιμνησκεσθαι	פקד	פקד	Gott	Zeit
4	39,30/31	ετοιμαζειν	פקד	פקד	pass.theol.	Elemente etc.
5	46,14	επισκεπτειν	פקד	פקד	Gott	Zelte Jakobs
6	49,15	επισκεπτειν	פקד	פקד	pass.theol.	Leichnam Josefs
7	49,16	δοξαζειν	פקד	פקד	pass.theol.	Patriarchen

Bei S steht auffallenderweise פקד regelmässiger für צוה als für פקד selbst! Subjekt ist oft entweder Gott selber, oder ein Mensch in seinem Auftrag. Beim Objekt ist ganz neu, dass hier auch die Weisheit selber genannt wird. Das gibt es sonst in der Bibel nicht. Aber wenn schon alle Weisheit von Yahweh kommt, warum sollte Gott ihr nicht auch befehlen, besonders wenn der Befehl zugunsten Israels geht?

4. Israel, Jerusalem und Sion – die Stadt und der Herrschaftsbereich

A. Israel, Jerusalem und Sion

"Israel" kommt in den übrigen alttestamentlichen Weisheitsbüchern praktisch nicht vor. In Job und der Weisheit Salomons fehlt es ganz, in Prov steht es nur 1,1 als Titel ohne theologische Bedeutung. In Qo lesen wir nur in 1,12 so nebenbei, dass Qohelet sich vorstellt als gewesener König über Israel und Jerusalem. "Jerusalem" findet sich in Qo ein paarmal, aber immer rein geographisch als בירושלם . "Sion" fehlt überall. Bei Ben Sira haben alle drei Namen theologisches Gewicht. Dabei ist "Israel" viel häufiger als die beiden andern. Die "Israel"-Stellen muss man erst textkritisch prüfen, die andern sind unproblematisch.

"Israel" bei Ben Sira			(ohne die Litanei von 51,12)	
Zahl	Stelle	G	S	H
1	17,17	Ισραηλ	ܐܝܣܪܐܝܠ	---
2	24,8	Ισραηλ	ܐܝܣܪܐܝܠ	---
3	36,17	Ισραηλ	ܐܝܣܪܐܝܠ	ישראל
4	37,25	Ισραηλ	---	ישרון D / ישראל B
5	44,23	Ιακωβ	ܐܝܣܪܐܝܠ	ישראל
6	45,5	Ισραηλ	ܐܝܣܪܐܝܠ	ישראל
7	45,11	Ισραηλ	---	ישראל
8	45,16	λαος	ܐܝܣܪܐܝܠ	ישראל
9	45,17	Ισραηλ	---	ישראל
10	45,22	---	ܐܝܣܪܐܝܠ	ישראל
11	45,23	Ισραηλ	ܐܝܣܪܐܝܠ	ישראל
12	46,1	Ισραηλ	ܐܝܣܪܐܝܠ	ישראל
13	46,10	Ισραηλ	ܘܠܒܢܝ ܕܝܥܩܘܒ	זרע יעקב
14	47,2	Ισραηλ	ܐܝܣܪܐܝܠ	ישראל
15	47,11	Ισραηλ	ܐܝܣܪܐܝܠ	ירושלם
16	47,18	Ισραηλ	ܐܝܣܪܐܝܠ	ישראל
17	47,23	Ισραηλ	ܐܝܣܪܐܝܠ	---
18	50,13	Ισραηλ	ܐܝܣܪܐܝܠ	ישראל
19	50,17	al.	---	ישראל
20	50,20	Ισραηλ	---	ישראל
21	50,22	παντα	om.	ישראל
22	50,23	Ισραηλ	---	---

In 50,22 steht wahrscheinlich Israel nicht zu Recht, man sollte mit G lesen. 50,23 ist ein sekundärer Passus in G und als solcher nicht echt. In 46,10 kommen H und S vor G zum Zuge, somit scheidet die Stelle ebenfalls aus. In 47,11 dagegen haben wahrscheinlich G und S den Vorzug mit "Israel" vor H mit seinem "Jerusalem". D ist in 37,25 vermutlich im Recht vor B, da "Jeschurun" ein seltenes Wort ist (SMEND).

Thematische Gruppierung:

In 44,23 ist vielleicht nach der Interpretation von G "Israel" eine Bezeichnung für Jakob. Einmal ist das Nordreich hauptsächlich (343) gemeint, in 47,23, wo es heisst, dass Jeroboam Israel zur Sünde verführte. Sonst besagt "Israel" immer das ganze Volk, doch mit verschiedenen Akzenten, so zum Beispiel: 1. Als politische Gemeinschaft auf religiöser Grundlage: Yahweh richtet Davids Thron über Israel auf 47,11. 2. Als liturgische Gemeinschaft: Die Versammlung Israels beim Fest, zusammen mit dem Hohepriester Simon 50,13.20. 3. Israels Unsterblichkeit: Das Leben Jeschuruns oder Israels währt ewig 37,25. 4. Israel als Eigentum Yahwehs: Israel ist Besitztum Yahwehs 17,17, ist nach Yahweh genannt, sein Erstgeborener 36,17, cfr. 47,18. 5. Israel als Wohngebiet der Weisheit: "In Jakob sollst du

wohnen, und Besitz nehmen in Israel" 24,8. - Weitaus der grösste Teil aller
Stellen findet sich im "Lob der Väter". Ausserhalb desselben hat man nur noch
vier, theologisch allerdings bedeutende Stellen, cfr. das Schema S.160.
Jerusalem und Sion: a) die Stellen:

24,10: "Im hl. Zelte diente ich vor ihm, und darauf wurde ich in Sion eingesetzt".
24,11: "In der Stadt ... fand ich Ruhe, und in Jerusalem war mein Herrschaftsbereich".
36,18: "Erbarme dich deiner heiligen Stadt, Jerusalem, der Stätte deiner Wohnung".
36,19: "Fülle den Sion an mit deinem Glanze, und mit deiner Herrlichkeit deinen Tempel".
48,18: "Dieser (Sanherib) erhob seine Hand gegen Sion und lästerte Gott...".
48,24: "Er (Isaias) tröstete die Trauernden auf Sion".

b) Man kann sich fragen, ob Jerusalem und Sion einfach Synonyma seien. Dabei
fällt 48,24 ausser Betracht, weil es lediglich ein aus Is 61,3 wiederaufgenomme-
ner Ausdruck ist. In 48,18 geht es sicher um eine religiöse Angelegenheit. In diesem Sinn ist die Interpretation "Tempel" oder Tempelbezirk" naheliegender für
Sion. In 24,10 steht "Sion" parallel zu "hl. Zelt", in 36,19 parallel zu "Tempel".
In den beiden letztgenannten Fällen ist im Kontext, in 24,11 beziehungsweise in
36,18 die Rede von "Jerusalem" und von der "Stadt". Dabei stehen beidemal "Jerusalem" und "Stadt" parallel. So ist "Sion" in Kapitel 24 praktisch gleich "hl.
Zelt" oder auch "Tempel". In Kapitel 36 wird zuerst gesprochen von Jerusalem, von
Sion nachher, in Sir 24 ist es umgekehrt.

B. Die "Stadt" und der "Herrschaftsbereich"

1. "Stadt": πολις - רדתא/מדינתא - עיר / קריה

a) In der biblischen Weisheitsliteratur verteilen sich die Stellen wie folgt:

	Job	Qo	Sir	Prov
עיר	2	5	ca. 11-12	4
קריה	1	-	2	5
Total	3	5	ca. 18 (13+5)	9

Qohelet und Ben Sira haben eine ausgesprochene Vorliebe für עיר , im Gegensatz
zu den Proverbien. Bei Sir sind noch fünf Stellen aus G mitzurechnen, vermutlich
stand auch dort meistens עיר . Job, Qo und Prov erreichen nicht einmal zusammen
die Zahl von Sir. In den drei protokanonischen Büchern sind die Stellen rein allgemeiner Natur.

b) Nicht so bei Ben Sira. Hier wird mehrmals von der Stadt Jerusalem gesprochen, von der heiligen Stadt (344), der Stadt des Königs (345), der Stadt des Hohenpriesters (346) und schliesslich von der Stadt, die Yahweh liebte und zur Residenz der Weisheit machte (347).

2. Der Herrschaftsbereich:

Hier stellt sich die Frage nach dem Verhältnis von Weisheit, Macht und Yahweh.

Mit etwa sechs Stellen hat man einen klaren thematischen Kontext zu Sir 24,11:

  7,4: "Wünsche von Gott keine Herrscherstellung".
  10,1: "Ein weiser Herrscher festigt sein Volk, und die Regierung des Einsichtsvollen ist wohlgeordnet".
  10,4f:"In Gottes Hand ruht die Herrschaft über die Welt, und er setzt über sie zur rechten Zeit den rechten Mann". "In Gottes Hand ruht die Herrschaft über alle Menschen, und dem Herrscher verleiht er seine Würde".
  16,27:"Yahweh ordnete den Machtbereich seiner Werke für immer".
  41,6: "Dem Sohn des Frevlers wird die Herrschaft entrissen".
  43,6: "Der Mond leuchtet ... zur Herrschaft bis zum Ende".

Die letztgenannte Stelle ist hier ohne Interesse, weil sie nur ein Genesisthema wiederholt. Die übrigen zeigen deutlich, dass die Herrschaft grundsätzlich in Gottes Händen liegt, dass er sie dem zuteilt, den er für geeignet hält, dass er die Macht dem Frevler wieder wegnimmt. Da also gehört die ממשלה selbstverständlich in erster Linie der Weisheit und dem Weisen. - Auf dieses Thema geht bei Sir 24,11 soviel ich sehe nur der Kommentar von ALONSO ein. Wir lesen dort: "Jerusalem ist auch die Hauptstadt des Reiches, dort waltet der König über die Rechtsprechung: Ps 122,5". Tatsächlich hat man auch in Ps 122 einen stark liturgischen Kontext, wie bei Sir 24,11b. Denn in Ps 122 ist zu Beginn und am Ende die Rede vom בית יהוה , wo der Sänger so gerne weilte.

5. Bäume und Pflanzen - der Weinstock

     Bäume und Pflanzen überhaupt werden bei Ben Sira nicht ganz so oft erwähnt wie Tiere. Im Gegensatz zu diesen sind jene aber in den Weisheitsperikopen stärker vertreten.

a) Allgemein: Die Blumen des Feldes entzücken das Auge 40,22. Die Geschlechter von Fleisch und Blut sind wie das sprossende Laub am grünen Baum; das eine welkt, das andere wächst nach 14,8. Die Wurzel der Ueberlegungen ist das Herz. Vier Zweige treibt es hervor 37,17-18. Der Segen des Vaters macht wurzelfest, doch der Fluch der Mutter reisst den Steckling aus 3,9.

b) Negativ, die Frevler: Je nach der Sorte des Baumes fällt die Frucht aus 27,6. Die Leidenschaft wird dein Laub fressen, deinen Früchten die Wurzel rauben, dich zurücklassen als dürren Baum 6,3. Sie weidet deine Kraft ab, wie ein Rind das frische Grün des Feldes 6,2 (348). Kinder, die einem Ehebruch entstammen, werden keine Wurzel treiben und ihre Zweige bringen keine Frucht 23,25. Der Schössling des Gewalttätigen treibt keine Sprossen, denn die Wurzel des Gottlosen liegt auf Felsenriffen, wie die Kresse am Rande des Sturzbaches, die von jedem Regen weggeschwemmt wird 40,15-16. Die Spuren der Nationen verwischt Gott, und ihren Wurzelspross schlägt er ab bis auf den Boden 10,16.

c) "Heilsgeschichtlich": Wurde nicht durch ein Holz das Wasser süss? 38,5. Yahweh gab Jakob einen Rest und David einen Wurzelstock aus ihm 47,22. Herrlich war Simon als Hohepriester ... wie eine Blüte an den Zweigen in den Tagen des Festes, und wie eine Lilie an Wasserbächen, wie das Grün des Libanon in den Tagen des Sommers ..., wie ein grünender Olivbaum voller Früchte, und wie ein wilder Oelbaum mit üppigen Zweigen 50,8.11. Simons Söhne waren rings um ihn wie Zedernsetzlinge auf dem Libanon, und wie Weiden am Bach umgaben ihn alle Söhne Aarons in ihrem Schmucke 50,12-13.

d) In direktem Zusammenhang mit der Weisheit: Die Wurzel der Weisheit, wem ist sie offenbar? 1,6. Wurzel der Weisheit ist die Furcht des Herrn, und ihre Zweige sind langes Leben 1,20. In 6,19 wird der Schüler aufgerufen, an die Weisheit heranzutreten wie ein Schnitter. - Selig ist, wer sein Nest in den Baum der Weisheit, in dessen Laub baut 14,26. Denn Weisheitsbeflissene sprossen wie die Zeder (349), die am Wasser gepflanzt ist 39,13. Sie treiben Blüten gleich Lilien 39,14. Ben Sira selbst freute sich an der Weisheit wie an einer Traube, die geblüht hat 51,15. Auf diesem Hintergrund ist auch 24,12-14.16-17 zu sehen.

Im Gegensatz zu den Proverbien, wo שרש nur im Ausdruck שרש צדיקים (350) vorkommt, spricht Ben Sira öfters von der Wurzel (351). Der Gedanke eines Wachsens aus der Wurzel ist bei ihm neben Job am häufigsten von allen AT Büchern anzutreffen. Anderseits stösst man in den Proverbien viermal auf den Ausdruck "Lebensbaum" (352). Aber, wie RENCKENS sagt, bedeutet dies in Prov nur Lebensquell und Glück, eine paradiesische Situation wird nicht angezeigt (353). Bei Ben Sira haben wir eine paradiesische Situation und wenigstens einen eschatologischen Anfang.

Der Weinstock: Ausser beim Siraziden ist in der hebräischen biblischen Weisheitsliteratur nie symbolhaft von Weinstock, Traube oder Winzer die Rede. גפן in Job 15,33 geht nicht über die wörtliche Bedeutung hinaus (354). Bei Ben Sira aber finden wir wenigstens drei Stellen, die alle mit der Weisheit zu tun haben. Einmal stellt sich die Weisheit selbst als Weinstock vor: 24,17: "Ich, wie der Weinstock sprosste ich ... Kommt, ... labt euch an meinen besten Früchten". Später stellt sich Ben Sira als Nachlese haltender Winzer vor: 30,25-27: "(Und ich bin als ein Spätling gekommen) und wie einer, der hinter den Winzern Nachlese hält ... Wie ein Winzer füllte ich meine Kelter". Schliesslich sagt er von der Weisheit: "Wie wenn die Traube geblüht hat und nun heranreift, freute sich mein Herz an ihr" 51,15ab. Es wäre zu prüfen, ob der theologische Hintergrund für Joh 15 z.B. nicht fast stärker in der Weisheit Jesu Sirachs als in den Profetentexten Is 5 oder Jer 2,21 zu suchen wäre. - In der profetischen Literatur dient der Weinstock als Bild für ganz Israel, wie z.B. in Is 5, oder für einen Teil, wie Ez 17 und 19. Dass die von Yahweh gekommene Weisheit sich mit einem Weinstock vergleicht, das wird so erst im Neuen Testament von Christus wieder aufgenommen werden (355).

6. Andenken

a) Der Stamm זכר findet sich etwa in den <u>Proverbien</u> nur ganz am Rande. In 10,7 lesen wir: "Das Andenken des Gerechten ist Segen". 31,7 liest man etwas verblüfft den Rat, der Verzweifelnde solle trinken und so die Mühsal vergessen. Das ist alles. <u>Qohelet</u> braucht siebenmal זכר . Man mag ihn dabei einseitig finden, aber wer provozieren will, muss wohl so sprechen: "Es gibt kein Gedenken, das bleibt" 1,11. "Es gibt für den Weisen sowenig als für den Toren ein Gedenken auf ewig" 2,16. "Die Toten haben keinen Lohn mehr, sogar ihr Andenken wird vergessen" 9,5. Selbst als ein weiser, aber armer Mann eine Stadt gerettet hatte, galt von ihm: "Doch niemand gedachte des armen, aber weisen Retters jener Stadt" 9,15. Dunkel ist die Szene noch in 11,8: "Der Mensch soll bedenken, dass die Jahre der Dunkelheit viele sein werden". Auch 5,19 vermag mit der Aufforderung zum Genuss, um die Mühsal zu vergessen, nicht recht zu erfreuen. Bleibt noch 12,1: "Gedenke deines Schöpfers in den Tagen deiner Jugend, bevor die Jahre kommen, von denen du sagst: Sie gefallen uns nicht".

b) Ganz anders redet <u>Ben Sira</u>. In seinem polaren Denken liebt er es, zwei oder mehr Aspekte einer Sache darzulegen. Für זכר darf man wohl 28,6-7 typisch nennen: "Denk an das Ende, an Untergang und Tod, ... denk an das Gesetz des Höchsten". Entsprechend kann man die זכר -Stellen (356) gruppieren (357):

1. Unter dunklem Aspekt: "Denk an den Zorn Yahwehs" sagt Ben Sira, an den Zorn, "der nicht zögern wird" 7,16. Man soll denken an oder bedenken dass: das Ende bei allem Tun 7,36 - dass wir alle schuldig sind 8,5 - dass wir alle dahingerafft werden 8,7 - dass der Uebermütige nicht straflos bleibt 9,12 - dass der Tod nicht säumt 14,12 - den Zorn in den Tagen des Endes 18,24 - an das Ende, an Untergang und Tod 28,6 - an das Ende, das Schicksal des Toten, d e i n Schicksal 38,20-23.

"O Tod, wie bitter ist das Denken an dich" ruft Ben Sira aus, aber auch "o Tod, wie gut ist dein Schicksal" und "Bedenke, dass die ersten und die letzten mit dir sein werden" 41,1-3.

2. Unter hellerem Aspekt: Weisheit - der Weise - Yahweh. 18,25 lautet: "Gedenke der Zeit des Hungers in den Tagen des Ueberflusses". Das könnte auf die auch stark weisheitlich geprägte Josefsgeschichte der Genesis anspielen, auf die Erzählung von den fetten und den mageren Jahren. Ja, an die Weisheit sollte man denken, die Frevler tun es aber nicht 15,8. Und doch hat die Weisheit selbst eingeladen: "Mein Andenken ist süss wie Honig, und mein Erbe süss wie Wabenseim" 24,20. In der Folge wird das Andenken des Weisen nicht aufhören 39,9, das positive Andenken nämlich; es gibt auch ein negatives (358). Das Andenken der Weisen und Gerechten besteht auf ewig, ihre Gerechtigkeit (359) wird nicht vergessen. Das weisheitliche und liturgische Gedenken der Väter beweist das deutlich: "Das Andenken des Moses sei gesegnet" 45,1. "Auch das Andenken der Richter sei ein Segen" 46,11. Das Andenken des Josias ist süss, wie Honig für den Gaumen 49,1. Das Andenken des Nehemia soll geehrt sein 49,13. Aaron soll das Brustschild tragen mit dem Namen der Stämme Israels, zum Gedenken 45,11. - Kleine Glöcklein an seinem Gewand sollen einen lieblichen Klang geben bei der Liturgie, zum Andenken für die Kinder seines Volkes 45,9. Aehnlich ist 50,16 zu verstehen, wo Ben Sira wohl ein Erlebnis aus seiner eigenen Zeit schildert: "Die Söhne Aarons liessen die Trompeten mächtig erschallen, zum Andenken vor dem Allerhöchsten". Garant für das Bestehen des Gedenkens ist Yahweh selbst. Denn er persönlich hat Aaron nicht zuletzt dazu erwählt, dass er den Wohlgeruch des Gedenkopfers aufsteigen lasse 45, 16. Daher die Einladung für die Jetzt-Zeit: "Bring den angenehmen Duft eines Gedenkopfers dar" 38,11, denn "das Gedenkopfer des Gerechten wird nicht vergessen" 32,9. Nur das Andenken des Bösen vertilgt Yahweh von der Erde 10,17. "An deine Liebe zum Vater (360) wird Yahweh dir denken (361) am Tage der Not" 3,15. An das Gesetz des Höchsten soll man denken 28,7 (362). - Es gibt ein innerbiblisches Gedenken, etwa jenes von Ezechiel gegenüber Job, Sir 49,9. Schliesslich verrät uns Ben Sira sein persönliches Engagement rund um zkr: Einst, in der Not, "da gedachte ich des Erbarmens Yahwehs ..." 51,8. Nun Herr, "will ich im Lob an dich denken" 51,11. "Ich will gedenken der Werke Gottes, und was ich gesehen habe, will ich erzählen" 42,15. Das alles ist ein grosser theologischer Kontext von 24,20, wo die Weisheit sagt: "Mein Andenken ist süsser als Honig". Als Gegensatz zu זכר käme שכח in Frage, aber es würde keine neuen Aspekte bieten und kann daher unberücksichtigt bleiben.

7. Der "Bund", dazu Anhang: συναγωγαι.

Zu Sir 24,23 sagt BAUCKMANN: "Der Ausdruck 'Bundesbuch' in Kapitel 24 wird nicht an den Zusammenhang zwischen Gesetz und Israels Erwählung erinnern. Der althergebrachte Begriff ist nur dem Worte nach noch vorhanden, seine ursprüngliche Bedeutung hat er verloren" (363). Nun ist zwar, wie in den textkritischen Anmerkungen zu 24,23 dargelegt wurde, der Ausdruck "Bundesbuch" samt Kontext sekundär. Aber an der Bemerkung von BAUCKMANN ist trotzdem manches richtig. Es erstaunt ja beispielsweise ein wenig, dass Ben Sira im Lob der Väter bei Moses von allem spricht, nur eben nicht vom Bund. 45,5 ist hier grundlegend. Die Sache gewinnt an Profil beim Einbeziehen von 45,15: "Und Moses weihte ihn (Aaron) ein, und salbte ihn mit heiligem Oel. Das wurde für ihn ein ewiger Bund und für seine Nachkommen, solange der Himmel steht". Also genau nebenan steht das Bundesvokabular (364), bei Moses gerade nicht. Das ist kein Zufall. Es dürfte sich demgemäss als notwendig erweisen, einmal ברית in seinem innersirazidischen Kontext zu prüfen. Nicht alle διαθηκη -Stellen haben ein ברית als Grundlage. Nach unseren Listen ergibt sich folgendes Schema:

Der "Bund" bei Ben Sira							
Zahl	Stelle	G	S	H	text-krit.	Gottesbund	Objekt
1	11,34	τα ιδια	ܩܝܡܐ	ברית	−		
2	17,11	επιστημη	ܩܝܡܐ	----	−		
3	17,12	διαθηκη	ܩܝܡܐ	----	+	+	Die Menschheit
4	24,23	διαθηκη	ܩܝܡܐ	----	−		
5	28,7	διαθηκη	(!)ܩܝܡܐ	----	+ (?)	+	absolut
6	38,33	διαθηκη	ܩܝܡܐ	----	−		
7	39,8	διαθηκη	ܢܡܘܣܐ	----	−		
8	41,19	διαθηκη	ܩܝܡܐ	ברית	+	−	
9	44,11	διαθηκη	ܩܝܡܐ	ברית	+	+	Die Vorfahren
10	44,17	al.	ܩܝܡܐ	ברית	+	+	Noe
11	44,18	διαθηκη	al.	באות	+	+	Noe
12	44,20	διαθηκη	ܩܝܡܐ	ברית	+	+	Abraham
13	44,22	διαθηκη	om.	ברית	+	+	Isaak/Jakob
14	45,15	διαθηκη	ܩܝܡܐ	ברית	+	+	Aaron
15	45,24	διαθηκη	al.	ברית	+	+	Pineas
16	45,25	διαθηκη	om.	ברית	+	+	David
17	50,24	----	----	ברית	+	+	Simon

Die Stellen, da H mit Recht gegen G oder S etwas anderes als ברית liest, sind a priori ausgeschaltet worden. Textkritische Schwierigkeiten finden sich noch an folgenden Stellen:

11,34: Hier müssen H und S im Irrtum sein. G liest sinnvoll.

11,11: S kann nicht gut im Recht sein; man hätte sonst zweimal hintereinander
das Wort "Bund" und würde das "Einsicht", "Weisheit" von G sehr vermissen.

24,23: Die Stelle fällt auf Grund der Textkritik aus.

28,7: Wahrscheinlich ist die Korrektur von מרם in ܡܢܝܐ (SMEND) bei S richtig.

38,33: S liest den Plural, das würde gut einem Plural von חק entsprechen. So übersetzt SEGAL.

39,8 ist nach S zu lesen. Bei 44,18 ist wohl H im Fehler. Aber auch wenn er im
Recht sein sollte, würde er inhaltlich doch noch mit G übereinstimmen, denn אות
würde sich dann auf den Regenbogen beziehen, der ja nach Gn 9,12-13 ein Bundes-
zeichen ist. Thematisch fällt 41,19 ausser Betracht. In diesem Vers wird nur von
einem Vertrag unter Menschen gesprochen.

Man sieht ganz deutlich: Objekt oder Bundespartner ist nie Israel, nie Moses,
sondern die Menschheit, die Patriarchen, die Hohepriester und schliesslich noch
David, er eigentlich nur im Hinblick auf Pineas und die aaronitische Geschlech-
terfolge. Grundlegend geht der Bund auf den Anfang der Welt und der Menschen zurück (365).

συναγωγαι in 24,23:

In 24,23 haben wir den seltenen Fall, dass G den Plural liest. SMEND verweist auf
Dt 33,4, wo ein קהלה im Singular von der LXX mit dem Plural übersetzt wurde.
Dort soll der Uebersetzer an die Synagogen gedacht haben. Das mag auch hier zu-
treffen. Es wäre noch zu bemerken, dass Ben Sira hier in 24,23 wohl nicht קהל ,
sondern עדה geschrieben hatte (366) (367). Im übrigen stimmt G bezüglich der
Singular-Leseweise an allen bei 15,5 erwähnten Stellen mit H überein: Nicht so
die syrische Uebersetzung. S liest in folgenden vier Fällen gegen die anderen
Textzeugen ein ܟܢܘܫܬܐ im Plural: 34,11 gegen H und G, 39,10 gegen G allein
(368), 44,19 gegen H und G, und 46,14 gegen H und G. SMEND macht bei 34,11 die
Bemerkung "christlich". Wirklich scheint beim Syrer der Gedanke an eine Vielfalt
von Lokalkirchen lebendig zu sein. Dasselbe mag auch für 39,10 gelten. In 44,19
kann die Pluralform technisch bedingt sein, einfach als bessere Kongruenz zum unmittelbar folgenden "Völker". In 46,14 wurde Samuel vielleicht in der Rolle eines
christlichen Wanderpredigers gesehen, der bald da, bald dort eine Gemeinschaft von
Gläubigen zusammenrief (369).

8. "Bewässern, reichlich tränken" - der Wunderstrom

a) "Bewässern, tränken, reichlich laben":

Bezüglich dieser Terminologie ist eine Uebersicht über die in Frage kommenden Stellen im Sirachbuch aufschlussreich. Mit רוה und השקה in H, ܐܪܘܐ und ܐܫܩܝ in S, ποτιζειν und μεθυειν in G findet man sieben Stellen (370). Wir erhalten folgendes Schema:

"Bewässern, reichlich laben" bei Ben Sira						
Zahl	Stelle	G	S	H	Subjekt	Objekt
1	1,16	μεθυειν	ܐܪܘܐ	---	Gottesfurcht	die Frommen
2	15,3	ποτιζειν	ܐܫܩܝ	השקה	Weisheit	Weisheitssucher
3	24,30	---	ܐܫܩܝ	---	Ben Sira	---
4	24,31	ποτιζειν	ܐܫܩܝ	---	Ben Sira	Garten
5	24,31	μεθυειν	ܐܪܘܐ	---	Ben Sira	Beete
6	35,13	μεθυειν	ܣܒܥ	רוה	Gott der Schöpfer	Mensch
7	39,22	μεθυειν	ܐܫܩܝ	רוה	Gott	Erde

Das רוה von 50,10 ist nach SMEND falsch; hier ist es weggelassen.

Gott tränkt die Erde. Als Erschaffer labt er den Menschen reichlich. Die Gottesfurcht labt den Frommen bis zum Uebermass; die Weisheit macht dasselbe für den, der sie sucht. Ben Sira stellt sich in diese Reihe als Uebermittler und Lehrer der Weisheit.

b) Der Wunderstrom:

Das Thema vom wachsenden Wunderstrom findet sich bei Ezechiel. Der Strom geht dort vom Tempel aus. Vom Tempel geht auch das Gesetz, und in Sir 24 die Weisheit aus, Sir 24,10. Man kann Parallelen in der Struktur von Sir 24,30-31 und Ez 47,1-9 aufzeigen. Mehrfach schwillt das Wasser an beiden Stellen an. Durch das Wasser können Pflanzen leben (371). Dieser zweite Aspekt wird bei Ezechiel nachdrücklicher betont. Man vergleiche Sir 24,30-31 und Ez 47,1-9:

Sir 24,30-31:

"Und ich war wie ein Bewässerungsgraben
und wie ein Kanal, der herabfliesst zu den Gärten. ... Doch siehe,
mein Kanal wurde ein Fluss,
und mein Fluss wurde ein See" (372).

Ez 47,1-9:

"Siehe, Wasser quoll unter der Tempelschwelle hervor ... Als der Mann nach Osten
schritt ... hiess er mich durch das Wasser gehen,
          (das) <u>Wasser</u> (reichte) <u>bis an die Knöchel</u>. Und wieder ... hies er mich
hindurchgehen durch das Wasser.
          (das) <u>Wasser</u> (reichte) <u>bis zu den Knien</u>.   Und wieder ...,
          (das) <u>Wasser</u> (reichte) <u>bis an die Hüfte</u>.   Und wieder ...,
(da war es) ein <u>Strom</u>, den ich nicht mehr durchschreiten konnte ...
 Und er sprach zu mir:
          Dieses <u>Wasser</u>   <u>fliesst hinab</u> in den östlichen Bezirk ... und
alles, was der <u>Fluss</u> erreicht, soll am Leben bleiben".

Vom Wasser in der Wüste, von einem Wunderstrom ist auch bei Deuteroisaias die Rede, und sonst noch dann und wann in der Bibel. Ein Heranwachsen in der genannten
Weise aber gibt es nur bei Ezechiel und bei Jesus Sirach.

9. Ben Sira als Profet

a) Die Wurzel נבא

sucht man in Job, Qohelet und den Proverbien umsonst. Man findet weder das Verb,
noch ein konkretes oder abstraktes Nomen. Das Bild würde sich ein wenig, aber nur
ein wenig, ändern, wenn man andere Stämme wie z.B. חזה berücksichtigen wollte.
Wir beschränken uns jedoch auf προφητ-   der LXX und נבא im hebräischen Text.
Bei Ben Sira muss noch das syrische ܢܒܐ hinzukommen.

b) Bei Ben Sira liegen die Dinge wesentlich anders, wie ein Schema zeigen wird.
Ausnahmsweise bilden wir dessen Einteilung nur von G her. Von den sich ergebenden
21 Stellen sind die letzten sieben fast durchs Band irgendwie zweifelhaft, praktisch scheiden sie für unseren Gebrauch in diesem Zusammenhang aus. Dann haben wir
noch zwei Gruppen: Die Nummern 1-6 und 8 als Amtsbezeichnung etc., 7.9-14 als Amts-
träger.

προφητ- im Sirachbuch				
Zahl	Stellen	G	S	H
a) προφητεια				
1	24,33	προφητεια	ܢܒܝܘܬܐ	---
2	36,20	προφητεια	ܢܒܝܘܬܐ	חזון
3	39,1	προφητεια	ܡܡܠܠ ܢܒܝܐ	---
4	44,3	προφητεια	ܢܒܝܘܬܐ	נבואה
5	46,1	προφητεια	ܢܒܝܘܬܐ	נבואה
6	46,20	προφητεια	ܢܒܝܘܬܐ	נבואה

b)　προφητης

7	36,21	προφητης	ܢܒܝܐ	נביא
8	46,13	προφητης	ܐܝܬܘ ܐܝܒܢ	נזיר...בנבואה
9	46,15	προφητης	---	חזה
10	48,1	προφητης	ܢܒܝܐ	נביא
11	48,8	προφητης	ܢܒܝܐ	נביא
12	48,22	προφητης	ܢܒܝܐ	....
13	49,7	προφητης	ܢܒܝܐ	נביא
14	49,10	προφητης	ܢܒܝܐ	נביא

c)　προφητευειν

15	46,20	προφητευειν	ܐܬܢܒܝ	נדרש
16	47,1	προφητευειν	ܐܬܢܒܝ	התיצב
17	48,13	προφητευειν	---	נבא (+)

d) anders

18	47,17	ερμηνεια	ܢܒܝܘܬܐ	מליצה
19	48,12	πνευμα	ܢܒܝܘܬܐ	....
20	48,22	ορασις	ܢܒܝܐ	---
21	49,9	ομβρος	om.	נביא (+)

Wen Ben Sira als נביא bezeichnet, ist ganz klar: Die Profeten allgemein 36,21,
Samuel 46,15, Elias 48,1, Elisäus 48,8, Isaias 48,22, Jeremias 49,7, die zwölf
Profeten 49,10, vielleicht noch in 39,1 nach S die alten Profeten, wohl dann jene der Bibel. Bei נבואה wird es schwieriger. Dreimal handelt es sich gewiss
um das profetische Amt, so bei Moses (Josue) 46,1 und bei Samuel 46,13.20. In
36,20 steht ein anderes Wort; es sind aber mit grosser Wahrscheinlichkeit die
Profezeiungen biblischer Profeten gemeint, ähnlich in 44,3. Das προφητεια
von 39,1 ist unsicher (373). SEGAL hat es interpretiert mit "die Schriften der
früheren und späteren Profeten", d.h. praktisch die Bücher Josue bis Malachias
der hebräischen Bibel. Diese Interpretation kann an sich auch bestehen, wenn man
S vorzieht. Nur ist diese Auslegung von SEGAL etwas stark einengend. - Die hei-
kelste Frage stellt jedoch 24,33. Man kommt dort an einem נבואה nicht vorbei.
Wenn dazu noch das ܒ aus S dem ως des G vorgeht (374), dann wird die Frage
laut, ob Ben Sira sich nicht nur als Weisheitslehrer, sondern auch als Profet
betrachtet habe. Man kann auf eine analoge Situation in Aegypten verweisen. Dort
ist die Profetie Bestandteil der allgemeinen Weisheitslehre. Es geht dabei allerdings nicht um charismatische Verkündigung, sondern um die Ueberzeugung, dass
die Geschichte nach festen und erkennbaren Regeln abläuft, was einsichtige Männer auch zu Aussagen über die Zukunft befähigt (375). Ben Sira denkt natürlich
nicht so. Doch wäre es bei seiner ausgeprägt theologischen Auffassung der חכמה

durchaus noch möglich, dass er sich selber als eigentlichen Nachfolger der Profeten in einer veränderten Zeitlage betrachtet hätte.

10. Griechische und lateinische Sekundärtexte

a) Griechische Sekundärtexte in Sir 24

Wir finden in Sir 24 nur zwei längere Zusätze, die von G herstammen.

1. 24,18: "Ich bin die Mutter der schönen Liebe, der Furcht und Erkenntnis, und der heiligen Hoffnung. Ich gebe (?) aber allen meinen Kindern als ewigen (?), denen, die von ihm genannt sind". Bereits a und b sind ganz unsirazidisch. Ben Sira hat und hätte nie קדוש zu תקוה gesetzt. Auch das Thema von der Liebe entfaltet er nicht in diesem Sinn. In c und d sind schon die textkritischen Schwierigkeiten gross. Man bekommt kaum heraus, was in G ursprünglich stand. Vielleicht muss man Medium (Passiv) δίδομαι lesen mit Ms 493, ferner statt αειγενεις vielleicht αειγενης , dann bezieht sich das auf die Weisheit. Dies würde gut zu 1,5 passen, cfr. dort.

2. 24,24: "Höret nicht auf, stark zu sein im Herrn. Hanget ihm aber an, damit er euch stärke. Der Herr, der Allmächtige ist allein Gott, und es gibt keinen Erlöser ausser ihm". PETERS hat diese zwei Distichen einen Zusatz aus jüdischer Hand genannt. Die starke Betonung der Alleinherrschaft des Herrn und der Ausdruck παντοκρατωρ sprächen dafür. Stilistisch und thematisch könnte aber Vers 24a auch sehr gut eine Imitation von Paulus darstellen und somit aus christlicher Hand stammen.

b) Theologische Glossen und Aenderungen, die durch die Vetuslatina verursacht sind

Es fällt auf, dass die Vetuslatina das 24. Kapitel unvergleichlich stärker umgearbeitet hat als irgend eine andere Weisheitsperikope.

aa) In anderen Weisheitsperikopen haben wir mit Sicherheit nur:

1,9:	"spiritu sancto"
1,17-18:	"Timor Domini scientiae religiositas; religiositas custodiet et iustificabit cor".
1,22:	"Nam qui sine timore est, non poterit iustificari".
4,11:	"Et praeibit in viam iustitiae".
4,18:	"Et thesaurizabit super illum scientiam et intellectum iustitiae".
6,22:	"Quibus autem cognita est, permanet usque ad conspectum Dei".
15,5:	"Adimplebit illum spiritu sapientiae et intellectus, et stolam gloriae vestiet illum".
15,7:	"et homines sensati obviabunt illi".

Die meisten Stellen sind dabei einfache, mehr oder weniger willkürliche Ergänzungen. Spezielle Erwähnung verdienen nur 15,9 und 1,9. Im ersten Fall wird wohl auf

Is 11,2 angespielt. Im zweiten Fall ist Klarheit schwerlich zu erreichen.

bb) In Sir 24 hat die Vetuslatina die ganze theologische Struktur verändert.

1. 23,3: "Primogenita ante omnem creaturam". Dies ist wohl der erste auch thematisch interessante Zusatz der Vl in Kapitel 24. Es wird hier unnötig und nicht ganz glücklich auf Prov 8,23 angespielt. Ben Sira hat nicht einen zeitlichen Primat der Weisheit so betonen wollen.

2. 24,3: "Ego in coelis feci ut orietur lumen indeficiens". Das Anliegen geht dahin, auch der zweiten göttlichen Person, dem Logos, eine Teilnahme am Schöpfungswerk zu erlauben.

3. 24,6: "Et omnium excellentium et humilium corda virtute calcavi". PETERS sieht darin einen Kommentar zu 1,6b.

4. 24,20: "Memoria mea in generatione saeculorum". Inhaltlich ist das = 9b.

5. 24,20: "Qui elucidant me, vitam aeternam habebunt". PETERS schreibt dazu: "Der Zusatz meint die Weisheitslehrer (vgl. Dan 12,3) und will zu dem folgenden Abschnitte überleiten". Der Autor der Zufügung hat möglicherweise mit dem Gedanken des "ewigen Lebens" die vorangehenden Verse ergänzend abschliessen wollen. Der Ausdruck selber kann vom nachfolgenden "liber vitae" inspiriert sein.

6. "Israel promissionis" in Vers 23 mag ein aus "filius promissionis" (Röm 9,8) und "Israel Dei" (Gal 6,16) entstandener Zusatz sein.

7. Nach Vers 23 wird zugefügt: "Posuit David puero suo excitare regem ex ipso fortissimum, in throno honoris sedentem in sempiternum". Dadurch wird auch die vorausgegangene Strofe auf Christus, statt auf die Torah bezogen (PETERS).

8. In V. 30 fügt Vl als Subjekt "sapientia" ein. Dadurch wird die folgende Strofe nicht Ben Sira, sondern wiederum der Weisheit selbst in den Mund gelegt.

9. In 30b wird durch "a paradiso" statt "in paradisum" die Bedeutung von "Garten" auf "Paradies" umgebogen. Doch Ben Sira wollte nicht so auf Gn 2 anspielen.

10. Nach Vers 32 fügt Vl ein: "Penetrabo omnes inferiores partes terrae, et inspiciam omnes dormientes, et illuminabo omnes sperantes in Deo". Hier ist wohl der descensus Christi ad inferos hineingearbeitet (PETERS).

11. Mit "non desinam" von V. 33 wird hier zunächst der an sich sirazidische Gedanke von der "aeternitas" der Weisheit ausgesagt. Ben Sira wollte allerdings nur sagen, seine Lehre bleibe ewigen Geschlechtern erhalten. Ferner setzt wohl die Vl die Weisheit einfach wieder mit Christus gleich. Alle anderen Vl-Zutaten haben vielleicht textkritische Ursachen oder rühren von G oder einer anderen Vorlage her.

7. P E R I K O P E 37,16-26

I. DEUTSCHER TEXT

Vv. 16   "Der Anfang jeden Tuns ist das Wort,
      aber vor jedem Handeln ist das Denken.

17   Die Wurzel der Ueberlegungen ist das Herz,
      vier Zweige treibt es hervor:

18   Gutes und Böses, Leben und Tod,
      aber völlige Gewalt hat über sie die Zunge.

19   Mancher Weise erscheint für viele als ein Weiser,
      aber sich selbst erscheint er wie ein Tor.

20   Mancher Weise ist wegen seiner Rede verhasst,
      und allen Genusses geht er verlustig.

22   Mancher Weise bezeigt sich für sich selbst als Weiser,
      und die Frucht seiner Einsicht kommt auf seinen Leib.

23   Mancher Weise bezeugt sich für sein Volk als Weiser,
      und die Frucht seiner Einsicht kommt auf es (oder: ist ewig).

25   Das Leben eines Menschen währt zählbare Tage,
      doch das Leben Yeschuruns (oder: Israels) währt unzählbare Tage.

24   Wer für sich selbst weise ist, wird satt von Genüssen,
      und es preisen ihn glücklich alle, die ihn sehen.

26   Wer für sein Volk weise ist, gewinnt Ehre,
      und sein Name bleibt für ein ewiges Leben".

II. TEXTKRITISCHE UND FORMALE ANMERKUNGEN

1. Gesamtstruktur

Auch dieser kleine Abschnitt gibt einige Rätsel auf. Man darf die ersten drei Verse von den übrigen ziemlich stark trennen. Anderseits kann man vom Thema her doch wieder alles zusammensehen. FUSS schrieb: "Ein Bindeglied zwischen 37,19-26 und den Versen 16-18 ist nicht wahrzunehmen". Rein formal mag dies stimmen.

SEGAL gibt den Zusammenhang gut wieder: "Diese kleine Perikope vereinigt in sich zwei aufeinanderfolgende Abschnitte. Die Aufzählung über das Hören auf den Rat des Herzens am Ende der vorangegangenen Perikope (Vv. 13-15) führt Ben Sira dazu, jetzt vom Herzen zu reden, als vom Quell des Gedankens, und von der Zunge, als dem Organ, das dem Gedanken durch das Sprechen Ausdruck verleiht. Und von da geht er weiter und spricht vom Weisen als dem Mann mit klugem Herzen und beredter Zunge".

2. Zu den einzelnen Versen

Vers 16. S liefert zunächst wenig Brauchbares für die Textkritik. Bei H liegt der Schwerpunkt der Diskussion am Anfang von b und am Ende von a. Ms D hat nämlich am Anfang von b ein לפני , die anderen Abweichungen haben nicht viel zu bedeuten. Aber es fragt sich nun, wie der Vers zu verstehen sei. Ist er genau parallel geformt, und zwar so, dass מעשה und פועל einander entsprechen, und wiederum דבר und מחשבת ? ראש ist in a und b bei Ms B auch formal identisch. Dann müsste aber, wie SEGAL gut bemerkt, דבר ungefähr die Bedeutung eines griechischen Logos annehmen, was doch etwas viel verlangt wäre. Darum möchte SEGAL den Vers wie folgt verstehen: Am Anfang von jedem Werk ist das Wort, das Wort hat die Leitung. Noch vorher, vor dem dirigierenden Wort ist der Gedanke. In diesem Fall passt לפני aus D eher besser an den Anfang von b. Anderseits muss ja der Sinn des ersten und des zweiten ראש in Ms B nicht unbedingt gleich sein. Es bleibt noch die Frage, ob פועל und מעשה ein menschliches oder ein göttliches Werk meinen. Es wäre auch möglich, so SEGAL, dass Ben Sira auf die Ordnung bei der Erschaffung der Welt anspielen wollte, und dass von da her der Unterschied zwischen דבר von Ms B und מאמר von Ms D zu verstehen wäre. In dieselbe Richtung würde S weisen mit seinem ܠܟܠ ܟܕ܂ ܟܠܗܘܢ ܣܡ ܐܢܫܐ ܒܢܝ ܩܕܡ = "vor den Menschen und vor jedem (376) hat der Herr das All erschaffen". Wir empfinden eine solche Interpretation eher als störend. Wir müssen aber trotzdem zugeben, dass Faktoren aus der Tradition, nämlich S sicher und Ms D vielleicht, in diese Richtung weisen.

Vers 17.18a. Wir lesen wohl am besten mit Ms D. Ob dabei שרביטים von D oder ש(בטי)ם von B ursprünglich ist, mag dahingestellt bleiben. Als Subjekt nehmen wir לבב . SEGAL sieht auch eine Möglichkeit für תחבולות als Subjekt, dann nämlich, wenn man mit Ms B den Plural יפרחו liest. Das wäre ein defektiv geschriebenes Hifil. Das Anfangsyod könnte entweder ein Fehler sein, oder eine einfache Inkongruenz, wie sie öfters vorkommt.

Vers 18bc. Man kann ganz nach B lesen. רעה statt רע stört nicht und auch das w vor חיים ist im Hebräischen kein Hindernis.

Vers 19. Man braucht an der Leseweise von B nicht unbedingt etwas zu ändern. Denn

גואל kann Ptc.Pual ohne mem praefixum sein von גאל II., aber vielleicht ist doch נואל aus D ursprünglich. Wie SEGAL gut sieht, sind für diesen Vers zwei Interpretationen möglich. Entweder: Es gibt den Weisen, der vielen raten kann, sich selbst jedoch nicht zu helfen weiss, oder: Es gibt den Weisen, der vielen als Weiser erscheint; von sich selber aber denkt er nicht so hoch. Der zweite Sinn ist der wahrscheinlichere.

Vers 20. Der Text ist ziemlich klar. ימאס in D ist Nifal, wie נמאס in B. Nicht so klar ist der Sinn. Es könnte sich um Menschen handeln, die nicht so reden können, wie es die Leute gerne hören. Diese Menschen sind daher nicht beliebt und werden von den Gastmählern ferngehalten. Diesen Sinn sieht SEGAL im Text. Es könnte aber auch, wie ALONSO erwägt, eine Philosophengruppe gemeint sein, die abgesondert nur für sich lebt, und sich daher auch nicht bei Gastmählern zeigt.

Vers 21. Dieser Vers ist nur in G erhalten. Er erweitert und erklärt nur V. 20 und hat praktisch keine Aussicht, ursprünglich zu sein.

Vers 22. Der Vers ist klar. גויתו muss nicht zu wörtlich übersetzt werden, es genügt ein "auf ihn selbst".

Vers 23. בגויתם macht gewisse Schwierigkeiten. Aber da es sich in B, C und D findet, da ferner S damit übereinstimmt, ist es sehr zweifelhaft, ob man nach G verbessern soll. Wir möchten es nicht tun, lassen aber die Möglichkeit offen.

Vers 25. Manche sehen in diesem Vers eine Glosse. Aber er ist immerhin von B und D aus H, ferner von G bezeugt. Das Fehlen in C besagt gar nichts beim florilegienartigen Charakter dieser Handschrift. Das Fehlen in S heisst ebenfalls nicht viel. Zu oft lässt der Syrer einen Vers aus, wenn dieser ihm aus theologischen Gründen nicht gefällt. Und 37,25 mochte wohl einem nicht sehr weiten christlichen Geist einiges Missbehagen bereitet haben, sodass er den Vers deswegen nicht für tragbar hielt. Im weiteren ist der Platz umstritten, den man unserem Vers in der Perikope zuweisen kann. Nach Vers 24 gehört er gewiss nicht hin, da ist G im Fehler. Hingegen kann der Vers sehr wohl nach Vers 23 stehen, wie in B und D. Manche setzen ihn nach Vers 26. Aber solange er sinnvoll an einem durch die Tradition bezeugten Platz stehen kann, soll er dort bleiben.

Verse 24 und 26. Wir lesen die Verse wie SMEND. Das Problem des Weiseseins für sich selbst oder für das Volk wird hier ähnlich angegangen wie in 24,33-34.

8. P E R I K O P E 38,24-39,11; 39,12-14

I. DEUTSCHER TEXT (*15)

Vv. 38,24 "Die Gelehrsamkeit (oder: Musse?) des Sofer mehrt die Weisheit,
und wer frei ist von schwerer Arbeit, der kann weise werden.

25 Wie kann weise werden, wer den Pflugsterz hält,
und sich rühmt mit dem Stab des Treibers?
Wer das <u>Rind</u> <u>führt</u> und <u>wendet</u> den <u>Ochsen</u>,
und sich beschäftigt mit dem Jungen des Grossviehs.

26 Wer sein Herz darauf richtet, die Saatstreifen zu eggen,
und dessen Sorge es ist, zu vollenden die Mast.

27 Auch der Kunsthandwerker und Buntweber,
der bei Tag wie bei Nacht keine Ruhe hat,
der die Siegelringe schneidet,
und auch der, dessen Kunst es ist, bunt zu weben,
der sein Herz daran setzt, das Muster nachzuahmen,
und dessen Sorge auf die Vollendung seines Werkes geht.

28 So auch der Schmied, der am Ofen sitzt,
und acht gibt auf die eisernen Geräte.
Die Flamme des Feuers schmelzt das Fleisch,
und von der Hitze des Ofens erglüht er.
Der Lärm des Hammers macht taub sein Ohr,
und auf das Modell des Gerätes sind gerichtet seine Augen.
Er setzt sein Herz daran, sein Werk zu vollenden,
und seine Sorge geht auf die (genaue) Abmessung.

29 So auch der Töpfer, der an seinem Rade sitzt,
und mit seinen Fussohlen die Scheibe dreht.

30 Seine Arme reisst auf der Ton,
und vor seinem Alter ist er krumm und gebückt.
Sein Herz setzt er daran, die Glasur zu vollenden,
und seine Sorge geht auf die Heizung des Ofens.

31   Alle diese sind mit ihren Händen geschickt,
     und jeder von ihnen ist in seinem Handwerk weise.

32   Ohne sie kann keine Stadt bestehen,
     und wo sie wohnen, hungern sie nicht.

33   Aber zur Beratung des Volkes werden sie nicht gesucht,
     und in der Versammlung ragen sie nicht hervor.
     Auf dem Stuhl des Richters sitzen sie nicht,
     und Gesetz und Recht überdenken sie nicht.
     Sie tragen nicht einsichtsvolle Lehre vor,
     und die Sprüche der Weisen verstehen sie nicht.

34ab Denn in den Arbeiten der Welt sind sie klug,
     und ihr Nachdenken geht auf die Ausübung ihres Gewerbes.

38,34cd Anders, wer sich der Gottesfurcht hingibt,
     und erforscht das Gesetz des Lebens,

39,1 der die Weisheit der Vorfahren ergründet,
     und an die alten Profeten sich wendet,

2   der auf die Vorträge berühmter Männer acht gibt,
     und in die Wendungen der Sprüche eindringt,

3   den verborgenen Sinn der Sprichwörter ergründet,
     und die Rätsel der Sprüche erforscht.

4   Der inmitten der Herrscher dient,
     und vor den Fürsten erscheint,
     der die Länder der Völker durchwandert,
     Gutes und Böses unter den Menschen erprobt.

5   Der sein Herz daran setzt, zu seinem Schöpfer zu flehen,
     und vor dem Höchsten Erbarmen erbittet,
     der seinen Mund im Gebet auftut,
     und wegen seiner Sünden um Gnade fleht.

6   Wenn es dem höchsten Gott gefällt,
     wird er mit dem Geiste der Einsicht erfüllt;
     er selbst sprudelt zwiefältig von weisen Sprüchen,
     und gibt dem Herrn Bekenntnis im Gebet.

7   Er selbst versteht Rat und Einsicht,
     und er kennt ihre Geheimnisse.

8   Er selbst trägt einsichtsvolle Lehre vor,

        und rühmt sich des Gesetzes des Lebens (oder: Herrn?)

9   Seine Einsicht loben viele,

        und bis in Ewigkeit wird sie nicht ausgetilgt.

        Sein Gedenken hört nicht auf in Ewigkeit,

        und sein Name lebt fort von Geschlecht zu Geschlecht.

10   Seine Weisheit preist die Gemeinde,

        und sein Lob verkündet die Versammlung.

11   Bleibt er am Leben, so wird er von Tausenden gepriesen,

        und nimmt er ein Ende, so genügt sein Name."

39,12-14:

12   "Noch einmal will ich lehren, nachdem ich viel überlegt,

        denn wie der Vollmond bin ich voll.

13   Hört auf mich, ihr Frommen, und euer Fleisch soll gedeihen,

        wie die Zeder (oder: Rose?), die gepflanzt ist am Wasser.

14ab   Wie der Weihrauch soll euer Wohlgeruch duften,

        und Blüten sollt ihr treiben wie Lilien."

II. TEXTKRITISCHE UND FORMALE ANMERKUNGEN

1. Gesamtstruktur

In der lateinischen Ueberlieferung wurde 38,24-39,11 nicht sehr stark als eine einheitliche Perikope empfunden. Man hat darum in Γ A (377) die Ueberschriften nur unregelmässig, wie folgt: Vor 38,24 steht nichts.
Vor 38,27: "De singulis artificibus".
Vor 39,1: "Sapientiae laus, id est Filii Dei quod per ipsam omnis scientia et prophetia sit quae semper cum Patre et cum Spiritu sancto opere et potentia ubique est".
Vor 39,8: "Sapientia pandit quod orantibus Spiritus dat intellectum et tamquam imbrem emittit eloquia dando, suggerendo, secundum apostolum dicentem: "Ipse Spiritus postulat pro nobis".

Das sind einige theologisch interessante Glossen, von einer adäquaten Einteilung kann so keine Rede sein. Die modernen Autoren gliedern das Ganze verschieden. Der Anfang bei 38,24 ist klar. Ob das Ende bei 39,11 oder 39,14 liegt, ist eine andere Frage. Für unser Thema nehmen wir einen Abschluss bei 39,11 an. Zugleich brauchen wir die unmittelbar darauf folgenden Verse wegen ihres Inhalts

und der parallelen Struktur zu 24,32-34. Wir geben sie daher als eine Art Anhang. Das grösste Strukturproblem dürfte in unserem Fall nicht im Festlegen der
Zäsuren stecken, sondern in der genauen Verszahl. Vielleicht hat ZENNER Recht,
vielleicht ALONSO, von den andern sicher keiner. Es folgen die wichtigsten Struk-
turvorschläge in Zahlen, wobei eine Einheit wie gewohnt einem Distichon entspricht:

ZENNER:	7 (= 4+3) +7 (= 4+3) +6+8
SMEND:	1+3+3+4+4+2+2+2 / 2+2+2+2 / 4+2+2
PETERS:	1+3+3+7 mal 2 / 11 mal 2
SEGAL:	1+3+4+4+6 / 4+4+4+4 / 3 (378)
ALONSO:	4+4 (konkret 4 minus 1) +4+4+6+4+4+4+4

PETERS macht darauf aufmerksam, dass der zweite Teil 22 Distichen enthalte, und
er denkt, dass deswegen vielleicht auch die Verse 38,24-34 ursprünglich nicht
21, sondern ebenfalls 22 Distichen enthalten haben. Diese Einteilung ist nicht
gut. Denn 39,15 gehört auf jeden Fall zum nachfolgenden Hymnus. Ein weitgehend
übereinstimmendes Schema bieten SMEND und SEGAL, nur nimmt SEGAL noch drei Verse dazu. Eine ganz regelmässige Strofik hat man bei ALONSO. Nach ihm würde auch
die zweite Strofe eigentlich vier Verse umfassen, einer davon wäre bisher nicht
wiedergefunden (379). Wir lesen zwar bei Sir 38,24-39,11 in der zweiten Strofe
unserer Meinung nach ursprünglich drei Verse. Dies vor allem deswegen, weil nach
unserer Ansicht Strofe vier ebenfalls drei und nicht wie allgemein angenommen
vier Verse enthält. 4+3+4+4 ist vollkommen unmöglich, 4+3+4+3 hingegen kann ohne
Schwierigkeit gültig sein. ZENNER wollte für unseren Abschnitt nochmals das Chorliedschema anwenden. Aber man sieht nicht so recht, was eigentlich dazu einlädt.

2. Zu den einzelnen Versen und Strofen

Vers 24. Man würde ganz wörtlich übersetzen: "Die Weisheit des Sofer mehrt die
Weisheit", so nach H, wo der Vers am besten überliefert ist. Dreimal wird hkm gebraucht. Könnte nicht auch das zweite hkm Subjekt sein? Der Sinn wäre dann: Die
Weisheit selber mehrt die Weisheit des Sofer. Das wäre grammatikalisch durchaus
möglich, dürfte in unserem Fall jedoch nicht zutreffen. G hat vielleicht die richtige Deutung gegeben mit "Musse". Nur hätte das erste und nicht das zweite hkm
diesen Sinn erhalten sollen, wie SMEND richtig bemerkt. Für diese Uebersetzung
spricht auch der Parallelismus, denn das entsprechende עסק aus Stichos b - in
unserem Vers mit negativem Vorzeichen - heisst oft "schwere, intensive handwerk-
liche Beschäftigung".

Vers 25. Der Vers beginnt mit einer didaktischen Frage. Sie schliesst die negative Antwort allerdings schon weitgehend in sich. Zu Anfang steht ein Hitpael von

ḥkm; genau so hört Vers 24 auf. W.FUSS hat sehr zutreffend notiert, dass die
Verse 25-30 eine einzige grosse syntaktische Periode bilden und unter dem Aus-
ruf מה יתחכם stehen. In S ist dieses leider nicht mehr so deutlich. Am klarsten sieht man es in der aus G erarbeiteten Rückübersetzung von SEGAL. - Ueber
מלמד könnte man sich streiten. Wir geben ihm den Sinn, den S und G darin gefunden haben: "Pflugsterz, Pflugschar". In b scheint bei H der letzte Buchsta-
be undeutlich zu sein. SMEND hat ihn als ד gelesen. Die meisten Texteditoren
lesen aber ר.   מעיר dürfte nach der Analogie von G (380) Ptc. Hifil ohne
Synkope des ה sein, so PETERS. Der Vers ist bezüglich des Konsonantenbestandes
sehr gleichförmig auf m gestützt: mh yṯḥkm twmk mlmd wmtp'r bḥnyt mḥˁyr. Der
dritte Stichos gibt in chiastischer Form das Pflügen wieder durch asyndetisches
Nebeneinanderstellen der beiden Verben "führen" und "zurückführen", eingerahmt
von den Pflugtieren: bᵉ'allūp yinhag yᵉšōbēb bᵉšōr. KUHN hat für šōr das šīr von
Bm lesen wollen. Er versteht sir im Sinne von "Kuhreihen". Man kann aber die
Textlesart von B behalten.

Vers 26. H hat die beiden Stichen verkehrt. Das w vor šqydh, S und G, sowie die
Entsprechungen bei G und S in Vv. 27.28.30; 39,5 verlangen eine Umstellung. Dieser Kehrreim von Vers 26 wiederholt sich bei den andern drei Strofen für die
Handwerker so gleichförmig als möglich. Bei der Strofe für den Weisen hingegen,
in 39,5 hat man bezeichnenderweise nur den Anfang gleich.

Vers 27ab. Der Anfang in H ist wichtig. Nur dort wird nämlich klar, dass eine
Partizipialkonstruktion weitergeführt wird. Das letzte Wort in b ist umstritten. SMEND findet Spuren von einem Hifil des Verbes זוע. Das würde mit dem von
S überlieferten ܐܘܕܝ̈ܬ morphologisch und semantisch übereinstimmen, die Uebersetzung wäre: "in Unruhe sein". Daneben führt Ms B die Randlesart ' נהג. Zu ihr
passt G. PETERS schrieb, er finde in seinem Faksimile nichts von einem ' ידע.
Mehrere Editoren ergänzen konjektural ein שים. Wir folgen für das letzte Wort
des Stichos b S, obwohl S unseren Vers nicht in besonders guter Ordnung und zudem
recht unvollständig wiedergibt. Aber fürs letzte Wort fügt sich der genannte Sinn
gut ein, man hat da mit einiger Wahrscheinlichkeit eine ursprüngliche Lesart (381).

Vers 27cd. Von hier an fehlt in H ein Blatt bis 39,15c. Das wäre nach Ms B ein
Ausfall von zweimal 18 = 36 Zeilen. Auch die beiden von Di LELLA veröffentlichten
Blätter dieses Manuskripts haben dieselbe Zeilenzahl (382/383). Es fehlen also in
H 36 Verse. Das ist für mich sicher. Man könnte höchstens fragen, ob der Schrei-
ber des noch nicht wiedergefundenen Blattes zuviel oder zuwenig kopiert habe. S
hat ebenfalls 36 Zeilen, was freilich nicht viel beweist. Denn er lässt einmal

zwei Verse aus, fügt zwei andere bei und geht allgemein etwas eigenmächtig vor.
In G hat man 37 Distichen. Die Frage ist berechtigt: Hat G hinzugefügt? Die Diskussion darüber wird in der übernächsten Strofe geführt werden. Für c-d folgen
wir ungefähr SMEND, der seinerseits G hier als Grundlage gebraucht hat.

Vers 27ef. Für Stichos e liegen mehrere Variationsmöglichkeiten vor. Am feinsin-
nigsten und in genauer Gefolgschaft von G hat ALONSO mit "Nachahmen des Lebens",
d.h. nachahmen der lebendigen Wirklichkeit, übersetzt. Im Deutschen ziehe ich eine noch freiere Wiedergabe vor.

Vers 28ab. In a muss man sich für "Ambos" des G oder "Ofen" des S entscheiden.
"Ofen" scheint den zweiten Vers besser einzuführen. In b wird sich die Wiedergabe
nach der in a getroffenen Wahl richten.

Vers 28cd. Vermutlich verdient zunächst S den Vorzug. Soviel ich sehe, hat er
ﬡﬡﬡ ausser an unserer Stelle nur noch in 51,4. Dort stimmt er gegen G mit
H überein. Ein šlhbt kommt übrigens in der hebräischen Bibel nur einmal, und zwar
in Job vor. Für das Verb hat man die Wahl zwischen τηκω , beziehungsweise πηγ-
νυμι von G und ﬡﬡﬡ des S (384). Für G ist τηκω etwas besser bezeugt. Wir geben ihm sogar den Vorrang vor dem syrischen Verb. Im zweiten Stichos hat man
schon wieder zu entscheiden zwischen G mit "in der Hitze des Feuers hält er aus"
und der von uns vorgezogenen Leseweise des S: "von ... des Ofens erglüht er".

Vers 28ef. Für 28e trifft ein seltener Fall zu. Da haben nämlich nur Sekundär-
übersetzungen den Stichos richtig überliefert. Die aethiopische Tochterübersetz-
zung aus G liest hier ein Wort, das "taub machen" heisst (385). Für f stimmen G
und S überein.

Vers 28gh. Dieser refrainartige Vers wird nur von G geboten. Ueber das letzte
Wort kann man verschiedener Meinung sein. PETERS und SMEND haben darüber ausführlich diskutiert.

Verse 29 und 30. Diese Strofe redet vom Töpfer. Zunächst wollen einige schwierige
textkritische Probleme in Angriff genommen sein. Ausnahmsweise muss hier die ganze Strofe griechisch und syrisch zitiert werden. Ein blosses Besprechen gibt nämlich ein viel zu unklares Bild.

```
29-30 G: ουτως κεραμευς καθημενος εν εργω αυτου
        και συστρεφων εν ποσιν αυτου τροχον,
        ος εν περιμνη κειται δια παντος επι το εργον αυτου
        και εναριθμιος πασα η εργασια αυτου.
   30   εν βραχιονι αυτου τυπωσει πηλον
        και προ ποδων καμψει ισχυν αυτου.
        καρδιαν επιδωσει συντελεσαι το χρισμα
        και η αγρυπνια αυτου καθαρισαι καμινον.
```

29-30 S: ܗܟܢܐ ܐܦ ܦܚܪܐ ܕܝܬܒ ܥܠ ܓܝܓܠܐ ܘܡܢܝܕ ܒܦܪܣܬܗ ܡܐܢܐ
ܥܝܢܘܗܝ ܒܡܐܢܐ̈ ܕܟܠ ܥܒܕܗ
30 ܘܕܪܥܘܗܝ ܡܦܪܩܝܢ ܛܝܢܐ ܘܥܕ ܠܐ ܡܐܬ ܟܦܝܦ ܘܚܢܐ
ܘܠܒܗ ܣܐܡ ܠܡܫܠܡܘ ܥܒܕܗ ܘܫܩܕܗ ܠܡܒܢܐ ܐܬܘܢܗ

G: 29 "So der Töpfer, der sitzt bei seinem Werk
und wendet mit seinem Fuss das Rad,
der in Sorge ist wegen all seines Werkes,
und nach der Zahl ist all seine Tätigkeit,
30 der mit seinem Arm den Lehm formt,
und vor den Füssen seine Kraft biegt.
Sein Herz setzt er daran, die Glasur zu vollenden,
und seine Sorge ist es, den Ofen zu reinigen."

S: 29 "So auch der Töpfer, der am Rad sitzt,
und mit seinen Fussohlen das Instrument bewegt,
seine Augen sind auf die Gefässe aller seiner Arbeit (gerichtet),
30 und seine Arme reissen auseinander den Ton
und ehe er stirbt, ist er gebückt und krumm,
und sein Herz setzt er daran, sein Werk zu vollenden,
und seine Aufmerksamkeit, seinen Ofen zu bauen."

Nur bei dieser Strofe steht nicht einmal die Anzahl der Verse zum vorneherein fest. A priori gesichert sind nur 29ab und 30cd. Diese beiden Verse decken sich in ihrem zentralen Aussagewert in G und in S auf weite Strecken. Dazwischen hat S einen Vers und dazu noch einen überfälligen Stichos; Tristichen sind ja bei Ben Sira jedesmal problematisch. G hat zwei volle Verse. Aber der erste ist mindestens in seinem ersten Teil so allgemein und nichtssagend und zudem inhaltlich nur ein Abklatsch des Schlussverses, sodass er so nicht richtig sein kann. Auch 29d sieht nicht besonders echt aus, wenigstens dann nicht, wenn in 30c χρισμα = "Glasur" echt sein soll. Denn gerade dann lässt sich kaum behaupten, der Töpfer wolle nur eine grosse Zahl fabrizieren. Schon ZENNER erklärte, es könnte sich bei der Töpferstrofe um eine Strofe mit nur drei Versen handeln. Hätte er das nur seiner Chorliedhypothese wegen gesagt, wäre darüber nicht weiter zu sprechen. Doch hat er mit Recht auf S hingewiesen. G hat im gesamten Abschnitt einen Vers zuviel, nämlich 37 statt 36. Vermutlich muss 29cd ausfallen. In S kann "Seine Augen gehen auf die Gefässe all seiner Arbeit" eine aus der vorangehenden Strofe eingedrungene Glosse sein.

Vers 38,29. Das "Werk" von G in a kann nicht stimmen, es ist zu blass. Es passt auch nicht zum Anfang von Vers 28. Man folgt der S-Lesung: "Rad". Das ܡܐܢܐ kann "Gefäss" oder "Instrument" heissen, es könnte unter Umständen damit noch einmal das Rad gemeint sein. Hier scheint das Wort jedoch die eigentliche Töpferscheibe zu bezeichnen.

Vers 30ab. Vielleicht hat SMEND doch Recht mit seiner Vermutung, es könnte der Ton Subjekt sein. Wirklich erwartet man irgend ein Uebel für den Töpfer. Bei S braucht man nur in a ܦܚܪ sg. statt pl. zu lesen, dann ist das Gewünschte gegeben. Im zweiten Stichos gibt S einen sehr passenden Sinn, G hingegen stört in mancher Hinsicht. Zunächst hat er zweimal "Füsse" in seiner Strofe. Man erwartet es nur einmal. So wie man in der vorangehenden Strofe je einmal Auge und Ohr vorfand, so liest man hier "Hände" und "Füsse". Zum zweiten weiss man nicht recht, wie das "seine Kraft biegt" interpretiert werden soll. SMEND weist schliesslich noch auf das ܒܪܐ als auf einen dritten wunden Punkt hin. Es komme in der LXX nie so vor, wenn es im räumlichen Sinn gebraucht werde. SMEND sieht einen Fehler für pro poliwn. Das stimmt einigermassen mit S überein.

Vers 30cd. Für c liest G sehr gut. In d hingegen wird das Verb zum Problem. von S kann nicht richtig sein, denn der Ofen des Töpfers steht längst, er muss ihn nicht erst bauen. Das καθαριϲει von G ist auch nicht das Gewünschte. Denn die grosse Hitze verbrennt die Schlacken von selbst (SMEND). Das grosse Problem des Töpfers ist ja eher dies: Eine grosse und regelmässige Hitze zu erreichen und zu unterhalten. G muss בער gelesen haben. Er verstand es aber nicht im Sinne von "brennen", sondern im Sinne von "wegschaffen", verwechselte also בער I mit בער II.

Vers 31. Hinter πιϲτευειν könnte 'mn stecken. Dabei hätte G Hifil gelesen an Stelle von Nifal. - Auch die Handwerker haben also Anteil an der Weisheit, weniger allerdings als der Sofer, der Weise im vollen Sinn.

Vers 32. In b folgen wir S. G könnte zwar, wie ALONSO zeigt, auf die verschiedenen Gruppen der Menschen in der Stadt anspielen: Die Bürger und jene anderen, die nur provisorisch dort sind. Doch leichter erklärt man G aus S: ein oὑ wurde als oὐ verstanden. περιπατειν mag aus πειναν verschrieben sein.

Vers 33. Alle sechs Stichen sind bei S sehr gut überliefert.

Vers 34ab. S hat wiederum alles für sich. G stimmt weitgehend überein. Indessen hat er ein αλλα am Anfang von a und in b ein δεηϲιϲ , welches Fehler sein muss. Der letzte Vers hat etwas vom Kehrreim der vorangehenden Strofen an sich, vor allem in b. Er ist aber weniger ausgeprägt gebaut, schon weil er zum folgenden überleiten soll. Nun folgen vier Strofen mit je vier Versen über den Weisen.

Vers 34cd. ALONSO überschreibt diese Strofe mit "Estudios" und fügt bei: "Drei Materien sind es: das Gesetz = einfach der Pentateuch, Profeten und ... die Weisen. Die letzteren sind schon unterschieden nach den verschiedenen genera literaria". SMEND und BOX/OESTERLEY scheinen in 39,1 sowohl die Weisheitsliteratur als auch

die Profeten finden zu wollen. Man hätte in diesem Falle 38,34<u>cd</u>-39,1 die ge-
schriebenen Quellen: Gesetz, Weisheitsliteratur, Profeten. 39,2-3 bezöge sich
dann auf die mündliche Tradition. Aber es ist wenig wahrscheinlich, dass man in
der Zeit Ben Siras die Profeten an die dritte Stelle setzte. Man liest 39,1 besser als Ganzes von den Profeten, freilich unter weisheitlichem Aspekt. PETERS
möchte in 39,1a ungefähr die erzählenden Bücher des AT erwähnt sehen. Das ist
reine Hypothese. Für 38,34cd hat kürzlich HASPECKER den textkritischen Sachverhalt wieder dargelegt. Er sieht durchaus mit Recht in S die richtige Lesart (386).
G ist zu mager. Von ihm kann man nur die syntaktische Form von <u>b</u> übernehmen: Parallele, nicht Infinitivkonstruktion wie bei S. Die Bedenken von SMEND gegen "Gesetz des Lebens" von S sind zu wenig gut begründet. Zwei Gottesnamen in ein und
demselben Distichon sind beim Siraziden ungewohnt. Er hätte gewiss, wie HASPECKER
bemerkt, im zweiten Fall das Suffix verwendet. Ferner ist der Ausdruck "Gesetz
des Lebens" gut sirazidisch: 45,5 in H, G und S, und 17,11 in G und S (387). Formal finden wir in 38,34cd einen partizipialen Strofenanfang wie bei den andern
Berufen. Die Beobachtung von W.FUSS gilt also über 38,34ab hinaus.

<u>Vers 39,1.</u> Es geht um die Profeten. Für <u>a</u> lesen G und S gleich. Nicht so klar ist,
ob man sich für den zweiten Stichos eher an G halten soll und dann also dem Sub-
stantivum abstractum "Weissagungen" den Vorrang geben muss, oder ob man das per-
sönlichere "Profeten der alten Zeit" aus S vorziehen darf.

<u>Vers 39,2-3.</u> G und S entsprechen zusammen sicher noch recht gut dem ursprünglichen
Text. Welcher Ausdruck für welches hebräische Wort stehe, kann nicht mehr mit Sicherheit festgestellt werden. αινιγμα scheint hier ein <u>hidā</u>h vorauszusetzen
nach LXX (388) und Sir 47,17.

<u>Vers 39,4.</u> Formal ist zu dieser Strofe wenig zu sagen. In 4<u>b</u> enthält S wahrschein-
lich einen Ausdruck zuviel, in 4<u>c</u> verdient G mit "Länder der Völker" den Vorzug
vor den "Städten der Welt" des S. Auch in 48,15 setzt S fehlerhaft ܐܪܥܬܐ gegenüber ארץ in H und γη in G. 4d hat "Gutes und Böses". Das bedeutet in pola-
rem Sinn "Alles".

<u>Vers 39,5.</u> Mit 5<u>a</u> beginnt die Schlusstrofe wie für die anderen Berufe, was die
menschliche, erste Tätigkeit des Weisen angeht. τον κυριον des G muss Glosse
sein. Denn einmal hat G fälschlicherweise wieder ein Tristichon, ferner sind drei
Gottestitel im selben Vers zuviel. Kaum zwei reine Gottesnamen wie "Herr" oder
"der Höchste" können in einem Vers beisammen sein. τον ποιησαντα αυτον (389)
und *elywn nach G gehen schon viel eher parallel. S hat für 5<u>b</u> besser ܩܕܡ ܐܠܗܐ
ܒܨܠܘܬܗ . An Stelle von "Gott" kann aber "der Höchste" aus G beibehalten

werden. In 5d ist S mit ܒܢܝܐ ܠܢܝ etwas deutlicher als G mit blossem δε-
ηθησεται.

Vers 39,6. Vers 6a fehlt in S. G gibt ihn aber gut wieder. In b sind S und G inhaltlich identisch. Formal folgen wir G. S würde lesen: "Durch den Geist der Einsicht wird er weise". Zum Mosaik für 6cd steuern die griechische und die syrische
Tradition je einige Seinchen bei. Das "hervorsprudeln" in a und das "Gebet" in b
stammen von G her. Das "zwiefältig" verdanken wir S. S hat es kaum erfunden, eher
mag G es weggelassen haben. Auf der Echtheit dieses Ausdrucks insistierte schon
SMEND. KUHN möchte 6c wie folgt lesen: "Er wird sprudeln lassen mehr als die Fluten des Pischon seine Weisheit". Im hebräischen Text setzt er dafür משלי פישן
voraus. Dieses hätte über die Verderbnis משלים פי שנים zum syrischen
ܕܘܬ ܠܘ ܫܢܝ̈ܐ geführt. Der Vorschlag kommt mir überflüssig vor.

Vers 39,7. In G wurden bestimmt יבין und יכין verwechselt. Besser liest S,
er hat ein Aequivalent für יבין.

Vers 39,8. εκφαινειν von G - SMEND nennt es ein Allerweltswort (390) - kann
unmöglich richtig sein. Das ܦܢܐ des Syrers passt hingegen ausgezeichnet, überhaupt ist S für a vorzüglich. Nur stand vielleicht statt ܬܪܥܝܬܐ ein Synonym dafür. Für b liest G: "Und im Gesetze des Bundes des Herrn rühmt er sich". Aber wir
haben schon bei Kapitel 24 gesehen, dass Ben Sira von allem Möglichen spricht,
nur eben nicht vom Bundesgesetz. Manche schlagen vor, einfach "Gesetz des Herrn"
zu lesen. Diese Lesart verträgt sich gut mit dem Verb "rühmen". Anderseits wurde
schon in 38,34cd die Lesart von S gewählt, denn sie hat bei Ben Sira gutes Haus-
recht. Auch hier hat sie einiges für sich. Unter anderem würde dann dieser Vers
auf den Anfang der Aussage über den Weisen zurückverweisen, nämlich auf 38,34d.
Theologisch ist die Strofe sehr reich.

Vers 39,9. Zur ganzen Strofe: Es geht schon nicht mehr um die Tätigkeit des Weisen, sondern um deren Frucht, um deren Erfolg. Bezüglich Vers 9 denkt SMEND, dass
S in b ursprünglicher sei mit "sein Name wird nicht ausgetilgt". Mehrere Faktoren
sprechen aber dagegen. Einmal sieht man in diesem Fall in 9cd eigentlich keinen
rechten Fortschritt mehr. Ausserdem konnte S leicht ein ܥܠܡ beifügen. Zum dritten ist der Gedanke an eine ewige Dauer der Weisheitslehre im orientalischen Kontext gut verbürgt (391).

In Vers 39,10 haben G und S je auf ihre Art manipuliert. Die Subjekte sind indessen durch innersirazidische Parallelen hinreichend gesichert: Wegen 34,11b und
44,15 kommen in Frage für a: עדה , für b: קהל , beide im Singular. Das εθνοι=
"Völker" von G macht aus dem Parallelismus synonymus einen Parallelismus syntheti-

cus: Einerseits die Völker, anderseits die Gemeinde Israels preisen den Weisen.
Das hat Ben Sira nicht gesagt. S hat ⲣⲇⲩⲟⲩⲁ. Das wäre richtig, nur müsste sg.,
nicht pl. stehen.

Vers 39,11. Dieser Vers ist in S ganz korrupt und in G dürfte ebenfalls einiges
nicht stimmen. Mit SMEND ist zu vermuten, ονομα gehöre in den zweiten Stichos,
doch sicher ist das nicht. Theologisch interessante Aspekte wären in dieser Strofe "Name", "Memoria", "Gemeinde" und der Zusammenhang zwischen den dreien.

Anhang:

Zu 39,12-14

Man weiss nur, dass G und S zusammen ungefähr das Ursprüngliche bewahrt haben.
Wer aber im Einzelfall Recht hat, das ist hier fast nicht mehr feststellbar. Wir
folgen im allgemeinen eher G. Nach ihm hätten wir als Bildvergleiche zwei Blumen
und den Vergleich mit dem Duft des Weihrauchs. Doch ist in 13b wohl mit S "Zeder"
zu lesen, cfr. zu 24,14. Interessante Beobachtungen formaler Art sind hier kaum
möglich, die Grundlage ist dafür zu unsicher.

3. Unser Kapitel Sir 38,24 - 39,11 und die Lehre des CHETI, Sohnes des Duauf

Eine nicht so ganz einfache, aber notwendige Untersuchung bleibt uns noch.
Wir müssen fragen: "Wie verhält sich die Perikope in Ben Sira zur aegyptischen Lehre des CHETI?". Wenn der Sirachtext literarisch ein ziemlich genaues Abbild eines
aegyptischen Textes wäre, dann müsste man für eine Interpretation teilweise vom
Text des Nillandes ausgehen. Man kann die Frage selbstverständlich weder a priori
positiv, noch a priori negativ beantworten. Man kann sich auch nicht auf Autoren
stützen, es gibt auf diesem Gebiet nur zwei und zwar widersprechen sie sich weitgehend.

Der erste ist P.HUMBERT in "Recherches sur les sources égyptiennes de la littérature sapientielle d'Israël", Neuenburg, 1929. Unser Abschnitt wird von S.125
bis 144 unter die Lupe genommen. Später, 1958, hat SEGAL in seinem gediegenen Sirachkommentar dasselbe von anderer Warte aus wiederum versucht. Selbstverständlich
konnte bei beiden die Fragestellung nur dahin gehen, ob und inwieweit Ben Sira vom
aegyptischen Autor abhängig sei oder nicht, nicht umgekehrt, denn die aegyptische
Lehre ist ja viel älter.

HUMBERT kommt zu folgendem Ergebnis: "Or ce morceau si caractéristique est
une évidente transposition juive des satires des métiers (so bezeichnete man lange
Zeit die Lehre des CHETI) dont l'Egypte nous fournit le modèle classique". HUMBERT

führt dann weiter aus: "Alle diese (von CHETI genannten) Berufe sind in seinen Augen schmutzig und erniedrigend, der Schreiber allein hat eine angesehene und unabhängige Stellung. Nun, genau dies trifft im wesentlichen zu für die Satire der Berufe in Sirach: 1. Dieselbe Aufzählung der verschiedenen Berufe und ihrer Nachteile. 2. Dieselbe Gegenüberstellung von handwerklichen Metiers einerseits und dem freien Beruf des Schreibers anderseits. 3. Dasselbe Lob auf den Schreiber am Schluss. 4. In beiden dasselbe Ueberlegenheitsgefühl, ausgedrückt mit Selbstgefälligkeit und Pedanterie ... Es ist klar ... Sir 38,24-39,11 ist die jüdische Kopie eines authentisch aegyptischen Genus, freilich mit viel stärkerem religiösem Akzent und mit yahwistischer Tönung". HUMBERT hat gut beobachtet. Trotzdem sind seine Angaben zu unvollständig, um ein Urteil zu erlauben. Den Sirachtext hatte HUMBERT nicht genügend studiert.

Bei SEGAL liegen die Verhältnisse umgekehrt. Er hat sich Sir 38,24-39,11 genau angeschaut, scheint aber für den aegyptischen Text auf Sekundärquellen angewiesen zu sein. Vorerst werden einige Bemerkungen aus seinem Kommentar zitiert: "... Gerade die Einzelheiten der Beschreibung sind verschieden bei beiden Autoren, und gerade die einzelnen Dinge sind wichtig: Duauf spottet über die Handwerker und verachtet sie, weil sie sich plagen mit ihrer Arbeit und Hunger leiden. Ben Sira spottet nicht über sie. Im Gegenteil: Er äussert sich lobend über sie ... Aber ihr ganzes Schaffen geht auf ihren schwierigen Beruf, sodass sie keine Zeit mehr haben, Weisheit zu erwerben. Und darum muss der Weisheitsschüler von schwerer Arbeit frei sein. Vielleicht könnten die Parallelen (oder: Gegensätze?) (392) zwischen dem Lied Ben Siras und der Lehre des Duauf nur zufällig sein, - Ben Sira wie Duauf beschreiben die Lebensgewohnheiten ihrer Zeit -; Ben Sira könnte die Ideen des Duauf aufgegriffen haben, ohne dass er etwas wusste vom aegyptischen Schreiber. Aber wir finden in den Worten Ben Siras andere Parallelen zu den aegyptischen Weisheitsschriften ..., und daher scheint es, dass ... Ben Sira die wurzelhaften Ideen seines Liedes vom Aegypter entlehnte und dann entsprechend seiner israelitischen Geistesrichtung bearbeitete. Denn sowohl in seiner künstlerischen Form, wie auch in seinem klaren Inhalt ist das Lied Ben Siras der rohen und primitiven Art des Aegypters weit überlegen". SEGAL führt ferner aus, der Aegypter wolle ja die Bücher nur studieren, um eine Position am Königshofe zu erlangen. Nach Ben Sira aber erstrebe man die Weisheit um ihrer selbst willen, und der Lohn für den Sofer bestehe darin, dass er voll sei vom Geiste der Einsicht, dass er Yahweh nahe kommen dürfe im Lobpreis, dass er viele in der Torah unterweisen dürfe, und dass er für sich selber šm ṭwb und zkr ᶜwlm erbe. So überrage das Lied Ben

Siras die Lehre des CHETI. Vieles von den Ausführungen SEGAL's ist richtig. Wenn er aber die Lehre des CHETI so schlecht einstuft, beweist das nur, dass er sie nie im Urtext angeschaut hat. Wir müssen erst einmal das aegyptische Werk so weit als möglich ebenfalls auf Strukturen und Inhalt prüfen, erst dann ist ein Vergleich erlaubt. Manche der folgenden Angaben kann man schon - weniger ausführlich und nicht so systematisch zusammengestellt - bei BRUNNER finden (393). Wir geben erst den Strukturaufriss und einige grammatikalische Formen des Textes von CHETI, dann werden wir uns noch einigen Eigenheiten des Autors zuwenden.

Strukturaufriss und grammatikalische Formen

I. Titel: Anfang der Lehre, welche <u>Hty</u>, Sohn des <u>Dwꜣwf</u> aus <u>Tꜣrt</u> für seinen Sohn <u>Ppy</u> verfasste 3,9

II. Erster Teil: 4,1-9,5

  A. Umstände: Auf der Fahrt südwärts zur Residenz, um in die Schule zu kommen 4,1

  B. Die Lehre:

    1. Kernsätze, die das Thema angeben:

      a) zwei parallel gebaute Doppelsätze 4,2
        aa) <u>mꜣꜣ.n.i</u> ... ich habe gesehen die Geprügelten
        bb) <u>dgꜣ.kwi</u> ... ich habe betrachtet den von Sklavenarbeit befreiten
        (= Schreiber)

      b) Zitat aus Kemit und Bestätigung durch die Erfahrung des Lehrenden 4,3-5
      (4,4 <u>mꜣꜣ.n.i</u>)

      c) ein Lob auf den Beamtenberuf
        aa) Vorteile 4,5
        bb) Ansehen
          aaa) <u>Sendung</u> als <u>Boten</u>
          bbb) Schluss: Er trägt keinen <u>Arbeitsschurz</u>

    2. Die Handwerker 4,6-9,1

      a) <u>n mꜣꜣ.n.i</u> ... <u>Nicht sehe ich</u> den <u>Bildhauer</u> als <u>Boten</u> 4,6
                  noch den <u>Goldschmied</u>den man <u>sendet</u> 4,6

      b) <u>iw mꜣꜣ.n.i</u>   <u>aber ich sah</u>
        1. Metallarbeiter, Holzarbeiter, Steinmetz: Wichtigste Materialien
        2. Schafhirt, Barbier: beide scheren?
        3. Töpfer und Maurer = der kleine und der grosse Lehmarbeiter. Der Maurer wird eingeführt mit <u>dd.i n.k mi</u>
        4. Gärtner und Bauer: Erdarbeiten
        5. Weber
        6. Pfeilmacher und Eilbote: beide führt der Beruf in die Wüste
        7. Einbalsamierer und Schuster: sie arbeiten im Gestank
        8. Wäscher, Vogelfänger und Firscher: Arbeiten im Wasser oder in der Luft. Der Fischer wird eingeführt mit <u>dd.i n.k mi</u>

Dabei wird der Name angegeben, die Berufsarbeit und die recht elende Lage wird geschildert.

3. Nutzanwendung 9,1-3

C. Rückbezug auf A: Anspielung auf die Fahrt und Ansporn zum Eifer 9,4-5

III. Teil zwei: 9,6-11,1

A. Einleitung: ḏd.ỉ n.k mỉ "ich sage dir auch noch". Damit ist vor allem eine sehr starke Verknüpfung mit Teil I gegeben.

B. Praktische Themen:

1. Haltung in der Diskussion 9,6:   ỉr + Bedingungssatz
2. Benehmen als Begleiter eines hohen Beamten 9,7:   ỉr + Bedingungssatz
3. Haussitten 9,8-9:   ỉr + Bedingungssatz
4. Wahl der Gesprächsthemen 9,9-10,1
5. Betragen auf dem Heimweg aus der Schule 10,2:   ỉr + Bedingungssatz
6. Art des Ausrichtens einer Botschaft 10,3-4:   ỉr + Bedingungssatz
7. Lüge nicht! 10,4-5
8. Bescheidenheit beim Essen 10,6-7:   ỉr + Bedingungssatz
9. Unklar 10,7:   ỉr + Bedingungssatz

C. Ein Abschnitt über Botschaften, für den Beamten 10,7-11,1

IV. Schluss

1. Bezugnahme auf die Glücks- und Schicksalsgöttinnen Rnnt und Mshnt 11,2-3

2. Rückbezug
   a) auf das Zitat aus der Kemit von 4,3f., wonach nur der Schreiber keine Not kenne
   b) auf den Gedanken, dass der Schreiber schon als Kind ausgezeichnet sei, vgl. 4,6

   Aber all das ist nun theologisch: Rnnt und Mshnt sind da!

3. Schlussbemerkungen: ỉw.s pw nfr m ḥtp = es ist gut zu Ende gekommen!

Das waren vor allem Bemerkungen zur Struktur. Ich möchte nun noch auf eine Eigenart des Autors hinweisen, mit der er oft arbeitet:

Doppelsinnige Wörter und satyrische Witze

1. Beispiele für doppelsinnige Wörter:

   a) sȝrt heisst Not, aber auch Wunsch 4,4.

   b) Beim Holzarbeiter liest man in 4,9 m grḥ nḥm.f: in der Nacht ist er zerschlagen, oder: ist er befreit, nḥm hat beide Bedeutungen.

   c) Beim Töpfer in 5,7 steht: Sein Leben ist jenes eines ˁnḫw. ˁnḫw aber hat die doppelte Bedeutung von "Mensch" oder von "Vieh": Sein Leben ist das eines Lebenden!

   d) ferner: Und der šȝ(ỉ) beschmiert ihn mehr als ein šȝ(ỉ). Im ersten Fall hat šȝ den Determinativ "Bewässerungskanal" und bedeutet "Erde, Schlamm". Im zweiten Fall steht als Determinativ ein Schwein, und das Wort bedeutet auch "Schwein". Das Wortspiel ist offensichtlich: Der Lehm = šȝ beschmiert ihn mehr als ein šȝ = Schwein.

e) Schliesslich finden wir beim Töpfer noch die Worte: r ps hr Ʒḥt.f. Das ist wieder doppelsinnig: hr kann possessive oder präpositionale Bedeutung haben. Im ersten Fall übersetzen wir: "Zum Brennen seiner Tonerde", andernfalls aber: "sodass er selbst zu brennen scheint von seinem (rotfarbigen und ihn beschmierenden) Lehm".

f) Beim Stnwy (wohl Einbalsamierer) lesen wir: "Den Tag verbringt er mit schneiden m Ʒswt" (8,1). Ʒswt kann aber "Schilf" oder "Lumpen" bedeuten. Also: Er schneidet im Schilf, gekleidet in Lumpen, ein kaum zufälliger Doppelsinn!

g) Beim Schuster in 8,1-2 heisst es, er sei hr dbḥwt.f r nḥḥ, er sei unter seinen Gerbbottichen, oder: er habe ständig zu klagen. dbḥwt mit Determinativ "Gefäss" heisst "Bottich", mit Determinativ "Papyrusbündel" heisst es hingegen "Bitte" und "Klage". Auch dieser Fall ist bei CHETI kaum ein casus fortuitus.

h) "Der Wäscher wäscht am Uferdamm, sein Nachbar ist ḥnty" (8,3). ḥnty mit Determinativ "Krokodil" ist das Krokodil, mit Determinativ "Falke auf Piedestal" ist es Ḫnty, der Krokodil-Totengott. Ein schauriger Doppelsinn! Einige Handschriften haben nur den ersten, andere aber haben beide Determinative.

i) In 8,6 findet man schliesslich beim Vogelfänger: ḥr gmḥ Ʒry pt. Da pt "Himmel" oder auch "leerer Luftraum" bedeuten kann, ergibt sich der Doppelsinn: er schaut nach dem, was am Himmel ist (Vögel), aber er schaut ins Leere (denn es sind keine Vögel da). Und damit gibt es kein Geld und kein Brot für ihn.

2. Hinweise auf satyrische Witze:

a) Der Töpfer stampft den Lehm, dabei wird er selbst zerstampft 5,9.

b) Dem Bauern geht es gut, wie es einem unter Löwen gut geht 7,1.

c) Dem Schuster geht es gut, wie es einem unter Leichen gut geht 8,2. Dabei wird auf den Beruf angespielt, denn der Schuster arbeitet ja mit Leder, einem Teil von der Leiche eines Tieres.

d) Der Sandalenmacher (= Schuster): (alles was) er beisst (ist) sein Leder 8,2. Zunächst ist das eine Anspielung auf eine Berufstätigkeit des Schusters: Er muss zum Ziehen des Leders dasselbe mit dem Munde festhalten, man kann sagen, er muss es beissen. Aber tragischerweise ist das alles, Brot zum Beissen hat er keines, er leidet Hunger.

Nach all dem Gesagten glaube ich, dass man SEGAL's Worte über das "rohe, primitive Stück" ablehnen muss. Wir haben im Gegenteil eine feinstrukturierte, stilistisch und inhaltlich interessante, einheitliche Arbeit vor uns, ein Kunstwerk hohen Ranges, ein Werk aus einem Guss. BRUNNER sagt mit Recht (394): "Dass der zweite Abschnitt vielleicht ein späterer Zusatz sei können wir keineswegs zugeben, wie wir ja heute auf allen Gebieten der Wissenschaft nicht mehr jene zersetzende und zergliedernde Methode der Zeit um die Jahrhundertwende billigen können, die überall verschiedene Quellhandschriften und Glossen witterte, ... im Gegenteil ...!".

Wenn wir uns nun wieder Ben Sira zuwenden, und wenn dann W.FUSS schreibt:
"Es ist ... zu beklagen: Auch die schon lange vor der Jahrhundertwende blühende
Literarkritik ging untätig an Sirach vorüber"(395), dann möchte man lieber sagen:
Zum Glück ging sie vorüber! Dass z.B. Sir 38,24-34ab; 39,2b-4b.7a.8a.9 von der
Perikope 38,24-39,11 zum älteren Bestand gehören, das übrige erst auf Ben Sira
zurückgehen soll, leuchtet nicht ein, obwohl die von FUSS gemachten Beobachtun-
gen an sich treffend und wertvoll sind. Nur beweisen sie nichts in der genannten
Richtung.

Beim Vergleich von Sir 38,24-39,11 mit der Lehre des CHETI ergaben sich mehr
Verschiedenheiten als Aehnlichkeiten. Das folgende Schema bietet ein - freilich
noch ganz unvollständiges - Bild davon:

	Ben Sira	CHETI
Gesamtstruktur		
1)	ohne Titel, Teil eines grösseren Werkes, nach hinten offen.	mit Titel, ein geschlossenes Werk mit zwei Teilen und einem Schluss.
2)	eine überleitende Strofe glättet und bereitet den Uebergang von Teil I zu Teil II.	der Uebergang von Teil I zu II ist schroffer, als Stilmittel dienen hier mehrere Stichwortverbindungen.
Berufe		
3)	sie wollen (und können) ihre Arbeit vollenden.	eher ein ständiges Misslingen.
4)	weise Arbeiter in ihrer Art.	nichts von Weisheit.
5)	sie leiden nicht Hunger.	hungrige Wesen, das wird bisweilen noch spöttisch betont.
6)	sie sind geachtete Leute in der Stadt, unentbehrlich.	verachtete Menschen, geknechtet und geprügelt.
7)	réaler historischer Hintergrund, die Beschreibungen entsprechen der Archäologie und der Zeitgeschichte.	aus Bildern und aus der Literatur gewinnt man wenigstens von Berufen wie etwa dem Barbier einen viel positiveren Eindruck, als CHETI ihn gibt.
8)	nur ca. vier Berufstypen.	etwa 17 bis 20 Berufe.
Stilelemente		
9)	materielles Verhältnis in der Schilderung der Berufe und des Weisen: 1:1.	Verhältnis 2:1 zugunsten der Berufe.
10)	meist 3.sg.m., nie 2.sg.	sehr oft 2.sg.m.
11)	Chiasmen.	keine Chiasmen.
12)	ruhige Darstellung.	eindringlich bis aufregend.
13)	lange didaktische Anfangsfrage: mh ythkm, in deren Schatten alles steht.	keine Fragen.
14)	keine Imperative.	viele Imperative in allen Teilen.
15)	kein Doppelsinn.	oft doppelsinnige Wörter.

16)	keine Satyre.	satyrische Bemerkungen.
17)	Schemata bei den Berufen.	stilistisch feine Durcharbeitung, sehr dynamisch und doch straff.
18)	Ratschläge fehlen formal.	viele Ratschläge.
19)	nur Distichen, regelmässig.	freiere Formen.
20)	knappe Darlegung von insgesamt 36 Distichen.	viel umfangreicher, mehr als das vierfache des Ben Sira Textes.
Theologische Akzente		
21)	Yahwismus.	<u>Rnnt</u> und <u>Msḫnt</u>, <u>Ḥnty</u>.
22)	theologische Akzente im zweiten Teil sehr stark und sehr direkt.	direkte theologische Akzente finden sich stärker erst gegen Schluss, dann allerdings auch ziemlich stark.

Wenn HUMBERT sagt, Sir 38,24-39,11 sei die jüdische Kopie eines authentisch aegyptischen Genus, dann kann man da nicht zustimmen. Schon die genannten Differenzen sind dafür viel zu stark und zu mannigfaltig. Mit SEGAL könnte man schliesslich noch die Ansicht vertreten, Ben Sira habe die wurzelhaften Ideen seines Gedichtes vom Aegypter entlehnt, diese aber von Grund auf israelitisch bearbeitet. Von einer rohen und primitiven Art kann dagegen bei CHETI keine Rede sein. Vielleicht ist nach der künstlerischen Seite hin CHETI sogar stärker, origineller und wendiger als Ben Sira. Inhaltlich finde ich Ben Sira reicher und tiefer. Eines trifft zwar zu: Von allen biblischen Perikopen ist Sir 38,24-39,11 der Lehre des CHETI am ähnlichsten, ja die einzige direkt vergleichbare überhaupt. Anderseits sind aber die Unterschiede so gross, dass man die beiden Stücke nur sehr schwer vergleichen kann. - HERMISSON schrieb zwar noch unlängst: "Für die Berufssatire gibt es ja in Israel wenigstens ein spätes Beispiel bei Jesus Sirach, cf. Humbert, Recherches, S.125ff." (396). Nun, die Lehre des CHETI ist eine echte Berufssatyre. Bei Sirach hingegen spürt man praktisch überhaupt nichts mehr vom satyrischen.

III. THEMATISCHES

1. Vom Gebet im Sirachbuch

A. Das Gebet in den übrigen Weisheitsbüchern:
<u>Qohelet</u> schweigt diesbezüglich ganz. In den <u>Proverbien</u> findet man nur in den Worten Agurs (397) ein kurzes Gebet, das unvermittelt anfängt und unvermittelt aufhört. <u>Job</u> steht zwar in einem ständigen Dialog mit Gott. Aber es handelt sich fast durchwegs eher um eine Streitrede. Gebete im üblichen Sinn kann man eigentlich nur je am Ende der Gottesreden als Antwort von Seiten Job's finden, nämlich Job 40,3-4 und 42,1-6. Kleine Hinweise auf's Gebet gibt es mehrere, allein, alles zusammen ist nicht viel.

B. Das Sirachbuch bietet in dieser Hinsicht mehr.

1. Bereits das im hebräischen Text verwendete Vokabular ist ziemlich reichhaltig, wir geben nur eine unvollständige Uebersicht; die Reihenfolge der Termini ist alphabetisch angeordnet:

Zahl	Wort	Stelle	Zahl	Wort	Stelle
1	ברך	35,13; 39,15; 43,11; 45,25; 50,22; 51,12	13	צעקה	4,6; 32,17.20
			14	קרא	46,5; 47,5
2	גדל	43,28.30	15	רום	51,9.10
3	הדות	47,8	16	רנן	39,35; 47,10
4	הודה	51,1.12.22	17 ?	שבח	44,1
5	הלל	47,10; 51,1.12.13	18	שוע	51,10
6	זכר	42,15; 51,8.11	19	שועה	32,21
7	חוה	50,17	20	תהלה	15,9.10
8	נדר	18,23	21	תחנונים	32,16; 51,11
9	ספר	42,15.17	22	תפלה	7,10.14; 35,14; 36,22; 48,20; 50,19; 51,11.13
10	עתר	37,15; 38,14			
11	פלל	38,9	23	תרועה	39,15
12	צעק	4,6			

2. Diese Aufzählung lässt schon vermuten, das Gebet sei für Ben Sira keine blosse Randfrage, sondern bedeutend mehr. An verschiedenen Stellen fällt auf, dass ein Lobgebet oder eine Aufforderung dazu einen literarischen Abschluss bildet:

14,20-18,14:   a) Am Schluss der Weisheitsperikope 14,20-15,10 ist vom Gotteslob die Rede 15,9-10.

    b) Am Schluss des ersten und des zweiten Einwandes wird vom Lobpreis Gottes gesprochen. Dabei wird, wie schon zu 24,8 erwähnt, das Lobgebet geradezu Schöpfungsziel: "Yahweh hat den Menschen geschaffen ... damit sie seinen heiligen Namen preisen" (398).

    c) Eine Lobeshymne auf das Erbarmen Gottes bildet den Gesamtschluss der grossen redaktionellen Einheit.

35,13:   Die Perikope über das Verhalten bei Gastmählern schliesst mit der Aufforderung: "Und für all das preise deinen Schöpfer".

37,15:   Das ist der Schluss der Abhandlung über den Ratgeber, zugleich aber auch der Abschluss der redaktionellen Einheit 36,23-37,15 (399). Wir lesen: "Und bei alldem flehe zu Gott, dass er in Treue deine Schritte lenke".

38,9.14:   In der Mitte und am Ende der Arztperikope ist vom Gebet die Rede:
"In Krankheit ... bete zu Gott, denn er macht gesund. ... Auch er
(der Arzt) betet ja zu Gott, dass er ihm gelingen lasse ... Heilung
zur Erhaltung des Lebens".

39,5:   Von dieser Stelle wird speziell die Rede sein.

39,14-15.35:   Anfang und Ende eines grossen Gedichtes über die Werke Gottes ist
die Einladung zum Gebet, zum Lob des Herrn.

43,28ff.:   Am Schluss der Betrachtung über die Herrlichkeit Gottes in der Natur
sagt Ben Sira: "Wir können nur noch preisen".

45,25 und
50,22-24:   Je am Ende der zwei grossen Abschnitte im Lobpreis der Väter ruft Ben
Sira zum Lob Gottes auf.

51,30cd: Das letzte Distichon des ganzen Buches ist ein Lobpreis des Herrn.
Das kommt in den biblischen Büchern nicht oft vor. Im AT trifft es
noch zu für die Bücher Nehemia, Tobit und die Weisheit Salomons (400).
Im NT kann man es ungefähr sagen vom Römerbrief, vom Brief des Apos-
tels Judas und von der Apokalypse (401).

3. Wie hoch Ben Sira das Gebet wertet, geht sehr deutlich aus 39,5 hervor. Man mag
vorteilhaft diesen Vers mal mit dem Refrain des Engagements bei den übrigen Berufen
zusammensehen:

38,26: Der Bauer: "Der sein Herz darauf richtet ... und dessen Sorge es ist, die
Mast zu vollenden".
38,27: Der Kunsthandwerker: "Der sein Herz daran setzt ... und dessen Sorge auf die
Vollendung seines Werkes geht".
38,28: Der Schmied: "Der sein Herz daran setzt, das Werk zu vollenden, und dessen
Sorge auf genaue Abmessung geht".
38,30: Der Töpfer: "Der sein Herz daran setzt, die Glasur zu vollenden, und dessen
Sorge auf die Heizung des Ofens geht".
39,5: Der Weise: "Der sein Herz daran setzt, zu seinem Schöpfer zu flehen, und vor
dem Höchsten Erbarmen erbittet".

Es gibt also bei jedem Beruf ein "Engagement total" und ein Zielen auf die Vollendung des Werkes. Nun, beim Weisen ist das ein Gebet, weniger im Sinne einzelner Bit-
ten, sondern stärker als Grundhaltung.

4. Interessant ist die Fortsetzung in 39,6: "(Nachdem Gott Weisheit verliehen hat)
gibt er (der Weise) dem Herrn Bekenntnis im Gebet". Daran schliesst sich 8b an:
"Er rühmt sich des Gesetzes des Lebens". Wir finden also in diesen Zeilen eine bekannte Grundstruktur: Bittgebet - actio Gottes - Lobgebet. Dieselbe Struktur findet sich im Sirachbuche noch öfters, z.B.:

Bittgebet	39,5a	47,5a	51,10	51,14
actio Gottes	39,5b	47,5b	51,11	51,22a
Lobpreis	39,6.8b	47,8	51,12	51,22b.30cd

Ja, man kann selbst 44,16-50,24 so strukturiert sehen, nur dass die generelle Bitte am Schluss der beiden Abschnitte steht:

a)

44,16-45,26:	Bitte	45,26
	actio Gottes	44,16-45,25cd
	Lobpreis	45,25ef

Dabei ist 44,16-45,25cd praktisch eine einzige grosse actio Gottes, die Menschen stehen ganz im Schatten. Nur in sehr wenigen Fällen ist der Mensch Subjekt eines Verbs.

b) Auch den Abschnitt 46,1-50,24 darf man als grosses Heilshandeln Gottes sehen, im Gegensatz zum Vorangegangenen nun im Lande selbst. Darauf weist Ben Sira in 50,22 hin: "Nun lobet Yahweh, der Wunderbares i m   L a n d e wirkte". Zwar sind die Menschen hier aktiver beteiligt, aber doch ganz in der Kraft, im Auftrag, unter Führung des Herrn. Dann gilt hier wiederum das Schema "Bitte - actio Gottes - Lobpreis":

46,1-50,24:	Bitte	50,23-24			
	actio Gottes	46,1-50,21, hier wieder	Bitte	46,16 47,5a 48,20ab
			actio G.	46,17 47,5b 48,20cd.21
			Lobpreis	47,8
	Lobpreis	50,22			

Weiteres über das Gebet im Sirachbuch müsste man im Zusammenhang mit anderen Themen studieren. Abschliessend sei nur noch bemerkt, dass 39,5 auch insofern typisch ist, als der Autor um Vergebung der Sünden fleht. Dasselbe trifft mindestens noch zu in 21,1 - 28,2 - 28,4 - 38,9.10.

2. Der "Geist" beim Siraziden

רוח kommt bei Ben Sira weniger oft vor als etwa in den Proverbien. Wenn wir von der Stelle Sir 39,6 absehen, ist רוח beim Siraziden nie der Geist Gottes,

sondern entweder der Wind: 5,9 - 22,18 GS - 31,2 G - 39,28 - 43,20, oder dann der
Geist eines Menschen: "Ein Leben in Gesundheit ist mir lieber als Gold, und ein
froher Geist lieber als Perlen" 30,15. "Der Geist der Gottesfürchtigen wird leben, denn ihre Hoffnung geht auf ihren Retter" 31,14 G. Ben Sira sagt von sich
selbst: "Abgewogen will ich meinen Geist sprühen lassen und abgemessen meine Erkenntnis kundtun" 16,25. S bringt trotz zusätzlicher ܪܘܚܐ Stellen (402) keine weiteren Aspekte. Mehrere jener Stellen sind ohnehin falsch und fallen zum vorneherein ausser Betracht.

Unsere Stelle 39,6 bildet den thematischen Höhepunkt im Gebraucht von "Geist"
bei Ben Sira. רוח zusammen mit einem Ausdruck wie "Weisheit, Einsicht" ist im
Alten Testament selten. "Profan" kommt רוח חכמה vor in Ex 28,3. Im volleren
Sinn finden wir den Ausdruck in Dt 34,9 für Josue. Doch eigentlich vergleichbar
mit Sir 39,6 ist nur Is 11,2. Aber während bei Isaias der "Geist der Wahrheit" eine messianische Gabe ist (ALONSO), ist es hier die Fähigkeit zu weisem Reden, zum
Leben als Weiser überhaupt. Das zu Anfang verkündete Prinzip "Alle Weisheit kommt
von Yahweh" ist also auch in der Perikope 38,24-39,11 wieder deutlich durchgehalten.

9. P E R I K O P E 51,13-20

I. DEUTSCHER TEXT (*15)

Stelle	Wortlaut
א 51,13a	"Ich war noch ein Jüngling, bevor ich auf Reisen ging,
13b	da hatte ich Gefallen an der Weisheit und suchte sie auf.
ב 14	In meiner Jugend flehte ich im Gebet,
	und bis zum Ende will ich nach ihr trachten.
ג 15ab	Wie wenn die Traube geblüht hat und nun heranreift,
	so freute sich mein Herz an ihr.
ד 15cd	Es wandelte mein Fuss in Redlichkeit,
	von meiner Jugend an lernte ich sie kennen.
ה 16	Ich neigte nur wenig mein Ohr,
	aber viel Erkenntnis fand ich.
ו 17	Und ihr Joch wurde mir zur Herrlichkeit,
	und meinem Lehrer will ich Dank abstatten.
ז 18	Ich zielte darauf ab, einen guten Erwerb zu machen,
	ich werde nicht enttäuscht, denn ich finde sie.
ח 19ab	Meine Seele hängt ihr an,
	und mein Antlitz wende ich nicht von ihr ab.
ט 19cd	Eifrig müht meine Seele sich um sie,
	und in alle Ewigkeit werde ich nicht lassen von ihr.
י 19ef	Meine Hand öffnet ihre Türen,
	staunend bleibe ich vor ihr stehen und schaue sie an.
כ 20ab	Ich richte meinen Sinn auf sie,
	und in ihrem Glanze finde ich sie.
ל 20cd	Ein kluges Herz gewann ich durch sie von Anfang an,
	drum werde ich sie nicht verlassen.
מ 21	Mein Inneres war erregt, sie zu schauen,
	darum erwarb ich sie als kostbaren Besitz.
נ 22	Es _gab_ mir Yahweh den Lohn meiner _Lippen_,
	und mit meiner _Zunge_ will ich ihn _preisen_.
ס 23	Unwissende, kommt zu mir,
	und weilet in meinem Lehrhause!

ע 24   Wie lange wollt ihr entbehren dies und jenes,

und soll eure Seele dürsten sehr?

פ 25   Meinen Mund öffne ich und rede von ihr,

erwerbt euch Weisheit, ohne Geld!

צ 26ab   Euern Hals bringt in ihr Joch,

und eure Seele trage ihre Last.

ק 26cd   <u>Nahe ist sie</u> denen, <u>die sie suchen,</u>

und <u>wer seine Seele hingibt, findet sie.</u>

ר 27   Seht mit eigenen Augen, dass ich mich nur wenig mühte,

aber viel Ruhe habe ich gefunden.

שׁ 28   Hört auf meine Lehre in der Jugendzeit

und Silber und Gold erwerbt ihr durch sie.

ת 29   Es freue sich meine Seele meiner Schule,

und ihr sollt nicht zuschanden werden mit meiner Dichtung.

30ab   Eure Werke tut in Gerechtigkeit,

und er wird euch geben den Lohn zu seiner Zeit.

30cd   Gepriesen sei Yahweh auf ewig,

und gelobt sein Name von Geschlecht zu Geschlecht".

II. TEXTKRITISCHE UND FORMALE ANMERKUNGEN

1. Zur Gesamtstruktur

Aus verschiedenen Gründen kann man versucht sein, diesem Abschnitt die Ueberschrift DANTE's zu seinem "Inferno" voranzustellen: "O ihr alle, die ihr hier eintretet, lasst jede Hoffnung fahren!". Der Schwierigkeiten sind viele, und trotz einer ganzen Reihe von Erklärungsversuchen ist manches Rätsel vorläufig nicht zu lösen. Manches hat sich aber doch aufgehellt. Bereits im letzten Jahrhundert wurden einige Versuche gemacht, den Text dieses alfabetischen Gedichtes zu restaurieren. Schon vor der Entdeckung der Genizafragmente hatte BICKELL (403) vermutet, es handle sich um ein alfabetisches Lied, und eine im grossen Ganzen erstaunlich genaue und in sehr vielem mit dem später gefundenen H Text übereinstimmende Rekonstruktion zustande gebracht. Später hat SCHLOEGL (404) einen neuen Versuch unternommen. Nach dem Vorbild von ZENNER (405) hat er das Chorliedschema mit Strofe, Gegenstrofe und Wechselstrofe auf Sir 51,13-29 anwenden wollen, ein wenig erfolgreiches Unternehmen! Auch arbeitete er zu vertrauensselig mit dem Rhythmus. Einem keineswegs sicher feststehenden Metrum zuliebe strich oder ergänzte er etwas zu

rasch. Hingegen hat SCHLOEGL, wie vor ihm bereits BICKELL, methodisch richtig S
sehr ausgiebig herangezogen. Das gilt auch vom klassischen Kommentar von SMEND
und - in geringerem Masse - von PETERS. Später hat CASPARI (406) für den ersten
Teil des Akrostichons eine Restauration versucht. Der syrische Text wurde dabei
sehr wenig berücksichtigt und schon auf ungewichtige Argumente hin erfuhr der
Text Aenderungen aller Art. Es erübrigt sich, näher darauf einzugehen. Die Arbeiten von BICKELL, SMEND und anderen sind nach Methode und Ergebnis viel besser
und reicher. Allerdings liegt noch heute eine endgültige Klarheit in weiter Ferne. Das interessanteste Ereignis der letzten Jahre ist bezüglich Sir 51,13-30
zweifellos der Fund eines Qumranfragments, das man, ob zu Recht oder Unrecht bleibe dahingestellt, als Teil des sirazidischen Akrostichons bezeichnet hat. Das Manuskript trägt das Siglum 11Q Psa Sirach und enthält etwas, was Sir 51,13-20 mindestens sehr ähnlich ist. Vielleicht bietet es sogar im grossen Ganzen den wirk-
lichen sirazidischen Text der Verse 51,11-20. Der Probleme sind dadurch, aber
auch im Zusammenhang etwa mit der Problemstellung bei FUSS eher mehr als weniger
geworden (407). Neuestens hat M.DELCOR unserem Abschnitt seine Aufmerksamkeit zu-
gewandt (408). Im allgemeinen bestätigt er aber nur die Ansicht von SANDERS. In
der Untersuchung von DELCOR erfährt der Qumrantext eine eingehende Diskussion,
ebenso G, doch G nur soweit, als der Qumrantext reicht. B und S werden nur in
ihrem ersten Teil, und auch da nur summarisch betrachtet. So ist das Urteil, wonach B aus S rückübersetzt sei, denn auch zu global und nicht schlüssig. Was die
Autorschaft von Sir 51,13-20 betrifft, so ist man sich zunächst nicht einig, ob
der Abschnitt wirklich von Ben Sira stamme oder nicht. Stark für Sirachs Autorschaft spricht sich W.FUSS aus (409). Er nennt dafür Motive, die für Sirach cha-
rakteristisch sind. Unter anderen: Weisheit kommt von Yahweh, man muss darum bit-
ten 51,14; 1,1; 39,5-6, - Joch und Last der Weisheit 51,17.26; 6,21.24-25.30, -
Wachstum in der Weisheit 51,15; 24,31cd, - Sirachs Lehrerfolge 51,22.27; 30,26, -
ihr mühseliger Dienst wandelt sich zur Ehre 51,17; 6,31, - קרוב in Bezug auf
die Weisheit 51,26; 6,19.26, - die Verwandtschaft mit Kapitel 6 und Kapitel 24
ganz allgemein. SANDERS hingegen schreibt: "It is now quite clear that the canticle is totally independent of Sirach. If Jesus, son of Sira, of Jerusalem, had
penned the canticle, it would hardly be found in 11Q Psa which claims Davidic
autorship. That neither David nor Ben Sira wrote it needs no comment. What is
interesting, of corse, is that in Palestine it could be considered Davidic, while
contemporarily in Alexandria it became related to the later 'Jerusalem Sage'"
(410). Für FUSS sprechen G und S, sowie der Umstand, dass er sich längere Zeit

mit vielen Sirachtexten auseinandergesetzt hat. Bis auf weiteres kann man mit guten Gründen für Sir 51,13-30 Ben Sira selbst als Autor ansehen. - Ein weiteres
Problem ist die Relation zwischen Q, B, S und G. Man könnte sich zwei Rezensio-
nen denken, Q und G einerseits, B und S anderseits. Aber Q und G sind stark verschieden. Anders B und S. Hier ist das Aufkommen einer Theorie verständlich, die
B wenigstens für unser Lied als eine Rückübersetzung aus S bewertet. Doch SMEND
hat diese Rückübersetzungstheorie methodisch gut widerlegt. Er rät an, einige
Sätze aus S oder G zu nehmen, Vers 29 oder 26b z.B. und die Prozedur der Retroversion zu versuchen. Man sieht dann bald, dass sich aus S oder G unmöglich der jet-
zige Genizatext ergeben konnte. Es wäre noch SANDER's Theorie möglich, wonach nur
die erste Hälfte von B Rückübersetzung aus S wäre. Aber woher stammt dann in 13a
das הייתי , woher die geänderte Konstruktion in 14a? Vor allem aber fügen sich
Fälle wie 19d dann denkbar schlecht ein. Dort konnte aus dem Etpᵉel von ܣܟܠ
ganz unmöglich ein הביט werden. Eher könnte man an dieser Stelle behaupten, der
Q u m r a n text sei aus dem Syrischen übertragen. Das ist zwar ein historischer
Unsinn, aber für Parallelen von בין und ܣܟܠܘ findet man wenigstens die Stelle Sir 14,21. Also damit will es auch nicht klappen. Man wird nicht daran vorbei-
kommen, im B Text den zwar stellenweise reichlich verderbten, im Grunde aber doch
ursprünglichen Text zu sehen. Bei dieser Lage der Dinge ist es bisweilen sehr
schwierig, formale und inhaltliche Beobachtungen zu machen.

In seinem Vergleich des Aufbaus der Danklieder und hymnischen Bekenntnislieder von Qumran mit dem Aufbau der Psalmen im Alten Testament und im Spätjudentum
hat G.MORAWE einen Abschnitt "Vergleich mit den Dankpsalmen". Er schreibt: "Für
das Danklied Jes Sir 51,13ff kann ich keine entsprechende Parallele in 1QH entdek-
ken ... Man könnte gerade in diesem Danklied von Jes Sir einen Aufbau sehen, wie
er in 1QH nicht belegt sein kann. Was hier für den Aufbau gilt, mag in noch grös-
serem Masse auch für den Inhalt seine Entsprechung haben." (411). MORAWE bietet
ungefähr folgendes Schema:

Zeit			Beginn des 2.Jh. v. Chr.	
Aufbau der Lieder			Sir 51,1-12	Sir 51,13-30
	Einleitung		1-6a	fehlt
	Hauptteil:	Not	6b-7	fehlt
		Rettung	8-12	13-22
	Gelübde		12b	23-28 (Apell an die Hörer)
	Sonstiges		10-11a: Bittgebet	29 Bittgebet des Autors 30 Zusatz

Das Akrostichon Ben Siras lässt sich also nur sehr unvollkommen einem solchen Schema einfügen, Sir 51,1-12 dagegen ohne Schwierigkeit. Das Dank-Thema findet sich indessen wenigstens 51,17 und 51,22. Der individuelle Charakter von Sir 51,13-30 ist demnach eher stärker, als man es vermuten würde.

2. Zu den einzelnen Versen

<u>51,13: Vers א</u> . Das הייתי in B ist etwas eigenartig. Auch in Vers 27 wird man es ausscheiden müssen. Es fehlt in S. G hat dafür πριν η πλανηθηναι με . Q entspricht dem genau: בטרם תעיתי . Das stimmt auch sinngemäss, und man hat nun den mit Alef beginnenden Vers. Etwas schwieriger ist es, die genaue Bedeutung von תעה zu finden. Es heisst hier vermutlich "auf Reisen gehen". Der Sinn von "moralisch abirren" ist auch möglich, doch weniger wahrscheinlich (412). Während der <u>a</u> Stichos somit textlich sicher feststeht, ist der Weg dazu in <u>b</u> bedeutend beschwerlicher. Der Q Text gibt noch weniger als Ms B, nämlich nur: "und ich suchte sie". S liest wie Ms B: zuerst ein Etp^eel von בעא , dann ein בעא . Was man erwartet, es aber in B, Q und S nicht findet, das bringt endlich G, nämlich σοφια . PETERS denkt, בה von B könnte ein Fehler sein für die Abkürzung בח' , was ausgeschrieben = בחכמה wäre. Das προφανως εν προσευχη μου wird schwerlich richtig sein. Es ist aber auch nicht gut möglich, zu erklären, wie diese Lesart zustande kam. Etwas Einleuchtendes hat dafür noch keiner gefunden ... - Inhaltlich ist für <u>a</u> eine Parallele mit der Lehre des CHETI interessant: Wir lesen dort in 4,6: ỉw.f m ḫrdw ... = "er ist noch ein Junge, ... und schon grüsst man ihn, sendet ihn ..." (BRUNNER).

<u>51,14: Vers ב</u> . Wir haben für <u>a</u> vier Textzeugnisse:

14a Q: באה לי בתרה

S: ܡܨܠܐ ܨܠܘܬܐ ܒܗ ܘܗܘܝܬ ܐܢܐ

B: ואתפלל תפלה בנערותי

G: εναντι ναου ηξιουν περι αυτης

In Q ist der ב Vers gegeben, nach S, B und G kann er sehr leicht wiederhergestellt werden. Wie SMEND gut sah, ist בנערותי an den Anfang zu setzen. In G ist fast sicher ein Fehler unterlaufen, indem εν νεοτητι in εναντι ναου verschrieben wurde. Bei S ist das Suffix ܗ fehl am Platze, auch ܐܢܐ ܘܗܘܝܬ gefällt nicht, man sollte ein Substantiv mit Suffix und vorangestellter Präposition haben, die selbständigen Pronomen sind bei Ben Sira rationiert, ausgenommen jene der 3. Person. Die korrigierte Uebersetzung von B, S und auch G lautet nun: "In meiner Jugend flehte ich im Gebet (um sie)". Das ist ein annehmbarer und zu Ben

Sira passender Text. Dazu ist eine Alternative vorhanden im Text von Q. Die Uebersetzung davon lautet nach SANDERS: "She came to me in her beauty". SANDERS liest
בתרה als בתארה . Er kann auf 1Q Is[b] 52,14 verweisen. Auch "in her searches"
hält er für möglich; er verweist dazu auf Qo 1,13; 7,25. Doch sind defektiv geschriebene Infinitive von Verba ע"ו selten, in Qohelet sind sie immer plene geschrieben. Es muss sich in diesem Verständnis jedoch um einen Infinitiv handeln,
es kann so kein Partizip sein. Inhaltlich passt hier die zweite Möglichkeit von
SANDERS nicht zu Ben Sira. Denn beim Siraziden muss der Mensch suchen, nicht die
Weisheit. Die erste Möglichkeit passt ebenfalls nicht recht. Inhaltlich kommt
"she came to me in her beauty" an dieser Stelle zu früh. Formal hat das בנערו-

תי von B als Zeilenanfang mehr für sich als das באה von Q; b fehlt in B und
S. Q hat ועד סופה אדורשנה , nach SANDERS "when finally I sought her out".
So kann nur übersetzen, wer nie versucht hat, in Ben Siras Denk- und Schreibweise
einzudringen. "When finally" für ועד סופה ? Das geht nicht an. Man muss besser
in Uebereinstimmung mit G schreiben: "und bis zum Ende will ich nach ihr trachten".
Das entspricht dem polaren Denken des Autors: Jugendzeit - Ende (413). Wir haben
uns somit in 51,14a für die Lesart von B, in 14b für den Text von G entschieden.
Dabei kann Q in b sehr ähnlich wie G gedacht haben. Dass übrigens סופה oder סוף
ein Substantiv ist und auch dementsprechend übersetzt werden sollte, das legen
syr. Sir 44,21 mit ܒܬܪܬܐ ܠܣܘܦܗ ܕܐܪܥܐ und 1QH 18,30, ferner 4Qp Ps 37 2,7
nahe.

51,15ab: ג Vers. Nur Q und G bieten einen Text. Q liest:

Q: גם גרע נץ בבשול ענבים   ישמחו לב

G: εξανθουσης ως περκαζουσης σταφυλης ευφρανθη η καρδια
   μου εν αυτη

Q: (nach SANDERS) "Even (as) a blossom drops in the ripening of grapes, making
glad the heart".

Für b bestehen gegen G gar keine Bedenken. Q ist dort zu kurz und das w bei שמח
ist seltsam. Für a muss irgend ein Sinn gesucht werden. Fast jeder kann dabei etwas anderes finden, die Sache ist sehr schwierig. Man mag sich etwa folgendes vorstellen: Die Traube ist in jenem Stadium, da die Blütenblättchen abfallen und die
Beeren deutlich grösser werden, dies sieht der Winzer und freut sich darob. Für
εξανθειν kommt ein גמל in Frage, ähnlich wie das גמל in Num 17,23, wozu
ZORELL bemerkt: "Planta iam portat parvos fructus" (414). גם גרע נץ sieht eher
nach einer midraschartigen, nicht restlos geglückten Umschreibung aus.

51,15cd: ד Vers. Im wesentlichen ist der ד Vers in H erhalten. Man muss den ersten Stichos wahrscheinlich genau nach Q lesen. S und G stimmen in der Wortordnung

überein. Das אמת von B steht dem S nahe, das מישור von Q entspricht besser dem ευθυτης von G. Der Sinn geht in jedem Fall nicht weit auseinander.
Das seltene ܐܠܗ von S in d entspricht zwar genau dem אדני von B, doch lassen
es Q und G mit Recht weg. Wahrscheinlich ist überhaupt Q auch für d ganz gut.
Ein כי am Anfang von d passt nicht so schlecht, in der Uebersetzung kann es un-
ausgedrückt bleiben, cfr. zu 15,1. חכמה von B ist wahrscheinlich Fehler, das
Wort gehört besser in Vers 13 hinein, obwohl auch S im ה–Vers in d ein Synonym
für חכמה ausschreibt: ܚܟܡܬܐ, und obwohl SMEND die B Lesart diesbezüglich
verteidigt. Die Verben des zweiten Stichos sind: B למד , S und Q ܝܕܥ und
ידע , G entspricht einem חקר . Genaueres ist nicht mehr auszumachen.

<u>Vers 51,16: ה</u> Vers. Für a haben wir nur Q und G. Sie lesen dasselbe, nur dass
G zusätzlich noch das Verb δεχεσθαι verwendet. Es würde auf alle Fälle inhaltlich wenig beitragen. In b hat G ein zusätzliches Pronomen. Zu παιδεια –
לקח schreibt SANDERS "Where Grk speaks of the sage's finding much instruction,
Q uses the more ambiguous and pregnant לקח " (415). Man darf nicht zu rasch eine Verschiedenheit sehen wollen. Ms A schreibt in 8,8 ebenfalls לקח für παιδεια und Ms B in 35,15 am Rande. לקח mit "persuasion" zu übersetzen (SANDERS)
empfiehlt sich nicht. Man sagt besser wie G und B raten hier ebenfalls "instruction". דעה hingegen, die B Lesart hier, hat keine Parallele mehr bei παιδεια ,
unsere hier ist die einzige. Also sogar rein innersirazidisch ist לקח = παιδεια = דעה . Die übrigen Worte liest B in b wie G, Q und S.

<u>51,17: ו</u> Vers. Die Texte sind ziemlich verschieden:

B: ולמלמדי אתן הודאה   עלה היה לי לכבוד

Q: (!) ולמלמדי אתן הודי   ועלה היתה לי

S: ܘܠܡܠܦܢܝ ܐܬܠ ܬܘܕܝܬܐ   ܢܝܪܗܘܢ ܗܘܐ ܠܝ ܠܐܝܩܪܐ

G: προκοπη εγενετο μοι εν αυτη   τω διδοντι μοι σοφιαν δω-
     σω δοξαν

In b lesen also B, Q und S genau dasselbe. G stimmt inhaltlich damit überein.
Q fügt ein Suffix der ersten Person bei, nach SANDERS. Doch DELCOR betont, dass
an dieser Stelle nach dem handschriftlichen Zeugnis ein <u>waw</u> und nicht ein <u>yod</u> zu
lesen ist (416). Die Uebersetzung muss entsprechend etwa lauten: "und meinem Lehrer will ich Dank abstatten". G hat vermutlich etwas freier übersetzt und vielleicht auch כבוד aus a zu b gezogen. Für a gibt nur Q den richtigen Anfang.
Wir brauchen den <u>waw</u>-Vers, unbedingt muss es heissen ועלה , auch S müsste
ܘܢܝܪܗ schreiben, dies umso mehr, als er sonst recht freigebig "ه" hinzufügt,
ob es passt oder nicht. B und S stimmen genau überein. Wir übersetzen: "Ihr Joch

wurde mir zur Herrlichkeit". Das passt gut zur Gedankenwelt des Autors und schliesst passend an die Ausführungen von Kapitel 6 an. Das "Joch" kommt auch noch in Vers 26ab (Ṣade-Vers) vor. Das ist keine Schwierigkeit. In alfabetischen Gedichten muss nicht selten ein Gedanke wiederholt werden und in Ps 112 z.B. liegt der Unterschied zwischen dem w-Vers und dem ṣ-Vers nur im vorangestellten w. Die Lesart von Q ist für a etwas eigenartig. Einmal fliesst sie nicht recht, es ist kein recht sirazidischer Stichos. Es kommt hinzu, dass ein Hilfsverb nicht eben geeignet ist, einen Vers abzuschliessen. Es sieht ganz so aus, als ob etwas vergessen worden wäre. Das war der Fall in 13a für Ms B. Auch syntaktisch gefällt die Q Lesart nicht ganz. Wir dürfen fürs Hebräische selbstverständlich nicht den strengen Masstab des Aegyptischen anlegen, wo unbedingt ein m praedicationis geschrieben werden müsste (417). Dennoch würde man hier ein ל erwarten, etwa wie in Dt 26,17-19. Wir würden also mindestens wünschen: ולעלה היתה לי , das wäre besser und stimmte syntaktisch mit B überein. Dann könnte man mit SANDERS übersetzen: "And she became for me a nurse". Es wäre dann Ptc.f. von עול . Insofern wird man SANDERS zustimmen, denn על im Sinne von "Joch" geht schlecht mit 3.sg.f. von היה zusammen. Aber B und S sehen echter aus. Zudem kann das היתה schliesslich auch verderbt sein (418). 51,18: ז Vers. Wieder liegen verschiedene Lesarten vor.

(S) und B lesen:	ולא אהפך כי אמצאנה	חשבתי להיטיב
Q dagegen hat:	ולא אשוב	קנאתי בטוב	זמותי ואשחקה

G: διενοηθην γαρ του ποιησαι αυτην και εζηλωσα το αγαθον ου
μη αισχυνθω

Der Fall ist beinahe hoffnungslos. Immerhin: Wir haben mit Q das richtige Anfangswort, inhaltlich stimmt es überein mit B, S und G. B und S müssen wie folgt übersetzt werden: "Ich zielte darauf ab, einen guten Erwerb zu machen, und ich werde nicht enttäuscht, denn ich finde ihn". Wahrscheinlich muss man das Suffix korrigieren. Stichos b soll schliesslich lauten: "Ich gebe nicht nach, bis ich sie finde", oder: "Ich werde nicht zuschanden, denn ich finde sie". Für letztere Möglichkeit spricht, dass man schon im nächsten Vers wieder ein אהפך vorfindet, dort sicher richtig. Hier dagegen könnte es ein Ersatz für ein ursprüngliches בוש sein oder ähnlich. Anderseits sind in Liedern und Gedichten Wiederholungen beliebt, allerdings variiert unser Autor dabei gerne. Q wird bei SANDERS wiedergegeben mit "I purposed to make sport: I was zealous for pleasure without pause". Das ist eine reichlich tendenziöse Uebersetzung. Man kann zwar den Text so verstehen, das schon. Die Satzform ist in Q wieder einmal wenig sirazidisch. αισχυνθω , הפך und שוב gehen zusammen, auch wenn letzteres vielleicht בוש sein sollte.

51,19ab: ח Vers. b fehlt in G, in a hat G ein anderes Verb, das zu keinem son-
stigen Textzeugen passt. B und S lesen zusammen, wir übersetzen ihren Text. Q
hat חרה als Anfangsverb und zudem die erste Person. Aber 3.sg.f. ist wahrscheinlicher. In b ist der sachliche Unterschied zwischen Q und B minim. Q liest
nur שוב Hi, während B הפך + מן + Suffix schreibt.

51,19cd: ט Vers. Sicher ist, dass B und S wieder genau dasselbe lesen. Wir wählen diesen Text. Für d fehlt G wahrscheinlich ganz, für c wohl ebenfalls. Es wäre indes möglich, dass 20a mit עדη ψυχηνμου κατευθυνα εις αυτην eigentlich Vers 19cd gemeint hätte, so denkt SANDERS. Q schreibt in c als Verb
טרתי . PETERS hatte schon an einen Wortstamm טרה gedacht, das Wort hiesse
"verhandeln, in Worten streiten" etc. Der Sinn könnte sein: "Meine Seele rang
um sie". Weder die Biblia hebraica noch Ugarit, noch Qumran kennen ein <u>try</u>.
SANDERS denkt an <u>trd</u>. Dieses Wort kommt schon Sir 35,9 vor im Sinne von "auf-
dringlich tun". In ugaritischen Texten (419) steht <u>trd</u> im Sinne von "wegführen",
denselben Sinn weist das Arabische auf. 1QM 8,9; 8,12; 16,7 kommt <u>trd</u> als qatûl
vor: קול טרוד . LOHSE übersetzt das mit "schmetterndem Ton". Für d liest Q
auch anders. SANDERS hat übersetzt "and on her heights I do not waver".

51,19ef: י Vers. Für e lesen B und S "meine Hand öffnete ihre Tore", bzw. "ihre
(sg.) Tür". Bei G steht "meine Hände (pl.) erhob ich zur Höhe". In Q liest man
פתח ידי... . SANDERS ergänzt nach G zu פתחתי und übersetzt: "I opened my
hand(s)". Zu יד fragt er, ob es nicht ein Euphemismus sei. Er sieht überhaupt
den ganzen Abschnitt stark erotisch. Für die zweite Vershälfte hat fast jeder
Zeuge etwas anderes:

B: ולה אחדר ואביט ב(ה)

Q: (ו)(מ)ערמיה אתבונן

S: ܘܡ ܐܬܒܘܢܢ ܠܗ ܘܐܟܬܫܬ ܒܗ

G: και τα αγνοηματα αυτης επενοησα

Zu B ist zu sagen, dass nicht alle Buchstaben gut leserlich sind. SMEND gibt beim
Verb אחזר als eine ebenfalls mögliche Lesart und folgt ihr. Aber <u>hdr</u> passt sehr
gut im Sinne des arabischen <u>hdr</u> mit der Vokalisation qatala statt qatila: خَدَرَ =
"rester stupéfait". So bekäme der Vers einen sehr guten Sinn: "Ich öffnete die
Tore, blieb staunend stehen und blickte sie an". Wir wählen die Lesart von B in
dieser Deutung. KUHN hat vorgeschlagen, אחדר in אחרד zu ändern: "zu ihr eile
ich (zitternd, ehrfurchtsvoll) hin". Auch für anderes in diesem Vers ändert er
den Text. Wir sind damit schon rein methodisch nicht einverstanden. - Zu Q:
SANDERS übersetzt: "and (I) perceive her unseen parts". Praktisch denkt er dabei

מערמיה im Sinne von "ihre Nacktheit" oder "ihre Geschlechtsteile" (420).
Wer den Text aber als genuin sirazidisch auffasst, der kann nicht so interpretieren. Zwar ist Ben Sira durchaus nicht prüde, cfr. 26,12, und er sieht die Ge-
schlechtlichkeit als etwas beglückend Wichtiges für ein harmonisches Menschsein.
Eine sexuell-erotische Sprechweise wäre an sich in Bezug auf die Weisheit nicht
unmöglich. Tatsächlich aber spricht Ben Sira nicht so. B passt an sich schon besser. ܐܘܚܕܬܗ von S scheint freie Uebersetzung zu sein. Zu G: αγνοημα
darf hier natürlich nicht den Sinn von "Sünden der Unwissenheit" haben. Es kann
etymologisch stehen für מערמיה im Sinne von "Geheimnis". In dieser Bedeutung
kommt das hebräische Wort ja schon 42,18 vor.

51,20ab: כ Vers. Jetzt soll der כ Vers folgen. Für die zweite Vershälfte besteht
Einigkeit von B, S und G; Q fehlt bereits. Wir können infolgedessen von nun an für
den hebräischen Text wieder H schreiben, es ist dann automatisch B gemeint. Für a
ist die Lage sehr schwierig. SANDERS schreibt dazu: "is lacking in all the wit-
nesses". Das wäre nur unter der Voraussetzung richtig, dass 20a bei G mit וחז
ψυχην μου κατευθυνα εις αυτην עדיה wirklich in den ט Vers gehörte. Aber
wahrscheinlich ist es der Anfang des כ Verses. Als Verbform drängt sich von
selbst ein Polel von כון auf, dann ist der Versanfang alfabetisch ebenfalls
richtig. Q liest für a כפי הברותיאל , wobei mir das Verb rätselhaft ist. Es
müsste normalerweise ein Hifil von brr sein, einem Verb also, das in vielen semitischen Sprachen vorkommt, aber immer in der Bedeutung von "frei, rein sein" oder
"frei, rein machen". In diesem Sinne wäre vor allem zu vergleichen 1QH 16,10:
להבר כפי כרצונך = "meine Hände zu reinigen nach deinem Willen". Dort passt
es gut, aber hier bei Ben Sira?

51,20cd: ל Vers. Die ersten zwei Worte der H Zeile haben schon im כ Vers ihren
passenden Platz gefunden. Das w vor לב ist in H wie auch in S zu streichen, dann
hat man den Anfang des ל Verses gewonnen. Vielleicht ist der Vers in H ziemlich
gut überliefert, schade nur, dass er unvollständig ist. In b fehlt der grössere
Teil des Stichos. In a gibt S an Stelle von לה ein ܠ = "mir, für mich". In H
muss man nicht unbedingt לה in בה ändern. Wir haben vom Ugaritischen her gelernt,
לה als "von ihr" zu verstehen. GORDON gibt dafür mehrere ugaritische und biblische Beispiele (421). Mit SMEND תחלה in תחבולה zu ändern empfiehlt sich nicht.
Der Sinn wäre dann zwar sehr passend, aber G liest αρχην und S ebenfalls ܪܝܫܗ ,
dann ändert keiner gern. SMEND möchte das Suffix nach תחלה nicht streichen. Aber
das ist keine schwierige Operation. Das Suffix kann leicht von einem Schreiber an-
gefügt worden sein, zumal es in G und S fehlt. Zudem kann מן davor ohne Bedenken

im Sinne von "im Anfang, von Anfang an" gelesen werden. Was von d in H fehlt,
ist durch G und S weitgehend gesichert, nur setzt G ein Nifal, S ein Qal voraus. Als Verb kommt am ehesten עזב in Frage. Wir folgen S, er scheint eher
der Linie des Autors zu entsprechen. SEGAL macht dagegen zwar geltend, dass der
Zustand von Ms B, wo man noch einige Zeichen erraten könne, eher für G spräche,
er selber zieht jedoch ebenfalls S vor. Denn hier ein passives Verb zu lesen,
wirkt etwas eigenartig.

<u>51,21: מ Vers</u>. In diesem מ-Vers muss in <u>a</u> bei H תנור לה gestrichen werden.
Der Fehler findet sich auch in S, aber nicht in G. Wie mehrere Autoren vermuten,
dürfte der Fehler dadurch entstanden sein, dass man יהמו in יחמו verlas, und
schliesslich beide Gedanken ausdrücken wollte. Das לה fehlt in einigen Editio-
nen. Aber BOCCACCIO und SMEND geben es. Ob man auch noch להביט בה von H und
S ersetzen soll durch eine Form von חקר nach G? SMEND denkt so. Allein, es ist
vorsichtiger, H zu behalten. In <u>b</u> haben H und S ein Suffix zum Verb, bei G fehlt
es. Es gehört hin. Denn Ben Sira will die Weisheit erwerben als überaus kostba-
ren Besitz, die W e i s h e i t, nicht irgend etwas sonst.

<u>51,22: נ Vers</u>. S stellt "Zunge" und "Lippen" um. Er hat den Vers 22 auch mit an-
deren Akzenten verstanden: "Der Herr gab meiner Zunge Lohn". G hat, wie SMEND
sagt, das Wort "Zunge" schon in <u>a</u> gesetzt und muss sich daher in <u>b</u> mit einem Pronomen behelfen. Der Sinn dieses Verses ist nicht ganz eindeutig. Vielleicht soll
es heissen: Ich lehrte, und Gott gab mir Erfolg, dafür will ich nun danken. Formal ist der Vers chiastisch:

"Yahweh   <u>gab</u>   den Lohn meiner <u>Lippen</u>,
     mit der <u>Zunge</u>   <u>gebe</u> ich Lobpreis".

<u>51,23: ס Vers</u>. Hier muss sich der ס- Vers ergeben. Das ist auf zwei Arten mög-
lich. Entweder kann man den hebräischen Text behalten und nur das Substantiv
סכלים in <u>a</u> an den Anfang stellen, oder man kann statt פנה ein סור lesen.
Das erstere ist vorsichtiger. Denn es ist nicht sicher, ob man wirklich mit dem
ܣܘܪ von S zu Gunsten von סור argumentieren darf, es steht auch gut als Parallele von פנה . Von G her erwartet man eher פנה . In der Bedeutung können
sich beide Verben weitgehend decken. Aber der Akzent ist verschieden. סור ist
im Grunde doch ein Abbiegen vom Weg, ein Hingehen zu etwas anderem, cfr. Ri 5,18,
wo Jahel den Sisera einlädt, in ihr Zelt zu kommen. פנה ist ruhiger, eher ein
sich Hinwenden zu Gott von dem Orte aus, wo man schon steht, ein stärkeres, in-
tensiveres Aufmerken. לון ist hier wohl nicht blosses Uebernachten, sondern,
wie SEGAL kommentiert, ein Synonym für ישב und שכן . Mit בית מדרש liegt

nicht bloss dieses Wort zum ersten Mal vor, sondern es ist zudem Hapaxlegomenon
im hebräischen Bibeltext. Einige Autoren, wie PETERS, denken, dass das Sirachbuch
gemeint sei , das Wort würde also im übertragenen Sinne gebraucht. Die Mehrzahl
denkt aber an eine wirkliche Schule. Von den aegyptischen Texten her könnte man
die Auffassung von PETERS teilen. Trotzdem trifft wahrscheinlich das zweite zu.
Auch der Gebrauch von midraš in 1QS 8,26 scheint eher in Richtung einer Gemeinschaft von Menschen zu weisen: "Wenn aber sein Wandel vollkommen ist במושב
..... במדרש " (422). S und G haben für ihren Leserkreis das Wort מדרש übersetzt
mit "Lehre" und "Zucht". SPICQ schreibt in seinem Kommentar: "Le verbe αυλι-
ζομαι , camper en plein air, vivre en plein air, d'où séjourner, se fixer, cf.
14,26; 24,7; Job 29,19 semble bien faire allusion aux écoles en plein air" (423).
Das kann man sagen, wenn man den griechischen Text auslegt. Aber auf dem Hintergrund von H und S trifft es nicht mehr zu.

51,24: ע Vers. Der Anfang ist gewiss richtig in H. SEGAL möchte in a das zweite
אילו streichen. Wirklich schreiben G und S etwas anderes. S hat nur ܐܠܐ ,
was ungefähr "nur" heissen kann. G begnügt sich mit εν τουτοις. Lässt man das
zweite אילו weg, wird der Vers straffer. Aber er verliert zugleich eine Nuance.
So wie er steht, beschreibt er den Mangel sehr gut: Es fehlt dies, und es fehlt
jenes, es fehlt überall! Die Uebersetzungen können zusammengefasst haben. - In b
lesen H und S נפש sg., G pl., der Unterschied ist minim. Zu תהיה schreibt
SEGAL: "Es fehlt in G und scheint eine Hinzufügung zu sein". Letzteres ist nicht
so sicher. Jedenfalls steht תהיה nicht so schlecht, denn der Dauerzustand wird
mit Ptc. oder, in unserem Fall, Verbaladjektiv und היה besser ausgedrückt, als
nur mit Qatal, selbst bei stativen Verben wie צמא . Dieser Meinung scheint auch
S zu sein, nur stellt er das Hilfsverb voran. - Unter dem Aspekt des Motivs erscheint die Weisheit hier wieder als jene, welche lebenspendendes Wasser zu trinken gibt. Derselbe Aspekt ist öfters vorhanden, sehr klar in 15,3.

51,25: פ Vers. Nur H beginnt mit פי , S und G fangen mit einem Verb an, das einem פתח entspricht. Es besteht kein Grund, von der Wortordnung des hebräischen
Textes abzuweichen. "Von ihr" = בה fehlt in G. Man sollte es aber nicht zu rasch
als Glosse abtun. Der Sinn wird reicher und der Vers läuft besser, wenn es steht.
Denn Ben Sira will reden von ihr, von der Weisheit, die man ohne Geld erwerben
kann (424). Wenn das בה fehlte, wäre der Autor nur noch Herold. Dann imitierte
er die Weisheitsgestalt der Proverbien. Doch der Sirazide fühlt sich nicht als
Herold, sondern als Meister. "Weisheit" fehlt in G wiederum. Das Wort ist aber
notwendig für das Verständnis, da hat SEGAL Recht.

51,26<u>ab</u>: צ Vers. Das Anfangs-<u>w</u> in H und S muss fortfallen, dann hat man den mit
צ beginnenden Vers. Im übrigen verdient H mehr Vertrauen als G und S. G liest an
Stelle von מצא ein παιδεια , der Sinn ist dann: "und eure Seele nehme Zucht
an". S liest ܬܠܡܕܘܬܐ, das kann heissen "correction, formation, doctrine, science,
culture". Mit G ist es nur vergleichbar in 6,23 unter συμβουλια, in 30,33 und
51,26 unter παιδεια . Es entspräche ziemlich gut dem Bedeutungsumfang von
מוסר . Aber man sollte H behalten. Das Wortpaar "Bürde - Last" passt zudem sehr
gut zur verwandten Stelle Mt 11,28-30. Theologisch interessant ist auch der Vergleich mit einigen Stellen aus Sir 6. Bezüglich der Relation zu Mt 11,28-30
schreibt RINALDI (425) : "Le somiglianze ci sono, benchè spostate dal diverso
significato e dalla maggiore densità insième con maggiore ricchezza, anche fra-
seologia (sic!) dei pensieri di Gesù in confronto con quelli dell'Ecclesiastico.
Si dovrebbe trattare di reminiscenza, più che allusione (consapevole), e piuttos-
to in rapporto al componimento "Ecclesiastico 51" noto dal suo uso pio, piuttos-
to che propriamente dal libro di Ben Sira". Ob nun Jesus oder Matthäus direkt
oder indirekt oder überhaupt nicht auf Ben Sira anspielen wollten, ist im Grunde
genommen eine zweitrangige Frage. Entscheidend ist die Feststellung: "Le somiglianze ci sono". Wahrscheinlich sind es etwas mehr als nur Aehnlichkeiten. Wenn an
beiden Orten die Rede ist vom Suchen, sich Wenden an und vom Finden, von der
Bürde oder Last und vom Joch, von der Ruhe schliesslich, wenn sogar stilistische
Elemente gleich sind, wie etwa die imperativen Formen hier und dort, dann werfen
gewiss beide Texte wechselseitig viel Licht aufeinander.

51,26<u>cd</u>: ק Vers. Zweifellos ist dieser ק-Vers in H gut erhalten. S stimmt damit
überein, nur liest er in <u>c</u> sg.: "Nahe ist sie dem, der sie sucht". G hat die Hälfte verloren. Er bietet nur noch "nahe" aus <u>c</u> und "Feinde" aus <u>d</u>. Formal haben wir
wohl einen Chiasmus:

קרבה היא למבקשיה
ונותן נפשו מוצא אתה

Es ist nicht zum vorneherein klar, wo die Sinnakzente sind. Soll es heissen: Nahe
ist sie nur denen, die sie wirklich suchen, und nur wer sich ganz einsetzt, der
kann sie finden? Oder war eher gemeint: Sie ist ganz nahe, man braucht nur die
Augen offen zu halten, und wer ein wenig sich müht, der findet sie leicht? Vermutlich trifft das zweite die Sache besser.

51,27: ר Vers. Nach dem Zeugnis von G und S und der Analogie von 6,19 muss an
Stelle von עמד ein עמל stehen. Wie SMEND wohl richtig vermutet, ist הייתי
ein späterer Zusatz. Er mag seine Ursache in dem ebenfalls falschen הייתי von
51,13 haben. Hier ist es jedenfalls mit dem folgenden <u>w</u> zusammen zu streichen.

SEGAL möchte קטן durch מעט ersetzen. Doch schon SMEND hat mit Hinweis auf
Is 54,7 (רגע קטן) eine zeitliche Bedeutung von קטן aufgezeigt. PETERS
möchte קטן stehen lassen, es aber im Sinne von "Knabe" verstehen. Doch die Antithese "wenig Mühe" und "viel Ruhe" von G darf nicht leichtfertig preisgegeben
werden. Auf וגמר des S darf man sich niemals berufen, denn וגמר kann auch
hier adverbialen Charakter haben. In b überliefert wahrscheinlich G allein den
Stichos vollständig. S schreibt nur das Verb "finden" und setzt ܣܓܝ = "viel"
dazu. Dahinter mag ein Wort des Stammes רב stecken, vielleicht jenes רבים ,
das in H an falschem Platze vor Vers 28 steht und zudem geändert worden ist. Ursprünglich mag es הרבה oder ähnlich gelautet haben. Es gehört als Adjektiv
oder Adverb zum theologisch wichtigen αναπαυσις von G. In H ist dafür נחת
oder מנוחה zu lesen.

51,28: ש Vers. KUHN hat diesen Vers ganz geändert. Er übersetzt: "Nehmt teil an
meinem Zinsgeschäft, so werdet ihr (viel) Silber und Gold erwerben". Als ursprünglichen hebräischen Text für die erste Vershälfte vermutet er: שטפו חלק ברביתי .
Das wäre nach dem Griechischen gedacht: Für μετεχειν ist שטף anzunehmen nach
ihm und für παιδεια לקח . εν πολλω αριθμω ginge auf מרבית oder
רבית zurück, das in der Bedeutung von רב (grosse Zahl) aufgefasst wurde, im hebräischen aber das Zinsgeschäft eines Bankiers bezeichne. Der Dienst der Weisheit
wäre also das beste Bankgeschäft, so KUHN. Die Lösung dürfte aber in traditionel-
ler Richtung liegen. Wir weisen zunächst mal das erste Wort von H dem vorangehenden Vers zu. Dann ist der gesuchte Anfang mit ש gegeben. Bei נערות kann man
nach dem Zeugnis von S das Schlussyod streichen. Ferner ist nicht ganz sicher,
was eigentlich dem וגמר בד von S zugrunde liegt. Es steht vor allem parallel zu ολιγος , ferner zu μικρον, νηπιος und αναξιος . Vom Syrischen
her wäre gegen ein Ersetzen von נערות durch מספר , wie SMEND und PETERS es
wünschen, nichts einzuwenden, man käme G entgegen und der Sinn würde das vertra-
gen: Wenig Mühe, reiche Ernte, das ist ein sirazidischer Gedanke, cfr. z.B.
6,19cd: "Denn in ihrem Dienste musst du dich nur wenig mühen, und morgen wirst
du ihre Frucht geniessen". Aber die Aenderung ist nicht nötig. Am Schluss von b
ist G mit בה als Vorlage besser als H und S mit בי . So erhält man den Text: "Höret auf meine Lehre in der Jugendzeit, und Silber und Gold erwerbt ihr durch sie".
Bei der Uebersetzung von וכסף וזהב תקנו בה sollte möglichst die Qualität,
nicht die Quantität von Silber und Gold herausgehört werden. Der Vers hat nichts
mit einem Bankgeschäft zu tun. Ben Sira spricht zwar auch von כסף und זהב
im Sinne von "Geld", cfr. 7,18; 29,10; 47,18; 8,2; 34,5-6; 30,15; 51,25. Aber im

weiteren haben Silber und Gold für Ben Sira ganz deutlich einen Symbolwert, etwa für die seelische und leibliche Schönheit der Frau, die Bedeutung der Rede
und des Rates, das Zusammensitzen der Freunde, die Pracht hohepriesterlicher Klei-
dung und hohepriesterlicher Funktionen, schliesslich für den Weisen und die
Weisheit selbst. Wenige Hinweise mögen genügen: 26,18; 28,24; 40,25; 35,5-6;
45,10-12; 50,9; 6,30; 21,21; 51,28. Der Sinn der letztgenannten Stelle muss in
der von SEGAL gewiesenen Richtung liegen: Die Weisheit ist das höchste, un-
schätzbar, herrlicher als alles.

51,29: ת Vers. Eine ganz andere Lesart hat KUHN vorgeschlagen. Er schreibt zu
unserem Vers: "Es ist etwa zu lesen: תיחד נפשכם בחסדי ולא תבושו -
'Eure Seele nehme teil an meiner Schmach, so werdet ihr nicht zuschanden werden
bei meinem Lobe'. Wer Gemeinschaft hält mit dem Weisen, solange die Schmach ihn
drückt (4,17f), wird auch den Mitgenuss haben, wenn er zu Ehren kommt. 'Eure Seele' statt hebr. נפשי ist bezeugt durch Gr und Syr. Gr ... ελεει weist auf
חסד (Schmach, wie im aramäischen) zurück, im Gegensatz zu αινεσει (Lob).
Syr ist ܬܝܒܘܬܐ (Bekehrung) Verschreibung für ܛܝܒܘܬܐ (Gnade), also über-
einstimmend mit Gr ελεει , Vgl. zu 48,16. So ist denn בחסדי für Hbr durch Gr
und Syr bewiesen ...". Der Text ist so ganz geändert. Viele der Beobachtungen
KUHN's sind interessant. חסד hat wirklich im hebräischen schon auch die Bedeutung von Schmach. Es hat sie aber auch im Syrischen. Und zwar ist der Stamm I.
ܚܣܕܐ "Schmach" bedeutender als ܚܣܕܐ II. "Gnade". Selbst bei SMEND findet man unter ονειδισμος / ονειδος gleich drei Stellen von ḥsd I. im Index, ebensoviele wie unter ελεος / χαρις . Aber wir nehmen H ganz so, wie
er steht. Zugegeben: ישיבה ist ein schwieriges Wort. Aber ZORELL scheint doch
die Sache gut wiederzugeben (426): "Sessio studiorum, doctrinae causa; fere
instructio, schola (Talmud)". Die Konsonanten wären ישב . S dachte vielleicht
an שוב und versuchte deswegen mit "Busse, Bekehrung" das seltsame Wort zu deuten. G hatte entweder etwas wie ישועה vor sich, oder dann hat er ישיבה einfach irgendwie interpretiert. Mit H passt der Vers auch gut zum Folgenden: "Tut
euer Werk, Gott wird den Sinn und den Lohn euch schliesslich geben". Hier in
51,29a etwa: "Ich will mich an euch freuen, und ihr, studiert nur mein Buch".
Vers 51,30abcd. Sollen diese zwei Verse ganz, zur Hälfte oder gar nicht zum Akrostichon hinzukommen? Nun, es liegt kein Grund vor, diese Verse vom Vorangehenden
stark zu trennen. Auch ein alfabetisches Gedicht darf Zusätze haben. Das kommt in
den Psalmen öfters vor, cfr. Pss 25 und 34. In 51,30a lesen G προ καιρου und
S ܗܠܝܢ ܟܬܒܬ gegen בצדקה von H. Doch hat HASPECKER neulich mit Recht H

verteidigt. Er schreibt: "Die gedankliche Uebereinstimmung mit 11,22 (und die ver-
haltene Antwort auf das Problem des 'Verzuges' der Verheissung = 36,15) ist hier
offensichtlich. Es besteht deshalb auch kein Grund, von H abzuweichen und mit G
und S zu lesen: "Tut eure Werke vor der Zeit, unverzüglich", als wenn die Stunde
Gottes kurz bevorstünde. Das scheint eher eine gekünstelte Korrektur zu sein".
(427). Man muss an dieser Aussage allerdings korrigieren, dass es doch einen Grund
gibt, mit G und S zu lesen: Es ist die Uebereinstimmung von H, G und S in 30,24.
Dort stehen parallel בלא עת - הא כבתא - προ καιρου . Nur ist dieser
Grund allein zu schwach. KUHN möchte "in der Morgenfrühe" lesen für προ καιρου.
Doch weist keine Spur bei LIDDELL/SCOTT (428) in dieser Richtung, selbst die syrischen Lexika bestätigen da nichts. In Vers 30b kann das לכם vom Autor beabsichtigt gewesen sein, im Sinne eines starken Akzentes auf die Hörer hin, vielleicht
ist es aber Glosse. Eine kleine Differenz liegt ferner im Verb von H, G und S in
30b. G liest nur δωσει , man muss das Subjekt selber ergänzen. S hat Etpᵉel
von ܝܗܒ und damit ein Passivum theologicum, H ein Pronomen mit Ptc.: הוא
נותן. Die Form von S wirkt bei Ben Sira etwas fremd, G ist zu vage, am besten
behält man H bei. - Für cd weichen H und S nur im Gottesnamen ab. S liest ܐܠܗܐ,
nicht ܡܪܝܐ, während H ohne Bedenken ייי schreibt. In G fehlen beide Stichen. Das mochte für viele der Grund gewesen sein, 30cd irgendwie abzuschieben.
Ist das begründet? Warum soll Ben Sira nicht auch ein Lob Gottes anfügen dürfen,
wie die Verfasser der Psalmen es konnten? Am Schluss der alphabetischen Psalmen
25 und 34 findet man ja auch kürzere Zusätze in diesem Sinne, hier in Form von
Bitte oder Aussage. Ist in diesem Zusammenhang ein Segensspruch so unpassend? -
Thematisch interessant könnte einmal das Problem von der Zeit Gottes und dem
Kairos überhaupt werden, im Zusammenhang von καιρος - χρονος - ωρα -
ορισμος - ημερα.

III. THEMATISCHES

1. Wer ist der "Lehrer"?

Vorbemerkung: In 51,17b ist eventuell "Lehrer" sg. statt pl. zu lesen. - Wer
ist mit מלמדי gemeint? Die meisten sehen darin Gott. HAMP schreibt dagegen:
"Gemeint ist trotz des Maskulinums die Weisheit". Die erste Ansicht hat mehr für
sich. Denn Ben Sira redet oft vom Lobpreis Gottes und damit vom Dank an Gott, vor
allem in Kapitel 51. Vom Lobpreis und Dank an die Weisheit spricht er kaum. Bei
aller Personifizierung der Weisheit und bei allem Gleichsetzen derselben mit dem

Gesetz gilt hier immer 1,1: Alle Weisheit kommt von Yahweh, und ihm gilt darum
der Dank. Nicht umsonst intendiert das einzige Ištafal von חוה in 50,17 auch
Gott. Ebenfalls bleibt 51,22 zu erwähnen; dort geht der Lobpreis eindeutig auf
Yahweh.

2. Die (schriftliche) Dichtung

Ben Sira legt grossen Wert auf das Geschriebene. An erster Stelle steht natürlich die Torah, vorzüglich die heilige Schrift. Ueber sie denkt er nach, auf
sie beruft er sich. So z.B.: "Von dir, Elias, steht geschrieben, du stehest bereit ... das Herz der Väter den Söhnen zuzuwenden" 48,10. Die Schrift dient auch
dem זכר vor Gott und den Menschen: "Edelsteine mit Inschrift versehen, ... zur
Erinnerung mit eingegrabener Schrift nach der Zahl der Stämme Israels" 45,11.
Selbst für die profane Verwaltung möchte er eine Art schriftlichen Rechenschafts-
berichtes, eine Art Buchhaltung empfehlen: "Ausgabe und Einnahme, alles sei
schriftlich" 42,7. Er sieht die berühmten Ahnen mindestens teilweise als Männer
der Feder: "Dichter von Psalmen, der Regel gemäss, Verfasser von Lehrsprüchen in
Büchern" 44,5. Diesen schliesst sich unser Autor selber an: "(Darum) war ich von
Anfang an meiner Sache gewiss, ich erwog es und legte es schriftlich nieder: Die
Werke Gottes sind alle gut" 39,32-33. Auf dasselbe Thema wird in 50,27 angespielt.

3. Wollte Ben Sira mit dem Akrostichon von 51,13-30 die Proverbien nachahmen?

FUSS schreibt: "(Das) ist ganz unwahrscheinlich. Allein schon die Tatsache,
dass er diesem 'Psalm' noch ein beinahe eschatologisch gerichtetes Mahnwort (51,30)
folgen lässt, widerrät einer solchen Parallelisierung dringend. Auch der Inhalt
von Sir 51,13ss ist ein ganz anderer als derjenige von Prov 31,10ss. Schliesslich
sollte man auch darauf achten, dass das vermeintliche Vorbild der Proverbien beim
Abschluss der Erstfassung unseres Buches nicht die geringste Beachtung fand" (429).

Diese Ausführungen von FUSS kann man nur unterstreichen. Von Imitation im eigentlichen Sinn kann da keine Rede sein.

Ergebnisse der Arbeit und Schlusswort

Die Ergebnisse dieser Studie sind einerseits textkritisch/formaler und anderseits thematisch/theologischer Natur, wobei die Grenzen fliessend sind.

a) Unter mehr textlich/formalem Aspekt sind u.a. zu nennen:
1. Der Primat der hebr. Mss bleibt. Ein pauschales Werturteil über Mss A,B,C,
D,E und Mas ist nicht möglich, doch sind sie alle echte Ben Sira Texte. Für
11QPs^a (Sir 51,13-20) bestehen diesbezüglich einige Bedenken.
2. Die griech. Uebersetzung ist wertvoller als der syr. Text, im ganzen gesehen,
jedoch nicht in zahlreichen Einzelfällen.
3. Dem syr. Text ist durchwegs wieder viel grösseres Gewicht zu geben. Seit
SMEND ist er vernachlässigt worden.
4. Der Vetuslatinatext bietet sehr wenig Hilfe.
5. Die vor allem von W.FUSS vertretene literarkrit. Methode ist nicht abzulehnen, bringt aber im Augenblick wenig ein. Besser geht man von Strukturen aus,
nach dem Modell von HASPECKER. Indem man noch stärker nach altorientalischen
Pattern sucht, könnte der Gefahr eines formelen Rigorismus entgegengewirkt werden.
6. Die in Kap. 38/39 sehr akute Frage nach einer literarischen und thematischen
Abhängigkeit von Aegypten kann nur auf Grund von genauen Vergleichen mit den
hieroglyphischen Texten selbst einigermassen beantwortet werden. Die Antwort
ist negativ, korrigiert aber alle diesbezüglich bisher gemachten Aussagen.

b) Unter den mehr thematisch/theologischen Bereich der Synthese fallen u.a.
1. Sirachs Sonderstellung in manchen Einzelthemen.
2. Neben eher sporadisch auftretenden theol. Aspekten gibt es theol. Linien, die
sich durchs ganze Buch hindurchziehen, das wird in unserem Fall deutlich bei
"Gott der Schöpfer".
3. Die thematische Eingliederung der Weisheitsperikopen ins Ganze ist viel stärker als man es erwarten würde, überhaupt ist Sirachs redaktorale Hand auch in
allenfalls übernommenen Texten sehr stark am Werk gewesen.

Nach HASPECKER wäre für das Sirachbuch ein kritisch gesicherter Text im allgemeinen ausreichend vorhanden. Die zahllosen Unsicherheiten im einzelnen würden für
den doktrinären Gehalt des Buches selten ins Gewicht fallen (430). Das stimmt nicht
ganz. In der vorliegenden Studie war es notwendig, sich Schritt für Schritt textkritisch abzusichern, und oft kam dem grössere doktrinäre Bedeutung zu.
Tatsächlich muss man bei jedem Vers, ja bei jedem Wort in ständigem Kontakt
bleiben mit allen ähnlichen Stellen des Buches im hebräischen, griechischen und
syrischen Text. Das ist beim Fehlen von Konkordanzen sehr schwierig durchzuhalten.
Die fast 50 stets etwas verschiedenen Schemata im thematischen Teil bewiesen, dass
auch dort die vergleichende Methode nach Möglichkeit Verwendung fand. Die thematische Vielfalt und Andersartigkeit des Sirachbuches gegenüber Prov, Job und Qo kommt
oft und hinreichend zum Ausdruck. Dass dabei die einheitliche Linienführung etwas
zu kurz kam, das war nicht ganz zu vermeiden. Ich hoffe aber doch, durch die textkritischen und thematischen Analysen einen kleinen Beitrag zur Erforschung des Sirachbuches geleistet zu haben.

ANMERKUNGEN.

Bei Publikationen werden hier nur Kurztitel notiert. Die vollen Angaben sind dem Literaturverzeichnis zu entnehmen.

1) HAAG, H., Bibellexikon, Spalte 1877 (Van IMSCHOOT).

2) ALONSO, L., Proverbios y Ecclesiastico, 1968.

3) HASPECKER, J., Gottesfurcht bei Jesus Sirach.

4) RANKIN, O.S., The figure of Wisdom, in: Israel's Wisdom Literature, Edinburgh 1936.

5) SCHMID, H.H., Wesen und Geschichte der Weisheit, Berlin 1966.

6) Von RAD, G., Die Weisheit des Jesus Sirach, Ev Th 29(1969) 113-133. Derselbe Artikel ist nun auch im Buch desselben Autors zugänglich: Von Rad, G., Weisheit in Israel, Neukirchen-Vluyn 1970.

7) Wir greifen nur einige Beispiele heraus (Die Seitenzahlen beziehen sich auf Ev Th 29): S.114: 1,3: "Weisheit" muss fehlen; 1,6: "ihre Klugheit" ist nicht gut; 1,8: "weise" muss fehlen. S.123: 39,17: Der syr.Text wäre besser. S.132: 38,34cd-39,11: Der ganze Abschnitt ist textkritisch nicht überdacht.

8) So hat z.B. Von RAD in 1,10 im Anschluss an HASPECKER, der seinerseits nur einer Ueberlegung SMEND's folgte, ganz richtig "fürchten" und nicht "lieben" geschrieben. Noch besser hätte er die ganze Uebersetzung von SMEND genommen.

9) REDPATH, A., Concordance to portions of Ecclesiasticus with hebrew equivalents, in: Concordance..., Bd.3, S.163-196. Für die Begründung der so negativen Einstufung cfr. das Vorwort von SMEND zu seinem Index.

10) Cfr. Literaturverzeichnis.

11) Kritische Konkordanzen für H und S wären eigene Arbeiten. Für unsere Studie war es verantwortbar, erst den Index von SMEND zu ergänzen, und dann daraus hebr. und syr. Hilfslisten anzufertigen.

12) Cfr. Literaturverzeichnis unter BRUNNER, H., Die Lehre des Cheti.

13) SEGAL, M.S., ‏ספר בן-סירא השלם‎ , Einleitung S.1-11: ‏בן סירא וזמנו‎ .

14) SPICQ, C., Ecclésiastique, BPC, Paris. Dabei ist selbstverständlich nicht gemeint, SPICQ denke nicht biblisch, sondern nur, er bewege sich theologisch eher im Raum der Septuaginta und des NT, als im Raum der semitischen Texte.

15) BOX/OESTERLEY, The Book of Sirach. Die Hinweise werden dann überaus wertvoll, sobald man fragt, wie sich Sirachs Denk- und Lehrweise in der Zeit und in den Texten nach ihm spiegle. Das ist aber nicht unser Anliegen.

*15) Hier und immer im deutschen Text deuten Unterstreichungen auf chiastische Strukturen hin.

16) Diese und andere Titel finden sich in der Einleitung zur kritischen Vulgataausgabe des Sirachbuches: BIBLIA SACRA..., Vol.12, Rom 1964. Da jedoch HIERONYMUS für die Vulgata beim Sirachbuch einfach den Vetuslatinatext übernommen hat, sprechen wir hier nie von einer Vulgata, sondern stets von der Vetuslatina (Vl).

17) HASPECKER, Gottesfurcht, S.93-105 und öfters.

18) ALONSO, L., Ecclesiastico. Wir werden künftig keine Seitenzahlen angeben, wenn ein Kommentar oder eine Studie zitiert wird, die den ganzen Sirachtext fortlaufend behandelt. Das andere würde die Sache nur kompliziert machen und dem Leser wenig nützen.

19) Cfr. den krit. Apparat bei ZIEGLER, Sapientia Jesu Filii Sirach, S.131.

20) BROCKELMANN, Arabische Grammatik, § 120 (?).

21) GORDON, Ugaritic Textbook, § 10,1.

22) KUHN, G., Beiträge zur Erklärung des Buches Jesus Sira, ZAW 47 (1929) und ZAW 48 (1930).

23) Für die Erklärung cfr. zu 6,29 und überhaupt GORDON, Ugarit.Textbook, §13,116.

24) PETERS und andere nennen Sir 1 geradezu einen Midrasch zu Job 28.

25) Für den LAGARDE-Text wird hier die Ausgabe von VATTIONI benützt. Im allgemeinen (ausser wenn der Index von SMEND im Spiele ist) stammen die syr. Texte aus der Mossulausgabe. Die Divergenzen zum Codex Ambrosianus fallen für unsere Texte kaum ins Gewicht.

26) KUHN, ZAW 47/48

27) BROCKELMANN, Syrische Grammatik, § 217.

28) HASPECKER, Gottesfurcht, S.69.

29) HASPECKER, Gottesfurcht, S.314-326.

30) Bei Job sind diese Fragen übrigens interessant verteilt.

31) HASPECKER, Gottesfurcht, S.107.

32) FANG CHE-YONG, VD 41 (1963) und VD 42 (1964).

33) Das einfache אדון kommt als Gottesbezeichnung auch vor in Ms A (10,7) und Bm (32,22).

34) Z.B. 42,16 im Kontext und 44,13.

35) HASPECKER, Gottesfurcht, S.80, Anmerkung 86.

36) Wofern nicht אלהי עולם zu lesen ist. Dann wäre Is 40,28 parallel.

37) So mit SMEND. Andere lesen: "Der selber von Ewigkeit ist".

38) FUSS, Tradition und Komposition, S.293-297.

39) FUSS, Tradition und Komposition, S.294.

40) Cfr. DUESBERG/FRANSEN, Les Scribes inspirés, S.30 und die Literatur dort.

41) OESTERLEY, An Introduction, S.50f.

42) Dazu passt auch ein jüngerer Abschnitt aus dem Talmud: Der Sohn eines Rabbi stiess sich an der "profanen" Dozierweise seines Lehrers. Aber der Vater wies den Jungen zurecht mit den Worten: "Er befasst sich mit dem Leben der Geschöpfe, und du sagst: mit weltlichen Dingen. Auf alle Fälle - gehe zu ihm!" (Schabbat 82a, zitiert nach MAYER, der babylonische Talmud).

43) Oder soll Sir 1,1 lauten: "Alle Weisheit ist b e i Yahweh, ja bei ihm ist sie von Ewigkeit her". Grammatikalisch wäre das möglich. Aber der Vers wäre dann nicht mehr so typisch sirazidisch.

44) Von ܐܨ 'to be anxious about, take care of, provide'(COSTAZ).

45) Zitiert im aramäischen Wortlaut bei SEGAL.

46) Lc 2,14.

47) 10,32 - 11,1.20.27 - 12,2.22 - 14,9.35 - 15,8 - 16,15 - 18,22 - 19,12.

48) ThWNT, II, 174f.

49) HASPECKER, Gottesfurcht, S.315-316.

50) Cfr. den Artikel von SCHRENK, ThWNT, II, 174f.

51) FANG CHE-YONG, De discrepantiis, S.76.

52) Cfr. SMEND, Kommentar, S.CXVIII, ferner KEARNS, The Expanded Text, S.34, und HASPECKER, Gottesfurcht, S.52-53.

53) Im Kommentar S.26 unten.

54) In der Garofalo-Bibel.

55) Zwar setzt diese Arbeit einen Leser voraus, der G, S und H vor sich hat. Die Struktur von 4,17-19 ist jedoch in keiner Textausgabe klar ersichtlich.

56) GINZBERG, Randglossen, zitiert bei PETERS.

57) FANG CHE-YONG, Usus nominis divini in Sirach, VD 42 (1964) 156. Seite 154 scheint er allerdings anderer Auffassung zu sein.

57a) MOWINCKEL, Metrik, S.144.

58) Ein sicheres Beispiel dieser Art ist 51,26c.

59) Ob G erst nur eines von beiden las, das bleibe dahingestellt.

60) Cfr. Joh 15,15: "Ich nenne euch nun nicht mehr Knechte, sondern Freunde... weil ich euch...alles...offenbart habe".

61) Di LELLA, The Hebrew Text, S.107.

62) Diese scheinbare Ausnahme lässt sich erklären: S brauchte šlm für mkr von H und musste dann für sgr etwas anderes suchen.

62a) Man könnte das Problem auch anders angehen (cfr. RÜGER), das Resultat wäre ähnlich.

63) Biblica 46 (1965) S.79 und 233.

64) Dreimal in den Proverbien, einmal in den Psalmen.

66) CBQ 30 (1968) 513 und 520-521. (N.B.: Anm. 65 ist eliminiert)

67) Aus diesem Grunde kann der Enkel des Siraziden nicht zugleich Autor des Weisheitsbuches sein. Der Autor der Weisheit Salomons arbeitete nämlich meisterhaft mit Strukturen, cfr. WRIGHT, The Structure of the Book of Wisdom, Biblica 48 (1967) 165-184.

68) בעבור fehlt in Qumran ganz. Bei Ben Sira dürfte es 15-20 Mal gestanden haben.

69) HASPECKER, Gottesfurcht, S.281-312.

70) Cfr. 44,15.

71) In 39,21 ist wohl ברא zu lesen.

72) Gemeint sind hier Prov, Job, Qo und Sir.

73) 25,27 ist nach G zu verbessern.

74) Cfr. 30,31: "Lass keinen Flecken auf deinen כבוד kommen".

75) 50,20 sagt noch: "Der Segen Yahwehs war auf seinen Lippen".

76) Ohne die Rahmenerzählung.

77) Vielleicht hat aber mšrt bei Josue für Ben Sira unterschwellig auch noch kultische Bedeutung.

78) SEGAL hat die betreffende Stelle mit Recht nicht nach G zurückübersetzt.

79) VD 42 (1964) 153-186.

80) VD 42 (1964) 160.

81) = Indem du sie über dich herrschen lässt. Vielleicht bedeutet drk hier "Macht". Cfr. drkt bei GORDON, Ugaritic Textbook, § 19,702.

82) Cfr. Anmerkung 81.

83) Cfr. ALONSO, Ecclesiastico, zur Stelle Sir 4,17ff.

84) Cfr. Ri 2,11-23: Sich Abwenden des Menschen und Abkehr Gottes.

85) BIBLIA SACRA, Vol.12, Einleitung.

86) Daher soll in 6,22 mwsr auch nicht in hkmh geändert werden (gegen SMEND).

87) Cfr. GORDON, Ugaritic Textbook, §10,1 und andere Grammatiken der semitischen Sprachen und des Aegyptischen.

88) HATCH/REDPATH geben bei 47 genauen Referenzen für υπομενειν 27 qwh, davon 22 Pielformen.

89) COSTAZ, Dictionnaire syriaque-français, ܩܘܐ.

90) KOEBERT, Vocabularium syriacum, ܩܘܐ.

91) Von den 40 qwh Pielformen der hebr. Bibel gibt die Peschitta 33 mit ܣܟܝ wieder, eine (Mich 5,6) mit ܩܘܐ, und 6 (Is 33,2; Ps 24,14 bis; 37,34; 39,8; 40,2) mit ܣܒܪ. Die LXX ist weniger konstant. Immerhin hat auch sie 22 υπομενειν und nur 3 ελπιζειν.

92) So hat die Peschitta von den 22 vergleichbaren Fällen der Genesis (49,15 ist nicht vergleichbar) 21 ܩܦܠ und nur einmal (in 25,23) ܬܒܪ.

93) 7,20; 10,25.27; 13,4; 25,8.

94) 6,19; 11,11; 34,3.4; 51,27.

95) BELOT, Dictionnaire, عَقَبَة .

96) HIERONYMUS, zu Zach 12,3.

97) Analog zu Bühnenstücken, wo der Schauspieler gleichsam hinausschaut und für die Zuschauer Geräusche und Lichtreflexe deutet.

98) JOUON, Grammaire, § 94h.

99) Die Notiz bei HAMP, Syr lese "Stricke" scheint ein Versehen zu sein.

100) Cfr. die semit. Grammatiken. Cfr. besonders bei BROCKELMANN, Arabische Grammatik, Lesestücke S.55* (in der 16.Auflage) folgendes Beispiel: "Gegangen
waren (3.m.sg.) die Männer auf die Felder, gegangen waren (3.m.sg.) die
Frauen in die Moschee...um zu beten (3.f.pl.), daheimgeblieben waren (3.m.
sg.) die Mägde..., die Mägde hörten (3.m.sg.)...und sie meinten (3.f.pl.)..".
Eine Kongruenz ist hier nur beim dritten und sechsten Fall gegeben!

101) Referenzen bei ZORELL, Lexicon hebraicum, מכון .

102) Cfr. 24,11.

103) BELOT, Dictionnaire, كِس .

104) GORDON, Ugaritic Textbook, § 19,1855.

105) DAHOOD, The Divine Name ᶜēlī in the Psalms, TS 14 (1953) 452-457, ferner
GORDON, Ugaritic Textbook, § 19,1855.

106) BAILLET, Discoveries, S.75, Nr.18.

107) MOWINCKEL, Metrik, S.107.

108) Cfr. Di LELLA, The Hebrew Text, S.97.

109) JANSEN, Psalmendichtung, S.103: "Die Weisen hatten ihre Schulen - in Jerusa-
lem eine Tempelschule, ausserhalb Jerusalems andere Lehrhäuser".
HERMISSON Studien zur...Spruchweisheit, S.130: "Für die Spätzeit ist eine
Verbindung von Tempelschule und Weisheitsliteratur ganz annehmbar".

110) HASPECKER, Gottesfurcht, S.63.

111) HASPECKER, Gottesfurcht, S.61f.

112) Als Terminus ad quem wird für Mas 73 nach Chr. angegeben.

113) KOEHLER, ZAW 32 (1912) 240. Cfr. Is 29,18; Apc 1,1-4; AUGUSTINUS, Conf. 6,3.

114) SEGAL, Einleitung zum Kommentar, S.17.

115) GORDON, Ugaritic Textbook, § 13,116.

116) Cfr. zu 24,5.

117) Zu 6,5: Dieser Vers erhält vielleicht vom Ballast-Variant Prinzip her auch
textlich etwas mehr Licht.

118) MOWINCKEL, Die Metrik bei Jesus Sirach, ST 9 (1955) 137-165.

119) ALONSO, Poética Hebrea, ritmo, S.119-193. Auch: ALONSO, Das Alte Testament
als liter. Kunstwerk, S.77-190. Summarisch auch: SDB VIII 47-90.

120) Di LELLA, The Hebrew Text, S.97.

121) So die Mossulausgabe. LAGARDE liest in 6,37 den Plural.

122) G und S sind an dieser Stelle nicht vergleichbar.

123) HASPECKER, Gottesfurcht, S.168-172.

123a) In ThWNT, III, 168-172.

124) Das spürt man z.B. beim Artikel "Begierde" im Bibellexikon von H.HAAG.

125) GALOPIN/GILLET, Artikel "désir" in VThB.

126) Lc 22,14.

127) Cfr. KUHN, K.G., Konkordanz zu den Qumrantexten, אנוש .

128) ZORELL, Lexicon hebraicum, שעה .

129) Die lectio marginalis הגה in 43,18 geht auf הגה II (= גהה + Metathese).

130) Cfr. ZORELL, Lexicon hebr. 93a; JOUON, Grammaire,§ 133c; GARDINER, Egyptian Grammar,§ 38: m of predication.

132) ZORELL, Lexicon hebraicum.

133) Referenzen bei GORDON, Ugaritic Textbook, § 19,702.

134) So COSTAZ und fast noch besser KOEBERT.

135) BELOT, Dictionnaire.

136) HASPECKER, Gottesfurcht, zu 15,1, besonders S.140-141.

137) Cfr. Anmerkung 100.

138) Ueber die Bedeutung von תהלה in 15,9-10 ist damit nichts vorentschieden.

139) SMEND verweist dabei auf 45,17.

140) HASPECKER, Gottesfurcht, S.55.

141) So Pyramidenspruch 219, aus der 2.Hälfte der 3.Dynastie (ca. 2750 vor Chr.).

142) SPIEGEL, J., in: Handbuch der Orientalistik, Bd.I, S.159.

143) Cfr. BIBLIA SACRA..., Vol.12, Einleitung.

144) Cfr. Anmerkungen 141 und 142.

145) Der Text ist aus LANGE,H.O., Weisheitsbuch des Amenemope in eigener Transskription wiedergegeben. Die Uebersetzung lehnt sich stark an jene von LANGE an.

146) drk in 14,21-22; 15,1.7.

147) HASPECKER, Gottesfurcht, S.108-111.

148) De VAULX, J., Artikel "demeurer" in VThB.

149) ZAW 72 (1960) 33-63.

150) Die bei Von RAD, G., Weisheit in Israel, S.314, Anm. 8 (= EvTh 29(1969)116, Anm.8) angegebenen Belege sind unvollständig.

151) Ein gutes Beispiel dafür, dass weder H noch S noch G ein Monopol zukommt!

152) Die Anmerkungen "sg." oder "pl." am Rande von S, G und H im Schema beziehen sich auf das Thema "Gebot oder Gebote" von S.69-71.

153) Anderseits sind z.B. bei 35,24 G und S im Recht gegen H.

154) Cfr. die diesbezüglichen Anmerkungen S.69-71.

155) ZAW 72 (1960) 33-63.

156) Zitiert nach HAMP, Echterbibel, Anmerkung zu Sir 1,4.

157) ALONSO, Ecclesiastico, zu 17,11ff.

158) Cfr. Anmerkung 38.

159) ZAW 72 (1960) 33-63.

160) l.c.

161) Dort fehlt S in 43,20.

162) Diese zweite Stelle ist allerdings redaktionell, stammt also zwar aus der Ezechielschule, aber nicht von Ezechiel selbst.

163) LOHSE, die Texte aus Qumran. (Nur der hebr. Text wurde benützt).

164) BJERKE, S., The ritual of "Opening the Mouth", Numen 12 (1965) 215.

165) BONNET, H., Reallexikon, 487. Cfr. auch ANEP, Nr. 640.

166) Cfr. S.152.

167) 40,19 besteht nur aus einem Distichon, cfr. S.16.

168) Lies hier nach Ms D für b: "aber es gibt den Ratgeber, der wirklich gute Wegweisung (drk) geben kann".

169) GARDINER, Egyptian Grammar, Excursus B, S.172.

170) In Psalm 136 waren dagegen noch beide Aspekte vereint gewesen.

171) Im Index von SMEND steht in diesen Fällen bei S u n d bei H ein "om.".

172) HASPECKER nimmt in dieser Frage keine ganz klare Stellung ein.

173) Es verwundert ein wenig, dass ערמה fehlt. Es stand aber wohl in 19,23.25; 21,12: 31,11.

174) Vgl. Anmerkung 259.

175) Cfr. Anmerkung 173.

176) Cfr. 2Kor 11,19; Prov 3,7; 26,5.12.16; 28,11.

177) SMEND bezweifelt, dass ܚܟܝܡܘܬܐ die ursprüngliche Parallele zu σοφος bilde.

178) Nur Pael.

179) Cfr. SMEND, Index.

180) 3,23; 17,8; 18,4; 36,15; 39,28; 45,3; 46,20; 49,8.

181) 5,15; 6,19; 20,12.15; 25,8; 29,23; 30,12; 34,29; 48,15; 49,14; 51,27.28.

182) Oder: "El necio malgasta su cortesia" (ALONSO).

183) Cfr. die Mossulausgabe.

184) Cfr. die Ausgabe von LAGARDE.

185) ZIEGLER, J., Ursprüngliche Lesarten im griechischen Sirach, Studi e testi 231, Vol.1, S.472, Nr.12.

186) FAULKNER, R.O., A concise Dictionary of middle Egyptian: grw und gr.

187) GORDON, Ugaritic Textbook, § 10,1.

188) Thematisch wären hier "verbergen" und "offenbaren" interessant, cfr.4,17f.

189) HASPECKER, Gottesfurcht, S.161.

190) HASPECKER, Gottesfurcht, S.161.

191) Cfr. das zu 6,26 Gesagte (S.60).

192) So LIDDELL/SCOTT, Greek-English Lexicon.

193) Nach BAUER,W., Wörterbuch zum NT.

194) ZAW 48 (1930) 103.

195) Selbst διαβολος findet man nicht bei G.

196) Auch בליעל hilft nicht weiter. Der Index gibt es nur auf S.12 für 11,32. Dort wird es vom Menschen ausgesagt. In Qumran ist das Wort dagegen recht häufig.

197) Ungenau gesprochen. Direkt handelt ja in 1,16 die Gottesfurcht.

198) Dabei entsprechen sich chiastisch Feuer und Tod, Wasser und Leben.

199) So mit vielen hebr. Manuskripten.

200) Vl scheint Sir 25 auch noch als Rede der Weisheit zu verstehen.

201) FRITZSCHE, Kurzgefasstes Handbuch, zur Stelle.

202) FRITZSCHE spricht von 72 "Gliedern" (=Stichen), so auch im Folgenden. Seit SMEND hat sich eher die Zählweise in Distichen durchgesetzt.

203) Zur Problematik um den Ausdruck "Buch des Bundes" cfr. S.126-127.

204) Ob es formal gesehen das Verhältnis zur Weisheit ist oder zur Torah, das soll hier nicht entschieden werden.

205) ZENNER, J.K., ZKT 21 (1897) 551-558.

206) ZENNER macht noch darauf aufmerksam, dass die erste Gegenstrofe am selben Ort beginne, wie die erste Strofe, dann aber gleich mit dem Schluss weiterfahre. Für eine andere Interpretation dieses Phänomens cfr. S.152.

207) PETERS hätte also auch im kathol. Raum ein gutes Vorbild gehabt...

208) Man dürfte wohl sogar schreiben: Zwischen Sir 24 und 42-51.

209) Gemeint ist Sir 24.

210) BAUMGARTNER,W., die literar. Gattungen, ZAW 34 (1914) 172-173.

211) Die literar. Gattungen, ZAW 34 (1914) 172-173.

212) Oxford 1913   213) Berlin 1900   214) London 1888   215) Jerusalem 1958[2]

216) Das muss ein Schreibversehen sein. Vom Gesetz ist formal in Vers 22 noch nicht die Rede. "Weisheitssucher" wäre ein passenderer Ausdruck.

217) Cfr. aber S.140-141, was "erben" betrifft.

218) HASPECKER, Gottesfurcht, S.168.

219) HASPECKER, Gottesfurcht, S.167, Anmerkung 98.

220) SEGAL, Einleitung zum Kommentar, S.16. Cfr. auch S.213 dieses Buches.

221) Ein Beispiel war מצוה/ תורה , cfr. S.85. Ein anderes Beispiel wäre etwa die Verbindung von Weisheit - Gesetz - Gottesfurcht - Sünde. Diese bei Ben Sira beliebte Verbindung ist klarer in Job 28 als in Prov 1 oder 9.

222) Auf die Bedeutung der einzelnen Abschnitte für die Gesamtstruktur des Buches als Ganzem kann in dieser Studie nicht eingegangen werden.

223) Für λαος gibt er: "populus coelestis, angeli" (so zitiert bei FRITZSCHE).

224) WAHL, Clavis, schreibt zu εκκλησια υψιστου:"concio convenire solita

coram altissimo, ita de divino numinis concilio vel de ministrorum divi-
norum caterva".

225) gegen GROTIUS.
226) So LINDE (nach FRITZSCHE).
227) JANSEN, spätjüd. Psalmendichtung, S.106.
228) L steht für die Vetuslatina.
229) Das ist die Auffassung von PETERS.
230) Ein bei S oft zu beobachtendes Phänomen!
231) Im Index ist bei 36,15 ein לא nachzutragen, cfr. RICKENBACHER, Nachträge, S.20.
232) Dazu ist vermutlich noch eines in 32,21 herzustellen.
233) Cfr. Schema S.90.
234) Sekundär geht das auch aus S hervor, der hier richtig übersetzt. Cfr. das
Schema S.90.
235) Diese Stellen beziehen sich auf Text 128 in GORDON, Ugaritic Textbook.
236) In 37,1 am Zeilenende.
237) Man findet es schon im Grabe des Ameni (2000 vor Chr.). Dort beginnt ein
entscheidender Abschnitt mit ink (!=אנכי) nb 13mt = "ego (eram) posses-
sor gratiae". Cfr. MASSART, A., Egyptian, S.82.
238) Cfr. S.14-16.
239) Cfr. S.138-139.
240) Etwa nb r dr "Herr des Universums", cfr. GARDINER, Grammar, § 100,1.
241) Sirach, Introduction, S.307.
242) Und eigentlich auch in S!
243) CBQ 30 (1968) 512 und 514-515.
244) Oder weiterhin das Zelt?
245) Er führt also über Vers 15 hinaus.
246) Summa Theologiae I-II, Q 100, Art.7.
247) Sir und Prov sind stark verschieden, cfr. auch Anm. 220.
248) Ob S und G richtig verstanden haben, das ist eine andere Frage.
249) Cfr. S.162-163.
250) Cfr. S.14-16.
251) LXX und TM stimmen diesbezüglich für den Exodustext überein.
252) FUSS, Tradition und Komposition, S.282.
253) Cfr. die Hinweise bei SMEND.
254) Prov 16,24; 24,23; 25,16; 25,27.
255) Zusammen mit "Milch".
256) Sir 3,1.
257) LOWTH, De sacra Poesi, S.282.
258) FRITZSCHE, Kurzgefasstes Handbuch, am Schluss von Sir 24.
259) Falls, weniger wahrscheinlich, ht? ursprünglich wäre, könnte man vielleicht lesen: "die mir gemäss handeln, verfehlen den Weg nicht", doch
bestehen dagegen auch Bedenken. Cfr. BAUMGARTNER, Lexikon zum AT.
260) Cfr. ZENNER, Zwei Weisheitslieder, ZTK 21 (1897) 551-558.
261) BAUMGARTNER, Die literar. Gattungen.
262) ZOECKLER, Die Apokryphen des alten Testaments, zur Stelle.
263) Cfr. Anmerkung 261.
264) Wohl Verse 1-22.
265) Verse 23-34.
266) Cfr. BAUCKMANN, Strukturwandel, ZAW 72 (1960) 33-63.
267) ZENNER schrieb zu 24,23: "Wie es scheint, ist eine Glosse in den Text gekommen: 'Dies alles ist das Bundesbuch des Höchsten'."

268) Zum Problem der Tristichen cfr. S.130-131.

269) Cfr. aber die von PETERS zitierten formalen Gründe gegen 24,23a.

270) Zum Thema "Bund" cfr. S.166-167.

271) 23bc nach G. Nach unserer Uebersetzung wäre es dann 23ab.

272) Das Zitat stimmt sowohl nach der LXX, als auch nach dem TM.

273) Cfr. zu 24,15 und Anmerkung 252.

274) Etwa Sir 33,1-4.

275) Cfr. SMEND, Index.

276) Das hdql von Dan 10,4 konnte Ben Sira noch nicht vor sich haben.

277) Da wir über geographische und quasi-mythologische Vorstellungen Ben Siras
    wenig wissen, bleibt in diesen Versen eine gewisse Unklarheit bestehen.

278) Cfr. auch Sure 18,31 und schon 9,72.

279) Z.B.: APPELFELD, Der Weg..., S.18: "Zwischen Drovna und Drovitsch steht
    ein Baum. Sicherlich steht er auch jetzt noch da. In der Frühsommernacht
    war er wie ein ganzer Wald, in dem alle Vögel nisten und alle Lieder ertö-
    nen. Vom Bach stieg ein leichter Dunst auf".

280) DELITZSCH, Hebrew New Testament, London 1960 (Nachdruck).

281) Oder: "beschreibt im Sinne von Profetenworten".

282) ZENNER, Zwei Weisheitslieder, zur Stelle.

283) MOWINCKEL bezeichnet mit G die ganze LXX, nicht wie wir nur den gr.Sir.

284) MOWINCKEL, Metrik, S.139.

285) Auch DAHOOD liest Prov 8,30 als Tristichon, cfr. CBQ 30 (1968) 513.

286) SEGAL's Verszählung ist in dieser Arbeit nach ZIEGLER umgeschrieben.

287) SEGAL, Einleitung zum Kommentar, S.16.

288) Nach seiner Zählung. Bei ALONSO wäre es 4,3.

289) Damit ist nicht gesagt, dieser Vers enthalte nur polare Ausdrücke.

290) Nach den Uebersetzungen.

291) 50,6 liest ZIEGLER eher sg., RAHLFS eher pl. Der Plural ist gut bezeugt.

292) Ca. ein Dutzend Stellen, verteilt auf ein halbes Dutzend bibl. Bücher.

293) G sg., S pl.

294) G sg., S pl.

295) So SMEND und andere.

296) Von insgesamt 53 Stellen in der hebräischen Bibel!

297) So Bm. Mas liest ohne w: תאר .

298)   תהום steht in 51,5.

299) Cfr. 34,3-4.

300) In 24,8 fällt "Ruhe" von G zu Gunsten der S-Lesart aus, cfr. S.111.

301) Das Problem einer eventuellen Unabhängigkeit von "Ruhe" und "Sabbat"
    scheint für die spätjüdische Zeit bedeutungslos zu sein.

302) Oder: "Zur Ruhe einging"?

303) Cfr. HERRMANN, J., נחל und נחלה im AT, in ThWNT, III, S.768-775.

304) Die 3 Nifal-Stellen 20,13; 23,21; 30,9 haben eine andere Bedeutung
    ("verarmen") und gehören daher nicht in unseren Themenkreis.

305) 17,2; 19,14; 20,21.

306) Wörtlich: "Wer sein Haus schädigt".

307) Die hebr. und syr. Stellen des Index führen des weiteren nur noch zu Stel-
    len, die eine andere Bedeutung haben, oder die indirekt schon erfasst sind.

308) Insgesamt sieben bis acht: 44,11.23; 45,20.22.25 bis; 46,8.9.

309) Die syr. nhl-Stellen des Index von SMEND bedeuten alle "Bach, Fluss".

310) FANG CHE-YONG, De discrepantiis, S.16.

311) Das Verb יצר kommt in der hebr. Bibel immer im Zusammenhang mit Gott vor.
    Es ist typisch für Deuteroisaias, fehlt in der protokan. Weisheitslitera-
    tur ganz.

312) Uebrigens hat Bm auch keinen terminus a quo mit seinem בְּרָא שָׁמַיִם .

313) HASPECKER, Gottesfurcht, S.333.

314) Ausserdem handelt es sich wohl um eine falsche Ergänzung.

315) Cfr. Anmerkung 286 und HASPECKER, Gottesfurcht, S.XXV (Tabelle).

316) Es entspricht einem חלק in H, cfr.zu 1,9.

317) HASPECKER, Gottesfurcht, S.125.

318) BAUCKMANN hätte 7,13b als Schwierigkeit nicht notieren müssen, die Stelle fällt diesbezüglich a priori aus.

319) תחלה kann auch "das Wichtigste, das Zentrum, das Wesen" bezeichnen, cfr. SMEND.

320) Zu 15,14-20 textkritisch Folgendes: (mit oder gegen SMEND, SEGAL und Di LELLA). Zu 15,14: Mit SMEND ist יצר vorzuziehen. חותף kann Dublette oder einfach falsch sein. Zu 15,15: אמונה ist jetzt auch nach B zu lesen. Der Vers cd ist wohl Glosse: "Wenn du an ihn glaubst, wirst auch du leben". Zu 15,17: ינתן oder יתן ? יתן kann Qal passiv sein, man sollte jedenfalls nicht Qal act. lesen. Zu 15,18: B hat zwei Verse, die beiden mittleren Stichen könnten Glosse sein oder besser Dublette. Zu 15,20: B und A haben Dubletten und Zusätze.

321) So richtig ALONSO, gegen alle anderen Kommentatoren, soweit ich sehe.

322) 16,27cd soll nicht von Hunger und Durst sprechen. S dachte wohl an Mt 6,26.

323) Unterton von "anerkennen"?

324) Cfr. S.87-89.

325) Cfr. zu 24,8; 35,13 und 51,10 und die äth. Version zu 23,1a.4a.

326) Manche vergleichen noch Jer 20,14.

327) In 37,3 werden wir ein analoges Versagen von G feststellen, cfr.S.154.

328) אל in 36,15; 39,16.33; 42,15. יהוה sicher nur in 11,4, bei B noch in 43,2, aber Mas liest dort עליון. Das אדני von Mas in 42,15 ist sehr fraglich.

329) Nach G und S. H hat eine Lücke.

330) יצר auch so in 27,6.

331) Nach Von RAD hingegen lässt Sir 38,1-15 keinen inneren Aufbau erkennen.

332) Oder: geschaffen, so HAMP, ALONSO und andere.

333) Man soll den Text lesen, nicht die Randlesart.

334) Gottesfurcht, S.334.

335) Cfr. JOUON, Grammaire, § 170e.

336) Mit SMEND übersetzt man den zweiten Stichos am besten in der eben genannten Weise.

337) Zu 39,20: Wahrscheinlich sind nur a und d echt, so mit G.

338) Die Bemerkung von SEGAL, auch SMEND wolle לקחו lesen, trifft nicht zu. Man soll aber Mas und B behalten.

339) So auch 42,32, ferner 16,28; 39,31; 43,26.

340) זארומם muss wohl nach S in ואקרא geändert werden.

341) Job 36,32 und 37,12.

342) In Job 38,12.

343) Vielleicht ist doch ganz Israel gemeint.

344) Sir 36,18 und 49,6.

345) Sir 47,18.

346) Sir 50,4.

347) Sir 24,11.

348) Nach G und S.

349) So nach S. Ueblicherweise folgt man G und schreibt "Rosen".

350) Prov 12,3.12.

351) 1,6; 1,20; 3,9; 6,3; 10,16; 23,25; 37,17.18; 24,12; 40,15.16; 47,22.

352) 3,18; 11,30; 13,12; 15,4.

353) RENCKENS, Urgeschichte und Heilsgeschichte, S.129.

354) Der Vers lautet: "Wie der Weinstock die unreife Beere (abstösst), (so) stösst er (Gott) ihn (den Frevler) ab".

355) Cfr. Joh 15,1-8.

356) Jene Stellen, die in H זכר haben oder es nach G und S voraussetzen.

357) N.B.: 33,10 fällt nach H aus; 44,9 bleibt eigenartig.

358) Cfr. z.B. 23,26, wo von einem ewigen Andenken zur Schande die Rede ist.

359) So B, dagegen Mas anders.

360) Cfr. auch 7,28; 23,24.

361) Im Text wohl ein Passivum theologicum.

362) Für das Gegenteil cfr. 23,18 und 16,17.

363) BAUCKMANN, Strukturwandel, ZAW 72 (1960) 33-63.

364) Inhaltlich mag die Sache stark abweichen, das ist eine andere Frage.

365) Das stimmt ganz mit den S.141-158 gemachten Beobachtungen überein.

366) Gegen LOWTH, FRITZSCHE, SMEND, SEGAL und andere.

367) Die Begründung wurde bei 15,5 gegeben, cfr. entsprechend S.90-92.

368) H fehlt.

369) Ob sich ähnliche Hintergründe bei S vermehrt finden, könnte nur eine spezielle Studie beantworten.

370) 29,25 fällt nicht darunter. Obwohl G ποτιζειν liest, ist S mit צהא im Recht. In 50,10 ist in H noch ein רוה , aber SMEND denkt an einen Fehler für רבה .

371) Bei Ezechiel auch Wassertiere.

372) Cfr. Sir 24,25-27: "(Das Gesetz), das voll ist...flutet...überwallt".

373) Cfr. die textkritischen Anmerkungen zur Stelle.

374) Cfr. Textkritik.

375) So HAAG, Bibellexikon, Spalte 1409.

376) SEGAL übersetzt dies mit דבר .

377) Cfr. Anmerkungen 16 und 85.

378) Diese drei sind 39,12-14ab.

379) Man könnte eine Viererstrofe begründen mit den bisherigen Erfahrungen im Sirachbuch oder durch einen Hinweis auf das ägyptische Weisheitsbuch des Amenemope.

380) S fehlt für diesen Stichos.

381) SMEND verweist ausserdem unter 37,29 auf das زاع des Arabischen.

382) Biblica 45 (1964) 153-164.

383) Diese Regelmässigkeit findet sich mutatis mutandis auch in Mas und in den Qumranrollen.

384) פקע = "spalten, aufreissen".

385) ZIEGLER, Sapientia...Sirach, S.32.

386) HASPECKER, Gottesfurcht, S.71f.

387) H fehlt dort.

388) Mit einer Ausnahme bloss. Das gewöhnliche Wort für חידה wäre προβλημα.

389) בורא .

390) Kommentar zu 16,25.

391) Cfr. dazu "In Praise of learned scribes" (ANET 431-432).

392) Hier, aber auch sonst dann und wann, war es schwierig, den von SEGAL genau intendierten Sinn zu finden.

393) BRUNNER, Die Lehre des Cheti.

394) Lehre des Cheti, S.60.

395) FUSS, Tradition und Kompositon, S.24.

396) HERMISSON, Studien zur israelit. Spruchweisheit, S.65.

397) Prov 30,7-9.

398) Sir 17,1.10.

399) Cfr. HASPECKER, Gottesfurcht, S.121.

400) Ferner natürlich oft in den Psalmen.

401) Cfr. ferner HASPECKER, Gottesfurcht, S.339-340.

402) Z.B. 2,17; 28,10; 31,17; 32,2; 39,28cd; 51,6.

403) ZKTh 1882, S.326-332.

404) Das Alphabet des Siraziden, ZDMG 53 (1899) 669-682.

405) Cfr. zu Sir 24.

406) CASPARI, Der Schriftgelehrte besingt seine Stellung, ZNW 28 (1929) 143-8.

407) Publiziert wurde der Text von SANDERS.

408) DELCOR, Le texte hébreu, Textus 6 (1968) 27-47.

409) FUSS, Tradition und Komposition, S.264-266.

410) SANDERS, Discoveries, S.83.

411) MORAWE, Danklieder, R Qum 4 (1963) 137-165.

412) Man könnte die Stelle allerdings so auffassen: Ich war noch ein unschul-
diger Knabe, ein Kind noch, - und schon strebte ich nach Weisheit.

413) Cfr. S.131.

414) ZORELL, Lexicon hebr. 155b.

415) SANDERS, Discoveries, S.83.

416) DELCOR, le texte hébreu, S.34.

417) GARDINER, Grammar, § 38.

418) Eine andere Bedeutung von הוד siehe bei DELCOR, le texte hébreu, S.34.

419) Z.B. ᶜnt III,44.

420) Dieselbe Auffassung vertritt neuerdings M.DELCOR, le texte hébreu,S.36.

421) GORDON, Ugaritic Textbook, §§ 10,1; 10,11.

422) LOHSE, Die Texte aus Qumran.

423) SPICQ, Ecclésiastique, zu 51,23.

424) Hier hat כסף nicht denselben Sinn wie in Vers 28.

425) Bib Or 9 (1967) S.23.

426) ZORELL, Lexicon hebraicum, S.258.

427) HASPECKER, Gottesfurcht, S.258.

428) LIDDELL/SCOTT, Greek-English Lexicon.

429) FUSS, Tradition und Komposition, S.268.

430) HASPECKER, Gottesfurcht, S.39-40.

REGISTER
_____

N.B. Die Zahlen geben die Seiten im Buch an.

B. Besonders beachtete Formalaspekte

C. Themen, die ex professo angeschnitten werden

N.B. Ein Thema konnte in diesem Buch nur aufgegriffen werden, wenn

1. ein quantitativer oder qualitativer Unterschied zu den übrigen Weisheitsbüchern (Prov, Qohelet, Job und Weisheit Salomons) deutlich wurde,
2. dieses Sirach-Thema in letzter Zeit nicht anderweitig behandelt worden
   war und
3. dieses Thema in einer Weisheitsperikope auftauchte.

Wenn einer dieser drei Faktoren fehlte, kam das Thema nicht zur Sprache.
So etwa bei "Weisheit", hier sind Faktoren 2 und 1 nicht gegeben.

III. Autorenregister

Diese Funktion ist dem Literaturverzeichnis (S. V. – VIII.) zugedacht.